BARRON'S

HOW TO PREPARE FOR THE

AP®

Advanced Placement Exam

FRENCH

2ND EDITION

Laila Amiry
Radnor High School
Radnor, PA

me le lui
te la lui yen
nous la leur
vous les

BARRON'S

To my daughter Deena
"It's been a long day . . . !"

All inquiries should be addressed to:
Barron's Educational Series, Inc.
250 Wireless Boulevard
Hauppauge, New York 11788
http://www.barronseduc.com

International Standard Book Number 0-7641-2330-0 (book only)

ISBN-13: 978-0-7641-7580-0 (CD package)
ISBN-10: 0-7641-7580-7 (CD package)

Library of Congress Card Number 2003043541

Library of Congress Cataloging-in-Publication Data

Amiry, Laila.
   Barron's how to prepare for the AP French: advanced placement examination / Laila Amiry.—2nd ed.
      p. cm.
   ISBN 0-7641-7580-7 (book and CD package : alk. paper) -- ISBN 0-7641-2330-0 (book only : alk. paper)
   1. French language—Examinations—Study guides. 2. French language—Textbooks for foreign speakers—English. 3. Advanced placement programs (Education) I. Title: AP French. II. Title: How to prepare for the AP French. III. Title: How to prepare for AP French. IV. Barron's Educational Series, inc. V. Title.

PC2119.A45 2004
448'.0076—dc21

2003043541

CONTENTS

CHAPTER 1 Introduction to the Advanced Placement French Language Examination

GENERAL INFORMATION

The Advanced Placement (AP) Program offers high school students an opportunity to earn credit for college-level course work. The Program is implemented by the College Board, and as with other College Board programs, it is open worldwide to any candidate who wishes to participate. The development, scoring, and grading of the examinations are provided by Educational Testing Service.

Each year, approximately 18,000 students take the Advanced Placement French Language Examination; many more worldwide take Advanced Placement courses. A student who receives a grade of 3 or better on an AP Exam will generally earn credit for the equivalent college-level course. It is, however, important to remember that college and university policies regarding Advanced Placement grades are not consistent; therefore, a student preparing for the examination should contact the college and ask for the college's AP policy concerning placement and credit. Many colleges award sophomore standing to a first-year student with three or more successful AP courses.

IMPORTANT FACTS ABOUT THE EXAM

- The AP French Language Examination is approximately two and one-half hours long.
- The Listening and Reading portions of the exam are tested in the multiple-choice section; Writing and Speaking are tested in the free-response section.
- You must familiarize yourself with the tape-recording equipment that will be used on the exam. The student response tapes are offered in *cassette form only*.

1

- French is used exclusively in the test materials and in the student responses (with the exception of directions).
- Dictionaries or other reference works are *not* permitted during the examination.

STRUCTURE OF THE EXAM

Section	Time Allotted	Percentage of Total Score
I. Multiple-Choice		
Part A: Listening Comprehension	25 min. ⎫	
Part B: Passages for Reading Comprehension	1 hr. ⎬ 1 hr., 25 min.	50%
II. Free-Response		
Part A: Writing (Fill-ins)	15 min. ⎫	
Writing (Essay)	40 min. ⎬ 1 hr., 10 min.	50%
Part B: Speaking	15 min. ⎭	

AP Courses

The student's first step is to enroll in an Advanced Placement French language or French literature course in high school. Depending on the school, AP courses are generally offered to juniors and seniors. An AP course requires a strong background in the language.

The use of French in the classroom and with classmates in school or on the phone is of the utmost importance in preparing for the examination; the only English on the exam appears in the instructions. In order to do well on the exam, you should practice the language daily, including weekends and vacations. The time needed to build up your oral fluency will depend greatly on your motivation. The main goal should be to learn to speak and read and understand the French language instead of just learning *about* the French language; therefore, you should use French as often as possible both inside and outside the classroom.

In order to use French for active communication and succeed on the AP Exam, you have to develop the four language skills: listening, speaking, reading, and writing. Clearly, one can't separate completely the four skills; it is best to understand that all four skills are closely interrelated, but there are strategies and techniques that can be useful in improving a particular skill. Suggestions for helping you develop these skills will be listed separately in this chapter.

LISTENING COMPREHENSION
Practice Strategies

According to the College Board guidelines the listening ability of candidates who have completed an AP French language course should allow them to:

1. follow the essentials of conversation between educated native speakers who may on occasion use idioms and idiomatic expressions;
2. follow with general understanding oral reports on non-technical subjects;
3. understand standard French transmitted clearly by tape recordings, videotapes, records, radio, and telephone.

The decreased cost of cassette players has allowed students to take home listening comprehension exercises. Make sure to ask your teacher for practice listening comprehension tapes. Listen carefully, and often, to the tapes that accompany this book.

The audio magazines *Champs-Elysées* offer challenging tapes for advanced students. Produced entirely in Europe by professional broadcasters and journalists, each audio magazine consists of an hour-long program on audiocassette or CD packed with news, features, and interviews. A booklet containing a word-for-word transcript and an extensive glossary accompanies the audio component.

The arrival of cable television has made it possible for students to follow *Le journal* (the French nightly news). Call your cable company to inquire about the channel that carries the nightly news in French. If the cable company does not carry the French news, get together with several students and call the cable company to express interest in having them carry the news; in most cases, if they know they have an audience, they will respond favorably. Make it a habit to listen to the news in French every night. You do not have to spend the entire hour watching *Le journal*; 15 minutes a night are sufficient.

Satellite dishes are now affordable. TV5 offers high schools in the United States a reasonable flat rate for the school year. Request that your French teacher bring French television in the classroom.

Another wonderful way to practice listening comprehension is to watch French films. This activity is enjoyable, as well as pedagogically sound for both French language and culture. The French consider *le cinéma* an art form. Numerous exhibits each year are dedicated to film and the film industry. French films reflect the French culture; they will also enable you to hear the various accents of the French language.

Now, we will practice listening comprehension by studying three French films: *La gloire de mon père*, *Le château de ma mère*, and *Uranus*. These films are available at most video stores. Begin by watching each movie. Then answer the questions, and check your answers, making sure to go over the new vocabulary. Watch the movie a second time, and this time pay particular attention to the scenery, the costumes, and the music. If you have already seen these films, the exercise will help you enrich your vocabulary, particularly if you put masking tape directly on your TV screen over the subtitles and try to answer the questions without the help of the subtitles.

We have included here two synopses and a historical overview, with questions following each film. We strongly suggest, however, that you try to rent the actual film so that you will become accustomed to the sound of French. Again, for the exercise to become a Listening Comprehension exercise, put masking tape on the TV screen over the subtitles as you watch (and listen to) the film.

LA GLOIRE DE MON PÈRE

Un film d'Yves Robert
D'après l'oeuvre de Marcel Pagnol

PERSONNAGES

Joseph: le père de Marcel
Augustine: la mère de Marcel
Marcel: leur fils ainé
Paul: le frère de Marcel
Tante Rose: la soeur d'Augustine
Oncle Jules: le mari de Tante Rose
Edmond le Papillon: le vieillard
Lili des Bellons: le garçon; l'ami de Marcel

Synopsis du film "La Gloire de Mon Père"

Il s'agit dans ce film des souvenirs d'enfance du grand écrivain français Marcel Pagnol. C'est la voix de Marcel adulte qu'on entend le long du film. L'histoire commence avant sa naissance. Son père, Joseph, était instituteur public. Un dimanche Joseph rencontra une gentille couturière, Augustine qu'il épousa. Le couple a un garçon, Marcel, qui est né dans la ville d'Aubagne en Provence.

Pour le fils d'un instituteur l'école, c'est tout l'univers. Un jour, Marcel fait à son père une grande surprise en lui démontrant qu'il peut lire à un très jeune age. Augustine défend à son fils de lire car elle veut préserver l'enfance de son jeune garçon. Entre temps le couple a un autre garçon, Paul.

Joseph est nommé instituteur titulaire à l'école des Chemins de Chartreux à Marseille. Il commence à enseigner le premier Octobre 1900. Dans sa première leçon Joseph explique à sa classe qu'ils viennent de rentrer dans un siècle fabuleux où les miracles de la science comme le gaz, l'électricité et le téléphone seront quotidiens. Il ajoute que le progrès était en marche et qu'au vingtième siècle l'ouvrier ne travaillera que soixante heures par semaine et qu'il aura un jour de congé.

Le jeune frère de Marcel, Paul, est pensif, ne pleure jamais et joue souvent dans son coin. Rose, la sœur d'Augustine, rend souvent visite à la famille. Quand Augustine se plaint que ses enfants ne l'écoutent pas, Rose lui rappelle toujours que c'est parce qu'Augustine et Joseph ne se sont pas mariés à l'église et qu' "un mariage qui n'est pas bénit à l'église n'est pas un vrai mariage". En revanche Joseph taquine Rose en lui rappelant qu'elle est vieille fille. Marcel se rappelle de ces soirées familiales où Joseph préparait ses leçons en colorant parfois la carte de la France. Marcel a remarqué que pour colorer les provinces de l'Alsace et de la Lorraine, Joseph avait choisi le mauve car c'est la couleur du deuil en Allemagne.

Le petit Marcel va chaque dimanche au parc Borély avec sa tante Rose. Là, il s'amuse à jeter du pain et des pierres aux canards dans le bassin du parc. Un dimanche tante Rose rencontre un monsieur de trente-sept ans qui est chef de préfecture. Elle dit au petit Marcel que ce monsieur est le propriétaire du parc Borély. Marcel est très impressionné. Rose décide de se marier, et l'oncle Jules, comme l'appelera Marcel, devient rapidement son meilleur ami. Jules avoue à Marcel qu'il n'est pas le propriétaire du parc, ce qui fait penser à Marcel que les grandes personnes peuvent mentir. L'oncle Jules et Joseph se disputent sur tout car Joseph est gêné par l'intolérance de l'église catholique et Jules est très croyant.

Trois ans passent.

Marcel est bon élève, seules les règles désolantes qui gouvernent les participes passés lui donnent de la difficulté. Le bruit court à l'école que les bébés sortent du nombril de leur mère. Augustine donne naissance à une petite sœur, et la tante Rose tombe enceinte à son tour. Marcel et Paul s'imaginent que la tante Rose aura un enfant de soixante sept ans—28 + 39 = 67, l'âge des deux parents. Ils sont déçus à la vue du bébé.

A l'école, un instituteur fier d'avoir attrappé un gros poisson pose avec le poisson pour une photo qu'il montre à tout le monde. "Un poisson! Quel manque de dignité"! Joseph explique à son fils que c'est de la vanité et que de tous les vices, la vanité c'est le pire. Marcel se rappelle aussi qu'à cette époque les microbes étaient tout neufs car Pasteur venait de les découvrir.

Cette année-ci Joseph et Jules décident de louer ensemble une villa dans les collines. Jules et sa famille louent une voiture pour le trajet, tandis que Joseph engage un paysan et sa charrette pour les transporter. Le paysan vend des abricots. Quand ils arrivent au village le jeune Marcel ressent pour la campagne et les collines un amour qui durera toute sa vie. C'est pendant ces grandes vacances que commencèrent les plus beaux jours de sa vie. Il décide de se consacrer à la science. Chaque matin les deux frères se disputent pour voir qui sera le premier ouvrir les volets de leur chambre. Un villageois des collines Edmond le Papillon va apprendre à Paul et à Marcel à attrapper les cigales. Assis sur un arbre, Marcel lit pendant ces vacances "Robinson Crusoé", tandis que les hommes du village jouent chaque après-midi aux boules.

Un jour Jules et Joseph décident d'aller à la chasse. L'oncle Jules demande à Joseph quel gibier est le rêve du chasseur. Joseph répond qu'il ne sait pas. Alors, Jules lui explique que la bartavelle est la perdrix la plus rare; c'est la perdrix royale. Marcel est honteux de voir son père l'instituteur écouter l'oncle Jules comme un élève. Les deux hommes se préparent à la chasse en tirant sur la porte de la toilette. Marcel se rappelle que les deux hommes avaient effrayé la pauvre bonne qui était dans la toilette. Jules agit en chasseur accompli, et Joseph suit ses instructions. Marcel est gêné de voir son père si humble, et pour la première fois il doute de la toute puissance de son père. Le jeune garçon n'aime pas la fierté de l'oncle Jules. Il dit à sa mère qu'il ne veut pas que son père aille à la chasse parce que son père n'avait jamais rien tué et qu'il risquait de perdre. Augustine explique à son fils que la chasse n'est pas un concours; c'est simplement une promenade avec un fusil. Marcel demande aux deux hommes s'il peut les accompagner à la chasse en promettant de ne rien dire à Paul. L'oncle Jules lui dit que ce n'est pas mal de mentir aux petits enfants si c'est pour leur bien. Marcel pense que les hommes l'amèneront avec eux, mais Paul lui dit qu'ils ne l'amèneront pas parce qu'ils ne partent pas lundi comme ils le lui avaient dit, mais dimanche, et que le déjeuner des chasseurs était déjà préparé. Marcel est déçu parce que son père et sa mère lui avaient menti. Ils se réveille de bonne heure, écrit une note à sa mère et suit son père et l'oncle Jules sans se faire voir. Il a peur que son père n'entre sans gibier et l'oncle Jules avec beaucoup. Perdu dans ses pensées, Marcel ne retrouve pas son chemin. C'est à ce point qu'il rencontre Lili des Bellons qui l'aide à retrouver les chasseurs. Lili se moque de Jules et Joseph parce qu'ils portent béret et casquette comme les gens de la ville. Il donne des directions à Marcel qu'il essaye de suivre mais en vain. Il se perd et trouve refuge dans une hutte de berger où il passe la nuit. Le lendemain, l'oncle Jules et Joseph passent avec leurs fusils sous ses yeux, et à son grand étonnement il voit son père tirer sur deux grosses perdrix. Oh! ce sont des bartavelles. Il lève au ciel les deux bartavelles qui représentent la gloire de son père. Joseph est très fier de son gibier; il se promène triomphant dans tout le village. Tout le monde est très impressionné, même le curé du village qui fait poser Marcel et son père avec les bartavelles et prend leur photo. Augustine prépare un festin avec les bartavelles.

Le lendemain Joseph et Jules rencontrent Lili des Bellons. Joseph dit à Lili que ce qui manque au pays ce sont les sources. Lili répond qu'il sait qu'il y a des sources mais que c'est défendu de révéler leur endroit. Joseph et Jules partent pour la chasse et Marcel et Lili se rencontrent. Les deux garçons sont surpris par un orage. Lili emmène Marcel dans une grotte pour regarder l'orage. Derrière eux, dans la grotte, il y a un grand hibou. Effrayés par l'hibou, ils courent sous la pluie.

Les jours passent. Lili connaît à fond sa colline et en retour Marcel lui raconte tout sur la ville.

Malheureusement les vacances son finies. Marcel ne veut pas partir. Il veut être un hermite dans les collines. La famille parle de ce qui leur avait manqué pendant les vacances: pour Joseph ce sont les élèves, pour tante Rose c'est le gaz et pour Jules c'est un cabinet confortable. Marcel et Lili ont d'autres projets. Marcel écrit une lettre à ses parents où il leur déclare que son bonheur est l'aventure. Après avoir signé la lettre "votre fils Marcel, l'hermite des collines" il descendit de la fenêtre rencontrer Lili. Mais les bruits de la nuit et la peur des hiboux le renvoient à la maison. Il dit à son ami qu'il rentre parce qu'il ne pourrait ni se laver ni se savonner dans les collines. A son retour, ses parents lui disent qu'il doit maîtriser son orthographe et lui promettent de revenir l'année prochaine s'il fait des progrès à l'école. Marcel pleure dans la voiture qui le ramène en ville avec sa famille. Le curé arrête la voiture pour donner à Joseph la photo qu'il avait prise de lui et de Marcel avec les deux bartavelles. Joseph est très fier de la photo et en le regardant Marcel voit en son père pour la première fois un homme comme tous les autres.

VOCABULAIRE ET LOCUTIONS

Montre voir / Fais voir	Show me.
perdrix (m)	partridge
la bartavelle	rock partridge
Vous avez saisi?	Do you understand?
Vous comprenez?	
forcément	inevitably
Dieu m'en garde!	God forbid!
instituteur (m)	teacher
C'est à moi!	It's mine!; It's my turn!
microbe (m)	germ
Le bruit court que	Rumor has it that...
grotte (f)	grotto, cave
être en train de faire	to be engaged in or
quelque chose	busy doing something
être en marche	to be going / running / working
quotidien(ne)	daily
aller à la chasse	to go hunting
gibier (m)	wild game
Au secours!	Help!
orage (m)	storm
simple comme bonjour	simple as pie
épouser	to marry
Et alors?	So what?
déçu	disappointed
rigoler	rire
déception	disappointment
fonctionnaire	government employee
bonne	maid
nombril (m)	navel, belly button
abricot (m)	apricot
clôture (f)	fence, enclosure
cigale (f)	cicada
volet (m)	shutter
hibou (m)	owl
orthographe (f)	spelling

cacher / se cacher	to hide
tricolore	French flag
menteur	liar
mentir	to lie
toute-puissance	omnipotence
curé (m)	village priest
source (f)	spring
tonnerre (m)	thunder
poste (m)	job, position
dégoûter	to disgust
bruit (m)	noise; rumor
se perdre	to become lost
piège (m)	trap
progrès (m)	progress
son bien	his own good

QUESTIONS

For answers, see page 14.

1. Où est-ce que Marcel est né?

2. Que fait son père?

3. Qu'est-ce que sa mère lui défend?

4. Dans quelle grande ville est-ce que son père trouve un poste?

5. Quelle est la date au commencement du film?

6. De quels miracles du vingtième siècle Joseph parle-t-il?

7. Qu'est-ce qui sera en marche au vingtième siècle?

8. Combien d'heures par jour est-ce que l'ouvrier travaillera?

9. Combien de jours de repos par semaine l'ouvrier aura-t-il?

10. Comment est Paul?

11. Est-ce que Joseph et Augustine se sont mariés à l'église?

12. Pourquoi est-ce que Joseph choisit le mauve pour colorer l'Alsace et la Lorraine sur la carte?

13. Où est-ce que Marcel va tous les dimanches avec sa tante Rose?

14. Qu'est-ce que Marcel jette aux canards dans le bassin?

15. Quel âge Jules a-t-il?

16. Est-ce que Jules est vraiment propriétaire du parc?

17. Pourquoi est-ce que Jules et Joseph se disputent?

18. Quelle règle de grammaire lui donne de la difficulté?

19. Le bruit courait que les bébés venaient d'où?

20. Les deux gosses pensent que l'enfant de Rose aura quel âge à sa naissance? Pourquoi?

21. Joseph se moque de l'instituteur qui a posé pour une photo. C'était une photo de quoi?

22. De tous les vices, lequel est le plus ridicule?

23. Qu'est-ce qu'on disait que Pasteur avait inventé?

24. Qu'est-ce que les deux familles louent dans la campagne?

25. Que vend le paysan qui transporte la famille à la villa?

26. En arrivant à la villa, de quoi est-ce que Marcel tombe amoureux qui durera le reste de sa vie?

27. A quoi décide-t-il de consacrer sa vie?

28. Qui apprend à Marcel à attraper les cigales?

29. Quand les deux frères se disputent chaque matin, criant "C'est à moi!" de quoi parlent-ils?

30. A quoi jouent les hommes sur la place dans le village?

31. Quel livre est-ce que Marcel lit dans l'arbre?

32. Qu'est-ce que Jules et Joseph vont faire avec les fusils?

33. Quel est le gibier le plus rare, le plus beau, le plus méfiant?

34. Pourquoi Marcel se sent-il humilié par son père?

35. Qui est dans le petit coin (le cabinet de toilette)?

36. En pensant à son père, de quoi doute Marcel?

37. Est-ce que Joseph avait jamais tué quelque chose?

38. D'après Augustine la chasse c'est quoi?

39. D'après Jules, quand peut-on mentir aux enfants?

40. Qu'est-ce que Paul dit à Marcel la veille de la chasse?

41. Pourquoi est-ce que Marcel est déçu?

42. De quoi Marcel s'inquiète-t-il?

43. Qu'est-ce qui arrive à Marcel en suivant son père et son oncle?

44. Qui est-ce que Marcel rencontre?

45. De qui se moque Lili?

46. Où Marcel passe-t-il la nuit?

47. Qui voit tomber les bartavelles?

48. Quelle est la gloire de son père?

49. Qui prend une photo de Marcel, Joseph et les bartavelles?

50. D'après Lili, quel secret est-ce qu'on ne peut jamais donner?

51. Qu'est-ce que les deux garçons regardent par l'ouverture de la grotte?

52. Qu'est-ce qui est derrière eux?

53. C'est la fin de quoi?

54. Quelle est la nouvelle vocation de Marcel?

55. Qu'est-ce qui a manqué à tout le monde?

56. Quel est son bonheur?

57. Pourquoi est-ce que Marcel veut avoir beaucoup d'eau?

58. D'après son père, qu'est-ce que Marcel doit maîtriser à l'école?

59. Qu'est-ce que son père promet à Marcel?

60. Qu'est-ce que le curé donne à Joseph en souvenir des vacances?

Suggested questions for discussion:

a. Décrivez la vie dans un village en Provence.

b. D'après vous, qu'est-ce que Marcel a appris pendant cet été mémorable?

c. Quelle est votre impression de la vie quotidienne en l'an 1900? Décrivez-la.

d. Comment l'école dans le film est-elle différente de la vôtre?

e. Pourquoi est-ce que Lili et Marcel deviennent amis? Comment est-ce qu'ils se complimentent?

f. Qu'est-ce que vous avez trouvé drôle (amusing) dans ce film?

ANSWERS FOR "LA GLOIRE DE MON PÈRE"

1. Dans la ville d'Aubagne

2. Il est instituteur public.

3. Elle lui défend de lire pour son bien.

4. A Marseille

5. Le premier Octobre 1900

6. Du gaz, de l'électricité, du téléphone

7. Le progrès

8. L'ouvrier travaillera soixante heures par semaine.

9. Un jour par semaine

10. Il est pensif, il ne pleurait jamais et jouait souvent dans son coin.

11. Non, ils ne se sont pas mariés à l'église.

12. Ce sont les couleurs de deuil (mourning) allemandes.

13. Ils vont au parc Borély.

14. Il leur jette du pain et des pierres.

15. Il a trente-sept ans.

16. Non, il n'est pas le propriétaire.

17. Jules va à l'église choque dimanche et Joseph n'est pas croyant.

18. Les participes passés lui donnent de la difficulté.

19. Du nombril de leurs mères

20. 28 + 39 = 67, l'âge des deux parents.

21. Un poisson, quel manque de dignité!

22. La vanité

23. Les microbes

24. Ils louent une villa dans les collines.

25. Il vend des abricots.

26. La campagne et les collines

27. Il décide de la consacrer à la science.

28. Edmond le Papillon

29. Ils parlent de qui va ouvrir les volets.

30. Ils jouent aux boules / à la pétanque.

31. "Robinson Crusoé"

32. Ils vont aller à la chasse.

33. La bartavelle

34. Parce que son père, qui est instituteur, devient élève, et c'est Jules le maître.

35. La bonne (the maid)

36. Il commence à douter du pouvoir absolu de son père.

37. Non, il n'avait jamais rien tué.

38. Ce n'est pas un concours; c'est simplement une promenade avec un fusil.

39. Lorsque c'est pour leur bien

40. Il lui dit qu'ils ne l'amèneront pas; le déjeuner est déjà préparé.

41. Il est déçu parce que son père et sa mère lui ont menti.

42. Il s'inquiète que son père n'entre sans gibier et l'oncle Jules avec beaucoup.

43. Il se perd.

44. Lili des Bellons

45. Ils se moque de Jules et Joseph parce qu'ils portent un béret et une casquette comme les gens de la ville.

46. Dans une hutte de berger

47. Marcel

48. Les bartavelles tuées par son père représentent cette gloire.

49. Le curé

50. Où se trouve une source

51. Ils regardent l'orage.

52. Un hibou, le grand duc

53. C'est la fin des grandes vacances.

54. Il veut être hermite.

55. Pour Joseph ce sont les élèves, pour tante Rose c'est le gaz, pour Jules c'est un cabinet confortable.

56. L'aventure

57. Pour se laver et se savonner

58. Il doit maîtriser l'orthographe.

59. De revenir l'année prochaine si Marcel fait des progrès à l'école.

60. La photo avec les bartavelles

LE CHÂTEAU DE MA MÈRE

Un film d'Yves Robert
D'après l'oeuvre de Marcel Pagnol

PERSONNAGES

Joseph: le père de Marcel
Augustine: la mère de Marcel
Marcel: le fils aîné
Paul: le frère de Marcel
Germaine: la soeur de Marcel
Tante Rose: la soeur d'Augustine
Oncle Jules: le mari de Tante Rose
Lili des Bellons: l'ami de Marcel
Monsieur Cassignol: le père d'Isabelle
Madame Cassignol: la mère d'Isabelle
Isabelle Cassignol: leur fille unique
Bouzigue: le garde
Madame la directrice: la directrice de l'école

Synopsis du film "Le Château de Ma Mère"

Dans "Le château de ma mère", Marcel Pagnol, le grand écrivain français continue à nous raconter ses souvenirs d'enfance. C'est la voix de Marcel adulte que le spectateur entend tout le long du film.

Marcel, enfant, avait rencontré l'amour de sa vie: les collines de la Provence. Son père avait reprit la vie vomme avant. Marcel rêvait des cigales et de ses collines.

Marcel est un très bon élève, et pour cette raison il est choisi pour défendre son école primaire dans le concours des bourses. Pour se préparer au concours Marcel est obligé d'aller à l'école le jeudi, et là tous ses professeurs l'aident à revoir ses leçons.

Un jeudi il décide d'aller à l'église car il n'est pas tout à fait sûr que Dieu n'existe pas. Là il sent l'appel des collines. Il a alors une idée qu'il partage avec son père; il lui propose d'aller vivre dans les collines où toute la famille avait été heureuse. Joseph dit alors à son fils qu'ils vont tous passer les vacances de Noël dans les collines.

La famille retrouve le chemin des grandes vacances. Marcel pense à son ami de la campagne Lili des Bellons. Arrivé à la maison Marcel est heureux de savoir que Lili les attend. La famille de Marcel invite Lili à célébrer avec eux la veille de Noël. Lili leur apprend que chez lui il ne célèbre pas la fête de Noël. L'oncle Jules leur fait une surprise en arrivant avec des cadeaux pour tout le monde. Il dit à Joseph qu'il avait prié pour lui à la messe de minuit. Après les vacances de Noël, Marcel sait qu'il doit partir et quitter ses chères collines, mais il compte les jours, les minutes et même les secondes jusqu'aux vacances de Pâques.

La famille revient donc à Pâques. Un jour, en allant chercher du thym pour sa maman, Marcel rencontre Isabelle qui l'impressionne par ses manières recherchées. Elle lui dit qu'elle lui permettra de la tutoyer s'il accepte de l'accompagner chez elle. Il retourne la revoir l'après-midi et il admire le fait qu'elle sait jouer du piano. Isabelle lui annonce fièrement que l'année prochaine elle compte se présenter au conservatoire. Elle lui demande de poser les oreilles contre le piano pour l'entendre jouer. Le père d'Isabelle est poète et Isabelle est très fière de lui. Le dimanche de Pâques, Marcel veut surprendre Isabelle à la sortie de la messe, et c'est là que Lili lui apprend que le père d'Isabelle a la réputation d'être soûlard. Isabelle joue avec Marcel à la reine et son chevalier. Le jeu consiste à ce que le chevalier obéisse à la reine sans questionner ses ordres. Paul, le jeune frère de Marcel, et Lili se cachent pour voir Marcel obéir aveuglément aux ses ordres de sa reine. Celle-là lui demande d'aboyer comme un chien et de croquer une sauterelle. Les parents de Marcel trouve ce genre de jeu inacceptable et humiliant et défendent à Marcel de voir Isabelle. Il désobéit à ses parents et va la revoir pour découvrir que son vrai nom est Isabelle Cassignol et non Isabelle de Montmajour; elle n'était donc pas noble comme elle le prétendait. En plus elle avait une mauvaise colique. Marcel découvre que sa reine n'est qu'une jeune fille bien confuse. Il revient à son ami Lili.

Augustine propose à son mari de revenir à la campagne chaque samedi. Joseph lui dit qu'il ne pourra pas lui offrir une voiture et que la marche dans les collines pour arriver à leur maison de campagne sera trop longue, surtout s'il doit rentrer le lundi matin au travail. Augustine a alors une idée: elle se lie d'amitié avec la femme du directeur du lycée et le résultat de cette nouvelle amitié est que l'emploi du temps de Joseph est changé par Monsieur le directeur, et qu'il est maintenant libre le lundi matin. C'est ainsi que tous les samedis la famille monte aux collines et fait une longue marche de neuf kilomètres pour arriver chez eux. Un samedi, en montant aux collines, ils rencontrent Bouzigue, un ancien élève de Joseph. Bouzigue surveille le canal et il propose à la famille de marcher le long du canal pour raccourcir leur chemin. Bouzigue a une clé pour ouvrir toutes les portes des propriétés qui donnent sur le canal. Le premier château appartient à un notaire qui vient au mois d'août. Bouzigue offre à Augustine la clé qui ouvre les portes des châteaux. Joseph hésite parce qu'il a honte d'aller chez des gens qu'il ne connaît pas. Sa famille lui dit qu'ils gagnent quatre heures en passant par les châteaux. Joseph a peur des gardes; en plus il sait que c'est contre les règles de passer par les propriétés d'autrui. Bouzigue finit par le convaincre en lui disant qu'il l'aiderait dans l'inspection du canal. Joseph finit par accepter l'offre de Bouzigue sachant qu'il pourra rendre service. Le samedi suivant la famille reprend le raccourci. Ils sont tous appréhensifs au dernier château parce que Bouzigue leur a dit que le garde du château est méchant et qu'il a un chien aussi méchant que lui qui s'appelle Mastoc. Chaque samedi Joseph prépare son courage pour rentrer dans l'illégalité. Et pourtant la traversée du premier château devient leur fête du samedi. Le propriétaire du château est très gentil avec Augustine et sa petite fille Germaine. Un jour il offre à Augustine un bouquet de roses.

Au mois de juin Marcel passe le concours des bourses et il est reçu. Cela lui permettra de rentrer dans un lycée. Les grandes vacances commencent. La famille se prépare à prendre leur chemin habituel. Ils sont gentiment accueillis par le propriétaire du premier château. Il passe par le deuxième château sans problème. Au dernier château ils découvrent que la porte est fermée par une chaine. Le méchant garde leur demande qui leur avait permis de passer par le château du baron. Il dit à Joseph qu'il lui fera un procès verbal, et que ce procès le ruinera. Augustine a eu tellement peur qu'elle s'évanouit. Joseph est très inquiet. Il va rendre visite à l'oncle Jules qui lui apprend qu'il vient d'entendre que Joseph avait reçu les palmes académiques. Il est fier mais toujours inquiet. Augustine pour le calmer lui dit qu'elle avait économisé 210 francs. Mais c'est Bouzigue qui sauve son ancien maître, en confisquant au garde la clé et le carnet de Joseph. Joseph est promu en troisième classe, ce qui permettra à la famille de s'acheter une voiture. Ils n'ont plus besoin de prendre le raccourci ou de passer par le château de la peur.

Le temps passe. Cinq ans plus tard Augustine meurt. Paul qui était chevrier est mort à l'âge de trente ans. Lili est mort à la guerre. Plus tard Marcel fonda une société de film en Provence. Le domaine qu'il a acheté pour sa société est le château qui avait marqué sa mère.

VOCABULAIRE

cigale (f)	cicada
olivier (m)	olive tree
colline (f)	hill
manières recherchées	refined ways
entraînement (m)	training
passoire (f)	strainer
entonnoir (m)	funnel
moulin café (m)	coffee grinder
râpe à fromage (f)	cheese grater
sauterelle (f)	grasshopper
figue (f)	fig
noisette (f)	hazelnut
amande (f)	almond
raisins secs (m)	raisins
serpent (m)	snake
rat (m)	rat
araignée (f)	spider
chevalier (m)	knight
colique (f)	stomachache
piqueur (m)	overseer
bagne (m)	prison
pressentiment (m)	prémonition
mastoc	heavyset
raccourci (m)	shortcut
s'évanouir	to faint
cambrioleur (m)	thief
recteur (m)	director
révocation (f)	cancellation of a decision
retraite (f)	retirement
palmes académiques (f)	high honor bestowed on civil servants
cadenas (m)	lock
intimidé	intimidated
se tutoyer	to use the familiar "tu"
se vouvoyer	to use the formal "vous"
soûlard	drunkard

QUESTIONS

For answers, see page 24.

1. Quel est l'amour de la vie de Marcel?

2. Qui sont les trois hommes d'Augustine?

3. A quel concours Marcel allait-il participer?

4. De quoi Marcel n'était-il pas tout à fait certain?

5. Où est-ce que Marcel propose à son père de vivre?

6. Où vont-ils passer les vacances de Noël?

7. A qui pensait Marcel?

8. Quelle fête est-ce que Lili ne célèbre pas chez lui?

9. Qui arrive la veille de Noël?

10. Pour qui est-ce que l'oncle Jules a prié?

11. Quand la famille reviendra-t-elle à la montagne?

12. Qui Marcel rencontre-t-il en allant chercher du thym pour sa maman?

13. Pourquoi est-ce qu'Isabelle lui permet de la tutoyer?

14. Quel instrument de musique Isabelle joue-t-elle?

15. A quoi va-t-elle se présenter l'année prochaine?

16. Où demande-t-elle à Marcel de poser les oreilles?

17. Que fait le père d'Isabelle?

18. Qu'est-ce que Marcel veut faire le dimanche de Pâques?

19. Quelle est la réputation du père d'Isabelle?

20. Qu'est-ce qu'Isabelle a fait manger à Marcel?

21. Quel est le vrai nom d'Isabelle de Montmajour?

22. Qu'est-ce qu'Augustine propose de faire tous les samedis?

23. Comment est-ce qu'Augustine arrange que Marcel soit libre le lundi matin?

24. Combien de kilomètres la famille fait-elle à pied?

25. Que propose Bouzigue pour raccourcir le chemin?

26. Combien de clés Bouzigue a-t-il pour ouvrir?

27. Quand le château du notaire est-il ouvert?

28. Qu'est-ce que Bouzigue offre à Augustine?

29. De quoi Joseph a-t-il honte?

30. Combien d'heures gagnent-ils en passant par les châteaux?

31. De quoi Joseph a-t-il peur?

32. Comment s'appelle la petite fille d'Augustine?

33. Comment s'appelaient les belles roses?

34. Quand a lieu le concours?

35. Qu'est-ce que Marcel obtient?

36. Qu'est-ce qui commence?

37. Comment s'appelle le méchant chien?

38. Qu'est-ce qui arrive dans le dernier château?

39. Qu'est-ce qui arrive à Augustine quand le garde menace Joseph?

40. Combien d'argent Augustine avait-elle économisé?

41. Qu'est-ce que Joseph reçoit?

42. Qu'est-ce que Bouzigue confisque au garde?

43. Dorénavant comment vont-ils monter la colline?

44. Qu'est-ce qui se passe après cinq ans?

45. Quel âge avait Paul quand il est mort?

46. Que fait Marcel plus tard dans sa vie?

47. Qu'est-ce qu'il achète pour fonder sa société de films?

Suggested questions for discussion:

a. Commentez sur le rêve de Marcel et son amour pour la nature. Avez-vous un endroit où vous rêvez de vivre?

b. Que pensez-vous d'Isabelle de Cassignol et de sa famille?

c. Expliquez le titre du film: "Le château de ma mère".

ANSWERS FOR "LE CHÂTEAU DE MA MÈRE"

1. Les collines de la Provence

2. Ses deux garçons et son mari

3. Il allait participer au concours des bourses.

4. Il n'était pas certain de l'existence de Dieu.

5. Il lui propose de vivre dans les collines.

6. Dans les collines

7. Il pensait à Lili des Bellons.

8. Il ne célèbre pas la fête de Noël chez lui.

9. L'oncle Jules arrive la veille de Noël.

10. Il a prié pour la famille de Joseph.

11. Elle reviendra à Pâques.

12. Il rencontre Isabelle.

13. Parce qu'elle a besoin de lui.

14. Elle joue du piano.

15. Elle va se présenter au conservatoire.

16. Elle lui demande de poser les oreilles contre le piano.

17. Il est poète.

18. Il veut saluer Isabelle.

19. Il a la réputation d'être soûlard.

20. Une sauterelle

21. Isabelle Cassignol

22. Elle propose de marcher dans les collines.

23. Elle a parlé à la directrice, et elle a arrangé avec elle que Joseph surveille les élèves le jeudi après-midi pour être libre le lundi.

24. Neuf kilomètres

25. Il leur propose de marcher le long du canal.

26. Il a une clé.

27. Au mois d'août

28. Il lui offre la clé qui ouvre la porte des châteaux.

29. Il a honte d'aller chez des gens qu'il ne connaît pas.

30. Ils gagnent quatre heures.

31. Il avait peur des gardes.

32. Elle s'appelle Germaine.

33. Les roses royales

34. Il a lieu en juin.

35. Il obtient une bourse pour entrer au lycée.

36. Les grandes vacances

37. Il s'appelle Mastoc.

38. La porte est fermée à clé.

39. Elle s'évanouit.

40. 210 francs

41. Il a reçu les palmes académiques.

42. La clé et le carnet

43. Par voiture

44. Augustine meurt.

45. Trente ans

46. Il fonda une société de film.

47. Il achète le château qui avait marqué sa mère.

For your third movie, "Uranus," a synopsis will not be included. Read the background provided on World War II; it will help you appreciate the movie.

URANUS

Un film de Claude Berri
L'histoire se déroule dans une petite ville de France en partie détruite par les bombardements. Au printemps en 1945 le Général Charles de Gaulle invite le pays à se ressaisir.

PERSONNAGES

Monsieur Archambaud: ingénieur
Madame Archambaud
Pierre: leur fils
Marie-Anne: leur fille
Lydie: leur petite fille
Monsieur René Gaigneux: travaille pour le parti communiste
Madame Gaigneux
Leurs deux petites filles
Le père Monglat: marchand de vin
Le fils Monglat
Léopold Lajeunesse: patron du bistro
Andréa Lajeunesse: femme de Léopold
Monsieur Watrin: professeur de collège

Charles Watrin, son fils: prisonnier de guerre dans un stalag
Monsieur Jourdan
Maxime Loin: collaborateur cherché par les communistes
Monsieur Rochard: employé de chemin de fer
Monsieur Mégrin: avocat de Léopold

LA DEUXIÈME GUERRE MONDIALE (1939-1945)

L'occupation allemande; les évènements qui la précèdent et la Libération

1934   Adolphe Hitler devient le chef de l'Etat allemand.

1938   Hitler annexe l'Autriche. Les Français protestent.

1939   (Premier septembre) Hitler signe un pacte de non-agression avec la Russie et les deux pays envahissent la Pologne. La France et l'Angleterre déclarent la guerre contre l'Allemagne.

1940   (Mai) L'aviation allemande bombarde Rotterdam, Hollande. Une armée allemande envahit la Belgique et la Hollande. Une autre armée allemande envahit le nord de la France.

1941   (Juin) L'armée allemande s'approche de Paris. Le gouvernement français se réfugie à Bordeaux.
        (22 juin) Le gouvernement français, avec le maréchal Pétain à sa tête, signe un Armistice avec l'Allemagne.
        (10 juillet) Le Parlement français vote le pouvoir au maréchal Pétain, et prononce sa propre dissolution.

L'occupation allemande (1941-1944)

La France a été divisée en deux zones: au nord, la "zone occupée", sous l'occupation allemande; Au sud, la "zone libre", officiellement indépendante et sous l'autorité du maréchal Pétain.

La guerre continue. Sous le commandement du Général de Gaulle, installé à Londres, s'étaient constituées les unités militaires de la France libre, appelée plus tard la "France Combattante". Ces régiments de volontaires, combattaient en Afrique du Nord, et en Italie, et, lors des débarquements alliés, en France.

Parallèlement à cet effort militaire basé à l'étranger, s'organisaient, sur le territoire français, des réseaux de résistance clandestine. Leurs membres ont commis des actes de sabotage, luttant contre l'ennemi, souvent au prix de leur vie pour la libération de leur patrie.

Les quatre ans de l'Occupation allemande comptent parmi les plus douloureuses de l'histoire de France.

La Libération

Le 6 juin, 1944, après des bombardements intenses, le général américain Eisenhower a fait débarquer en Normandie une armée anglo-américaine qui a vaincu l'armée allemande et a libéré le nord-ouest de la France. Le 23 août, Paris a été libérée. La lutte a continué à l'est du pays pendant l'hiver 1944-1945 et, au printemps, les Allemands ont quitté la France.

Le maréchal Pétain a été condamné à mort en 1945, mais sa peine a été commuée en détention perpétuelle. Il est mort en 1951.

Hitler s'est suicidé quand les troupes alliées ont envahi Berlin.

While France was under German occupation during World War II, the French were a divided people: some followed the leader Maréchal Pétain whose Vichy government had collaborated with the Nazis; others joined the Resistance and claimed General de Gaulle as their leader; yet most, simply trying to survive, swore no political allegiance.

After the liberation it was often difficult to ascertain which side one's neighbor had been on.

In villages where the Communists had assumed power, sniffing out Nazi collaborators was foremost on the agenda.

Printemps, 1945. L'histoire se déroule dans une petite ville de France en partie détruite par les bombardements. Le Général de Gaulle invite le pays à se ressaisir: *"Croyez-moi, rien n'est perdu pour la France. Les mêmes moyens qui nous ont vaincus peuvent faire venir un jour la victoire."*

La philosophie de Monsieur Watrin qui évoque l'idée principale du film se résume dans les citations suivantes:

"Il y a des époques où le meurtre devient un devoir et d'autres [époques] qui commandent l'hypocrisie."

"Le monde est très bien fait. Il y a dans l'homme des ressources qui ne risquent pas de se perdre."

"C'était une belle nuit du mois d'août. J'étais couché dans mon lit, j'attendais le sommeil en feuilletant un ouvrage de vulgarisation traitant d'astronomie. J'en étais à Uranus quand la première vague est arrivée. Les murs vacillent, les carreaux tombent, la lumière s'éteint. Une explosion plus proche, plus violente, arrache la maison, déchire les murs de la chambre sous une pluie de pierre et de gravas. Moi, je reste recroquevillé, les deux mains aggravées au bord du matelas. Et puis la vague passe, s'éloigne. J'entends des hurlements de blessés, et il y a le ciel au-dessus de moi, un beau ciel profond, plein d'étoiles. J'ai dû m'endormir peu après ou bien m'évanouir. Le matin à l'aube les gens m'ont aperçu, couché dans mon lit au deuxième étage sur un morceau de plancher que l'explosion avait épargné."

"J'ai assisté à votre sauvetage. Ça n'a pas été une petite affaire."

"Ma femme, elle, était morte dans le bras du receveur des postes, et depuis tous les soirs à onze heures et quart, c'est l'heure à laquelle le bombardement avait commencé, je suis saisi d'un affreux vertige. Le souvenir de cette lecture m'assaille. Malheureuse planète, astre sombre, roulant en marche de l'infini. Je sens peser en moi la présence réelle d'Uranus. Astre sombre et glacé pèse sur tous les points de mon être. Cette masse écrasante de noir, de négatif, de désespoir, de désolation, d'abandon, comme un mauvais rêve. Et pourtant quelle réalité! Et combien fidèle et ponctuelle. Tous les soirs à onze heures et quart le combat recommence à travers mon sommeil, toute la nuit jusqu'à mon réveil, jusqu'à la délivrance du matin. Et quand je rouvre les yeux je retrouve enfin la terre, je reviens dans la patrie des fleurs, des rivières et des hommes.

Qu'elle est belle la terre! Qu'elle est belle avec ses ciels changeants, ses océans bleus, ses continents, ses îles, ses promontoires. Et toute la vie toute la sève, qui frémit dans sa ceinture et qui monte dans l'air et la lumière. Mon cher Archambaud, je vous vois sourire, mais moi, quand mon réveil me délivre, je suis comme le premier homme au matin du monde, dans le premier jardin mon cœur se gonfle d'admiration, de joie de reconnaissance. Je pense aux forêts, aux bêtes, aux corolles, aux éléphants, aux bons éléphants, aux hommes, on ne peut rien penser de plus beau, de plus doux que les hommes. Leurs guerres, leurs camps de concentration, leurs oeuvres de justice, moi, je les vois comme des espiègleries, des turbulences. C'est qu'ils n'ont pas de chanson pour leur douleur, leur égoisme, leur hypocrisie."

L'égoisme d'un homme est tout aussi adorable que celui d'un papillon ou d'un écureuil. Rien n'est mauvais dans l'homme..."

A la fin du film Watrin conclue:

"N'empêche que les hommes sont des créatures admirables, Archambaud. Quand un homme ne vivrait au monde que pour voir une seule fois une marguerite, il n'aurait pas perdu son temps. Et il y a les bêtes, les éléphants, les bons éléphants et les communistes...Uranus.....Uranus..."

VOCABULAIRE ET LOCUTIONS

éviter	to avoid
parti (m)	political party
gendarme (m)	policeman
trahir	to betray
se rendre	to surrender
se méfier	to be on your guard
marché noir (m)	black market
patron (m)	boss, owner
ventre (m)	gut
bonheur (m)	happiness
mandat (m)	warrant
Andromaque	tragédie de Racine
soupçonner	to suspect
vendu (m)	person who sells out
confisquer	to confiscate
indicateur (m)	informer
hurlement (m)	scream
coupable	guilty
tonneau (m)	barrel
ricaner	to laugh sneeringly
mairie (f)	town hall
dénoncer	to inform against
régal (m)	treat
mouche (f)	fly
papillon (m)	butterfly
mépris (m)	contempt, scorn
haine (f)	hate
menteur (m)	liar
lieu sûr (m)	safe place
assassin (m)	murderer
les soucis (m)	worries
reconnaissance (f)	gratitude
témoin (m)	witness
traître (m)	traitor
blessé (m)	wounded person

hurler	to scream
culpabilité (f)	guilt
fillette (f)	sissy
Je m'en fous!	I don't give a darn!
Il va nous rester sur les bras.	He's our responsibility.
Allons! or *Allez!*	Come on!
Mon vieux.	My old buddy.
Je ne peux plus	I can't stand it any longer.
On y va?	Ready? Ready to go?
A bas…!	Down with…!
C'est un régal.	It's a pleasure.
Soyez (sois) sage.	Be good. Behave.
Je me dégoûte.	I'm disgusted.
Être à la retraite	to be retired
Mettre quelqu'un à la porte	to kick someone out
Faire des économies	to save money
Ça me régale.	That makes me laugh.
Détendez-vous.	Relax.
Avoir pitié de quelqu'un	to feel sorry for someone
Ne vous dérangez pas.	Don't let me disturb you.

VOCABULAIRE DE LA DEUXIÈME GUERRE EN FRANCE

L'occupation	refers to the German occupation of northern France
Le Prolé (le Prolétariat)	la classe ouvrière, ou un membre de cette classe, un terme marxiste
un résistant	one who resisted the German occupiers
un collabo	one who collaborated with the German occupiers
un coco	a "Commie" or Communist
un boche	a "Kraut" or German
un gaulliste	partisan of Général de Gaulle; he resisted the Nazis and the Communists during the war, he was not a collabo, nor a Communist, nor a socialist
le maquis	term, originating in Corsica, referring to the Resistance ("le maquis" is thick undergrowth where people could hide)
un stalag	a German prison camp

Les personnages qui ont appartenau à la Resistance / au Maquis:

- Ils sont peut-être gaullistes ou socialistes.
- Ce qu'ils ont en commun, c'est leur victoire pénible contre les Nazis.
- A la fin de la guerre, chaque faction lutte d'une manière violente. Le but était de contrôler leur petite ville et, plus tard, le gouvernement de la France.
- Quoiqu'ils luttent parmi eux, ils ont un ennemi commun: les collaborateurs.

Jourdan: petit bourgeois qui n'a jamais souffert, un intellectuel, un organisateur du parti communiste, un idéologue qui n'a jamais tué pour la cause.

Rochard: il a un passé violent. Il a servi le parti communiste; selon Jourdan c'est un vrai révolutionnaire.

Gaigneux: indicateur. Il préfère gagner le pouvoir politique pour les communistes via les élections. Il n'aime pas la violence.

Le fils Monglat: un traître qui a coopéré avec la Résistance pour couvrir les activités de son père qui était collaborateur.

Les raisons de ceux qui ont collaboré avec les Nazis:

- Leur peur et leur haine des communistes
- Leur certitude qu'ils pourraient mieux survivre (eux et leur famille) s'ils coopéraient avec l'ennemie
- Leur foi qu'ils s'enrichiraient énormément en aidant l'ennemi
- Leur déception avec le gouvernement de la troisième République (1871-1940)
- Leur espoir que si les Nazis gagnaient, ils joueraient un rôle puissant dans la nouvelle société et le nouveau gouvernement
- A l'époque du film (1945) les collabos étaient accusés d'avoir trahi leur patrie, et les résistants les cherchent partout, les dénoncent, et veulent les punir à tout prix

Le père Monglat: un ancien marchand de vin qui a gagné 800 milliards de francs en collaborant avec les Nazis. Il est si riche qu'il peut contrôler les communistes et les collaborateurs. Il peut acheter sa sécurité.

Maxime Loin: un idéaliste qui croit profondément aux causes. Il est journaliste et milicien pour les Nazis. Il dirigeait un journal sous l'occupation et explique que si on était anti-communiste pendant l'occupation, la seule vraie patrie était l'Allemagne. Il avait collaboré. "Dans l'horreur, toutes les idées se valent". Une fois la guerre perdue, il devient un homme traqué: son sacrifice est inévitable. C'était un ami d'enfance de Gaigneux.

Les personnages neutres:

- Est-ce qu'on peut vraiment être neutre?
- Ou est-ce de l'hypocrisie? Watrin dit que la majorité des hommes sont hypocrites.
- Ces personnages ont-ils réussi à cacher leur passé?
- Ou est-ce qu'ils ne se sont jamais souciés des causes politiques?

Archambaud: a des tendances neutres; au fond c'est un homme altruiste—peut-être un gaulliste; il cache Maxime Loin.

Watrin: le plus neutre; c'est un homme qui découvre qu'il aime profondément la vie.

Léopold: n'a aucune cause; il a accommodé les deux groupes pour que son bistro reste ouvert; son vin, sa poésie, et sa femme sont ce qu'il y a de plus important pour lui.

QUESTIONS

For answers, see page 36.

1. Comment s'appelait le président de la république française sous l'occupation?

2. Comment s'appelait le président de la république après l'occupation?

3. Qui les gendarmes cherchent-ils?

4. Quelle étaient la profession de Maxime Loin sous l'occupation?

5.   Dans le bistro, de quoi accuse-t-on Monsieur Watrin?

6.   Quel est le travail de Monsieur Watrin?

7.   Quelle œuvre Monsieur Watrin enseigne-t-il à ses élèves?

8.   Pourquoi l'école se trouve-t-elle dans le bistro de Léopold?

9.   De quoi les agents communistes accusent-ils Léopold?

10. Combien de syllabes y a-t-il dans les vers de Racine? Comment appelle-t-on ce vers?

11. Qui a indiqué aux gendarmes qu'il avait vu Maxime Loin dans la cuisine de Léopold?

12. Quand la ville a-t-elle été bombardée?

13. Léopold pense qu'il est_____?

14. Qu'est-ce qui arrive à Monsieur Watrin chaque nuit à 11h 15?

15. A quoi pense-t-il?

16. Qu'est-ce qu'il retrouve le matin quand il ouvre les yeux?

17. A qui pense-t-il quand le réveil le délivre?

18. Monsieur Watrin trouve que rien n'est mauvais dans_____.

19. A quel parti appartient Rochard?

20. Pourquoi Gaigneux veut-il retirer à Rocard sa carte du parti?

21. De quoi Gaigneux accuse-t-il Jourdan?

22. Pourquoi est-il difficile et dangereux pour Archambaud de garder Maxime Loin?

23. Qui dénonce Léopold au parti?

24. Comment le père Monglat a-t-il accumulé son argent pendant la guerre?

25. Qu'est-ce que le fils Monglat propose à son père d'acheter?

26. Qu'est-ce que Maxime décide de faire?

27. Qui est-ce qu'on arrête?

28. En prison, de quoi Léopold a-t-il besoin?

29. D'après Jourdan, quelles sont les réalités de leur époque?

30. Watrin demande à Jourdan de se méfier de _____.

31. Qui remplace Léopold dans le bistro? Pourquoi le fait-il?

32. Que demande Gaigneux à Jourdan?

33. Qui Léopold insulte-t-il la nuit?

34. Que propose Andréa, la femme de Léopold?

35. Qui revient de la guerre?

36. Pourquoi est-ce que les jeunes communistes attaquent Gallien quand le maire accueille les jeunes soldats?

37. Que propose le fils Monglat à Marie-Anne?

38. De quoi le fils Monglat accuse-t-il son père?

39. Qu'est-ce qui fait plaisir au père Monglat?

40. Qui découvre Maxime Loin?

ANSWERS FOR "URANUS"

1. Le Maréchal Pétain

2. Le Général Charles de Gaulle

3. Maxime Loin

4. Il dirigeait un journal.

5. On l'accuse d'avoir collaboré avec l'ennemi.

6. Il est professeur de collège.

7. Il enseigne *Andromaque* une pièce de Jean Racine.

8. Parce qu'on a bombardé l'école.

9. Il l'accuse de cacher Maxime Loin.

10. Il y a 12 syllabes. On appelle ce vers un Alexandrin.

11. Rochard

12. 1944

13. poète

14. Il pense à la nuit où son appartement a été bombardé.

15. Il pense à Uranus, une masse noire qui pèse sur tout son être.

16. La terre, la patrie des fleurs, des rivières et des hommes.

17. Aux hommes

18. L'homme

19. Le parti communiste

20. Parce qu'on ne peut plus avoir confiance en Rocard. Il est violent.

21. Il l'accuse d'être un petit bourgeois qui n'a aucune expérience réelle.

22. Il risque sa vie en hébergeant un collaborateur.

23. Rochard

24. Il a accumulé des marchandises pour les vendre après la guerre.

25. Il lui propose d'acheter des tableaux de Picasso.

26. Il décide de se rendre aux gendarmes.

27. Léopold

28. Il a besoin de son vin.

29. Le mépris et la haine

30. ses transports, de haine, et de fureur.

31. Rochard. Il dit qu'il avait fait du tort à Léopold et qu'il était son ami.

32. D'expulser Rochard du parti communiste.

33. D'aller se cacher quelque part pour échapper à ceux que Léopold avait insulté.

34. Le fils de Watrin

35. D'avoir collaboré avec les Allemands quand il était au stalag.

36. De l'épouser

37. D'avoir assassiné Léopold

38. La souffrance des autres

39. Gaigneux

READING COMPREHENSION

Practice Strategies

When preparing for the AP French Language Exam, you should work on developing the ability to understand spoken French in a variety of contexts. Reading French newspaper and magazine articles will help you to develop a rich vocabulary. Most AP courses offer their students subscriptions to French magazines. Reading articles on a regular basis will make you less dependent on a dictionary and improve your fluency.

You should also read literary texts to gain an understanding of the different registers of language such as formal/informal, colloquial, literary/familiar. Reading literary texts such as novels, essays, and short stories in their original form will help you acquire a better understanding of the French culture; in addition you will be able to recognize different styles as well as develop a larger vocabulary and better grammatical structure. The reading material could be used for the following activities:

- Giving brief summaries
- Making an outline
- Paraphrasing the article
- Explaining or criticizing
- Conceptualizing

When reading, it is important to remember to extract the principal ideas by guessing the meaning of the words from their context and to use what you already know to determine the information without resorting to word for word translation. Use the dictionary only as a means for verification after you have tried to guess the meaning of the word contextually. This guessing approach will help you "think in French," which after a while will become a natural process to you.

WRITING

Practice Strategies

On this part of the examination, you must show your ability to express ideas in written French, showing precision and variety in your choice of vocabulary and verb tenses. You are also asked to show your knowledge of French language structure by filling in omitted words or verb forms within paragraphs.

To develop writing proficiency, you should learn to keep a journal in French. Keep the following guidelines in mind:

- Make it a fictitious journal.
- Ask your teacher to help you correct it.
- Make sure to go over the corrections.
- Rewriting is essential in a foreign language.
- Learn to look at your grammatical errors in context.
- Learn to categorize your mistakes.
- Do not limit yourself to simple narration; practice writing expressively.
- Practice expressing yourself in a variety of styles: descriptive, informative, persuasive.

Your notes will become your own grammar text, a text that will make more sense to you because it will answer your need to improve your structures. Old AP compositions are published. Practice writing them. The compositions on the exam are evaluated for grammar/ vocabulary, style, idomatic usage, organization, and content. Try to think in French when writing. Remember, French is not a translation of the English language. Do not begin by writing your ideas in English. Learn to use *des tournures de phrases françaises*. Keep a vocabulary notebook in which you write new words and idioms; refer to your notebook when you write your journal. Your journal should become your writing laboratory to help you practice newly acquired vocabulary, as well as help you with grammar and verb tenses.

Remember, whether you are writing in French or in English you must always follow the principles of good writing that require a clear focus, logical development, and supportive materials to reinforce the ideas in the essay. A composition that fails to communicate ideas is of little value regardless of its form.

COMPOSITION FORMAT

Use the following format for your composition:

Introduction: A strong concise paragraph to introduce your topic

Body paragraph I: Main idea in a topic sentence (general view of the subject)

a.
b. } Two supporting details

Body paragraph II: Main idea in a topic sentence (the different biases)

a.
b. } Two more supporting details

Body paragraph III: Main idea in a topic sentence (concrete evidence)

a.
b. } Two more supporting details

Conclusion: Summarize the main idea or position of your composition.

Learning to use good transitional words between topics is an important writing skill. It will enable you to arrive at thoughtful concluding statements that summarize the main ideas in your essay.

Vocabulary

Remember also that quality does not only mean grammatical correctness; it also means a rich vocabulary, including idiomatic expressions and structures. To develop a diversity of vocabulary and grammatical structure in your essays, incorporate in your writing vocabulary items such as: *tandis que* (on the other hand), *d'ailleurs* (as a matter of fact), *pour commencer* (to begin with), *cela dit* (having said this), etc. The two sections of this book entitled Linking Terms (*Termes de Cohérence*) and French Words Often Mistranslated will help you polish your writing.

SPEAKING

On the speaking part of the AP French Language Examination, you will be asked to look at a series of pictures and then to answer questions based on those pictures. The questions are printed in the test booklet and also heard on a master tape. You may be asked to tell the story presented in the pictures, or to comment on the content of the pictures, or to discuss a topic suggested by the pictures.

You will be given 60 seconds to respond to each of the questions. The tapes are later scored by school and college French teachers serving as examination readers.

You will be required to demonstrate the ability to express ideas accurately with reasonable fluency, using correct pronunciation, intonation, and structure.

How to Build Fluency   The time needed to build up your fluency will depend greatly on your motivation.

1. Speak in French whenever possible: in class, with friends who take French, and if possible, with native speakers.
2. A language laboratory can improve your speech. It will give you the opportunity to repeat after a native speaker.
3. Videocassettes are very effective in showing motion and speech together. It is not difficult to obtain French videocassettes. If you own a multisystem VCR you can watch videocassettes made in France. The videocassettes "Vivre en France" by TFI will show you not only different patterns of speech but will also teach you a great deal about French culture.
4. Memorizing poetry can prove to be very valuable in helping you feel rhythm, intonation, and rhymes.
5. Pronunciation exercises are also very important. A variety of software is now available for French students to help with pronunciation. The pronunciation exercises are very effective because the computer is nonthreatening and allows numerous repetitions.

Chapter 2 Answer Sheet

LISTENING COMPREHENSION

Exchanges

1. Ⓐ Ⓑ Ⓒ Ⓓ	16. Ⓐ Ⓑ Ⓒ Ⓓ	31. Ⓐ Ⓑ Ⓒ Ⓓ	46. Ⓐ Ⓑ Ⓒ Ⓓ	61. Ⓐ Ⓑ Ⓒ Ⓓ
2. Ⓐ Ⓑ Ⓒ Ⓓ	17. Ⓐ Ⓑ Ⓒ Ⓓ	32. Ⓐ Ⓑ Ⓒ Ⓓ	47. Ⓐ Ⓑ Ⓒ Ⓓ	62. Ⓐ Ⓑ Ⓒ Ⓓ
3. Ⓐ Ⓑ Ⓒ Ⓓ	18. Ⓐ Ⓑ Ⓒ Ⓓ	33. Ⓐ Ⓑ Ⓒ Ⓓ	48. Ⓐ Ⓑ Ⓒ Ⓓ	63. Ⓐ Ⓑ Ⓒ Ⓓ
4. Ⓐ Ⓑ Ⓒ Ⓓ	19. Ⓐ Ⓑ Ⓒ Ⓓ	34. Ⓐ Ⓑ Ⓒ Ⓓ	49. Ⓐ Ⓑ Ⓒ Ⓓ	64. Ⓐ Ⓑ Ⓒ Ⓓ
5. Ⓐ Ⓑ Ⓒ Ⓓ	20. Ⓐ Ⓑ Ⓒ Ⓓ	35. Ⓐ Ⓑ Ⓒ Ⓓ	50. Ⓐ Ⓑ Ⓒ Ⓓ	65. Ⓐ Ⓑ Ⓒ Ⓓ
6. Ⓐ Ⓑ Ⓒ Ⓓ	21. Ⓐ Ⓑ Ⓒ Ⓓ	36. Ⓐ Ⓑ Ⓒ Ⓓ	51. Ⓐ Ⓑ Ⓒ Ⓓ	66. Ⓐ Ⓑ Ⓒ Ⓓ
7. Ⓐ Ⓑ Ⓒ Ⓓ	22. Ⓐ Ⓑ Ⓒ Ⓓ	37. Ⓐ Ⓑ Ⓒ Ⓓ	52. Ⓐ Ⓑ Ⓒ Ⓓ	67. Ⓐ Ⓑ Ⓒ Ⓓ
8. Ⓐ Ⓑ Ⓒ Ⓓ	23. Ⓐ Ⓑ Ⓒ Ⓓ	38. Ⓐ Ⓑ Ⓒ Ⓓ	53. Ⓐ Ⓑ Ⓒ Ⓓ	68. Ⓐ Ⓑ Ⓒ Ⓓ
9. Ⓐ Ⓑ Ⓒ Ⓓ	24. Ⓐ Ⓑ Ⓒ Ⓓ	39. Ⓐ Ⓑ Ⓒ Ⓓ	54. Ⓐ Ⓑ Ⓒ Ⓓ	69. Ⓐ Ⓑ Ⓒ Ⓓ
10. Ⓐ Ⓑ Ⓒ Ⓓ	25. Ⓐ Ⓑ Ⓒ Ⓓ	40. Ⓐ Ⓑ Ⓒ Ⓓ	55. Ⓐ Ⓑ Ⓒ Ⓓ	70. Ⓐ Ⓑ Ⓒ Ⓓ
11. Ⓐ Ⓑ Ⓒ Ⓓ	26. Ⓐ Ⓑ Ⓒ Ⓓ	41. Ⓐ Ⓑ Ⓒ Ⓓ	56. Ⓐ Ⓑ Ⓒ Ⓓ	71. Ⓐ Ⓑ Ⓒ Ⓓ
12. Ⓐ Ⓑ Ⓒ Ⓓ	27. Ⓐ Ⓑ Ⓒ Ⓓ	42. Ⓐ Ⓑ Ⓒ Ⓓ	57. Ⓐ Ⓑ Ⓒ Ⓓ	72. Ⓐ Ⓑ Ⓒ Ⓓ
13. Ⓐ Ⓑ Ⓒ Ⓓ	28. Ⓐ Ⓑ Ⓒ Ⓓ	43. Ⓐ Ⓑ Ⓒ Ⓓ	58. Ⓐ Ⓑ Ⓒ Ⓓ	73. Ⓐ Ⓑ Ⓒ Ⓓ
14. Ⓐ Ⓑ Ⓒ Ⓓ	29. Ⓐ Ⓑ Ⓒ Ⓓ	44. Ⓐ Ⓑ Ⓒ Ⓓ	59. Ⓐ Ⓑ Ⓒ Ⓓ	74. Ⓐ Ⓑ Ⓒ Ⓓ
15. Ⓐ Ⓑ Ⓒ Ⓓ	30. Ⓐ Ⓑ Ⓒ Ⓓ	45. Ⓐ Ⓑ Ⓒ Ⓓ	60. Ⓐ Ⓑ Ⓒ Ⓓ	75. Ⓐ Ⓑ Ⓒ Ⓓ

Dialogues

1. 1. Ⓐ Ⓑ Ⓒ Ⓓ	5. 1. Ⓐ Ⓑ Ⓒ Ⓓ	9. 1. Ⓐ Ⓑ Ⓒ Ⓓ
2. Ⓐ Ⓑ Ⓒ Ⓓ	2. Ⓐ Ⓑ Ⓒ Ⓓ	2. Ⓐ Ⓑ Ⓒ Ⓓ
3. Ⓐ Ⓑ Ⓒ Ⓓ	3. Ⓐ Ⓑ Ⓒ Ⓓ	3. Ⓐ Ⓑ Ⓒ Ⓓ
4. Ⓐ Ⓑ Ⓒ Ⓓ	4. Ⓐ Ⓑ Ⓒ Ⓓ	4. Ⓐ Ⓑ Ⓒ Ⓓ
2. 1. Ⓐ Ⓑ Ⓒ Ⓓ	6. 1. Ⓐ Ⓑ Ⓒ Ⓓ	10. 1. Ⓐ Ⓑ Ⓒ Ⓓ
2. Ⓐ Ⓑ Ⓒ Ⓓ	2. Ⓐ Ⓑ Ⓒ Ⓓ	2. Ⓐ Ⓑ Ⓒ Ⓓ
3. Ⓐ Ⓑ Ⓒ Ⓓ	3. Ⓐ Ⓑ Ⓒ Ⓓ	3. Ⓐ Ⓑ Ⓒ Ⓓ
4. Ⓐ Ⓒ Ⓒ Ⓓ	4. Ⓐ Ⓑ Ⓒ Ⓓ	4. Ⓐ Ⓑ Ⓒ Ⓓ
3. 1. Ⓐ Ⓑ Ⓒ Ⓓ	7. 1. Ⓐ Ⓑ Ⓒ Ⓓ	11. 1. Ⓐ Ⓑ Ⓒ Ⓓ
2. Ⓐ Ⓑ Ⓒ Ⓓ	2. Ⓐ Ⓑ Ⓒ Ⓓ	2. Ⓐ Ⓑ Ⓒ Ⓒ
3. Ⓐ Ⓑ Ⓒ Ⓓ	3. Ⓐ Ⓑ Ⓒ Ⓓ	3. Ⓐ Ⓑ Ⓒ Ⓓ
4. Ⓐ Ⓑ Ⓒ Ⓓ	4. Ⓐ Ⓑ Ⓒ Ⓓ	4. Ⓐ Ⓑ Ⓒ Ⓓ
4. 1. Ⓐ Ⓑ Ⓒ Ⓓ	8. 1. Ⓐ Ⓑ Ⓒ Ⓓ	12. 1. Ⓐ Ⓑ Ⓒ Ⓓ
2. Ⓐ Ⓑ Ⓒ Ⓓ	2. Ⓐ Ⓑ Ⓒ Ⓓ	2. Ⓐ Ⓑ Ⓒ Ⓓ
3. Ⓐ Ⓑ Ⓒ Ⓓ	3. Ⓐ Ⓑ Ⓒ Ⓓ	3. Ⓐ Ⓑ Ⓒ Ⓓ
4. Ⓐ Ⓑ Ⓒ Ⓓ	4. Ⓐ Ⓑ Ⓒ Ⓓ	4. Ⓐ Ⓑ Ⓒ Ⓓ

Dialogues

13. 1. Ⓐ Ⓑ Ⓒ Ⓓ
    2. Ⓐ Ⓑ Ⓒ Ⓓ
    3. Ⓐ Ⓑ Ⓒ Ⓓ
    4. Ⓐ Ⓑ Ⓒ Ⓓ

14. 1. Ⓐ Ⓑ Ⓒ Ⓓ
    2. Ⓐ Ⓑ Ⓒ Ⓓ
    3. Ⓐ Ⓑ Ⓒ Ⓓ
    4. Ⓐ Ⓒ Ⓒ Ⓓ

15. 1. Ⓐ Ⓑ Ⓒ Ⓓ
    2. Ⓐ Ⓑ Ⓒ Ⓓ
    3. Ⓐ Ⓑ Ⓒ Ⓓ
    4. Ⓐ Ⓑ Ⓒ Ⓓ

16. 1. Ⓐ Ⓑ Ⓒ Ⓓ
    2. Ⓐ Ⓑ Ⓒ Ⓓ
    3. Ⓐ Ⓑ Ⓒ Ⓓ
    4. Ⓐ Ⓑ Ⓒ Ⓓ

17. 1. Ⓐ Ⓑ Ⓒ Ⓓ
    2. Ⓐ Ⓑ Ⓒ Ⓓ
    3. Ⓐ Ⓑ Ⓒ Ⓓ
    4. Ⓐ Ⓑ Ⓒ Ⓓ

18. 1. Ⓐ Ⓑ Ⓒ Ⓓ
    2. Ⓐ Ⓑ Ⓒ Ⓓ
    3. Ⓐ Ⓑ Ⓒ Ⓓ
    4. Ⓐ Ⓑ Ⓒ Ⓓ

19. 1. Ⓐ Ⓑ Ⓒ Ⓓ
    2. Ⓐ Ⓑ Ⓒ Ⓓ
    3. Ⓐ Ⓑ Ⓒ Ⓓ
    4. Ⓐ Ⓑ Ⓒ Ⓓ

20. 1. Ⓐ Ⓑ Ⓒ Ⓓ
    2. Ⓐ Ⓑ Ⓒ Ⓓ
    3. Ⓐ Ⓑ Ⓒ Ⓓ
    4. Ⓐ Ⓑ Ⓒ Ⓓ

21. 1. Ⓐ Ⓑ Ⓒ Ⓓ
    2. Ⓐ Ⓑ Ⓒ Ⓓ
    3. Ⓐ Ⓑ Ⓒ Ⓓ
    4. Ⓐ Ⓑ Ⓒ Ⓓ

22. 1. Ⓐ Ⓑ Ⓒ Ⓓ
    2. Ⓐ Ⓑ Ⓒ Ⓓ
    3. Ⓐ Ⓑ Ⓒ Ⓓ
    4. Ⓐ Ⓑ Ⓒ Ⓓ

23. 1. Ⓐ Ⓑ Ⓒ Ⓓ
    2. Ⓐ Ⓑ Ⓒ Ⓓ
    3. Ⓐ Ⓑ Ⓒ Ⓓ
    4. Ⓐ Ⓑ Ⓒ Ⓓ

CHAPTER 2 Listening

GENERAL INFORMATION

Listening skills are tested in two ways on the examination.

1. To begin with, students are asked to listen to a series of brief exchanges between two speakers (generally a man and a woman). The exchanges are recorded and are spoken twice, after which students choose the most appropriate rejoinder from the four choices printed in their test booklets.
2. In the second portion of the listening part of the examination, students listen to recorded dialogues or brief monologues. After each dialogue or monologue they are asked questions on the tape about what they just heard. The questions following the dialogues are spoken twice.

The language used in the exchanges and the dialogues is standard colloquial French. It is spoken at normal speed with clear articulation. The conversations take place between educated native speakers, and the exchanges and dialogues are drawn from everyday life. There is an effort on the part of the AP French Committee to avoid the use of specialized or technical vocabulary.

You must master the following skills in order to do well on this portion of the examination:

- You are required to understand some fairly complex structures, such as passive voice construction and tense usage.
- You should possess a fairly broad vocabulary.
- You should be able to capture some overtones conveyed by the spoken language, such as humor and irony.

The following activities should help you with this section:

Suggested Activities
- Listen to French songs. Try to write down the words you hear and look up the words you do not understand. Make it a point to try to write down all the lyrics to the song. French cassettes and CDs are widely available. Some singers are easier to follow than others. Among the ones that pay particular attention to the

lyrics of their songs are: Charles Aznavour, Céline Dion, Adamo, Georges Brassens, Jacques Brel, Edith Piaf, Dalida, Plume Latraverse, and Christophe. It is, however, a matter of taste and you may enjoy French rap music or rock and roll. Spending five or ten minutes a day listening to French songs and making an effort to understand the lyrics over a period of a year or two, will most definitely improve your listening ability.

- Ask your teacher for recorded materials and radio programs. Invest in a CD or cassette player in order to take home listening comprehension exercises. Listen to the CDs or cassettes in the car or before you go to bed. If you do this exercise regularly you will facilitate your aural discrimination and will improve your ability to pick up ideas presented orally.

- French videotapes and French films are also very helpful listening tools (as discussed in Chapter 1). French films are now widely available in video stores. Rent a French movie, gather together a group of friends, put masking tape over the subtitles, and enjoy the exercise. It helps to try and write down some of the dialogues to test your listening comprehension.

While doing the preceding activities, you may come across vocabulary that you are not familiar with. Do not try to understand every single word; this will make the activity tedious and it will take a lot of time. Instead, learn to go around words that you do not understand; inevitably you will encounter words in this section of the examination that you will not have seen before. The idea is to train yourself to understand the general meaning.

Strategies

The following are some strategies for you to use in this section:

1. Start by quickly reading the multiple-choice answers to get an idea of what the topic is about.
2. Listen for key words (nouns and verbs) that indicate what is happening.
3. Once you have established what the topic is about, try to listen for information that answers the questions *who, what, when.*
4. Try to note this information as you hear it; this will help you to remember it better as you answer the questions.
5. Listen for information about:
   - how something is done

•the reasons for what is happening
•the purpose of the exchange or the dialogue.

This information will answer the questions *how*, *why*, and *what for.*

6. If you have difficulty understanding the tape, read the tape-script and check the vocabulary that you did not understand. Remember you should not try to translate the entire conversation. Focus instead on the main ideas communicated.

   To increase your vocabulary, listen often to your tapes.

7. Listen to the instructions on your tape.
8. Look at the multiple-choice questions.
9. Mark your answers on the answer sheet.
10. If you make several mistakes, refer to the section entitled "Listening Vocabulary" on pages 58–61.

Bonne chance, mes amis!

EXCHANGES

> The exchanges you will hear on the CD will be spoken twice. Choose the most appropriate rejoinder from the four choices printed below and mark your answers on the answer sheet. Then check your answers on page 76. You will be given 12 seconds to answer each question.

CD1
Tracks 1–15

1. (A) Oui, en Province il n'y a pas les avantages de la ville.
   (B) Bien entendu, j'aime les cafés et la foule dans les rues.
   (C) Oh! moi, les petites bêtes m'ont toujours fait peur.
   (D) Mais le calme et l'air frais seront excellents pour ma santé.

2. (A) J'étais dans le magasin de fourrure avec ma femme.
   (B) J'étais sur une place de livraison devant le supermarché.
   (C) J'étais avec mes amis et nous voulions voir un film.
   (D) J'étais seul quand les voleurs m'ont attaqué.

3. (A) Je sais que tu aimes beaucoup les fleurs.
   (B) Si ça te gêne je peux trouver quelqu'un d'autre.
   (C) Ça me fait plaisir de te rendre ce grand service.
   (D) Je serai à la plage pour la plupart du temps.

4. (A) Si tu veux, je peux leur téléphoner pour toi.
   (B) Moi, j'adore mettre tout en ordre pour retrouver mes habits.
   (C) Tu leur donnes ta taille et ils t'envoient les vêtements.
   (D) Si ce que tu reçois ne te plaît pas, tu peux toujours le renvoyer.

5. (A) Et tu as répondu à son message?
   (B) Et qu'est-ce qu'elle t'a dit de nouveau?
   (C) J'espère qu'il n'y a pas de problème avec le bébé.
   (D) J'espère qu'elle était contente d'avoir de tes nouvelles.

6. (A) Félicitations. Je ne savais pas qu'il avait réussi à l'examen.
   (B) Vous avez bien fait de le mettre dans une des meilleures écoles.
   (C) On dit que l'examen cette année était particulièrement difficile.
   (D) Alors, vous pensez qu'il n'a pas été bien préparé par ses profs?

7. (A) Mon travail exige toujours trop de temps.

   (B) Non, j'aime acheter moi-même mes propres habits.

   (C) Oui, j'ai oublié que c'est l'anniversaire de Thomas demain.

   (D) Ne me dis pas que tu veux encore manger au restaurant.

8. (A) Il faut toujours traiter les enfants avec indulgence et patience.

   (B) Tous les enfants adorent avoir de bon résultat.

   (C) Essayez ce nouveau vaccin dont on parle à la télévision.

   (D) Elle a besoin d'un médicament pour son rhume.

9. (A) C'est vrai, j'ai oublié que les profs font grève aujourd'hui.

   (B) Il faut faire attention de ne pas déranger tout le monde.

   (C) C'est vrai, j'ai oublié que c'est l'anniversaire d'Olivier.

   (D) Tout est calme et on ne peut rien entendre dehors.

10. (A) Alors, tu ne vas plus te spécialiser dans les affaires?

   (B) Moi aussi, j'aime lire les romans policiers.

   (C) Rends-le-moi vendredi; je voudrai le lire ce week-end.

   (D) Alors, tu as décidé de prendre le train pour aller voir tes parents?

11. (A) J'ai déjà pris rendez-vous samedi matin.

   (B) Je n'ai pas du tout aimé les meubles que j'ai vus.

   (C) Alors tu comptes louer une maison à la campagne?

   (D) Moi, je n'aime pas du tout prendre des photos.

12. (A) Il faut aller chez le docteur pour soigner votre maladie.

   (B) Et votre mari? Ne se lève-t-il pas pour vous aider la nuit?

   (C) Alors vous préférez dormir quand vous êtes fatiguée?

   (D) C'est vrai, les enfants font du bruit quand ils jouent.

13. (A) Moi, j'ai nettoyé la maison hier.

   (B) Je pensais que tu aimais la cuisine française.

   (C) Tu sais qu'on a déjà trop de dépenses.

   (D) Alors, tu préfères travailler au bureau?

14. (A) Ce n'est pas étonnant; tu t'y prends toujours à la dernière minute.

   (B) Moi, je me suis vraiment amusée pendant la réception.

   (C) Tu veux demander à Marie-Madeleine de les garder?

   (D) Mais alors, qu'allons-nous prendre pour aller au mariage?

15. (A) Mais moi, je ne garde jamais les enfants.
    (B) Oui, tu aimerais que j'aille avec toi?
    (C) Non, je lui donnerai de l'argent pour un taxi.
    (D) Bien sûr, elle ne voudra pas rentrer chez elle.

16. (A) Tu vois que ma chemise n'en a pas. Je devrais l'apporter
        chez le couturier.
    (B) Bien entendu, l'ascenseur est en panne et nous ne pouvons
        pas sortir.
    (C) J'espère au moins que quelqu'un s'est rappelé d'en faire
        une copie.
    (D) Mais tu vois bien que je suis heureux d'avoir bien fini mon
        travail.

17. (A) Je suis certaine que tout le monde aimera ton tableau.
    (B) Chéri, il faut que tu apprennes à te calmer.
    (C) Dépêche-toi de finir; il faut terminer ce week-end.
    (D) Mais dis-moi, comment veux-tu que je fasse ton travail?

18. (A) Sous une tente? Pas du tout. Elle préférerait dormir dans
        son lit.
    (B) Mais non, c'est parce que ses enfants ont grandi et l'ont
        quittée.
    (C) Tu as raison. Son docteur le lui dit. Elle devrait se mettre au
        régime.
    (D) Comme d'habitude je voudrais un gros morceau de Gruyère.

19. (A) Oh! je savais que tu allais être heureux.
    (B) Moi je les trouve plein d'humour.
    (C) Mais je ne connais pas ce monsieur.
    (D) Moi non plus je n'aime pas le théâtre.

20. (A) Oui, je voudrais participer à la manifestation.
    (B) Non, je prendrai le train. C'est plus rapide.
    (C) Non, je préfère y aller à pied.
    (D) Non, je prends toujours le métro.

21. (A) Tu exagères. Tu n'as jamais de tire-bouchon quand j'en ai
        besoin.
    (B) Alors, dis-moi au moins quand nous arriverons à Paris.
    (C) Ralentis, s'il te plaît. Tu m'énerves en conduisant tellement vite.
    (D) Je parie que les petites routes de campagne auraient été
        plus rapides.

22. (A) C'est vrai, quand le ciel est bleu le torrent est clair.
    (B) En effet, je sais que tu adores les éclairs au chocolat.
    (C) J'ai entendu dire que ça va causer des dégâts partout.
    (D) Alors, as-tu réparé la lampe qui n'éclaire plus?

23. (A) Oh, excusez-moi de vous avoir dérangé. Je ne faisais pas attention.
    (B) Aucun problème. J'aime mieux être à côté de la fenêtre.
    (C) Comment? Vous allez divorcer? Je suis désolé.
    (D) Non, non, ne vous dérangez pas. Je préfère rester debout.

24. (A) Maman, je ne suis plus une enfant et je n'ai pas besoin de gardienne.
    (B) Maman, tu sais bien que j'adore m'acheter des habits pour les vacances.
    (C) Tu plaisantes. Je n'ai rien à me mettre et tout ce que j'ai est démodé.
    (D) Alors, tu aimes vraiment les belles robes que j'ai choisies?

25. (A) Tu ne m'as pas dit que tu avais reçu le courrier.
    (B) Moi aussi, je viens de trouver un nouveau travail.
    (C) Nos amis voulaient certainement nous faire une surprise.
    (D) C'est sûrement l'encyclopédie que j'ai commandée.

26. (A) Mais si, surtout qu'il fait un temps splendide.
    (B) Chaque fois que nous le promenons nous avons des problèmes.
    (C) Ça va. On peut toujours prendre le métro. C'est tout près.
    (D) Et moi qui pensais que tu aimais les animaux!

27. (A) Mais c'est normal. Il a plu toute la soirée hier.
    (B) La pelouse est toujours verte près de chez nous.
    (C) Non, je n'aime pas les pommes de terre bouillies.
    (D) Tu penses? Mais l'arbre a de belles branches vertes.

28. (A) C'est un peu trop tôt pour un déjeuner d'affaires.
    (B) Je pensais que c'était ton anniversaire, pas ta fête.
    (C) Je suis désolé. Tu devrais aller chez le médecin.
    (D) J'espère que tu leur as dit que ça ne se fait pas.

29. (A) Tout le monde sait que tu es très beau. Arrête de te regarder.
    (B) Non, je ne veux pas m'arrêter de parler. On finira par s'entendre.
    (C) C'est toujours agréable de se promener et de regarder le beau paysage.
    (D) Tu exagères. C'est simple; continue tout droit et puis tourne à gauche.

30. (A) Ce n'est pas réjouissant d'entendre des nouvelles pareilles.

(B) Moi, je déteste quand on me dit de patienter au téléphone.

(C) Il t'a examiné pendant si longtemps? Il est bien consciencieux.

(D) Au moins, dis-toi qu'après tout tu n'as rien de grave.

31. (A) Il faut suivre les résultats des sondages récents. C'est là la solution.

(B) C'est le devoir de la politique d'expliquer les changements nécessaires.

(C) Ce sont les grévistes qui vont inciter le gouvernement à renoncer.

(D) L'essentiel c'est les manifestations contre toute mesure annoncée.

32. (A) Je vois que tu as trop de travail à faire cette semaine.

(B) Tu ne penses pas que c'est trop exiger d'une personne?

(C) Tu as raison. Il fait beau. Il faut que je sorte me promener.

(D) Je ne le savais pas, mais tu dois avoir une grosse fortune.

33. (A) Bien entendu, tu devras aller régulièrement chez le docteur.

(B) En effet, tout le monde était habillé en costume de soirée.

(C) J'espère que tu lui as dit que nous adorons les douceurs.

(D) Dans ce cas on les donnera aux enfants pour leur dessert.

34. (A) Oh! j'adore les surprises parties. Qu'allons-nous servir aux invités?

(B) Mais mon docteur m'a dit que c'était un secret.

(C) Mais chéri, il faut bien que le docteur examine notre enfant.

(D) Oui, mais j'aimerais m'organiser et acheter les habits maintenant.

35. (A) Il ne faut pas qu'il désespère. Il finira par trouver un emploi.

(B) Quel dommage. Ce pauvre garçon passe sa vie au laboratoire.

(C) Il faudra lui dire de chercher un autre travail si il n'aime pas le sien.

(D) Qui sait? Il finira peut-être par faire une découverte importante.

36. (A) Et ça fait longtemps que tu sors avec cette jeune fille?

(B) C'est dommage, car il faut un bon niveau en espagnol.

(C) Tant qu'elle parle anglais, c'est assez pour être engagée.

(D) Mille merci, et comme ça on pourra choisir les trois.

37. (A) Alors, on s'excuse d'aller dîner avec elle.
    (B) J'espère que personne ne s'est fait mal.
    (C) Il faut donc inviter tes parents à nous accompagner.
    (D) Il faut les prévenir que nous ne pouvons plus y aller.

38. (A) Alors, tu t'en as débarrassé sans me demander mon opinion?
    (B) Mais chérie, pourquoi l'as-tu donné à Caroline et Jeanne?
    (C) C'est sûrement encore Emile qui essaye d'imiter son père.
    (D) Je devrai leur en acheter un pour qu'ils ne prennent pas le mien.

39. (A) Dis-donc, tu es heureuse d'être dans notre nouvelle maison?
    (B) Est-ce que tu leur as dit à quelle heure nous allons rentrer?
    (C) Mais dépêchez-vous! On n'a pas encore rendu la voiture.
    (D) Ah, je vois. Les enfants se sont cachés pour ne pas partir.

40. (A) Je suis heureux de voir que vous faites de la publicité maintenant.
    (B) C'est parfait. Je viendrai le reprendre demain si cela vous convient.
    (C) C'est bien dommage qu'on ne compte plus que sur des machines.
    (D) C'est justement pour cela que je n'aime pas me sécher les cheveux.

41. (A) Non, si tu as soif, ne sors pas. Prends la limonade du frigo.
    (B) Bien sûr, sinon tout le monde s'inquièterait de ton absence.
    (C) Non, il faut que tu comprennes que c'est dangereux de conduire.
    (D) Oui, mais n'oublie pas de leur dire que tu pars tout de suite.

42. (A) Oui, j'ai pensé mettre mon grand chapeau de paille.
    (B) Ne te fais pas de soucis. On trouvera de la place sur la plage.
    (C) Si tu veux, on peut acheter les deux maillots que tu voulais.
    (D) Viens avec nous. Je t'assure que l'eau n'est pas du tout froide.

43. (A) Il y a toujours du monde le matin; alors j'arrive toujours en avance.
    (B) Je regrette, mais j'étais parmi les premiers et j'ai assez attendu.
    (C) J'ai eu de la chance de faire la queue sans déranger personne.
    (D) Tenez, vous aussi, vous devez patienter comme tout le monde.

44. (A) Non, je préfère les fleurs séchées.
    (B) Merci, ces oranges sont délicieuses.
    (C) Je n'aurai jamais eu le temps de les cueillir.
    (D) Moi, par contre, je préfère le printemps.

45. (A) C'est toujours bien de se soigner les dents.

(B) Je ne peux jamais compter sur toi pour m'aider.

(C) Tu vois bien que les enfants ont très froid.

(D) Tu es un ange. Les enfants n'aiment pas rater l'école.

46. (A) Ouvre les fenêtres. On suffoque ici de la chaleur.

(B) C'est le troisième incendie cette semaine.

(C) Elle a dû prendre froid en sortant sans manteau.

(D) C'est bien, et n'oublie pas d'arroser les plantes.

47. (A) Allons au cinéma avec nos amis. Il y a de très bons films.

(B) Allons au musée du Louvre. Les enfants aimeront cela.

(C) Allons à Deauville. C'est à environ 200 km en voiture.

(D) Allons dîner au restaurant du coin. On s'y amuse toujours.

48. (A) Moi, je préfère prendre le métro.

(B) C'est toujours bien d'être en avance.

(C) Tu veux monter chercher les valises?

(D) Alors, qu'est-ce que tu veux faire?

49. (A) Je peux te passer le téléphone de Deena. Je crois qu'elle est libre ce soir.

(B) C'est comme même ennuyeux de vouloir toujours sortir avec les enfants.

(C) On pourrait aller dîner au restaurant si vous ne voulez pas venir.

(D) C'est bien dommage que vous ayez tant de choses à faire ce soir.

50. (A) Bien sûr. Nous préférons la ville à la campagne.

(B) Certes, mais je finis toujours par les convaincre.

(C) Non, nous aimons tous aller à la plage en été.

(D) Oh ça alors! Vous savez bien que je suis raisonnable.

51. (A) Alors, demande à quelqu'un de t'aider.

(B) Vraiment? J'espère que ce n'est rien de grave.

(C) Ne t'en fais pas. J'ai du pain grillé pour toi.

(D) Le garçon a dit qu'il a pris ta commande.

52. (A) Moi non plus, je ne prends jamais l'autobus.

(B) Tu sais, la politique ne m'intéresse pas beaucoup.

(C) La vérité est que de nos jours le danger est partout.

(D) Justement, tout le monde préfère voyager en avion.

53. (A) Il ne faut quand même pas désespérer!
    (B) Et toi, qu'est-ce que tu voulais lui dire?
    (C) Mais qu'est-ce qu'elle avait à te raconter?
    (D) Tu devrais lui demander de te téléphoner.

54. (A) Je sais, mais le docteur me dit de faire une analyse de sang.
    (B) Bien sûr, je fais de mon mieux pour satisfaire nos clients.
    (C) J'ai pris mes précautions, et mon réseau est impénétrable.
    (D) Pour mieux comprendre, achète-toi un ordinateur.

55. (A) Tu sais, je crois que j'ai de la fièvre.
    (B) Je n'aime pas du tout les bijoux.
    (C) Je passe ma vie au laboratoire.
    (D) Depuis ce matin les choses vont mal.

56. (A) J'aimerais que vous alliez le voir avant de le juger.
    (B) Ayant comparé les deux, lequel préférez-vous?
    (C) Je suis contente de voir que vous l'avez vraiment aimé.
    (D) On ne devrait pas comparer le cinéma à la littérature.

57. (A) Malheureusement, votre carnet de métro ne vous servira pas en Bourgogne.
    (B) Vous devriez faire attention et ne pas négliger vos investissements.
    (C) Un conseil: ne dites à personne ce que vous comptez faire.
    (D) Il faut donc manger des produits nutritionnellement équivalent à la viande.

58. (A) Mais c'est important. Ce n'est pas facile de voler une banque.
    (B) Alors, annonce aux passagers de mettre leurs ceintures de sécurité.
    (C) Ça doit être dur de travailler dans un marché qui oscille constamment.
    (D) Ne tirez pas sur moi! Je vais vous donner l'argent.

59. (A) Mais Maman, je ne peux plus attendre le dîner!
    (B) Pauvre Maman, désolé que tu sois malade.
    (C) Mais tu sais bien que mes copains n'aiment pas nager dans la piscine.
    (D) Tu veux regarder ton feuilleton à la télé; sinon on serait déjà parti.

60. (A) Dans ce cas vous donnez un très mauvais exemple.

(B) Vous voyez, je veux bien vous offrir un bon gâteau.

(C) Alors, pouvez-vous m'apprendre à bien nager?

(D) Mais qu'est-ce que vous racontez? Il fait très beau.

61. (A) Merci, j'ai soif, mais je préfère le jus de pommes.

(B) Tu as raison. Je devrais acheter un autre grille-pain.

(C) C'est que je me suis habillé en moins de cinq minutes.

(D) Je fais pourtant de mon mieux pour répondre intelligemment.

62. (A) Mais je viens de te dire que les enfants sont très sages.

(B) Alors, tu devrais mettre les photos dans un album.

(C) Je vois que tu as encore fait des dépenses folles.

(D) Nous serons à la plage. Tu ne pourras pas travailler.

63. (A) Je ne saurais pas te dire ce que j'ai fait avec ma journée.

(B) Je viens d'apprendre qu'elle sort avec mon petit ami.

(C) Et mon amie est aussi une championne de course.

(D) Tu n'arrêtes pas de lui faire trop de compliments.

64. (A) Oui. Et c'est pourquoi je vais aller chez le médecin.

(B) Et moi, j'aime toujours être prête pour l'hiver.

(C) Mais c'est justement pourquoi j'ai peur de me ruiner.

(D) Je me demande si je n'ai pas une sorte d'allergie.

65. (A) Alors, tu comptes coudre une robe?

(B) Prends au moins un bol de soupe.

(C) Et moi qui pensais que tu avais mal!

(D) Tu vas donc voir toute la famille?

66. (A) Moi je fais de mon mieux pour ne faire du mal à personne.

(B) Alors, règnent-ils avec justice sur tous leurs sujets?

(C) Mais moi, je n'aime ni faire du cheval ni du deltaplane.

(D) C'est pourquoi j'ai invité mes amis à un match de hockey sur glace.

67. (A) Ah! C'est aujourd'hui! J'avais oublié.

(B) Tu refuses toujours mes invitations.

(C) Et après le match on fera un pique-nique.

(D) Tu as toujours des problèmes de famille.

68. (A) Je suis sûre qu'elle appréciera ton geste.

(B) Je trouve ce cadeau très insignifiant.

(C) Bonne idée! Les brochettes vont être appréciées.

(D) C'est super. La famille se réunira encore une fois.

69. (A) Vous comprenez, la géométrie et moi ça fait deux.

(B) Ce style de robe évasée n'est plus à la mode.

(C) Mon mari sera furieux de me voir les cheveux courts.

(D) Merci de m'avoir fait ce merveilleux coup de peigne.

70. (A) C'est ce que vous me proposez pour mes maux de dents?

(B) Vous pensez que se sera un bon fertilisateur?

(C) Ça me convient. Je n'aime pas les produits chimiques.

(D) Vous avez raison. C'est ce qui cause mon problème.

71. (A) Cesse de me donner des instructions. Tout est déjà prêt.

(B) Bien chéri, je mets aussi le rôti et les pommes de terre au four.

(C) Alors, passons chez le fruitier avant de voir les copains.

(D) Ça va, mais nous n'allons pas nous mettre à table maintenant.

72. (A) Je tiendrai la comptabilité de la réception.

(B) Je me tiendrai tranquille pendant la cérémonie.

(C) Je m'occuperai du bar pendant la soirée.

(D) Je porterai mon frac et mon papillon.

73. (A) Désolée, mais je suis claquée, et je veux me coucher tôt.

(B) Tu as raison. J'aime beaucoup chanter et danser.

(C) Bien sûr. Quel film aimerais-tu aller voir?

(D) Je regrette. Ce roman ne m'intéresse pas du tout.

74. (A) Pas possible! Je n'aurai jamais deviné.

(B) Tu as tort. Le naturel est plus beau.

(C) Céline n'est pas toujours très franche.

(D) Toutes les femmes préfèrent les roses.

75. (A) Alors, je porterai le tailleur gris avec le foulard assorti.

(B) Je mettrai la robe en taffetas avec le corsage en dentelle.

(C) Je porterai mon manteau noir et mon cache-nez.

(D) Je mettrai ma pelisse avec mes bottes jaunes.

LISTENING VOCABULARY FOR EXCHANGES
Vocabulaire

1.	*s'installer*	to live
	s'embêter	to be annoyed
	foule (f)	crowd
2.	*fourrière (f)*	impound lot
	garer	to park
	livraison (f)	delivery
	voleur (m)	thief
3.	*arroser*	to water
4.	*habits (m)*	clothes
5.	*accouchement (m)*	delivery (baby)
	répondeur (m)	answering machine
6.	*s'inquiéter*	to worry
7.	*mes propres*	my own
8.	*s'enrhumer*	to have a cold
	traitement (m)	treatment
9.	*manifestation (f)*	riot
	grève (f)	strike
10.	*se spécialiser*	to major in
11.	*agence immobilière (f)*	real estate agency
12.	*épuisé*	exhausted
13.	*dégoûtante*	disgusting
	femme de ménage (f)	cleaning lady
14.	*se prendre*	to take care of
15.	*raccompagner*	to drive back
16.	*couturier (m)*	dressmaker
17.	*attaquer*	to start with
18.	*tente (f)*	tent
	se mettre au régime	to follow a diet
19.	*humour (m)*	humor
20.	*m'énerver*	to annoy me
	grève (f)	strike
21.	*bouchon (m)*	traffic jam
	sortie (f)	exit
	agacer	to annoy
	routier (m)	truck driver
	tire-bouchon (m)	corkscrew
	ralentir	to slow down
	parier	to bet
22.	*dégât (m)*	damage
	déranger	to disturb
23.	*siège (m)*	seat

24.	*solde (f)*	sale
	garde-robe (f)	wardrobe
	démodé	not in fashion
25.	*courrier (m)*	mail
26.	*rater*	to miss
	un temps de chien	bad weather
27.	*pelouse (f)*	grass
	bouillir	to boil
28.	*avoir mauvaise mine*	to look ill
29.	*avoir beau*	no matter how many times
30.	*mauvaise humeur*	bad mood
	grave	serious
31.	*le Front national*	political party
	de surcroît	in addition
	démagogique	popularity-seeking, vote-catching
	survie	survival
	sondage (m)	poll
32.	*exiger*	to demand
33.	*douceurs (f)*	sweets
34.	*s'organiser*	to prepare
35.	*chômage (m)*	unemployment
36.	*société (f)*	firm
	trilingue	trilingual
	engager	to hire
37.	*prévenir*	to alert
38.	*traîner*	to trail on the ground, to drag
39.	*se cacher*	to hide
40.	*réclamation (f)*	complaint
	séchoir (m)	hair dryer
41.	*s'inquiéter*	to worry
42.	*faire la queue*	to stand in line
	patienter	to be patient
43.	*une composition florale*	flower arrangement
	fleurs séchées	dried flowers
	par contre	on the other hand
44.	*crème solaire (f)*	suntan lotion
	se faire du souci	to worry
45.	*rater*	to miss
46.	*suffoquer*	to suffocate
	incendie (m)	fire
47.	*environ*	about
48.	*chercher*	to pick up
49.	*tant de*	so many
50.	*certes*	sure

51.	*s'en faire*	to worry
	ta commande	your order
52.	*menaces (f)*	threats
	vérité (f)	truth
53.	*désespérer*	to despair
54.	*outil (m)*	tool
	escrocs (m)	scoundrels
	analyse de sang (f)	blood test
	satisfaire	to satisfy
	réseau (m)	network
	ordinateur (m)	computer
55.	*au fond*	at the bottom
	pochette (f)	pocket
	fièvre (f)	fever
	bijoux (m)	jewelry
56.	*roman (m)*	novel
57.	*produits carnés (m)*	meat products
	matières grasses animales (f)	fatty food
	carnet de métro (m)	book of ten metro tickets
	négliger	to neglect
	conseil (m)	advice
58.	*ceinture de sécurité (f)*	seat belt
59.	*désolé*	sorry
	feuilleton (m)	soap opera
60.	*raconter*	to tell
	maître-nageur (m)	lifeguard
61.	*grille-pain (m)*	toaster
62.	*être aux anges*	to be in seventh heaven
	sage	well-behaved
	dépense (f)	expense
63.	*s'entendre*	to get along
	sortir	to date
	course (f)	track
64.	*soldes (f)*	sales
	se ruiner	to hurt oneself
65.	*coudre*	to sew
66.	*sports de la nature*	outdoor sports
	régner	to reign
	deltaplane (m)	gliding
67.	*match (m)*	game
68.	*broche (f)*	pin
	brochette (f)	skewer

69.	*coupe (f)*	haircut
	ça fait deux	incompatible
	évasé	large, flaring
	un coup de peigne	brushing (to run a comb through one's hair)
70.	*somnifère (m)*	sleeping pill
	maux	aches
71.	*frigo (m)*	fridge
	se dépêcher	to hurry
72.	*frac (m)*	tails
	papillon (m)	bow tie
73.	*claqué*	tired
74.	*deviner*	to guess
	franc	sincere
75.	*habillée*	dressy
	foulard (m)	scarf
	pelisse (f)	fur

DIALOGUES

> Listen to the recorded dialogues on the CD. Then, after each, you will be asked questions on the CD about what you have just heard. The questions following the dialogues are spoken twice. Choose your answers from the choices given below. You will have 12 seconds to answer each question. Mark your answers on the answer sheet. Then check your answers on pages 76 through 77.

CD1
Tracks 16–20

DIALOGUE NUMBER 1

Questions

1. (A) Des cadeaux qui coûtent cher qui leur feraient plaisir
   (B) Des cadeaux qu'ils payeront tous ensembles
   (C) Des cadeaux utiles, pratiques et bon marché
   (D) Des cadeaux que leurs parents se seraient achetés

2. (A) Il n'aime pas écrire des lettres.
   (B) Il est à l'âge où il ne travaille plus.
   (C) C'est un homme trop raisonnable.
   (D) C'est un homme lointain et froid.

3. (A) Elle aime faire la cuisine.
   (B) Elle est très coquette.
   (C) Elle a très froid en hiver.
   (D) Elle aime les vêtements qui coûtent cher.

4. (A) Ils sont avares.
   (B) Ils sont prévenants.
   (C) Ils sont curieux.
   (D) Ils sont exigeants.

DIALOGUE NUMBER 2

Questions

1. (A) Un simple dîner en famille
   (B) Un repas traditionnel
   (C) Un dîner préparé par un chef célèbre
   (D) Un repas au restaurant

2. (A) Elle n'est pas très bonne cuisinière.
   (B) Elle va recevoir un grand nombre d'invités.
   (C) Elle veut impressionner la famille de son mari.
   (D) Elle sait que tout le monde aime les escargots.

3. (A) Du saumon
   (B) Des crêpes
   (C) Une dinde
   (D) Des homards

4. (A) De la glace à la vanille
   (B) Des crêpes flambées
   (C) Des fruits
   (D) Une bûche de Noël

DIALOGUE NUMBER 3
Questions

1. (A) D'un service qu'une amie veut qu'on lui rende
   (B) D'un voyage transatlantique en avion
   (C) Des difficultés qu'on a entre amis
   (D) Des différences entre les deux aéroports à Paris

2. (A) Son mari est malade et doit aller chez le médecin.
   (B) Elle est très prise par son travail.
   (C) Elle ne sera pas à Paris quand John arrivera.
   (D) Elle est incapable de communiquer avec John.

3. (A) Parce qu'il n'a pas assez d'argent
   (B) Parce qu'il veut éviter la circulation
   (C) Parce qu'il ne parle pas français
   (D) Parce qu'il veut que Marc l'accompagne

4. (A) n'aime pas déjeuner à la maison.
   (B) ne connaît pas bien la famille.
   (C) ne veut plus conduire John.
   (D) ne connaît pas bien John.

DIALOGUE NUMBER 4

Questions

1. (A) De l'aider
   (B) De le nourrir
   (C) De jouer avec lui
   (D) De manger avec lui

2. (A) des frites.
   (B) du riz.
   (C) des nouilles.
   (D) des légumes.

3. (A) est fatiguée de toujours préparer la même chose.
   (B) pense que les frites ne sont pas bonnes pour la santé.
   (C) ne veut pas passer tout son temps à la cuisine.
   (D) ne peut pas se décider sur ce qu'elle va préparer.

4. (A) raffiné.
   (B) délicat.
   (C) simple.
   (D) insipide.

DIALOGUE NUMBER 5

Questions

1. (A) Lequel de ses enfants a brisé un objet
   (B) Qui dans la famille a fait des bêtises
   (C) Ce qui est arrivé au cousin de Cécile
   (D) Ce que ses enfants veulent faire

2. (A) sérieuse.
   (B) confuse.
   (C) ironique.
   (D) fâchée.

3. (A) Les enfants aiment bien leurs animaux.
   (B) Cécile et Guillaume jouent au tennis.
   (C) Les filles ont cassé la lampe en se disputant.
   (D) La maman aime faire des achats avec ses enfants.

4. (A) inconstante et indécise.
   (B) indulgente et faible.
   (C) ferme et juste.
   (D) irresponsable et légère.

CD2
Tracks 1–18

DIALOGUE NUMBER 6
Questions

1. (A) Ils sont très riches et ne parlent que de choses matérielles.
   (B) Ils sont tendus et leur compagnie est très ennuyeuse.
   (C) Ils les invitent souvent et eux ne pensent pas à les inviter.
   (D) Ils ne s'intéressent qu'à leurs investissements et leurs maisons.

2. (A) Les quartiers les plus chics de la ville
   (B) Le fait qu'ils n'ont pas gagné la loterie
   (C) Les gens qui ne s'intéressent qu'à l'argent
   (D) Le grand appartement qu'on leur a offert

3. (A) n'ont pas de petits enfants comme eux.
   (B) sont des amis avec qui ils s'amusent bien.
   (C) sont habitués à les voir chaque week-end.
   (D) s'entendent à merveille avec les Grandvilles.

4. (A) ne s'entend avec personne.
   (B) se met facilement d'accord.
   (C) a une attitude anti-sociale.
   (D) ne se soucie pas des autres.

DIALOGUE NUMBER 7
Questions

1. (A) A la gare
   (B) A l'aéroport
   (C) Dans la rue
   (D) Dans un jardin

2. (A) sa valise.
   (B) fumer.
   (C) se promener.
   (D) son briquet.

3. (A) Il ne peut pas chercher sa valise.
   (B) Il ne peut pas trouver sa valise.
   (C) Quelqu'un l'a battu.
   (D) La guide lui a menti.

4. (A) Il faut faire attention à ses bagages.
   (B) Il faut se promener de temps en temps.
   (C) Ce qui est interdit est toujours désirable.
   (D) Il faut toujours avoir un briquet avec soi.

DIALOGUE NUMBER 8

Questions

1. (A) D'une leçon de géographie
   (B) De l'importance des nouvelles et de l'actualité
   (C) De l'usage d'un service sur l'ordinateur
   (D) De la communication et des médias américaines

2. (A) Il facilite la correspondance entre les amis qui ne peuvent jamais se voir.
   (B) Il aide les savants à faire des recherches scientifiques.
   (C) On peut communiquer avec des gens qui habitent loin sans trop payer.
   (D) On peut réussir au travail sans faire un très grand effort.

3. (A) Ce sont des explorateurs qui ont découvert des sites importants.
   (B) Ce sont des appareils qui testent la qualité d'un enregistrement.
   (C) Ce sont des ouvriers chargés d'alimenter une machine.
   (D) Ce sont des organismes qui exploitent un système informatique.

4. (A) Des croisières intéressantes à travers le monde
   (B) Des renseignements politiques, sportifs et culturels
   (C) Une étude des chaînes de la télévision américaine
   (D) L'adresse des correspondants qu'il a perdu de vue.

DIALOGUE NUMBER 9

Questions

1. (A) Il a regardé pour la première fois une série américaine.
   (B) Il est allé voir sa tante à la campagne.
   (C) Il est allé d'urgence à l'hôpital.
   (D) Il a rendu visite à ses parents.

2. (A) Elle n'aime pas les histoires qui se passent dans un hôpital.
   (B) Elle trouve les histoires absurdes et déraisonnables.
   (C) Elle préfère ne pas regarder la télévision le dimanche soir.
   (D) Elle ne peut jamais comprendre la traduction française.

3. (A) Les scènes terribles des hôpitaux à Chicago
   (B) Les docteurs qui jouent les rôles principaux
   (C) Les termes médicaux écrits par des docteurs
   (D) Les médecins français qui ont écrit la série

4. (A) Les séries de la télé américaine sont populaires en France.
   (B) La jeune femme ne croit pas du tout ce que sa tante lui dit.
   (C) Le jeune homme est très touché par la réaction de sa mère.
   (D) Le jeune homme arrive à convaincre la jeune fille.

DIALOGUE NUMBER 10
Questions

1. (A) Etre libéral dans ses idées
   (B) Travailler avec ses collègues
   (C) Compter uniquement sur lui-même
   (D) S'appuyer sur le patient pour faire une décision

2. (A) C'est une sorte de régulation.
   (B) Elle permet de contrôler les médecins.
   (C) Elle aide avec les affections complexes et graves.
   (D) Elle renseigne les médecins des progrès scientifiques.

3. (A) En essayant d'aider le plus grand nombre de patients
   (B) En luttant contre les maladies complexes sans médicaments
   (C) En apprenant aux jeunes la coopération scientifique
   (D) En poussant les médecins à compter sur eux-mêmes

4. (A) On est sur le point de guérir les maladies graves.
   (B) La médecine pratiquée de nos jours va changer.
   (C) Les médecins refusent de prendre des décisions.
   (D) Tous les médecins sont reliés à un seul système.

DIALOGUE NUMBER 11

Questions

1. (A) Il lit un reportage dans *Paris-Match*.
   (B) Il donne une leçon sur l'informatique.
   (C) Il essaye de réparer son ordinateur.
   (D) Il s'informe des réseaux informatiques.

2. (A) Un spray pour les cheveux
   (B) Un réseau de recherche
   (C) Des lignes téléphoniques
   (D) Un groupe multinationale

3. (A) Regarder les photos en couleur
   (B) Ecrire ses propres opinions pour la magazine
   (C) Lire des rubriques sur la technologie informatique
   (D) Communiquer en direct avec des célébrités

4. (A) Le manque d'initiative d'instruction
   (B) La désintégration des liens familiaux
   (C) L'indépendance des jeunes
   (D) L'addiction informatique

DIALOGUE NUMBER 12

Questions

1. (A) Elles ont agrandi les usines.
   (B) Elles ont multiplié le nombre d'ouvriers.
   (C) Elles ont automatisé la plupart des travaux.
   (D) Elles ont augmenté leur capital de fond.

2. (A) Les Français investissent moins dans leurs industries.
   (B) En France les usines ne produisent pas autant qu'aux
       Etats-Unis.
   (C) Les machines françaises coûtent plus cher qu'aux Etats-Unis.
   (D) En France les matières premières coûtent plus cher qu'aux
       Etats-Unis.

3. (A) Avoir de bons produits
   (B) Négocier les prix avec les Etats-Unis
   (C) Acheter leurs produits aux Etats-Unis
   (D) Éliminer le manque d'emploi

4. (A) faire un voyage en Belgique
   (B) renouveler leur travail
   (C) visiter les beaux sites français
   (D) dîner dans un bon restaurant

DIALOGUE NUMBER 13
Questions

1. (A) Il emploie une carte de crédit.
   (B) Il paye en espèce.
   (C) Il paye par chèque.
   (D) Il paye par abonnement.

2. (A) n'aime pas aller au cinéma avec Emmanuel.
   (B) ne veut pas qu'Emmanuel lui paye son billet.
   (C) trouve le prix du cinéma exorbitant.
   (D) gagne très peu d'argent comme étudiante.

3. (A) Il rentre seul dans la salle deux.
   (B) Il l'invite à voir "La guerre des étoiles".
   (C) Il lui dit qu'elle paiera autant que lui.
   (D) Il lui explique que c'est à l'homme de payer.

4. (A) de rentrer voir le film.
   (B) de ne plus aller au cinéma.
   (C) d'aller boire quelque chose.
   (D) d'attendre que le film commence.

DIALOGUE NUMBER 14
Questions

1. (A) Dans un taxi
   (B) A la gare
   (C) A l'aérogare
   (D) A l'hôtel

2. (A) composté les billets.
   (B) pris son passeport.
   (C) fait les bagages.
   (D) changé son argent.

3. (A) adore voyager.

   (B) n'aime pas les gares.

   (C) ne sait pas se débrouiller.

   (D) ne veut pas suivre son mari.

4. (A) Ils goûtent dans le train.

   (B) Ils dînent au restaurant.

   (C) Ils se disputent entre eux.

   (D) Ils commandent des frites.

DIALOGUE NUMBER 15

Questions

1. (A) Au supermarché

   (B) Au restaurant

   (C) Chez le marchand de légumes

   (D) Dans la rue

2. (A) Du veau

   (B) Du cheval

   (C) Du mouton

   (D) Du porc

3. (A) le dessert.

   (B) le plat principal.

   (C) l'entrée.

   (D) l'hors d'oeuvre.

4. (A) n'a aucun intérêt à la nourriture.

   (B) suit un régime très strict.

   (C) est à la fois gourmet et gourmand.

   (D) travaille pour un restaurant français.

DIALOGUE NUMBER 16

Questions

1. (A) faire une réservation.

   (B) lui remettre son passeport.

   (C) présenter un coupon.

   (D) lui donner le nom de l'hôtel.

2. (A) Elle est au premier étage.
   (B) Elle a une belle vue.
   (C) Elle donne sur une grande rue.
   (D) Elle est près du garage.

3. (A) Ne pas être dérangée
   (B) Faire parvenir ses bagages dans la chambre
   (C) Prendre le petit déjeuner tard
   (D) Se faire réveiller à une heure précise

4. (A) Que les points de ventes de l'hôtel sont fermés tôt le matin
   (B) Que le petit déjeuner sera servi dans sa chambre
   (C) Que le restaurant sera ouvert et le petit dejeuner sera servi
   (D) Qu'elle devra allez au café à côté pour avoir son petit déjeuner

DIALOGUE NUMBER 17

Questions

1. (A) De revenir plus tard dans la soirée
   (B) De faire une réservation pour quatre
   (C) D'attendre que leur table soit prête
   (D) De lui donner leur manteau

2. (A) Elle a oublié son rendez-vous.
   (B) Elle n'a pas de voiture.
   (C) Elle n'a pas fait de réservation.
   (D) Elle va bientôt les rejoindre.

3. (A) le décor
   (B) le service
   (C) le menu
   (D) les prix

4. (A) Il demande au chef de changer le menu.
   (B) Il lui donne une très bonne table.
   (C) Il lui offre un thé et de l'eau minérale.
   (D) Il réduit la température de la salle.

DIALOGUE NUMBER 18

Questions

1. (A) Dans une gare
   (B) Dans un centre commercial
   (C) Dans une aérogare
   (D) Dans une pharmacie

2. (A) Le terminal A
   (B) La gare
   (C) La consigne
   (D) L'Angleterre

3. (A) vérifier les écrans à l'aéroport.
   (B) lire dans la rubrique des voyages.
   (C) chercher les informations sur le Minitel.
   (D) poser des questions aux autres passagers.

4. (A) La dame se fâche parce que son mari fume.
   (B) Le monsieur dit qu'il renoncerait aux voyages.
   (C) La dame n'est pas satisfaite des places qu'ils ont.
   (D) Le monsieur refuse de porter leurs bagages.

DIALOGUE NUMBER 19

Questions

1. (A) Le taxi
   (B) Le train
   (C) Le bus
   (D) Le bateau

2. (A) En été
   (B) Au printemps
   (C) En automne
   (D) En hiver

3. (A) Par la fête forraine
   (B) Par les fleurs
   (C) Par le champ de course
   (D) Par les étables

4. (A) Les couleurs des jonquilles
   (B) Les chevaux de course
   (C) Les marchands ambulants
   (D) L'eau qui entoure le château

DIALOGUE NUMBER 20
Questions

1. (A) à grands décoltés.
   (B) serrées au corps.
   (C) larges et imprimées.
   (D) unies et courtes.

2. (A) Odile n'aime pas du tout la robe.
   (B) La dame découvre que la robe est trop petite.
   (C) La robe a un imprimé géométrique.
   (D) La robe a un défaut à la manche.

3. (A) Elle ne va pas offrir de cadeau à son amie.
   (B) Elle décide de remettre son voyage.
   (C) Elle se fait envoyer une autre robe.
   (D) Elle demande qu'on la rembourse.

4. (A) Elle adore faire des achats.
   (B) Elle n'aime pas faire de voyages.
   (C) Elle est influencée par l'opinion des autres.
   (D) Elle parvient toujours à ce qu'elle veut.

DIALOGUE NUMBER 21
Questions

1. (A) Il lui permet de se payer de très belles vacances.
   (B) Il n'exige d'elle que très peu de son temps.
   (C) Il lui fait oublier les soucis de chaque jour.
   (D) Il l'aide à mieux comprendre ses enfants.

2. (A) Elle aime faire du cinéma.
   (B) Elle veut être professeur d'histoire.
   (C) Elle ne lui ressemble pas du tout.
   (D) Elle est très bonne élève.

3. (A) Qu'elle a quitté son mari
   (B) Que sa fille est une actrice
   (C) Qu'elle joue dans un nouveau film
   (D) Qu'elle aime être seule

4. (A) Elle est sociable et célèbre.
   (B) Elle aime sa famille et son métier.
   (C) Elle s'intérresse à l'art et l'écriture.
   (D) Elle manque de volonté et de discipline.

DIALOGUE NUMBER 22

Questions

1. (A) si la météo leur permettra de sortir en famille.
   (B) si les amis de leurs enfants vont venir.
   (C) s'ils vont permettre aux enfants de sortir.
   (D) s'ils auront le temps de s'amuser avec les enfants.

2. (A) Il pleut.
   (B) Il fait du brouillard.
   (C) Il neige.
   (D) Il fait du vent.

3. (A) Elle va conduire les amis des enfants chez eux.
   (B) Elle va inviter les amis des enfants à passer la nuit chez elle.
   (C) Elle va écouter la radio pour savoir s'il fait trop froid.
   (D) Elle va téléphoner à ses amis pour leur demander de l'aide.

4. (A) Il veut que ses enfants s'amusent pendant les vacances.
   (B) Il est très nerveux et ne veut pas prendre de décision.
   (C) Il compte sur sa femme pour s'occuper de leurs enfants.
   (D) Il est très occupé et n'a pas le temps de jouer avec ses enfants.

DIALOGUE NUMBER 23

Questions

1. (A) Elle attend des invités qu'elle voudrait impressionner.
   (B) Elle invite le patron de son mari pour la première fois.
   (C) Ses connaissances culinaires sont extrêmement limitées.
   (D) Elle reçoit des Américains qui sont très critiques.

2. (A) Les entrées
   (B) Les fromages
   (C) Les desserts
   (D) Les hors d'oeuvre

3. (A) A ce que les repas soit authentiquement français
   (B) A ce que les repas soit diététiques
   (C) A ce que l'on ne serve que des pâtés et du vin
   (D) A ce que l'on ne serve que du fromage

4. (A) Léger et moqueur
   (B) Ironique et sarcastique
   (C) Sérieux et didactique
   (D) Nerveux et coléreux

Answer Key

LISTENING COMPREHENSION

Exchanges

1. Ⓐ Ⓑ Ⓒ ●	16. Ⓐ Ⓑ ● Ⓓ	31. Ⓐ ● Ⓒ Ⓓ	46. Ⓐ Ⓑ ● Ⓓ	61. Ⓐ Ⓑ ● Ⓓ
2. Ⓐ ● Ⓒ Ⓓ	17. Ⓐ Ⓑ ● Ⓓ	32. Ⓐ ● Ⓒ Ⓓ	47. Ⓐ Ⓑ ● Ⓓ	62. Ⓐ Ⓑ ● Ⓓ
3. Ⓐ ● Ⓒ Ⓓ	18. Ⓐ Ⓑ ● Ⓓ	33. Ⓐ Ⓑ Ⓒ ●	48. Ⓐ Ⓑ Ⓒ ●	63. Ⓐ ● Ⓒ Ⓓ
4. Ⓐ Ⓑ Ⓒ ●	19. Ⓐ ● Ⓒ Ⓓ	34. Ⓐ Ⓑ Ⓒ ●	49. ● Ⓑ Ⓒ Ⓓ	64. Ⓐ Ⓑ ● Ⓓ
5. Ⓐ Ⓑ ● Ⓓ	20. Ⓐ Ⓑ ● Ⓓ	35. ● Ⓑ Ⓒ Ⓓ	50. Ⓐ ● Ⓒ Ⓓ	65. Ⓐ ● Ⓒ Ⓓ
6. Ⓐ ● Ⓒ Ⓓ	21. Ⓐ Ⓑ Ⓒ ●	36. Ⓐ ● Ⓒ Ⓓ	51. Ⓐ ● Ⓒ Ⓓ	66. Ⓐ ● Ⓒ Ⓓ
7. Ⓐ Ⓑ ● Ⓓ	22. Ⓐ Ⓑ ● Ⓓ	37. Ⓐ Ⓑ Ⓒ ●	52. Ⓐ ● Ⓒ Ⓓ	67. ● Ⓑ Ⓒ Ⓓ
8. Ⓐ Ⓑ ● Ⓓ	23. Ⓐ ● Ⓒ Ⓓ	38. Ⓐ Ⓑ ● Ⓓ	53. Ⓐ Ⓑ ● Ⓓ	68. ● Ⓑ Ⓒ Ⓓ
9. ● Ⓑ Ⓒ Ⓓ	24. Ⓐ Ⓑ ● Ⓓ	39. Ⓐ Ⓑ ● Ⓓ	54. Ⓐ Ⓑ ● Ⓓ	69. Ⓐ Ⓑ ● Ⓓ
10. Ⓐ Ⓑ ● Ⓓ	25. Ⓐ Ⓑ Ⓒ ●	40. Ⓐ Ⓑ ● Ⓓ	55. Ⓐ Ⓑ Ⓒ ●	70. Ⓐ Ⓑ ● Ⓓ
11. ● Ⓑ Ⓒ Ⓓ	26. Ⓐ Ⓑ ● Ⓓ	41. Ⓐ ● Ⓒ Ⓓ	56. Ⓐ Ⓑ Ⓒ ●	71. ● Ⓑ Ⓒ Ⓓ
12. Ⓐ ● Ⓒ Ⓓ	27. ● Ⓑ Ⓒ Ⓓ	42. ● Ⓑ Ⓒ Ⓓ	57. Ⓐ Ⓑ Ⓒ ●	72. Ⓐ Ⓑ Ⓒ ●
13. Ⓐ Ⓑ ● Ⓓ	28. Ⓐ Ⓑ Ⓒ ●	43. Ⓐ Ⓑ ● Ⓓ	58. Ⓐ ● Ⓒ Ⓓ	73. Ⓐ ● Ⓒ Ⓓ
14. ● Ⓑ Ⓒ Ⓓ	29. Ⓐ Ⓑ Ⓒ ●	44. ● Ⓑ Ⓒ Ⓓ	59. Ⓐ Ⓑ Ⓒ ●	74. ● Ⓑ Ⓒ Ⓓ
15. Ⓐ Ⓑ ● Ⓓ	30. Ⓐ Ⓑ Ⓒ ●	45. Ⓐ ● Ⓒ Ⓓ	60. ● Ⓑ Ⓒ Ⓓ	75. ● Ⓑ Ⓒ Ⓓ

Dialogues

1. 1. Ⓐ ● Ⓒ Ⓓ	5. 1. Ⓐ ● Ⓒ Ⓓ	9. 1. Ⓐ Ⓑ Ⓒ ●
2. Ⓐ ● Ⓒ Ⓓ	2. Ⓐ Ⓑ ● Ⓓ	2. Ⓐ ● Ⓒ Ⓓ
3. ● Ⓑ Ⓒ Ⓓ	3. Ⓐ Ⓑ ● Ⓓ	3. Ⓐ ● Ⓒ Ⓓ
4. Ⓐ ● Ⓒ Ⓓ	4. Ⓐ Ⓑ ● Ⓓ	4. ● Ⓑ Ⓒ Ⓓ
2. 1. Ⓐ ● Ⓒ Ⓓ	6. 1. Ⓐ ● Ⓒ Ⓓ	10. 1. Ⓐ Ⓑ ● Ⓓ
2. Ⓐ ● Ⓒ Ⓓ	2. Ⓐ Ⓑ ● Ⓓ	2. Ⓐ Ⓑ Ⓒ ●
3. Ⓐ Ⓑ Ⓒ ●	3. Ⓐ ● Ⓒ Ⓓ	3. Ⓐ Ⓑ ● Ⓓ
4. Ⓐ Ⓒ Ⓒ ●	4. Ⓐ ● Ⓒ Ⓓ	4. Ⓐ ● Ⓒ Ⓓ
3. 1. ● Ⓑ Ⓒ Ⓓ	7. 1. Ⓐ ● Ⓒ Ⓓ	11. 1. Ⓐ Ⓑ Ⓒ ●
2. Ⓐ Ⓑ ● Ⓓ	2. Ⓐ ● Ⓒ Ⓓ	2. Ⓐ Ⓑ ● Ⓓ
3. Ⓐ Ⓑ ● Ⓓ	3. Ⓐ ● Ⓒ Ⓓ	3. Ⓐ ● Ⓒ Ⓓ
4. Ⓐ Ⓑ ● Ⓓ	4. ● Ⓑ Ⓒ Ⓓ	4. Ⓐ Ⓑ Ⓒ ●
4. 1. Ⓐ ● Ⓒ Ⓓ	8. 1. Ⓐ Ⓑ ● Ⓓ	12. 1. Ⓐ Ⓑ ● Ⓓ
2. Ⓐ Ⓑ Ⓒ ●	2. Ⓐ Ⓑ ● Ⓓ	2. Ⓐ ● Ⓒ Ⓓ
3. ● Ⓑ Ⓒ Ⓓ	3. Ⓐ Ⓑ Ⓒ ●	3. Ⓐ Ⓑ Ⓒ ●
4. Ⓐ Ⓑ ● Ⓓ	4. Ⓐ ● Ⓒ Ⓓ	4. Ⓐ Ⓑ Ⓒ ●

Dialogues

13. 1. Ⓐ Ⓑ Ⓒ ●
     2. Ⓐ ● Ⓒ Ⓓ
     3. Ⓐ Ⓑ ● Ⓓ
     4. Ⓐ Ⓑ ● Ⓓ

14. 1. ● Ⓑ Ⓒ Ⓓ
     2. ● Ⓑ Ⓒ Ⓓ
     3. Ⓐ ● Ⓒ Ⓓ
     4. ● Ⓒ Ⓒ Ⓓ

15. 1. ● Ⓑ Ⓒ Ⓓ
     2. Ⓐ Ⓑ ● Ⓓ
     3. ● Ⓑ Ⓒ Ⓓ
     4. Ⓐ Ⓑ ● Ⓓ

16. 1. Ⓐ Ⓑ ● Ⓓ
     2. Ⓐ ● Ⓒ Ⓓ
     3. Ⓐ Ⓑ Ⓒ ●
     4. Ⓐ Ⓑ ● Ⓓ

17. 1. Ⓐ Ⓑ ● Ⓓ
     2. Ⓐ Ⓑ Ⓒ ●
     3. ● Ⓑ Ⓒ Ⓓ
     4. Ⓐ Ⓑ Ⓒ ●

18. 1. Ⓐ Ⓑ ● Ⓓ
     2. Ⓐ Ⓑ Ⓒ ●
     3. ● Ⓑ Ⓒ Ⓓ
     4. Ⓐ Ⓑ ● Ⓓ

19. 1. Ⓐ ● Ⓒ Ⓓ
     2. Ⓐ ● Ⓒ Ⓓ
     3. Ⓐ Ⓑ Ⓒ ●
     4. ● Ⓑ Ⓒ Ⓓ

20. 1. Ⓐ Ⓑ ● Ⓓ
     2. Ⓐ ● Ⓒ Ⓓ
     3. Ⓐ Ⓑ ● Ⓓ
     4. Ⓐ Ⓑ Ⓒ ●

21. 1. Ⓐ Ⓑ ● Ⓓ
     2. Ⓐ Ⓑ Ⓒ ●
     3. ● Ⓑ Ⓒ Ⓓ
     4. Ⓐ ● Ⓒ Ⓓ

22. 1. Ⓐ Ⓑ ● Ⓓ
     2. Ⓐ Ⓑ ● Ⓓ
     3. Ⓐ ● Ⓒ Ⓓ
     4. ● Ⓑ Ⓒ Ⓓ

23. 1. ● Ⓑ Ⓒ Ⓓ
     2. Ⓐ ● Ⓒ Ⓓ
     3. ● Ⓑ Ⓒ Ⓓ
     4. ● Ⓑ Ⓒ Ⓓ

Chapter 3 Answer Sheet

READING COMPREHENSION

Premier passage

1. Ⓐ Ⓑ Ⓒ Ⓓ
2. Ⓐ Ⓑ Ⓒ Ⓓ
3. Ⓐ Ⓑ Ⓒ Ⓓ
4. Ⓐ Ⓑ Ⓒ Ⓓ
5. Ⓐ Ⓑ Ⓒ Ⓓ
6. Ⓐ Ⓑ Ⓒ Ⓓ
7. Ⓐ Ⓑ Ⓒ Ⓓ

Deuxième passage

1. Ⓐ Ⓑ Ⓒ Ⓓ
2. Ⓐ Ⓑ Ⓒ Ⓓ
3. Ⓐ Ⓑ Ⓒ Ⓓ
4. Ⓐ Ⓑ Ⓒ Ⓓ
5. Ⓐ Ⓑ Ⓒ Ⓓ
6. Ⓐ Ⓑ Ⓒ Ⓓ
7. Ⓐ Ⓑ Ⓒ Ⓓ
8. Ⓐ Ⓑ Ⓒ Ⓓ

Troisième passage

1. Ⓐ Ⓑ Ⓒ Ⓓ
2. Ⓐ Ⓑ Ⓒ Ⓓ
3. Ⓐ Ⓑ Ⓒ Ⓓ
4. Ⓐ Ⓑ Ⓒ Ⓓ

Quatrième passage

1. Ⓐ Ⓑ Ⓒ Ⓓ
2. Ⓐ Ⓑ Ⓒ Ⓓ
3. Ⓐ Ⓑ Ⓒ Ⓓ
4. Ⓐ Ⓑ Ⓒ Ⓓ
5. Ⓐ Ⓑ Ⓒ Ⓓ

Cinquième passage

1. Ⓐ Ⓑ Ⓒ Ⓓ
2. Ⓐ Ⓑ Ⓒ Ⓓ
3. Ⓐ Ⓑ Ⓒ Ⓓ
4. Ⓐ Ⓑ Ⓒ Ⓓ
5. Ⓐ Ⓑ Ⓒ Ⓓ
6. Ⓐ Ⓑ Ⓒ Ⓓ

Sixième passage

1. Ⓐ Ⓑ Ⓒ Ⓓ
2. Ⓐ Ⓑ Ⓒ Ⓓ
3. Ⓐ Ⓑ Ⓒ Ⓓ
4. Ⓐ Ⓑ Ⓒ Ⓓ
5. Ⓐ Ⓑ Ⓒ Ⓓ
6. Ⓐ Ⓑ Ⓒ Ⓓ
7. Ⓐ Ⓑ Ⓒ Ⓓ
8. Ⓐ Ⓑ Ⓒ Ⓓ
9. Ⓐ Ⓑ Ⓒ Ⓓ

Septième passage

1. Ⓐ Ⓑ Ⓒ Ⓓ
2. Ⓐ Ⓑ Ⓒ Ⓓ
3. Ⓐ Ⓑ Ⓒ Ⓓ
4. Ⓐ Ⓑ Ⓒ Ⓓ
5. Ⓐ Ⓑ Ⓒ Ⓓ
6. Ⓐ Ⓑ Ⓒ Ⓓ
7. Ⓐ Ⓑ Ⓒ Ⓓ
8. Ⓐ Ⓑ Ⓒ Ⓓ
9. Ⓐ Ⓑ Ⓒ Ⓓ

Huitième passage

1. Ⓐ Ⓑ Ⓒ Ⓓ
2. Ⓐ Ⓑ Ⓒ Ⓓ
3. Ⓐ Ⓑ Ⓒ Ⓓ
4. Ⓐ Ⓑ Ⓒ Ⓓ
5. Ⓐ Ⓑ Ⓒ Ⓓ

Neuvième passage

1. Ⓐ Ⓑ Ⓒ Ⓓ
2. Ⓐ Ⓑ Ⓒ Ⓓ
3. Ⓐ Ⓑ Ⓒ Ⓓ
4. Ⓐ Ⓑ Ⓒ Ⓓ
5. Ⓐ Ⓑ Ⓒ Ⓓ

Dixième passage

1. Ⓐ Ⓑ Ⓒ Ⓓ
2. Ⓐ Ⓑ Ⓒ Ⓓ
3. Ⓐ Ⓑ Ⓒ Ⓓ
4. Ⓐ Ⓑ Ⓒ Ⓓ
5. Ⓐ Ⓑ Ⓒ Ⓓ

Douzième passage

1. Ⓐ Ⓑ Ⓒ Ⓓ
2. Ⓐ Ⓑ Ⓒ Ⓓ
3. Ⓐ Ⓑ Ⓒ Ⓓ
4. Ⓐ Ⓑ Ⓒ Ⓓ
5. Ⓐ Ⓑ Ⓒ Ⓓ

Quatorzième passage

1. Ⓐ Ⓑ Ⓒ Ⓓ
2. Ⓐ Ⓑ Ⓒ Ⓓ
3. Ⓐ Ⓑ Ⓒ Ⓓ
4. Ⓐ Ⓑ Ⓒ Ⓓ
5. Ⓐ Ⓑ Ⓒ Ⓓ

Onzième passage

1. Ⓐ Ⓑ Ⓒ Ⓓ
2. Ⓐ Ⓑ Ⓒ Ⓓ
3. Ⓐ Ⓑ Ⓒ Ⓓ
4. Ⓐ Ⓑ Ⓒ Ⓓ
5. Ⓐ Ⓑ Ⓒ Ⓓ

Treizième passage

1. Ⓐ Ⓑ Ⓒ Ⓓ
2. Ⓐ Ⓑ Ⓒ Ⓓ
3. Ⓐ Ⓑ Ⓒ Ⓓ
4. Ⓐ Ⓑ Ⓒ Ⓓ

CHAPTER 3   Reading Comprehension

GENERAL INFORMATION

The AP French candidate is expected to have attained enough reading proficiency to read expository and narrative French prose with good overall comprehension, despite perhaps missing some details or experiencing gaps in vocabulary and a limited recognition of subtle nuances.

The reading materials that will prepare the student for the AP French language exam should emphasize a wide variety in terms of genre:

- Novels, essays, poetry, and tales in their original forms.
- Articles from newspapers and magazines on various topics, as well as French advertisements and classified ads.

A reading proficiency is generally acquired progressively and over several years. Therefore, students who have been exposed to a variety of reading materials as early as possible will have an advantage on the exam.

This section of the book will provide reading strategies to help you with unfamiliar passages.

First it will cover important steps to follow when reading a text for the first time.

Selected passages will offer you a chance to practice the newly acquired strategies.

The explanations, provided for the correct answers, will help you further your understanding of the strategies.

HOW TO READ THE PASSAGES

The following steps will help you uncover meaning in a text:

1. Skim through the questions quickly. Underline key words in the questions.

Example: Dans le deuxième paragraphe à quoi se rapporte le pronom démonstratif "celle-là"? You should underline celle-là.

Example: Comment la guerre a-t-elle affecté Elzéard Bouffier? You should underline affecté and Elzéard Bouffier.

2. Skim through the passage quickly in order to get the main idea of it. Pay particular attention to the way the passage is organized.
3. Use textual clues such as title, keywords, verb tenses, relative pronouns, etc., in order to extract the principal ideas.
4. Discriminate quickly between what is essential in a sentence (subject, verb) and what part of the sentence introduces secondary information or qualifies the main idea. It is important to recognize the key sentences in a text because they convey essential information.
5. Follow a "Think in French" process to reach a factual comprehension of the text (*qui, quoi, qu'est-ce qui, qu'est-ce que, où, comment, pourquoi*).
6. Look for structural links (*qui, que, où, celui, avant, désormais, ensuite,* etc.). It is extremely important to recognize connective words. Not only will they help you understand the ideas and facts mentioned in the passage, but they can also indicate if an idea is being reinforced or explained.
7. Extract from the factual overall text an accurate interpretation of the register of the language (e.g., formal/informal, literary/ familiar) tone, general mood, humor, irony, persuasion, etc.

With each new passage you will undoubtedly find words that you are not familiar with. In the case of new vocabulary, take the following steps.

New Vocabulary

1. See what you can guess from the word itself—is it a verb, a noun, or an adjective?
2. Pay attention to noun formation and derivation. (Suffixes and prefixes can be very useful.)

3. Learn to **guess** the meaning of unknown words. The following types of relationships between the word and the context may help you:

- *Synonyms and antonyms.* Many texts use synonyms and antonyms to explain the main idea or to give examples.
- *Related words.* If the text covers a particular subject, there will be a number of related words that create an atmosphere or tone, or convey an idea. Be aware of these words; they will help you develop a strategy of inference. (Inferring means making use of lexical or grammatical clues to discover the meaning of unfamiliar elements in the text.)
- *Contrast.* A word could be used to contrast another word in the text.
- *Guessing.* You could guess the meaning of a word if the word describes the cause, and you can deduce meaning from the result.
- *Purpose.* A word is sometimes applied to an object whose purpose is described in the text. Specific examples of these types of words will be demonstrated in the reading comprehension passages that follow this section.

Before ending this section, I would like to add that using a reading strategy can prove to be very helpful towards a better understanding of the text; however, if you read a lot of authentic French texts you will naturally develop your own strategies, and thinking in French will become second nature to you.

Helpful Tips

Now here are a few tips concerning the reading comprehension section of the exam.

1. The AP French Exam contains four or five selections depending on the number of questions following each section.
2. A balance is always maintained in the choice of the selections; for instance, you will never have four newspaper articles or three literary texts, and so on.
3. It is unlikely that the correct answer will contain a word that you can find in the text.
4. If an answer contains a word or expression that you can find in the text, it is usually a *distracter*. A distracter is a seemingly plausible answer but not the correct response to the question.
5. Most multiple-choice answers will be plausible. All four answers will have something to do with the text. A close reading of the selected passage is strongly advised. *Do not rush.*
6. Factual comprehension questions will follow the narration. You will find that writing down a few notes summarizing each paragraph will help you with this type of question.

7. Linguistic as well as stylistic analysis questions do not follow a particular order. Generally, on the AP French Language Exam these questions do not require a literary interpretation on the part of the student, but rather a recognition of language register (formal, informal), tone, irony, and so on.

8. No questions will require the recognition of stylistic devises, such as metaphors, anaphoras, or similes.

Now, read the following passages and answer the multiple-choice questions that follow, marking the correct answer on the answer sheets at the beginning of this chapter. (**Note:** The first four passages contain answers and answer explanations directly following each passage. The answers and answer explanations to the questions for the remaining passages are found on pages 122 through 128.)

READING PASSAGES AND MULTIPLE-CHOICE QUESTIONS

PREMIER PASSAGE

L'année d'après, il y eut la guerre de 14 dans laquelle je fus engagé pendant cinq ans. Un soldat d'infanterie ne pouvait guère y réfléchir à des arbres. A dire vrai, la chose même n'avait pas marqué en moi; je l'avais considérée comme un dada, une collection de timbres, et oubliée.

Ligne
(5)

Sorti de la guerre, je me trouvai à la tête d'une prime de démobilisation minuscule mais avec le grand désir de respirer un peu d'air pur. C'est sans idée préconçue—sauf celle-là—que je repris le chemin de ces contrées désertes.

(10)   Le pays n'avait pas changé. Toutefois, au delà du village mort, j'aperçus dans le lointain une sorte de brouillard gris qui recouvrait les hauteurs comme un tapis. Depuis la veille, je m'étais remis à penser à ce berger planteur d'arbres.—Dix mille chênes, me disais-je, occupent vraiment une très large espace.

(15)   J'avais vu mourir trop de monde pendant ces cinq ans pour ne pas imaginer facilement la mort d'Elzéard Bouffier, d'autant que, lorsqu'on en a vingt, on considère les hommes de cinquante comme des vieillards à qui il ne reste plus qu'à mourir. Il n'était pas mort. Il était même fort vert. Il avait

(20) changé de métier. Il ne possédait plus que quatre brebis mais, par contre, une centaine de ruches. Il s'était débarrassé des moutons qui mettaient en péril ses plantations d'arbres. Car, me dit-il (et je le constatais) il ne s'était pas du tout soucié de la guerre. Il avait imperturbablement continué à planter.

(25) Les chênes de 1910 avaient alors dix ans et étaient plus hauts que moi et que lui. Le spectacle était impressionnant. J'étais littéralement privé de paroles et, comme lui ne parlait pas, nous passâmes tout le jour en silence à nous promener dans sa forêt. Elle avait, en trois tronçons, onze kilomètres de long et *(30)* trois kilomètres dans sa plus grande largeur. Quand on se souvenait que tout était sorti des mains et de l'âme de cet homme—sans moyens techniques—on comprenait que les hommes pourraient être aussi efficaces que Dieu dans d'autres domaines que la destruction.

Jean Giono, *L'homme qui plantait des arbres*

Questions

1. Qu'est-ce que le narrateur considère "comme un dada" (ligne 4) à cause de son engagement dans la guerre?
(A) Son amour pour l'infanterie
(B) Sa collection de timbres
(C) Le nombre d'années qu'il avait servi dans l'armée
(D) Son intérêt pour les arbres

Le mot clé dans cette question est *dada*. C'est probablement un mot que vous n'avez pas appris. Voyons comment on pourrait expliquer ce mot en nous servant du texte.

What can we guess from the word itself?

Le narrateur dit "un dada". Un mot précédé par un article est un **nom**. Donc il s'agit d'un nom.

What can we tell from its formation?

"Dada" a deux syllabes identiques. Le son indique une sorte de répétition. Il s'agit dans ce cas d'une onomatopée (mot qui imite par le son la chose décrite; gazouillis, crac, boum, snif, vrombrir—sont des onomatopées).

Does it relate to another word or expression in the text?

Le narrateur parle d'une chose qui ne l'avait pas marqué. Cette chose est "réfléchir à des arbres" qu'il décide de considérer comme un dada, une collection de timbres. Les personnes qui collectionnent des timbres pensent souvent aux timbres. Les timbres deviennent leur sujet favori, leur dada. Dans une situation de vie ou de mort comme la guerre, les timbres perdraient de leur importance, de même que les arbres. Donc si "dada" est un sujet favori, une idée à laquelle on revient souvent, et que ce "dada" est la chose qui n'avait pas vraiment marqué le narrateur, et que cette chose est "réfléchir à des arbres", **D** est la réponse à la première question. **"Un dada" is a hobby, a pastime. When a war is going on and soldiers are dying, it is difficult to think of a hobby as seemingly inconsequential as planting trees.**

We have just guessed the meaning of a word contextually by paying attention to the word itself and exploring the relationships between the word and the context.

    2. Une idée préconçue est
      (A) une idée qu'on ne peut pas comprendre.
      (B) une idée très intéressante.
      (C) une idée formée sans jugement critique.
      (D) une idée qui est le résultat d'un dilemme.

"Préconçu"est le mot-clé dans cette question.

What can we guess from the word itself?

Le mot "préconçu" est formé avec le préfixe "pré" et le participe passé du verbe "concevoir": "conçu". Le préfixe "pré" est souvent employé pour indiquer l'antériorité (devant, en avant, e.g. préhistoire, prénom, préalable, préambule, précéder, précoce). Le verbe "concevoir" veut dire former un concept ou une conception, une idée qu'on peut comprendre.

Donc "préconçu" veut dire qu'on a formé une opinion, un jugement, une idée avant toute expérience, sans jugement critique. Un préjugé est un synonyme d'une idée préconçue. (Emploi: Il est difficile de raisonner avec quelqu'un qui a beaucoup d'idées préconçues). La réponse à la question est **C**.

We have in this case guessed the meaning by paying attention to the **word formation**, mainly the prefix, as well as by using **grammatical clues** ("conçu", the past participle of "concevoir").

3. "Il n'était pas mort. Il était même fort vert" veut dire
(A) qu'il était sans préjugé.
(B) qu'il était entouré de verdure.
(C) qu'il avait l'air pur.
(D) qu'il avait beaucoup de vigueur.

"Vert" est le mot-clé dans cette question.

What can we guess from the word itself?

"Vert" qualifie le pronom "il". Un mot qui qualifie un nom ou un pronom est un adjectif.

What is the relationship between "vert" and the text?

Contrast: "Vert" est juxtaposé et employé en opposition à "mort". Le narrateur nous dit qu'Elzéard Bouffier "n'était pas mort"; il ajoute qu'il "était même fort vert". Le narrateur veut dire qu'Elzéard Bouffier est plein de vie. L'adverbe "même" marque ici une gradation, une hausse, une augmentation dans le sens.

Un vieillard vert est un vieillard qui a beaucoup de vigueur. **D** est la réponse à la troisième question. "Vert" = Green. Green contrasts death. **The author wants to say "the old man was full of life," that he was vibrant, the way nature is when it is green.**

Understanding a particular contrast in the text has helped us get to the right answer.

4. Dans le deuxième paragraphe à quoi se rapporte le pronom démonstratif "celle-là"?
(A) A l'année de guerre
(B) Au chemin des contrées désertes
(C) A la démobilisation du narrateur
(D) A son désir d'air pur

What can we guess from a grammatical clue?

Les **pronoms démonstratifs** (celui, ceci, cela, celle, ceux, celles) servent à montrer la chose ou la personne qu'ils représentent. Dans le texte le pronom démonstratif "celle" est précédé par la préposition "sauf". Sauf veut dire à l'exclusion de, à l'exception de, à part.

Can we infer the answer from a cultural clue?

Après la guerre le narrateur a "un grand désir de respirer un peu d'air pur". On comprend mieux ce "grand désir d'air pur" si on sait que pendant la guerre le narrateur était entouré de gaz de combat; ce gaz était utilisé comme arme de guerre en raison de sa toxicité. Il n'a donc qu'une idée après la guerre, "celle" de respirer de l'air pur. **D** est la réponse à la quatrième question. **The freshness of the air is noticeable because during the war he was exposed to toxic gases.**

We were able to infer meaning through contextual clues.

5. Comment la guerre a-t-elle affecté Elzéard Bouffier?
   (A) Il n'était pas mort mais il avait vieilli.
   (B) Il a été obligé d'abandonner ses moutons.
   (C) Il n'avait pas du tout pensé à la guerre.
   (D) Il a dû arrêter de planter des arbres.

What can we deduce from the text to answer the question?

Elzéard Bouffier "n'était pas mort", "il était même fort vert", il n'avait plus de moutons, parce que les moutons mettaient en péril (danger) sa plantation d'arbres. "Car" est le terme de cohérence qui explique la cause de l'activité d'Élzéard Bouffier pendant la période de la guerre; il était actif parce qu'il ne s'était pas du tout soucié de la guerre. **C** est la réponse à la cinquième question. **Elzéard Bouffier did not die in the war; he was in fact vibrant and active because he did not think about the war. He continued to work and plant.**

6. D'après le narrateur qu'est-ce qui peut élever les hommes?
   (A) Leur capacité de créer sans moyens techniques
   (B) Leur force et leur intelligence
   (C) Leur amour pour Dieu et sa création
   (D) Leur insouciance de la guerre et de la destruction

What can we deduce from the text to answer the question?

Nous savons qu'Elzéard Bouffier est un homme de cinquante ans qui pendant la guerre avait continué *"imperturbablement"* (sans être perturbé, troublé) à planter des arbres. Le narrateur nous dit que c'était "un spectacle impressionnant". "Tout est sorti des mains et de l'âme de cet homme". C'est la persévérance et le travail d'Elzéard Bouffier qui le rendent unique parmi les hommes. Et c'est quand les hommes travaillent avec leurs propres mains qu'ils deviennent *"efficaces"* (actifs, puissants, souverains). C'est par conséquent cette capacité de créer avec leurs mains qui élève et rend les hommes supérieurs. **A** est la réponse à la sixième question. **It is in fact the perseverance and the patience of this man, his undisturbed, continuous effort that distinguishes him. The fact that with his bare hands he planted those trees and created his own environment makes him superior.**

7. Quel est le ton du passage?
(A) Moqueur
(B) Frivole
(C) Admiratif
(D) Solennel

How can we interpret the tone of the text?

Commençons par examiner les faits:

1. Le narrateur est un jeune homme qui vient de finir son service militaire.
2. Après la guerre il a besoin de respirer de l'air pur.
3. Il va à un endroit désert.
4. Il retrouve Elzéard Bouffier, un homme qu'il connaissait avant la guerre.
5. Elzéard Bouffier ne s'était pas soucié de la guerre.
6. Il avait continué sans arrêt à planter des arbres.
7. Il avait choisi de créer au lieu de détruire.
8. Il avait planté toute une forêt sans moyens techniques.

Après avoir examiné les faits, nous pouvons clairement voir que le jeune narrateur est profondément impressionné par Elzéard Bouffier, qu'il admire l'efficacité de cet homme qui avait choisi une activité si noble. Le narrateur **fait l'éloge** d'Elzéard Bouffier. **C** est la réponse à la septième question. **Faire l'éloge =** to praise. **The narrator admires a man who could, despite a war, persevere in a constructive way, a man who kept on planting trees, making the world a better place to live in, disregarding the destruction of the war.**

DEUXIÈME PASSAGE

—Ma foi, dit-il, d'un air en apparence insouciant, à quoi cela
me servirait-il d'être mieux? Je ne puis guère vous expliquer ces
choses-là; je ne sais pas dire deux paroles de suite comme il
Ligne faut. Tout est là, ajouta-t-il en se frappant au coeur. Ma vie, à
(5) moi, est dans mes deux filles. Si elles s'amusent, si elles sont
heureuses, bravement mises, si elles marchent sur des tapis,
qu'importe de quel drap je suis vêtu, et comment est l'endroit
où je me couche? Je n'ai point froid si elles ont chaud, je ne
m'ennuie jamais si elles rient. Je n'ai de chagrins que les leurs.
(10) Quand vous serez père, quand vous direz, en oyant gazouiller vos
enfants: "C'est sorti de moi!" que vous sentirez ces petites créatures
tenir à chaque goutte de votre sang, dont elles ont été la fine

(15)

(20)

(25)

(30)

fleur, car c'est ça! vous vous croirez attaché à leur peau, vous croirez être agité vous-même par leur marche. Leur voix me répond partout. Un regard d'elles, quand il est triste, me fige le sang. Un jour vous saurez que l'on est bien plus heureux de leur bonheur que du sien propre. Je ne peux pas vous expliquer ça: c'est des mouvements intérieurs qui répandent l'aise partout. Enfin, je vis trois fois. Voulez-vous que je vous dise une drôle de chose? Eh bien, quand j'ai été père, j'ai compris Dieu. Il est tout entier partout, puisque la création est sortie de lui. Monsieur, je suis ainsi avec mes filles. Seulement j'aime mieux mes filles que Dieu, et que mes filles sont plus belles que moi. Elles me tiennent si bien à l'âme que j'avais idée que vous les verriez ce soir, Mon Dieu! un homme qui rendrait ma petite Delphine aussi heureuse qu'une femme l'est quand elle est bien aimée, mais je lui cirerais ses bottes, je lui ferais ses commissions. J'ai su par sa femme de chambre que ce petit M. de Marsay est un mauvais chien. Il m'a pris des envies de lui tordre le cou. Ne pas aimer un bijou de femme, une voix de rossignol, et faite comme un modèle! Où a-t-elle eu les yeux d'épouser cette grosse souche d'Alsacien? Il leur fallait à toutes deux de jolis jeunes gens bien aimables. Enfin, elles ont fait à leur fantaisie.

(35)

(40)

Le père Goriot était sublime. Jamais Eugène ne l'avait pu voir illuminé par le feu de sa passion paternelle. Quelque grossière que soit la créature, dès qu'elle exprime une affection forte et vraie, elle exhale un fluide particulier qui modifie la physionomie, anime le geste, colore la voix. Souvent l'être le plus stupide arrive, sous l'effort de la passion, à la plus haute éloquence dans l'idée, si ce n'est dans le langage, et semble se mouvoir dans une sphère lumineuse. Il y avait en ce moment dans la voix, dans le geste de ce bonhomme, la puissance communicative qui signale le grand acteur. Mais nos beaux sentiments ne sont-ils pas les poésies de la volonté?

Honoré de Balzac, *Le père Goriot*

Questions

1. Qu'est-ce que le père Goriot n'est pas capable d'expliquer?

(A) Le mal qu'il ressent au coeur

(B) Le confort et le bien-être de ses filles

(C) Les merveilles de la création divine

(D) L'amour qu'il éprouve pour ses filles

How can we reach meaning through key sentences?

Le père Goriot commence par dire à Eugène qu'il y a certaines choses qu'il ne peut pas expliquer. Il ajoute que chez lui "tout" réside dans le coeur.

La phrase principale du premier paragraphe suit: "Ma vie, à moi, est dans mes deux filles." Les phrases qui suivent accentuent l'idée principale du texte, et donnent des exemples de cet amour extraordinaire; "je n'ai point froid si elles ont chaud"; "je ne m'ennuie jamais si elles rient". Cet amour est donc si fort que le père Goriot a du mal à l'expliquer. **D** est la réponse à la première question. **By isolating a key phrase and relating it to other examples in the text we were able to deduce meaning and understand the question.**

2. Pourquoi le père Goriot ne s'inquiète-t-il pas quand il ne va pas bien?
   (A) Il ne pense jamais à son bien-être.
   (B) Il se soucie du chagrin de toutes les personnes qu'il aime.
   (C) Il sait que ses filles vont l'aider et il compte sur elles.
   (D) Il a une grand foi en Dieu.

Can we infer meaning from key sentences?

Reprenons la phrase principale "ma vie, à moi, est dans mes deux filles". Que peut-on déduire de cette phrase?

Quand une personne aime au point de ne plus avoir "une vie", cette personne se soucie peu d'elle-même. C'est le cas du père Goriot; il n'est heureux que quand ses filles le sont, il n'est triste que lorsqu'elles ont du chagrin. Tous ses sentiments dépendent entièrement de ses filles. Ne vivant que par rapport à ses filles, son propre bien-être devient secondaire. Il est si absorbé par cet amour qu'il est indifférent à tout. **A** est la réponse à la deuxième question.

3. Pourquoi le père Goriot dit-il qu'il vit trois fois?
   (A) Parce qu'il est très généreux et actif
   (B) Parce qu'il n'est pas capable de faire une chose à la fois
   (C) Parce qu'il ajoute les vies de ses filles à la sienne
   (D) Parce qu'il n'aime pas limiter ses sentiments à un être ou une chose

What can we deduce from key sentences?

Si vous avez compris les deux premières questions, la réponse à cette question n'est que le résultat des deux autres. Le père Goriot nous dit que sa vie est dans celle de ses filles. Il y a un contraste dans le texte entre la réalité et le point de vue du père Goriot: le père Goriot se sacrifie et se néglige parce qu'il n'a pas de vie, et le point de vue du père Goriot qui choisit de se considérer enrichi par son amour. Il est reconnaissant qu'en plus de sa vie il ajoute deux autres vies. **C** est la réponse à la troisième question.

4. Dans la phrase "je lui cirerais ses bottes" (ligne 27) le pronom "lui" remplace:
(A) l'homme qui rendrait Delphine heureuse.
(B) la fille du père Goriot, Delphine.
(C) l'homme que Delphine a épousé.
(D) la femme de chambre de Delphine.

How can we use a grammatical clue to reach factual meaning?

Le pronom personnel "lui" sert à remplacer un complément d'objet indirect. La question qu'il faut se poser pour arriver au complément d'objet indirect est: **à qui** le père Goriot voudrait-il cirer les bottes?

Examinons la phrase, "Mon Dieu! un homme qui rendrait ma petite Delphine aussi heureuse qu'une femme l'est quand elle est bien aimée, mais je lui cirerais ses bottes , je lui ferais ses commissions".

Les noms dans la phrase sont: *un homme, Delphine, une femme.*

Delphine: la fille du père Goriot. Elle serait heureuse si elle était bien aimée. Une femme: tout comme Delphine une femme serait heureuse d'être bien aimée. La proposition (the clause) subordonnée "qu'une femme l'est quand elle est bien aimée" ne sert qu'à renforcer l'idée du bonheur de la femme aimée.

Éliminons cette proposition. "Mon Dieu! un homme qui rendrait ma petite Delphine heureuse, mais je lui cirerais les bottes".

Un homme est l'antécédent du pronom relatif *"qui"*. Un pronom relatif introduit une proposition subordonnée. Dans ce cas "qui rendrait ma petite Delphine heureuse" est la proposition subordonnée. La proposition principale est "un homme, mais je lui cirerais les bottes". Dans cette proposition principale si je pose la question, à qui "je" cirerais les chaussures? Le nom complément d'objet indirect que le pronom "lui" remplace est "homme". **A** est la réponse à la quatrième question.

Note: "Cirer les bottes à quelqu'un" est une locution idiomatique qui veut dire "flatter la personne avec servilité".

5. Pourquoi le père Goriot voulait-il "tordre le cou" à M. de Marsay?
   (A) Parce que M. de Marsay est alsacien
   (B) Parce que M. de Marsay n'aime pas Delphine
   (C) Parce que Delphine a quitté M. de Marsay
   (D) Parce que le père Goriot est jaloux de M. de Marsay

What can we guess from the expression?

La locution "tordre le cou à quelqu'un" veut dire "tuer", "donner la mort par strangulation". C'est également une hyperbole pour "se venger".

Does the expression relate to another word or expression in the text?

Le contraste entre "tordre le cou à quelqu'un" et "cirer les bottes à quelqu'un" souligne l'extrémisme des sentiments du Père Goriot envers sa fille Delphine. D'un côté il est prêt à "cirer les bottes" de l'homme qui rendrait Delphine heureuse; de l'autre il voudrait "tordre le cou" à l'homme qui n'aime pas sa fille. En juxtaposant "tordre le cou" à "cirer les bottes" on peut mieux comprendre la force des sentiments du père Goriot. **B** est la réponse à la cinquième question.

6. L'expression "un bijou de femme" fait référence
   (A) au collier de la jeune femme.
   (B) à la fille du père Goriot.
   (C) au matérialisme de Delphine.
   (D) à la fortune de Marsay.

What can we learn from the expression?

"Bijou" est un nom masculin. C'est un objet précieux par sa matière. Bijoux principaux: bague, collier, boucle d'oreille, broche, chaîne, épingle, médaillon, pendant, parure, etc.

Dans le texte le père Goriot se demande comment on ne peut pas aimer "un bijou de femme", voulant ainsi dire une femme "exceptionnelle" "une merveille de femme".

Does the expression relate to another word or expression in the text?

Ce "bijou de femme" a "une voix de rossignol", "elle est faite comme un modèle (a model)". Le père Goriot décrit un être qui lui est extrêmement cher. Nous savons déjà qu'il voudrait voir sa

"petite" Delphine heureuse en amour. C'est pourquoi il se demande
comment on ne peut pas l'aimer. **B** est la réponse à la sixième question.

7. D'après Eugène, quel effet ont ces "mouvements intérieurs" sur
le père Goriot?
(A) Ils font de lui un être exceptionnel.
(B) Ils ne l'empêchent pas d'aimer ses filles.
(C) Ils le poussent à mieux comprendre.
(D) Ils lui permettent de devenir un grand acteur.

How does the expression relate to the text?

"Mouvements intérieurs" est l'antécédent du pronom relatif
"qui". Ces mouvements que le père Goriot est incapable d'expliquer
"répandent l'aise partout"; ils le rendent heureux et deviennent sa raison
de vivre. Eugène constate l'animation du père Goriot qui devient
"sublime" quand il parle de ses filles. "Sublime" est le synonyme
d'"exceptionnel". **A** est la réponse à la septième question.

8. D'après le passage, qu'est ce qui décrit le mieux les sentiments
d'Eugène envers le père Goriot?
(A) Eugène admire le père Goriot et son éloquence.
(B) Eugène pense que le père Goriot est un grand acteur qui
possède une force communicative.
(C) Eugène sent que le père Goriot est un homme ordinaire
qu'anime une passion extraordinaire.
(D) Eugène pense que le père Goriot est un homme digne
d'affection.

What can we deduce from the key sentences?

Le père Goriot parle à Eugène. Il essaye de lui expliquer l'amour
extraordinaire qu'il éprouve pour ses filles. Il fait de grands gestes
"en se frappant le coeur." Il exagère. Il est prêt à tout faire même "tordre
le cou" à quelqu'un. Eugène remarque que cette "passion paternelle"
"modifie la physionomie, anime le geste, colore la voix." Le père
Goriot est transformé, changé par sa passion, il devient "sublime". **C**
est la réponse à la huitième question.

TROISIÈME PASSAGE

Tout était changé. L'air lui-même. Au lieu des bourrasques
sèches et brutales qui m'accueillaient jadis, soufflait une brise

Ligne

(5)

souple chargée d'odeurs. Un bruit semblable à celui de l'eau venait des hauteurs: c'était celui du vent dans les forêts. Enfin, chose plus étonnante j'entendis le vrai bruit de l'eau coulant dans un bassin. Je vis qu'on avait fait une fontaine, qu'elle était abondante, et, ce qui me toucha le plus, on avait planté près d'elle un tilleul qui pouvait déjà avoir dans les quatre ans, déjà gras, symbole incontestable d'une résurrection.

(10)

(15)

Par ailleurs, Vergons portait les traces d'un travail pour l'entreprise duquel l'espoir est nécessaire. L'espoir était donc revenu. On avait déblayé les ruines, abattu les pans de murs délabrés et reconstruit cinq maisons. Le hameau comptait désormais vingt-huit habitants dont quatre jeunes ménages. Les maisons neuves, crépies de frais, étaient entourées de jardins potagers où poussaient, mélangés mais alignés, les légumes et les fleurs, les choux et les rosiers, les poireaux et les gueules-de-loup, les céleris et les anémones. C'était désormais un endroit où l'on avait envie d'habiter.

Jean Giono, *L'homme qui plantait des arbres*

Questions

1. D'après le narrateur comment le climat avait-il changé?
   (A) Il faisait beaucoup plus chaud.
   (B) Le vent soufflait très fort.
   (C) Il pleuvait surtout dans la forêt.
   (D) L'air était plus frais.

How can we use a linking term to deduce meaning?

Le narrateur commence par dire que "tout était changé". Il insiste sur "l'air" en utilisant "lui-même" pour dire que l'air avait également changé. La locution *"au lieu de"* exprime une opposition. Dans ce cas l'opposition est entre le temps qu'il faisait "jadis" (dans le passé) et le temps qui accueille le narrateur. Dans le passé il y avait des "bourrasques" (coups de vent forts et qui durent peu de temps). Ces "bourrasques" ont été remplacées par une "brise souple chargée d'odeurs". Ces coups de vent forts et brusques étaient certainement désagréables; leur opposé serait donc, agréable. **D** est la réponse à la première question. **The weather had changed; instead of bursts of strong wind the air was fresh and pleasant.**

2. Tout à Vergons révèle une renaissance SAUF

(A) les jeunes familles.

(B) le grand nombre de tilleuls.

(C) l'eau courante.

(D) les fleurs et les légumes.

How can we deduce meaning from the facts?

Le narrateur nous dit que "tout était changé"; les vents secs (dry) ont été remplacés par une brise (vent qui souffle de la mer vers la terre, ou de la terre vers la mer). Cette brise est preuve du grand changement, de la sécheresse à la vie et à la fertilité. La présence de l'eau fera renaître le village de Vergons. Le narrateur remarque l'air doux, les jardins potagers (jardins de fleurs et de légumes). Il constate que des jeunes ménages (familles) habitent dans le village, ce qui marque un retour à l'activité. Il est vrai que le narrateur est touché par la présence d'un tilleul (arbre qu'on ne trouve que dans les régions modérées). Le tilleul indique une renaissance. Mais faites attention: "tilleul" est au singulier; il n'y a qu'un tilleul près de la fontaine. **B** est la réponse à la deuxième question. **The environment of the village was dramatically different; all the signs of life and vigor were present: young families, running water, flowers and vegetables. One linden tree by the fountain indicates the new atmosphere in the village.** This is the type of question that requires a close reading of the passage.

3. "Un travail pour l'entreprise duquel l'espoir est nécessaire" est un travail:

(A) ingrat.

(B) agréable.

(C) exigeant.

(D) intellectuel.

How can we use a grammatical clue to deduce factual meaning?

"Duquel" est un pronom relatif employé pour éviter l'équivoque (confusion). Le narrateur veut spécifier qu'il parle du "travail", qui est un nom masculin d'où le choix de "duquel" au lieu de "dont". Le mot clé ici est "l'espoir".

What can we guess from the word?

"Espoir" est un nom masculin. Le verbe de la même famille est "espérer" qui est synonyme de "souhaiter".

Does the word relate to another word or expression in the text?

Nous savons déjà que "tout était changé" dans le village de Vergons, que dans le passé le climat était sec. Pendant les périodes de sécheresse la nature meurt. Mais avec la présence de l'eau et les possibilités qu'offre un futur fertile, les habitants devaient "abattre" et "reconstruire", deux activités qui exigent (demand) beaucoup de travail. **C** est la réponse à la troisième question. **To create a new environment, to tear and rebuild, to transform their lives, the villagers had to work very hard.**

4. D'après le narrateur pourquoi avait-on envie d'habiter à Vergons?
(A) Parce qu'il faisait toujours du soleil
(B) Parce qu'il y avait une forêt tout près
(C) Parce que chacun pouvait réaliser ses désirs
(D) Parce que chacun pouvait avoir un jardin de fleurs

What can we deduce from the key sentences?

"L'espoir était donc revenu". Le résultat de cet "espoir" est que les habitants de Vergons décident d'entreprendre un travail très difficile: celui de reconstruire leur village. Les résultats de ce travail sont indiqués à travers le texte; *"la fontaine"*, *"un tilleul...déjà gras"*, *"les maisons...étaient entourées de jardins potagers où poussaient...les légumes et les fleurs"*. Chaque personne dans ce village a, dorénavant, désormais (from now on) convaincue qu'elle pourra jouir des fruits de son travail et réaliser ses désirs. **C** est la réponse à la quatrième question. **As a result of their hard work, the members of this new community could from now on fulfill their own dreams and wishes.**

QUATRIÈME PASSAGE

Pendant un demi-siècle, les bourgeoises de Pont-l'Evêque envièrent à Madame Aubain sa servante Félicité.

Pour cent francs par an, elle faisait la cuisine et le ménage,
Ligne cousait, lavait, repassait, savait brider un cheval, engraisser les
(5) volailles, battre le beurre, et resta fidèle à sa maîtresse, qui cependant n'était pas une personne agréable.

Elle avait épousé un beau garçon sans fortune, mort au commencement de 1809, en lui laissant deux enfants très jeunes avec une quantité de dettes. Alors elle vendit ses
(10) immeubles, sauf la ferme de Toucques et la ferme de Geffosses,

dont les rentes montaient à 5,000 francs tout au plus, et elle quitta sa maison à Saint-Melaine pour en habiter une autre moins dispendieuse, ayant appartenue à ses ancêtres et placée derrière les halles.

(15)   Cette maison, revêtue d'ardoises, se trouvait entre un passage et une ruelle aboutissant à la rivière. Elle avait intérieurement des différences de niveau qui faisaient trébucher. Un vestibule étroit séparait la cuisine de la salle où Madame Aubain se tenait tout le long du jour, assise près de la croisée dans un fauteuil

(20)   de paille. Contre le lambris, peint en blanc, s'alignaient huit chaises d'acajou. Un vieux piano supportait, sous un baromètre, un tas pyramidal de boîtes et de cartons. Deux bergères de tapisserie flanquaient la cheminée en marbre jaune et de style Louis XV. La pendule, au milieu, représentait un temple de

(25)   Vesta, et tout l'appartement sentait un peu le moisi, car le plancher était plus bas que le jardin.

Gustave Flaubert, *Un coeur simple*

Questions

1. Qu'est-ce que nous apprenons au début du passage?
   (A) Que Madame Aubain n'est pas aimée par ses voisins
   (B) Que Félicité avait travaillé chez les dames de Pont-l'Evêque
   (C) Que Félicité avait travaillé chez Madame Aubain pendant cinquante ans
   (D) Que Madame Aubain enviait à ses voisines leur richesse

What can we guess from the vocabulary?

"Pendant" est une préposition qui exprime "la durée du temps". Souvent en français "pendant" est omis. Example: Elle a parlé deux heures au téléphone (elle a parlé pendant deux heures). L'auteur du texte a choisi "pendant" pour insister sur la durée du temps. Il s'agit d'un demi-siècle". Un siècle = 100 ans; un "demi-siècle" = 50 ans. **C** est la réponse à la première question.

2. L'auteur donne les qualités suivantes à Félicité SAUF
   (A) Félicité était loyale à sa maîtresse.
   (B) Félicité s'occupait de toutes les besognes ménagères.
   (C) Félicité n'était pas très bien payée.
   (D) Félicité savait faire du cheval.

What can we guess from the vocabulary?

L'auteur nous dit que "les bourgeoises de Pont- l'Evêque envièrent à Mme Aubain sa servante Félicité." Le verbe *"envier"* veut dire éprouver envers quelqu'un un sentiment d'envie, soit qu'on souhaite ses biens, soit qu'on désire être à sa place. Mme Aubain est donc *"enviable"* et les bourgeoises sont *"envieuses"*. Mme Aubain *"fait des envieux"* à cause de sa servante Félicité. C'est parce qu'elle paye très peu d'argent à une servante qui fait toutes les tâches ménagères et qui lui est très fidèle (faithful). Faire du cheval est un sport. Félicité "savait brider un cheval"; cela veut dire qu'elle savait mettre une bride (pièce du harnais fixée à la tête du cheval pour le diriger) sur le cheval. **D** est la réponse à la deuxième question.

3. Qu'indique l'emploi de l'imparfait dans le deuxième paragraphe?
   (A) Mme Aubain dépendait beaucoup de Félicité.
   (B) Félicité travaillait de temps en temps avec sa maîtresse.
   (C) Félicité avait l'habitude de faire toutes les tâches ménagères.
   (D) Mme Aubain exigeait beaucoup de travail de Félicité.

How to use a grammatical clue to reach the meaning.

Le passé composé et l'imparfait sont les deux temps qui nous montrent qu'une action a lieu dans le passé. Le passé composé indique une action qui débute et s'achève dans le passé, tandis que l'imparfait indique une condition, une habitude, une description dans le passé. L'auteur choisit l'imparfait pour nous montrer que Félicité n'arrêtait pas de travailler, qu'elle avait l'habitude de faire sa besogne chaque jour. **C** est la réponse à la troisième question.

4. Que peut-on dire de Mme Aubain après avoir lu le passage?
   (A) Madame Aubain est une femme très active.
   (B) Madame Aubain est une femme très sociable.
   (C) Madame Aubain est une bourgeoise qui possède une grande fortune.
   (D) Madame Aubain ne fait presque rien toute la journée.

What can we deduce from the key sentences?

Nous savons déjà que Mme Aubain est enviée des "bourgeoises de Pont-l'Evêque" parce que sa servante Félicité fait tout le travail du ménage. Mme Aubain "se tenait tout le long du jour, assise...dans un fauteuil de paille". L'activité continue de Félicité contraste avec l'inactivité de Mme Aubain. **D** est la réponse à la quatrième question.

5. Qu'est-ce que l'auteur juxtapose dans sa description de la maison?
(A) La splendeur passée et la gêne présente
(B) Le beau décor et le jardin négligé
(C) Les vieux meubles et la belle boiserie
(D) Le style grec et le style français

What can we deduce from the key sentences?

L'auteur nous dit que Mme Aubain avait perdu son mari qui lui avait laissé beaucoup de "dettes". Elle avait été obligée de vendre "ses immeubles"; elle avait été obligée de "quitter sa maison" et d' "en habiter une autre moins dispendieuse". Le résultat des dettes est un changement dans le mode de vie de Mme Aubain qui dans le passé avait beaucoup de propriétés. Ce changement va se manifester dans sa maison où elle garde ses beaux meubles mais où tout "sentait un peu le moisi".

"Le moisi" est un mot clé dans ce texte.

What can we learn from the word?

"Le moisi" est un nom masculin. Le verbe de la même famille est "moisir" qui veut dire se gâter sous l'effet de l'humidité, de la température. Exemple: Ce pain moisi est tout couvert de moisissure. La moisissure marque la détériorisation. C'est précisément le cas de la maison de Mme Aubain où "tout sentait le moisi" en contraste avec les richesses passées. **A** est la réponse à la cinquième question.

CINQUIÈME PASSAGE

Enquête

Jeunesse qui rit, jeunesse qui pleure....On dirait qu'il en existe deux, mais c'est la même! Premier enseignement de notre
Ligne sondage: les adolescents d'aujourd'hui sont encore plus difficiles à
(5) comprendre que leurs aînés au même âge. A la fois plus optimistes et plus angoissés, les adolescents de cette fin de siècle ont du mal à se construire une identité. D'ailleurs, tout se complique: d'étape transitoire entre l'enfance et la maturité, la jeunesse est devenue une "valeur" sans âge, une référence sociale, un état
(10) revendiqué à la vie, presque un droit. Jeune parent, jeune chômeur ou jeune retraité, tout le monde revendique la jeunesse; ce qui contribue encore à brouiller l'identité de ceux qui sont vraiment jeunes. Au risque d'accentuer davantage un très traditionnel mal de vivre.

(15)   La première surprise de notre sondage est qu'une grande majorité (63% contre 61% en 1984) des jeunes ont l'impression de vivre le plus bel âge de leur vie. Ils estiment, en effet, avoir plus de chances que leurs parents à leur âge en ce qui concerne la médecine, les moyens de communications, la possibilité de

(20) voyager, la qualité de la vie et, même, les ressources financières. ....

    La seconde révélation est qu'ils sont extrêmement nombreux (84%) à se dire assez bien, voire très bien dans la société française actuelle. ......A leur avis la génération de leurs parents et grands-parents a assez bien préparé la société française à leur

(25) génération et à celles à venir. Donc, ni révolte ni révolution en perspective.......Ce n'est pas tout: 79% (et 86% des 15/17 ans) pensent que leurs études leur donnent une bonne culture générale.

    Un chiffre pour le moins étonnant, quand on apprend, coup

(30) sur coup, par une étude récente, que les professeurs créditent à peine un quart des élèves d'un niveau suffisant (alors qu'ils accordent, dans le même temps, le bac à 70% d'entre eux..!), et qu'un collégien sur quatre ne sait ni lire, ni écrire, ni compter correctement.

Le Figaro. Magazine. Vendredi le 24 Mai 1996

Questions

1. Que nous apprend le sondage sur les jeunes d'aujourd'hui?
   (A) Ils sont plus pessimistes que leurs parents au même âge.
   (B) Ils passent par une phase passagère entre l'enfance et la maturité.
   (C) Ils ont de la difficulté à établir leur propre individualité.
   (D) Ils sont déchirés entre deux personnalités contradictoires.

2. Selon l'article qu'est-ce que tout le monde réclame?
   (A) Une manière traditionnelle de vivre
   (B) Une liberté complète du côté financier
   (C) Le droit de demeurer indéfiniment jeune
   (D) Le droit de prendre sa retraite à un jeune âge

3. Lequel des faits suivants nous surprend dans cet article?
   (A) Les jeunes souffrent d'un mal de vivre ancien et familier.
   (B) Les jeunes trouvent de la difficulté à comprendre leurs aînés.
   (C) Les jeunes tendent à confondre leur identité avec celle de leurs aînés.
   (D) Les jeunes se considèrent très fortunés par rapport à leurs aînés.

4. Comment les jeunes jugent-ils les générations précédentes?
   (A) Ils pensent que leurs parents les ont préparés à la révolte.
   (B) Ils témoignent de la gratitude envers les générations passées.
   (C) Ils croient qu'ils sont trop nombreux dans la société française actuelle.
   (D) Ils considèrent que la génération de leurs parents a ignoré les jeunes.

5. Que pensent les jeunes de leur éducation?
   (A) Ils préféreraient une éducation qui suit les règles conventionnelles.
   (B) Ils ont une observation étroite des traditions académiques.
   (C) Ils sont très satisfaits du système éducatif actuel.
   (D) Ils refusent d'être éduqués comme leur parents.

6. Que trouve-t-on contradictoire dans l'opinion des professeurs?
   (A) Ils disent que les élèves sont forts mais ils les font échouer.
   (B) Ils disent que les élèves sont faibles mais ils les font réussir.
   (C) Ils donnent aux élèves de mauvaises notes mais ils se plaignent.
   (D) Ils refusent de changer les niveaux mais ils ne sont pas satisfaits.

SIXIÈME PASSAGE

Les Françaises et le travail

Elles sont partout, en blouse blanche ou en uniforme, au volant des camions comme aux carrefours des rues, aux postes de
Ligne direction, à la barre des bateaux et sur les estrades des lycées. On
(5) les voit casquées sur les chantiers, diriger des ouvriers aux manières burinées. On les voit filer sur les trottoirs, comme des papillons, leur sacoche de facteur en bandoulière: inimaginable voilà cinquante ans. Aujourd'hui, ces femmes font partie de notre paysage quotidien.

(10)   Depuis la loi du 13 juillet 1983 interdisant toute discrimination
en raison du sexe dans la vie professionnelle des salariés,
aucun métier n'est en principe fermé aux femmes. Aujourd'hui,
la France détient le record européen des taux d'activité féminine,
avec 43% des emplois occupés par le sexe dit faible. Travailler

(15)   est devenu la norme: entre 25 et 44 ans, trois femmes sur quatre
sont au boulot. Pourtant, au-delà des statistiques, au-delà des
textes égalitaristes, leur position semble parfois tenir à un fil,
tellement fragile. Ce sont elles qui occupent les emplois les
plus précaires. Ce sont elles qui, plus que les hommes, sont

(20)   touchées par le chômage. Et les femmes restent, en moyenne,
payées 30% de moins que leurs homologues masculins.
Comme si leur autorité, leur présence même n'étaient jamais
tout à fait légitimes.

En voici sept. Toutes exemplaires à un titre ou un autre,

(25)   qu'elles exercent un métier traditionnellement féminin, comme
France, aide-puéricultrice, une profession en voie de féminisation
massive, comme Leila, une avocate, ou des responsabilités hier
réservées aux hommes, comme Colette, PDG dans le secteur
nucléaire. Autour d'elles, la belle Claire, qui est cover-girl, le job

(30)   dont on fait les nouvelles stars. Et Catherine, qui renouvelle le
métier de vendeuse en distribuant ses prospectus juchée sur des
patins à roulettes. Enfin, Scarlette, l'une de ces femmes encore
exceptionnelles qui font un vrai boulot de mec, avec leurs muscles,
leur courage et leur jugeote: patron marin-pêcheur, elle a résolument

(35)   tourné le dos à la vieille division des tâches professionnelles.
Tandis qu'à l'ombre de sa solitude Sophie incarne, elle, un
autre phénomène: le chômage des femmes. Comme tant d'autres,
elle a essayé tous les métiers de la communication, avant de se
retrouver, à 36 ans, sur le carreau.

(40)   Pas une de ces femmes n'accepterait, aujourd'hui, de retourner
"en dépendance". Toutes différentes, elles ont un point commun:
le goût de la bagarre.

L'Express. Semaine du 13 au 19 Janvier 1994

Questions

1. Selon l'article qu'est-ce qui n'existait pas au début du siècle?

(A) Des femmes qui aiment conduire des voitures

(B) Des femmes qui portent des uniformes comme les hommes

(C) Des femmes actives dans tous les domaines de la société

(D) Des femmes qui ont des manières grossières

2. A la lignes 6–7 l'expression "comme des papillons" veut dire que les femmes sont

(A) belles.

(B) pressées.

(C) maquillées.

(D) occupées.

3. A quoi "notre paysage quotidien" (ligne 9) fait-il référence?

(A) A la vie de chaque jour

(B) A ce qu'on peut voir dans les rues

(C) Aux habitants du pays

(D) Aux manières des ouvriers

4. A quoi peut-on attribuer la transformation du rôle des Françaises dans la société?

(A) Au nombre de Françaises qui aiment le travail

(B) Aux statistiques qui prouvent ce changement fondamental

(C) Au droit de la Française d'entrer dans tous les métiers

(D) Au gouvernement qui leur permet de gagner plus d'argent

5. Que note l'article sur la condition actuelle des Françaises?

(A) Elles se fatiguent plus que les hommes.

(B) Elles gagnent plus que les autres femmes européennes.

(C) Leur travail est plus instable que celui des hommes.

(D) Leur avenir est prédéterminé.

6. Qu'est-ce qui rend Scarlette remarquable?

(A) Elle est foncièrement différente des hommes qu'elle dirige.

(B) Elle est exceptionnellement forte.

(C) Elle effectue avec initiative un travail peu important.

(D) Elle a dans son travail des obligations physiques et mentales.

7. Qui Sophie représente-t-elle?

(A) Les femmes qui vivent seules

(B) La femme qui a essayé tous les métiers

(C) Les femmes qui ont perdu leur travail

(D) La femme jeune et ambitieuse

8. Quel est le lien qui relie toutes ces femmes?
(A) Leur désir d'exercer un métier traditionnel
(B) Un amour exceptionnel pour leur travail
(C) Leur supériorité sur les autres femmes européennes
(D) Une volonté ferme de travailler comme les hommes

9. Dans quelle catégorie peut-on ranger ce texte?
(A) Un sondage
(B) Un rapport scientifique
(C) Une publicité
(D) Une enquête

SEPTIÈME PASSAGE

L'autre femme

—Deux couverts? Par ici, monsieur et madame, il y a encore une table contre la baie, si madame et monsieur veulent profiter de la vue. Alice suivit le maître d'hôtel.

Linge
(5)   —Oh! oui, viens, Marc, on aura l'air de déjeuner sur la mer dans un bateau... Son mari la retint d'un bras passé sous le sien.

—Nous serons mieux là.

—Là? Au milieu de tout ce monde? J'aime bien mieux...

—Je t'en prie, Alice.

(10)   Il resserra son étreinte d'une manière tellement significative qu'elle se retourna......

—Qu'est-ce qu'il y, Marc?

—Je vais te dire, chérie. Laisse-moi commander le déjeuner. Veux-tu des crevettes? ou des oeufs en gelée?

(15) —Ce que tu voudras, tu sais bien.

Ils se sourirent, gaspillant les précieux moments d'un maître d'hôtel surmené, atteint d'une sorte de danse nerveuse, qui transpirait près d'eux.

—Les crevettes, commanda Marc. Et puis les oeufs bacon. Et du
(20) poulet froid avec une salade de romaine. Fromage à la crème?
Spécialité de la maison? Va pour la spécialité. Deux très bons
cafés. Qu'on fasse déjeuner mon chauffeur nous repartons à
deux heures. Du cidre? Je me méfie....

—Pourquoi m'as-tu empêchée de prendre cette place contre la
(25) baie? Marc Péguy ne songea pas à mentir.

—Parce que tu allais t'asseoir à côté de quelqu'un que je connais.

—Et que je ne connais pas?

—Mon ex-femme.

Elle ne trouva pas un mot à dire et ouvrit plus grands ses yeux
(30) bleus.

—Quoi donc, chérie? Ça arrivera encore. C'est sans importance.

Alice, retrouvant la parole, lança dans leur ordre logique les
questions inévitables:

—Elle t'a vu? Elle a vu que tu l'avais vue? Montre-la-moi!

(35) —Ne te retourne pas tout de suite, je t'en prie, ...Une dame
brune, Tête nue...........

—Oui. Je vois..............

—Pourquoi ne m'avais-tu jamais dit qu'elle avait aussi les yeux
bleus?

(40) —Mais je n'y ai pas pensé!...........

Ils mangèrent et burent de bon appétit, et chacun d'eux crut
que l'autre oubliait la femme en blanc.......Ils attendirent le café
assez longtemps en silence.......

—Elle est toujours là, tu sais, chuchota brusquement Alice.

(45) —Elle te gêne? Tu veux prendre le café ailleurs?

—Mais pas du tout! C'est plutôt elle qui devrait être gênée!
D'ailleurs, elle n'a pas l'air de s'amuser follement, si tu la voyais.......

—Pas besoin. Je lui connais cet air-là.

—Ah! oui, c'était son genre?

(50) —Un genre...Non. A te parler franchement, elle n'était pas heureuse avec moi........

—Elle est difficile!....

—C'est le mot, avoua-t-il. Que veux-tu? Il faut plaindre ceux qui ne sont jamais contents. Nous, nous sommes si contents.....N'est-ce
(55) pas chérie?

Elle ne répondit pas. Elle donnait une attention furtive au visage de son mari....

Dubitative pour la première fois, elle s'interrogea:

"Qu'est-ce qu'elle voulait donc de mieux, elle?"

(60) Et jusqu'au départ, pendant que Marc payait l'addition, s'enquérait du chauffeur, de la route, elle ne cessa plus de regarder avec une curiosité envieuse la dame en blanc, cette mécontente, cette difficile, cette supérieure.......

Colette. *La femme cachée*

Questions:

1. Pourquoi Marc ne veut-il pas profiter de la vue?
   (A) Il préfère être avec tout le monde au restaurant.
   (B) Il ne veut pas perdre son temps dans un bateau.
   (C) Il ne veut pas s'asseoir à côté de son ex-femme.
   (D) Il veut déjeuner seul avec sa femme loin des autres.

2. D'après le texte, que peut-on dire du maître d'hôtel?
   (A) Il aime beaucoup la danse.
   (B) Il ne supporte pas la chaleur.
   (C) Il a trop de travail à faire.
   (D) Il n'aime pas le couple.

3. Quand Marc dit "Va pour la spécialité" (ligne 21) le mot "Va" indique
   (A) qu'il a décidé de commander la spécialité.
   (B) qu'il compte commander de la nourriture et puis partir.
   (C) qu'il n'est pas sûr de son choix.
   (D) qu'il ne veut pas qu'Alice décide.

4. Pourquoi Alice est-elle surprise?
   (A) Elle ne comprend pas pourquoi son mari commande pour elle.
   (B) Elle ne s'attendait pas à voir la première femme de son mari.
   (C) Parce que son mari connait quelqu'un qu'elle ne connaît pas
   (D) Parce qu'ils doivent quitter l'hôtel dans deux heures

5. Dans la phrase "Je lui connais cet air-là" (ligne 48) le pronom "lui" se rapporte
   (A) à Alice.
   (B) à la dame en blanc.
   (C) à Marc.
   (D) au maître d'hôtel.

6. Comment peut-on caractériser les actions de Marc à la fin du conte?
   (A) Elles témoignent de son amour pour sa femme.
   (B) Elles semblent incompréhensibles à Alice.
   (C) Elles montrent qu'il est un homme pratique.
   (D) Elles expliquent sa relation avec son ex-femme.

7. Qu'est-ce qu'Alice questionne pour la première fois?
   (A) La fidélité de son mari
   (B) Le raisonnement de son mari
   (C) Son amour pour Marc
   (D) Sa jalousie de l'autre femme

8. Qu'est-ce qui rend l'ex-femme "supérieure" aux yeux d'Alice?
   (A) Elle est beaucoup plus belle qu'elle.
   (B) Elle est indépendante et semble heureuse.
   (C) Elle continue à avoir une grande influence sur Marc.
   (D) Elle a refusé de vivre avec l'homme qu'Alice aime.

9. Le ton de ce passage est
   (A) plutôt mélancolique.
   (B) froid et sobre.
   (C) légèrement ironique.
   (D) lourd et pesant.

HUITIÈME PASSAGE

Lettre xxx. Rica à Ibben, à Smyrne

A Paris, le 6 de la lune de Chalval*, 1712

Les habitants de Paris sont d'une curiosité qui va jusqu'à
Ligne l'extravagance. Lorsque j'arrivai, je fus regardé comme si j'avais
(5) été envoyé du ciel: vieillards, hommes, femmes, enfants, tous
voulaient me voir. Si je sortais tout le monde se mettaient aux
fenêtres; si j'étais aux Tuileries**, je voyais aussitôt un cercle se
former autour de moi; les femmes mêmes faisaient un arc-en-ciel
nuancé de mille couleurs, qui m'entourait; si j'étais au spectacle,
(10) je trouvais d'abord cent lorgnettes dressées contre ma figure;
enfin jamais homme n'a tant été vu que moi. Je souriais
quelquefois d'entendre des gens qui n'étaient presque jamais
sortis de leur chambre, qui disaient entre eux: "Il faut avouer
qu'il a l'air bien persan." Chose admirable! Je trouvais de mes
(15) portraits partout; je me voyais multiplié dans toutes les boutiques,
sur toutes les cheminées, tant on craignait de ne m'avoir pas
assez vu.

Tant d'honneur ne laissent pas d'être à charge: Je ne me
croyais pas un homme si curieux et si rare; et, quoique j'aie très
(20) bonne opinion de moi, je ne me serais jamais imaginé que je
dusse troubler le repos d'une grande ville où je n'étais point
connu. Cela me fit résoudre à quitter l'habit persan, et à endosser
un à l'européenne, pour voir s'il resterait encore dans ma
physionomie quelque chose d'admirable. Cet essai me fit connaître
(25) ce que je valais réellement: libre de tous les ornements
étrangers, je me vis apprécié au plus juste. J'eus sujet de me
plaindre de mon tailleur, qui m'avait fait perdre en un instant
l'attention et l'estime publique; car j'entrai tout à coup dans un
néant affreux. Je demeurais quelquefois une heure dans une
(30) compagnie sans qu'on m'eût regardé, et qu'on m'eût mis en
occasion d'ouvrir la bouche. Mais si quelqu'un par hasard
apprenait à la compagnie que j'étais Persan, j'entendais aussitôt
autour de moi un bourdonnement: "Ah! ah! Monsieur est Persan?
C'est une chose bien extraordinaire! Comment peut-on être Persan?"

Montesquieu (1689–1755), *Les lettres persanes*

*Chalval: dixième mois du calendrier persan
**Tuileries: palais royal et jardins

Questions

1. Selon le texte, lequel des traits suivants caractérise les Parisiens?
   (A) Un goût marqué pour l'opéra et les spectacles
   (B) Une certaine réserve envers ceux qu'ils ne connaissent pas
   (C) Un désir très fort de s'informer des choses inhabituelles
   (D) Une tendance à imiter tout le monde

2. Les Parisiens font toutes les choses suivantes avec Rica (l'auteur) SAUF
   (A) ils le regardent avec beaucoup d'attention.
   (B) ils gardent son portrait dans leur boutique.
   (C) ils l'emmènent chaque soir au spectacle.
   (D) ils ont son portrait dans leurs maisons.

3. On comprend que si Rica abandonne son costume persan c'est parce qu'il
   (A) manque de confiance en lui-même.
   (B) veut voir si on va continuer à le remarquer.
   (C) est fatigué de l'attention qu'on lui donne.
   (D) désire être européen comme les Parisiens.

4. Qu'est-ce qui arrive quand Rica s'habille à l'européenne?
   (A) On ne s'intéresse plus à lui.
   (B) Il est invité chez tout le monde.
   (C) Il ne se sent plus étranger.
   (D) On le trouve très bizarre.

5. Le ton de ce passage est
   (A) objectif.
   (B) didactique.
   (C) moqueur.
   (D) mélancolique.

NEUVIÈME PASSAGE

Moi j'affirme que le bonheur s'apprend, alors qu'on dit souvent que le vrai bonheur est celui qui surprend. C'est vrai que certains bonheurs nous surprennent, comme une sorte de don que
Ligne nous n'aurions ni cherché ni mérité : une belle plage, un sourire,
(5) une rencontre peuvent tout à coup nous toucher plus que d'habitude. Mais ces émotions heureuses spontanées sont plus caractéristiques des joies de l'enfance que de celles de l'âge adulte. Quand on a grandi, beaucoup de nos bonheurs sont basés sur notre aptitude de développer une certaine réceptivité
(10) aux instants heureux.

Le bonheur ressemble plutôt à un jardin à l'anglaise. Il peut donner la même illusion de facilité et d'harmonie qui paraissent naturelles. Mais en réalité il y a toujours du travail derrière cette apparence. Comme le jardinage le bonheur est un travail
(15) de tous les jours, il peut être agréable, mais pas toujours, il est sans garantie de succès immédiat, et il peut aussi connaître de mauvaises années. Heureusement chacun de nous possède une certaine aptitude au bonheur et c'est à nous de développer cette aptitude. Notre aptitude dépend à la fois de notre tempérament
(20) et de notre histoire familiale. C'est un mélange d'inné et d'acquis. Pour des raisons biologiques, certaines personnes ressentent plus facilement les émotions positives. Nos parents jouent également un rôle important, plus ils se sont montrés capables de se réjouir de la vie, plus ils nous ont transmis l'idée que le
(25) bonheur est important. Malheureusement, il existe des familles où le bonheur est simplement impossible. La route pour le trouver sera forcément plus longue, et difficile.

Il est plus facile d'être malheureux. On a pu tous constater qu'il est plus difficile de faire durer les instants de bonheur que les
(30) moments de malheur. Prolonger son bonheur exige toujours des efforts, tandis que s'abandonner au malheur est facile pour tous. Mais rappelons-nous que le sentiment de malheur peut nous être utile, surtout pour attirer notre attention sur ce qui ne va pas dans notre vie. Il peut nous faire prendre des décisions (chang-
(35) er de travail, de région, etc.) et il nous protège de la résignation, qui est un état émotionnel où l'on supporte des choses que l'on ne devrait pas supporter. Mais c'est tout. Il faut faire bon usage du malheur, et transformer nos émotions négatives en réflexion, décision et action.

(40) Le bonheur est ce qu'on appelle en chimie un composé instable: à peine a-t-il apparu que son destin naturel est de disparaître. Puis revenir, rien que pour disparaître de nouveau. Mais tout l'art du bonheur consiste à savoir comment augmenter la fréquence et la saveur de ces instants sporadiques.

Questions

1. Selon le passage, le bonheur qui se fait sans que la volonté intervienne, est attribué à:
   (A) une certaine maturité.
   (B) un effort constant.
   (C) un bel endroit.
   (D) un très jeune âge.

2. Selon le texte, qu'est-ce qu'une personne adulte devrait faire pour être heureuse?
   (A) Aller à la plage
   (B) S'efforcer de trouver des moments de bonheur
   (C) Sourire tout le temps
   (D) Compter les choses qu'elle a accomplies avec succès

3. Qu'est-ce qui distingue un jardin à l'anglaise?
   (A) Sous un extérieur naturel, il exige beaucoup de travail.
   (B) Il est beau et très facile à entretenir.
   (C) Il a toutes sortes de plantes exotiques.
   (D) Il donne une satisfaction illusoire et pas réelle.

4. Selon le passage à quoi devons-nous notre aptitude pour le bonheur?
   (A) A notre amour pour le jardinage et le travail
   (B) A notre famille et nos amis
   (C) A notre généalogie et à notre entourage
   (D) A nos émotions et à nos décisions positives

5. Selon le passage, quel est le plus grand avantage du malheur?
   (A) Il nous aide à quitter notre travail.
   (B) Il nous pousse à prendre des décisions.
   (C) Il est plus facile à accepter que le bonheur.
   (D) Il nous encourage à cultiver notre jardin.

DIXIÈME PASSAGE

Après le dîner, hélas, j'étais bientôt obligé de quitter maman qui restait à causer avec les autres, au jardin s'il faisait beau, dans le petit salon où tout le monde se retirait s'il faisait mauvais.

Ligne Tout le monde, sauf ma grand-mère qui trouvait que "c'est une
(5) pitié de rester enfermé à la campagne" et qui avait d'incessantes
discussions avec mon père, les jours de trop grande pluie, parce
qu'il m'envoyait lire dans ma chambre au lieu de rester dehors.
"Ce n'est pas comme cela que vous le rendrez robuste et énergique,
disait-elle tristement, surtout ce petit qui a tant besoin de prendre
(10) des forces et de la volonté." Mon père haussait les épaules et il
examinait le baromètre, car il aimait la météorologie, pendant
que ma mère, évitant de faire du bruit pour ne pas le troubler,
le regardait avec un respect attendri, ...

Mais ma grand-mère, elle, par tous les temps, même quand
(15) la pluie faisait rage et que Françoise avait précipitamment rentré
les précieux fauteuils d'osier de peur qu'ils ne fussent mouillés,
on la voyait dans le jardin vide et fouetté par l'averse,......Elle
disait: "Enfin, on respire!" et parcourait les allées détrempées,
__ trop symétriquement alignées à son gré par le nouveau jardinier
(20) dépourvu du sentiment de la nature et auquel mon père avait
demandé depuis le matin si le temps s'arrangerait__, de son
petit pas enthousiaste et saccadé, réglé sur les mouvements
divers qu'excitaient dans son âme l'ivresse de l'orage, la puissance
de l'hygiène, la stupidité de mon éducation et la symétrie des
(25) jardins, plutôt que sur le désir inconnu d'elle d'éviter à sa jupe
prune les taches de boue sous lesquelles elle disparaissait
jusqu'à une hauteur qui était toujours pour sa femme de chambre un désespoir et un problème.

Marcel Proust, *Du côté de chez Swann*, Vol. I

Questions

1. Les deux premières phrases du texte suggèrent que
   (A) le narrateur était très attaché à sa mère.
   (B) le narrateur passait peu de temps avec sa mère.
   (C) le narrateur n'aimait pas le temps à la campagne.
   (D) le narrateur n'aimait pas la lecture.

2. En disant "Mon père haussait les épaules" (ligne 10) le narrateur
   indique que son père
   (A) est très fâché avec la grand-mère.
   (B) ne sait pas quoi dire à la grand-mère.
   (C) s'intéresse beaucoup à ce que dit la grand-mère.
   (D) ne se soucie pas de l'opinion de la grand-mère.

3. Que peut-on dire de la mère dans ce passage?

(A) Elle se dispute souvent avec son mari.

(B) Elle préfère passer son temps avec ses amis.

(C) Elle se sent inférieure à son mari.

(D) Elle ne s'intéresse pas à son fils.

4. Comment peut-on caractériser les actions de la grand-mère?

(A) Elles semblent incompréhensibles au narrateur.

(B) Elles témoignent d'un esprit non-conformiste.

(C) Elles montrent qu'elle aime le mauvais temps.

(D) Elles expliquent les inquiétudes du narrateur.

5. Dans ce récit il est question

(A) d'une aventure tragique.

(B) d'un souvenir d'enfance.

(C) d'un rapport météorologique.

(D) de la vie quotidienne d'une famille.

ONZIÈME PASSAGE

Je m'assis en face d'un couple. Entre l'homme et la femme, l'enfant, tant bien que mal, avait fait son creux, et il dormait. Mais il se retourna dans le sommeil, et son visage m'apparut sous la
Ligne veilleuse. Ah! quel adorable visage! Il était né de ce couple-là
(5) une sorte de fruit doré. Il était né de ces lourdes hardes cette réussite de charme et de grâce. Je me penchai sur ce front lisse, sur cette douce moue des lèvres, et je me dis: voici un visage de musicien, voici Mozart enfant, voici une belle promesse de la vie. Les petits princes des légendes n'étaient point différents de
(10) lui: protégé, entouré, cultivé, que ne saurait-il devenir! Quand il naît par mutation dans les jardins une rose nouvelle, voilà tous les jardiniers qui s'émeuvent. On isole la rose, on cultive la rose, on la favorise. Mais il n'est point de jardinier pour les hommes. Mozart enfant sera marqué comme les autres par la
(15) machine à emboutir. Mozart fera ses plus hautes joies de musique pourrie, dans la puanteur des cafés-concerts. Mozart est condamné.

Et je regagnai mon Wagon. Je me disais: ces gens ne souffrent guère de leur sort. Et ce n'est point la charité ici qui me tourmente.
(20) Il ne s'agit point de s'attendrir sur une plaie éternellement rouverte. Ceux qui la porte ne la sentent pas. C'est quelque chose comme

l'espèce humaine et non l'individu qui est blessé ici, qui est
lésé. Je ne crois guère à la pitié. Ce qui me tourmente, c'est le
point de vue du jardinier. Ce qui me tourmente, ce n'est point

(25)   cette misère, dans laquelle, après tout, on s'installe......Ce qui
me tourmente, les soupes populaires ne le guérissent point. Ce
qui me tourmente, ce ne sont ni ces creux, ni ces bosses, ni
cette laideur. C'est un peu, dans chacun de ces hommes,
Mozart assassiné.

Antoine de Saint-Exupéry, *Terre des Hommes* (1939)

Questions

1. Où se trouve le narrateur?
   (A) Dans un train
   (B) Dans un jardin
   (C) Dans un salon
   (D) Dans un café

2. Le but principal de ce texte est
   (A) de critiquer la classe ouvrière.
   (B) de philosopher sur la nature humaine.
   (C) d'expliquer au lecteur comment voyager.
   (D) d'encourager les enfants à être musiciens.

3. D'après le narrateur à qui cause-t-on du tort dans la société?
   (A) Aux jeunes couples qui ont de petits enfants
   (B) Aux jardiniers qui ne sont jamais reconnus
   (C) Aux pauvres qu'on fait souffrir et de qui on n'a jamais pitié
   (D) Aux enfants qu'on néglige et de qui on ne se soucie pas

4. Qu'est-ce qui résume le mieux l'idée principale de ce texte?
   (A) Il faut consacrer plus de temps et de soin aux jeunes enfants.
   (B) La musique est une grande source de joie pour tous les enfants.
   (C) On doit aider les pauvres pour éviter le crime et la violence.
   (D) C'est important que tous les hommes apprennent à jardiner.

5. Le ton de ce passage est
   (A) sceptique.
   (B) moqueur.
   (C) mélancolique.
   (D) ironique.

DOUXIÈME PASSAGE

Les fous m'attirent. Ces gens-là vivent dans un pays mystérieux de songes bizarres, dans ce nuage impénétrable de la démence où tout ce qu'ils ont vu sur la terre, tout ce qu'ils ont aimé, tout *Ligne* ce qu'ils ont fait recommence pour eux dans une existence (5) imaginée en dehors de toutes les lois qui gouvernent les choses et régissent la pensée humaine.

Pour eux l'impossible n'existe plus, l'invraissemblable disparaît, le féerique devient constant et le surnaturel familier.... Pour eux tout arrive et tout peut arriver. Ils ne font point d'efforts (10) pour vaincre les événements, dompter les résistances, renverser les obstacles. Il suffit d'un caprice de leur volonté illusionnant pour qu'ils soient princes, empereurs ou dieux, pour qu'ils possèdent toutes les richesses du monde, toutes les choses savoureuses de la vie, pour qu'ils jouissent de tous les plaisirs, (15) pour qu'ils soient toujours forts, toujours beaux, toujours jeunes, toujours chéris! Eux seuls peuvent être heureux sur la terre, car, pour eux, la Réalité n'existe plus. J'aime à me pencher sur leur esprit vagabond comme on se penche sur un gouffre où bouillonne tout au fond un torrent inconnu, qui vient on ne sait d'où et va (20) on ne sait où.

Mais rien ne sert de se pencher sur ces crevasses, car jamais on ne pourra savoir d'où vient cette eau, où va cette eau......

A rien ne sert non plus de se pencher sur l'esprit des fous, car leurs idées les plus bizarres ne sont, en somme, que des (25) idées déjà connues, étranges seulement, parce qu'elles ne sont pas enchaînées par la Raison. Leur source capricieuse nous confond de surprise parce qu'on ne la voit pas jaillir. Il a suffi sans doute d'une petite pierre tombée dans son cours pour produire ces bouillonnements. Pourtant les fous m'attirent toujours, et (30) toujours je reviens vers eux, appelé malgré moi par ce mystère banal de la démence.

Guy de Maupassant, *Madame Hermet* (1887)

Questions

1. Selon l'auteur tout ce qui suit caractérise les fous SAUF
   (A) Ils vivent dans un domaine imaginaire.
   (B) Ils acceptent le surnaturel.
   (C) Ils sont capables de tout faire.
   (D) Ils sont toujours jeunes d'esprit.

2. Dans la phrase "on se penche sur un gouffre où bouillonne tout au fond un torrent inconnu" (lignes 18–19) le mot "torrent" se rapporte
   (A) à la réalité.
   (B) aux richesses du monde.
   (C) aux idées des fous.
   (D) à l'eau.

3. Qu'est-ce qui caractérise ce passage?
   (A) Le langage simple et concis
   (B) Les images variées de la folie
   (C) Les descriptions détaillées de la nature
   (D) L'analyse intellectuelle et morale

4. D'après l'auteur pour être heureux il faut
   (A) vivre dans la nature.
   (B) éliminer la réalité.
   (C) surmonter les obstacles.
   (D) maîtriser sa destinée.

5. Selon le texte, comment peut-on décrire les idées des fous?
   (A) Elles sont très difficiles à comprendre et à expliquer.
   (B) Elles sont toujours bonnes mais mystérieuses et profondes.
   (C) Elles prouvent qu'ils ont une volonté extraordinaire.
   (D) Elles sont familières, mais elles ne sont pas raisonnables.

TREIZIÈME PASSAGE

"Oh, elle est belle ta maman".

C'est ce que tout le monde dit quand on voit sa photo. C'est vrai, elle est belle sur cette photo. Elle a les cheveux tirés
Ligne comme une danseuse, et donc son front semble un peu trop
(5) large pour son visage (peut-être sa seule imperfection). Ses yeux sont bruns et un peu bridés, comme une statue pharaonique. Son sourire est magnifique. Elle a les dents aussi blanches que son collier de perles.

Mais il y a une autre image de ma mère que cette photo,
(10) cette milli-seconde de la vie, ne montre pas. Dans ma jeunesse, je la voyais toujours après le travail: les cheveux frisés, le front sillonné de rides, les yeux presque fermés, le teint verdâtre, des taches sur sa blouse, la jupe tordue, toujours penchée devant le

(15) robinet demandant, "Personne ne va m'aider"? C'était plutôt un soupir qu'une question.

Elle est souvent malade. Elle prend du café tous les matins pour se réveiller; sinon elle s'évanouit. Elle attrape toujours des maladies étranges que les médecins ne reconnaissent jamais. Elle va à l'hôpital au moins deux fois par an. Là, on la pique (20) mille fois, essayant de comprendre sa maladie du jour, mais on est toujours ébahi. Elle quitte l'hôpital toujours plus malade qu'avant. Elle déteste les médecins. Depuis l'âge de vingt ans, elle marche avec une claudication à cause de l'arthrite: la pauvre.

C'est probablement à cause de toutes ses maladies, (25) qu'elle parle incessamment de la mort et qu'elle s'inquiète de nous tout le temps. Elle passe des heures à cuisiner de la nourriture sans matière grasse pour mon père, et quand il a encore faim et il mange un gâteau, on croit que c'est elle qui aura sa deuxième crise cardiaque, et pas lui.

(30) Elle n'est contente que quand toute sa famille est autour d'elle et qu'elle sait que nous sommes hors de danger. A ces moments là, nous nous assemblons dans sa chambre, sur son lit, le lit le plus confortable du monde. Puis, elle se couche sous sa couverture immense, et nous lui racontons des histoires. Elle (35) commence à fermer les yeux, mais elle insiste que nous restions, comme si elle était l'enfant et nous les parents.

Elle s'endort tranquillement; les rides sur son front disparaissent. Ses joues rondes rougissent de la chaleur de la couverture. Elles sont presque de la même couleur que le ruban (40) rose qui tient ses cheveux. Elle garde un sourire, comme si elle savait qu'on était encore là. Sur son oreiller blanc et sous sa couverture douce, elle ressemble à un ange dormant dans les nuages. Je pense encore à la photo. Oui, elle est belle ma maman. Elle est très belle.

Deena Amiry, *Un portrait*

Questions

1. Qu'est-ce que nous apprenons dans le premier paragraphe?
   (A) La maman a un visage parfait.
   (B) La mère aime beaucoup le ballet.
   (C) Les autres ont tendance à admirer la mère.
   (D) La mère est détachée de tout ce qui l'entoure.

2. Le deuxième paragraphe nous apprend tout ce qui suit sur la mère SAUF
(A) elle travaille beaucoup.
(B) elle n'a pas bonne mine.
(C) elle aime faire la cuisine.
(D) elle néglige son apparence.

3. On se rend compte que la mère
(A) a une maladie très grave qui la rend infirme.
(B) boite parce qu'elle a mal aux jambes.
(C) préfère se faire soigner à l'hôpital.
(D) a beaucoup d'amis médecins.

4. Quelle caractéristique de la mère est-ce que le texte met en relief?
(A) Sa beauté et son chic
(B) Son penchant pour les bijoux
(C) Sa vivacité d'esprit
(D) Son amour pour sa famille

QUATORZIÈME PASSAGE

Le mot de "peste*" venait d'être prononcé pour la première fois. A ce point du récit qui laisse Bernard Rieux derrière sa fenêtre, on permettra au narrateur de justifier l'incertitude et la surprise du
Ligne docteur, puisque, avec des nuances, sa réaction fut celle de la
(5) plupart de nos concitoyens. Les fléaux, en effet, sont une chose commune, mais on croit difficilement aux fléaux lorsqu'ils vous tombent sur la tête. Et pourtant pestes et guerres trouvent les gens toujours aussi dépourvus..... Quand une guerre éclate, les gens disent: "Ça ne durera pas, c'est trop bête." Et sans doute une
(10) guerre est certainement trop bête, mais cela ne l'empêche pas de durer. La bêtise insiste toujours, on s'en apercevrait si l'on ne pensait pas toujours à soi. Nos concitoyens à cet égard étaient comme tout le monde, ils pensaient à eux-mêmes, autrement dit ils étaient humanistes: ils ne croyaient pas aux fléaux. Le fléau
(15) n'est pas à la mesure de l'homme, on se dit donc que le fléau est irréel, c'est un mauvais rêve qui va passer. Mais il ne passe pas toujours et, de mauvais rêve en mauvais rêve, ce sont les hommes qui passent, et les humanistes, en premier lieu, parce qu'ils n'ont pas pris leur précautions. Nos concitoyens n'étaient
(20) pas plus coupables que d'autres, ils oubliaient d'être modestes, voilà tout, et ils pensaient que tout était encore possible pour eux, ce qui supposait que les fléaux étaient impossibles. Ils

*La peste: the plague

continuaient de faire des affaires, ils préparaient des voyages et ils avaient des opinions. Comment auraient-ils pensé à la peste

(25) qui supprime l'avenir, les déplacements et les discussions? Ils se croyaient libres et personne ne sera jamais libre tant qu'il y aura des fléaux.........

Le docteur regardait toujours par la fenêtre. D'un côté de la vitre, le ciel frais du printemps, et de l'autre côté le mot qui

(30) résonnait encore dans la pièce: la peste. Le mot ne contenait pas seulement ce que la science voulait bien y mettre, mais une longue suite d'images extraordinaires qui ne s'accordaient pas avec cette ville jaune et grise, modérément animée à cette heure, bourdonnante plutôt que bruyante....Et une tranquillité si pacifique

(35) et si indifférente niait presque sans effort les vieilles images du fléau, Athènes empestée et désertée par les oiseaux, les villes chinoises remplies d'agonisants silencieux....la construction en Provence du grand mur qui devait arrêter le vent furieux de la peste...les charrettes de morts dans Londres épouvantée et les

(40) nuits et les jours remplis, partout et toujours, du cri interminable des hommes. Non, tout cela n'était pas encore assez fort pour tuer la paix de cette journée........

Il est vrai que le mot de "peste" avait été prononcé, il est vrai qu'à la minute même le fléau secouait et jetait à terre une ou

(45) deux victimes. Mais quoi, cela pouvait s'arrêter. Ce qu'il fallait faire, c'était reconnaître clairement ce qui devait être reconnu, chasser enfin les ombres inutiles et prendre les mesures qui convenaient. Ensuite la peste s'arrêterait parce que la peste ne s'imaginait pas ou s'imaginait faussement. Si elle s'arrêtait, et

(50) c'était le plus probable, tout irait bien. Dans le cas contraire, on saurait ce qu'elle était et s'il n'y avait pas moyen de s'en arranger d'abord pour la vaincre ensuite.

Le docteur ouvrit la fenêtre et le bruit de la ville s'enfla d'un coup. D'un atelier voisin montait le sifflement bref et répété

(55) d'une scie mécanique. Rieux se secoua. Là était la certitude, dans le travail de tous les jours. Le reste tenait à des fils et à des mouvements insignifiants, on ne pouvait pas s'y arrêter. L'essentiel était de bien faire son métier.

Albert Camus (1951), *La peste*

Questions

1. Qu'est-ce qui décrit le mieux la réaction initiale de Bernard Rieux à la peste?
   (A) Il est curieux et se met à la fenêtre pour regarder la ville.
   (B) Il est très triste et il pense à la guerre et à ses ravages.
   (C) Il est choqué et il n'est pas préparé à la lutte contre la peste.
   (D) Il est sûr de lui-même et il sait dès le début ce qu'il devrait faire.

2. Selon le narrateur, comment les hommes réagissent-ils aux désastres?
   (A) D'un côté ils sont anxieux; de l'autre ils sont certains qu'ils pourront survivre.
   (B) Ils refusent de reconnaître les catastrophes et pensent qu'elles vont passer.
   (C) Ils se rapprochent les uns des autres et essayent de lutter ensemble.
   (D) Ils s'impatientent et prennent toutes les précautions pour se défendre.

3. Comment la peste affectera-t-elle les citoyens de la ville?
   (A) Elle les tuera tous sans exception.
   (B) Elle les privera de leur indépendance.
   (C) Elle les obligera à arrêter leur travail.
   (D) Ils auront tous de mauvais rêves.

4. On trouve dans le deuxième paragraphe toutes les oppositions SAUF
   (A) le présent et le passé.
   (B) le bruit de la ville et le calme qu'il ressent.
   (C) la vivacité de la nature et le désastre.
   (D) le bonheur et la tristesse.

5. Qu'est-ce que le docteur Rieux décide de faire pour combattre la peste?
   (A) Il va prendre toutes les précautions possibles.
   (B) Il va étudier tous les cas passés pour mieux comprendre la maladie.
   (C) Il va essayer de convaincre plusieurs docteurs de travailler avec lui.
   (D) Il va continuer sa lutte en n'arrêtant pas de travailler.

Answer Key

READING COMPREHENSION

Cinquième passage

1. Ⓐ Ⓑ ● Ⓓ
2. Ⓐ Ⓑ ● Ⓓ
3. Ⓐ Ⓑ Ⓒ ●
4. Ⓐ ● Ⓒ Ⓓ
5. Ⓐ Ⓑ ● Ⓓ
6. Ⓐ ● Ⓒ Ⓓ

Sixième passage

1. Ⓐ Ⓑ ● Ⓓ
2. Ⓐ ● Ⓒ Ⓓ
3. ● Ⓑ Ⓒ Ⓓ
4. Ⓐ Ⓑ ● Ⓓ
5. Ⓐ Ⓑ ● Ⓓ
6. Ⓐ Ⓑ Ⓒ ●
7. Ⓐ Ⓑ ● Ⓓ
8. Ⓐ Ⓑ Ⓒ ●
9. Ⓐ Ⓑ Ⓒ ●

Septième passage

1. Ⓐ Ⓑ ● Ⓓ
2. Ⓐ Ⓑ ● Ⓓ
3. ● Ⓑ Ⓒ Ⓓ
4. Ⓐ ● Ⓒ Ⓓ
5. Ⓐ ● Ⓒ Ⓓ
6. Ⓐ Ⓑ ● Ⓓ
7. Ⓐ Ⓑ ● Ⓓ
8. Ⓐ Ⓑ Ⓒ ●
9. Ⓐ Ⓑ ● Ⓓ

Huitième passage

1. Ⓐ Ⓑ ● Ⓓ
2. Ⓐ Ⓑ ● Ⓓ
3. Ⓐ ● Ⓒ Ⓓ
4. ● Ⓑ Ⓒ Ⓓ
5. Ⓐ Ⓑ ● Ⓓ

Neuvième passage

1. Ⓐ Ⓑ Ⓒ ●
2. Ⓐ ● Ⓒ Ⓓ
3. ● Ⓑ Ⓒ Ⓓ
4. Ⓐ Ⓑ ● Ⓓ
5. Ⓐ ● Ⓒ Ⓓ

Dixième passage

1. ● Ⓑ Ⓒ Ⓓ
2. Ⓐ Ⓑ Ⓒ ●
3. Ⓐ Ⓑ ● Ⓓ
4. Ⓐ ● Ⓒ Ⓓ
5. Ⓐ ● Ⓒ Ⓓ

Onzième passage

1. ● Ⓑ Ⓒ Ⓓ
2. Ⓐ ● Ⓒ Ⓓ
3. Ⓐ Ⓑ Ⓒ ●
4. ● Ⓑ Ⓒ Ⓓ
5. Ⓐ Ⓑ ● Ⓓ

Douzième passage

1. Ⓐ Ⓑ Ⓒ ●
2. Ⓐ Ⓑ ● Ⓓ
3. Ⓐ ● Ⓒ Ⓓ
4. Ⓐ ● Ⓒ Ⓓ
5. Ⓐ Ⓑ Ⓒ ●

Treizième passage

1. Ⓐ Ⓑ ● Ⓓ

2. Ⓐ Ⓑ ● Ⓓ

3. Ⓐ ● Ⓒ Ⓓ

4. Ⓐ Ⓑ Ⓒ ●

Quatorzième passage

1. Ⓐ Ⓑ ● Ⓓ

2. Ⓐ ● Ⓒ Ⓓ

3. Ⓐ ● Ⓒ Ⓓ

4. Ⓐ ● Ⓒ Ⓓ

5. Ⓐ Ⓑ Ⓒ ●

Answers and Answer Explanations (Passages 5–14)

CINQUIÈME PASSAGE

1. (C) The first paragraph explains that youth today is more a state of mind than a chronological age: la difficulté qu'ont les jeunes est donc d'établir leur propre *individualité* = identity.

2. (C) Since youth has become a state of mind, it is natural that everyone likes to be considered young. *Le droit* = the right.

3. (D) We generally think of young people as dissatisfied. That is why we are surprised that *l'enquête* = investigation shows that the young people of today consider themselves *plus fortunés* = luckier than the adults in their lives.

4. (B) Young people consider themselves happier than the older generation, which is the reason for their gratitude.

5. (C) They are quite satisfied with their education (lignes 26–28).

6. (B) *Contradictoire* = contradictory. The teachers on one hand say that the students are weak, but on the other hand, more students pass *le bac* = exam French students take to go from high school to college.

SIXIÈME PASSAGE

1. (C) *Au début du siècle* = at the turn of the century, women were not active in a variety of jobs as they are today.

2. (B) *Comme des papillons* = like butterflies. Butterflies fly; they move fast and dart from one place to another. Women today resemble them.

3. (A) *Quotidien* = daily, *un paysage* = a landscape, a view. In this case the article is referring to everyday scenes.

4. (C) French women work in every field because of a law that dates from 1983 that gives women the right to work in the field of their choice and prohibits discrimination based on sex.

5. (C) French women have the right to choose their job, but the article points out that despite their rights women are still at a disadvantage when it comes to holding a job.

6. (D) Scarlette, who works as *un patron marin-pêcheur* = a fishing captain, needs to be physically strong as well as a good manager.

7. (C) Sophie *incarne* = represents women who are on *le chômage* = unemployment.

8. (D) All the women in the article have one thing in common; they have *une volonté* = the will to work in every field along with men.

9. (D) The article is a report (*une enquête*) of a study done on French youth. The distracters are *une publicité* (an advertisement), *un sondage* (a poll), *un rapport scientifique* (a scientific report) and they do not describe accurately the intent of the article.

SEPTIÈME PASSAGE

1. (C) Marc sees his *ex-femme* = ex-wife, and does not want to sit next to her looking out over *la baie* = bay.

2. (C) The maître d'hôtel shows signs of impatience because he is *surmené* = overworked.

3. (A) The verb *aller* in the imperative mood *Va* indicates that a choice has been made. *Va pour la spécialité* = I have decided to choose the specialty.

4. (B) Alice is surprised because she did not expect to see her husband's first wife.

5. (B) "Lui" *se rapporte à* = refers to the ex-wife, the woman in white.

6. (C) At the end of *le conte* = the short story, Marc pays the bill, inquires about the driver, etc. He does everything that needs to be done; therefore, he is a practical man.

7. (C) Alice learns that the ex-wife was unhappy with her husband and wonders if she made the wrong move by marrying a man another woman did not want.

8. (D) The other woman appears superior in Alice's eyes because she refused to live with the man Alice loves.

9. (C) The author pokes fun at men and women and their idea of love and marriage.

HUITIÈME PASSAGE

1. (C) Parisians are very curious and inquisitive (*lignes 3, 4*).

2. (C) The Parisians are intrigued by Rica but they do not invite him to go with them to the theater.

3. (B) Rica decides to change his Persian costume to see if he will still remain the center of attention.

4. (A) When Rica looks like everyone else in Paris when he changes his outfit, no one is interested in him.

5. (C) The author is mocking the Parisians for their superficiality.

NEUVIÈME PASSAGE

1. (D) Spontaneous happiness is usually associated with a very young age. Children are easily pleased.

2. (B) One has to make an effort in order to be happy.

3. (A) An English garden looks very natural, as if it did not require any work, yet it takes a consistent effort to maintain an English garden.

4. (C) We all have a certain aptitude for happiness; our aptitude depends on our genes and our environment.

5. (B) Misery will often force us to get a hold of our reality and make important decisions.

DIXIÈME PASSAGE

1. (A) The young boy says "*hélas*", indicating that he is sad to leave his mother.

2. (D) *Il hausse les épaules* = he shrugs his shoulders. The father does not pay too much attention to the grandmother.

3. (C) The mother seems intimidated by the husband. *Évite* = she avoids any *bruit* = noise so as not to disturb him.

4. (B) The grandmother is *un esprit non-conformiste* = a free spirit.

5. (B) The author is recalling a childhood memory.

ONZIÈME PASSAGE

1. (A) The narrator is on a train. (notice Wagon, ligne 18)

2. (B) The narrator sees a couple with a young child and begins to think about men in general and their problems.

3. (D) *Selon, d'après* = according to the narrator, society *cause du tort* = wrongs children by not caring about them or giving them enough attention.

4. (A) We should all give more care to children so as not to stifle their growth.

5. (C) The author is *mélancolique* = sad that children are neglected by adults.

DOUZIÈME PASSAGE

1. (D) According to the passage, those who suffer from a mental illness live in a world of their own where everything is possible.

2. (C) "Torrent" refers to the thoughts and ideas of the mentally ill, because they have no control over their thoughts; therefore, their thoughts flow like torrents.

3. (B) The passage shows the world of extremes in which the mentally ill live; he shows us a variety of images to illustrate their world.

4. (B) According to the passage, one cannot be happy facing reality.

5. (D) According to the passage, the mentally ill have the same thoughts as others, but their thoughts run wild without being controlled by reason.

TREIZIÈME PASSAGE

1. (C) We learn in the first paragraph that when everyone sees the picture of the mother they comment on her beauty.

2. (C) We then learn that behind the picture there is a woman who works very hard and suffers from poor health.

3. (B) She also suffers from arthritis, which makes her walk with difficulty.

4. (D) The author explains that the true beauty of the woman lies in the love she has for her family.

QUATORZIÈME PASSAGE

1. (C) Bernard Rieux is a doctor who just discovered that his city was affected by the plague (*la peste*). His initial reaction is one of disbelief; he is not ready to face the epidemic.

2. (B) The narrator interjects to explain that most men, as in the case of Rieux, are not willing to face disasters; they cannot fathom anything of such magnitude; therefore, they think of a disaster as a bad dream that will eventually go away and disappear.

3. (B) Everyone who refuses to acknowledge the presence of the terrible disease will be affected. No one will be free any longer to do as one wishes. Everyone is captive to the evil that has descended on the city.

4. (B) Looking out his window, Doctor Rieux contrasts several things in order to render any difference between them more vividly marked—spring on one hand and the plague on the other, the present condition of the city and cities that suffered from plagues in the past, the seemingly calm and happy facade of the city and the evil that brews underneath.

5. (D) Rieux is faced with an insurmountable challenge—a doctor facing the plague. In the beginning he is shocked and does not know what to do. He thinks of the human race and its tendency to deny what is difficult to understand or endure. Looking out of his window he hears the sound of a saw (*une scie*) indicating the presence of a workingman in the midst of the disaster. This will bring Rieux to one strong conviction: the only way to fight the plague is to do his job as a doctor.

CHAPTER 4 Writing

GENERAL INFORMATION

Reading and listening skills are tested in the multiple-choice format; writing and speaking skills are tested in the free-response format.

Section II, Part A consists of two sets of fifteen completion sentences and an essay. The first set of completion sentences is comprised of function word fill-ins, questions 1–15. The second set consists of verb fill-ins, questions 16–30. The last part of Section II A is the essay.

Helpful Hints

The following are some helpful hints to help you prepare for the writing part of the examination.

1. Practice on sample short paragraphs or sentences. Try to analyze the sentences. Remember always to begin with a subject followed by the verb; with each verb you have a new clause.
2. Underline any subordinate clause. This will help you particularly when dealing with relative pronouns. The antecedent of the relative pronoun is always in the principal clause, and the relative pronoun introduces a subordinate clause.
3. When you have underlined your subordinate clauses in the sentence, look at each verb and locate the subject of the verb, and the direct and indirect objects. Remember, direct and indirect objects could be nouns or pronouns.
4. Make sure to check the function of each noun and whether the noun is replaced by a pronoun.
5. If there is a question mark at the end of a clause that has a blank, you will probably need either an interrogative adjective or an interrogative pronoun.
6. Keep in mind that the blanks will test your knowledge of French structure. You will be tested on a variety of structures. You can always count on a relative pronoun, a preposition, an interrogative, a direct and an indirect object pronoun, a demonstrative pronoun, or a negative.
7. To train yourself to understand grammatical structures in context, choose a passage and, after reading it, divide the passage into clauses, analyzing each clause.

- Omit all the pronouns from the passage.
- Read the passage and fill in the blanks.
- Omit all the prepositions from the passage.
- Read the passage and fill in the blanks.
- Read as much as you can. Reading will help you understand the various structures.

8. Grammar should always be taught and learned in context.

FUNCTION WORD FILL-INS

The following paragraph is an example of word fill-ins.

—Qu'est-ce que tu as aujourd'hui, Feras? Tu es vraiment distrait aujourd'hui.

—Oh, pardon. Je pensais _____ ma petite amie Camille. Elle a décidé de me quitter.

—Vraiment! Mais _____ raison t'a-t-elle donnée pour prendre une telle décision?

—Oh, elle _____ a donné plusieurs. Mais je ne pense pas qu'elle m'ait dit la vraie raison.

Now, begin by reading the entire paragraph.

The first sentence, *qu'est-ce que tu as aujourd'hui, Feras?* is an independent clause. The second sentence, *Tu es vraiment distrait aujourd'hui* is an independent clause. The fourth sentence is also an independent clause: *Je pensais _____ ma petite amie.* The blank to fill in directly follows the verb *penser.*

Penser is always followed by the preposition **à** when it means thinking about someone.

Penser de means to have an opinion about something.

Example: *Je pense à mes examens.*

Que pensez-vous des dernières nouvelles?

The missing word is the preposition *à.*

The fifth sentence, *Elle a décidé de me quitter* is an independent clause. The sixth sentence, *Vraiment! Mais _____ raison t'a-t-elle donnée pour prendre une telle décision?* is an independent clause. The sentence is also in the interrogative. The missing word precedes a noun; in this case, it cannot be a pronoun as a pronoun would never precede a noun. To ask a question, an interrogative adjective is used before a noun.

The interrogative adjectives are:

Quel: masculin singulier; *quelle*: féminin singulier; *quels*: masculin pluriel; *quelles*: féminin pluriel.

The interrogative adjectives agree in gender and number with the noun they precede. In this case *raison* is feminine and singular.

The missing word is the interrogative adjective *quelle.*

The seventh sentence, *Oh, elle _____ a donné plusieurs* is an independent clause.

Il is the subject of the verb *donner.* The friend proposed several (*plusieurs*) reasons for abandoning the young man. We have a subject *elle*, the direct object is understood (*sous-entendu*). The missing word is the indirect object pronoun *me* or *m' apostrophe* before the vowel *a.* It could be also *en* replacing *raison.*

Strategies

The following strategies will help you on this section of the examination:

1. Make sure to practice the grammar review section of the book before attempting the following passages.
2. Remember that you are being tested on sentence structure, so think of the main elements that constitute a sentence:
   - *Subjects.* The subject omitted will be a pronoun. The subject pronouns are: *Je, tu, il, elle, nous, vous, ils, elles, on, qui, celui, celle, ceux, celles, le mien, le tien, le sien, le nôtre, le vôtre, le leur* (and their forms in the feminine and the plural).
   - *Verbs.* Verbs will not be omitted in this section.

- *Direct objects.* The direct objects omitted will be pronouns. The direct object pronouns are: *me, te, se* (for reflexives), *le, la, les nous, vous, les, que, celui, celle, celles, ceux, le mien, le tien, le sien, le nôtre, le vôtre, le leur* (and all their feminine and plural forms).
- *Indirect objects.* The indirect objects omitted will be pronouns. The indirect objects pronouns are: *me, te, se* (for reflexive verbs), *lui, nous, vous, leur, celui, celle, ceux, celles, le mien, le tien, le sien, le nôtre, le vôtre, le leur* (and all their feminine and plural forms)

3. Make sure to review and if possible memorize the list of terms in the speaking section called *Les termes de cohérence* (see Chapter 5). These terms tie sentences together and help the speaker make the transition from one topic to another.

4. Review the prepositions and their usage.

5. Make sure to pay particular attention to the verbs that are followed by the prepositions *à* or *de*.

6. It is very important to remember to read the entire sentence before deciding how you would fill in the blanks.

7. Do not waste time on words you do not understand. Remember you are being tested mostly on rules that you have studied.

8. Relative, demonstrative, and possessive pronouns are particularly important to study since they are often used.

PRACTICE PARAGRAPHS (FUNCTION WORD FILL-INS)

(For answers to these practice exercises, see pages 165–166.)

Following are the directions published by the College Board in the Advanced Placement Course Description, French, May 2000, May 2001:

Directions: Within the following paragaphs, single words have been omitted and each has been replaced by a number on a blank line. Complete the paragraphs by writing on the right column ONE SINGLE French word that is correct BOTH in meaning and form according to the context of the paragraph. NO VERB FORMS may be used. Expressions such as "jusqu'à", "ce qui", and "ce que" are NOT considered single words.

Example: Patrick est le garcon ____1____ je vous parlais. Il n'a ni frère ____2____ sœur.

1. ____dont____

2. ____ni____

---

1. Cette merveilleuse crème traitante ____1____ les cheveux est un mélange onctueux de sept plantes sélectionnées ____2____ réparer et revitaliser les cheveux. ____3____ crème permet d'obtenir une chevelure souple, brillante et facile ____4____ coiffer. Après le shampooing sur cheveux mouillés ____5____ secs, étaler une noisette de la crème ____6____ le creux des mains et s'____7____ servir comme d'un démêloir. Ne ____8____ rincer. Vous serez extrêmement satisfait du résultat.

1. _pour_
2. _pour_
3. _cette_
4. _à_
5. _ou_
X 6. _avec (dans)_
7. _en_
X 8. _la (pas)_

2. Le régime haricots verts. Ce n'est pas ____1____ qu'elles veulent suivre! Rondes elles ____2____ sont et cela ne ____3____ gênent guère. Sauf lorsqu'elles veulent s'habiller. La plupart des marques ne franchissent pas le 44. Heureusement le cauchemar de ces femmes a pris fin ____4____ aux boutiques pour les tailles ____5____ commencent de 44-46. Toutes les clientes ____6____ sont les bienvenues. Il y a même des femmes maigres ____7____ sont tentées par la mode et le décor sympathique. Mais ces femmes risquent d'entendre la vendeuse ____8____ dire, "Désolée, nous n'avons pas votre taille."

1. _ce_
X 2. _se (le)_
X 3. _se (les)_
X 4. _qu' (grâce)_
X 5. _par (qui)_
X 6. _se (y)_
7. _qui_
X 8. _à (leur)_

3. Pour célébrer l'anniversaire de ma fille mon mari et moi sommes allés à New York ____1____ rendre visite. Elle était très heureuse de nous recevoir, et elle ____2____ a invité à déjeuner dans son restaurant favori, celui ____3____ elle, avait souvent parlé. Le repas était délicieux ce ____4____ a rendu mon mari très heureux. Après le déjeuner nous avons pris un taxi ____5____ aller voir une comédie anglaise. Tous les rôles étaient joués par des hommes. Une pièce sans femmes ____6____ était un peu bizarre, mais nous ____7____ avons comme même aimée. C'était un jour ____8____ je n'oublierai pas.

1. _lui_
2. _nous_
X 3. _qu' (dont)_
4. _qui_
5. _pour_
X 6. _dedans (cela, c')_
7. _l'_
8. _que_

4. Ma nièce vient ____1____ me dire ____2____ elle veut m'accompagner à la plage cet été. Elle a une fille, Mona ____3____ adore

1. _de_
2. _qu'_
3. _qui_

nager et se bronzer. Nous allons passer deux semaines ___4___

bord de la mer. Ce ___5___ nous avons besoin c'est nous reposer.

La villa, ___6___ nous passerons nos vacances, est mon endroit

favori au monde. Quand j'étais jeune j' ___7___ allais avec mes pa-

rents, et c'est la raison pour ___8___ je pense toujours à mon

enfance quand je ___9___ visite.

4. au

5. dont

6. où

7. y

X 8. quoi (laquelle)

9. la

5. J'adore ___1___ voyages. ___2___ moi découvrir un pays,

une nouvelle culture, ___3___ a toujours fasciné. Dernièrement je

me rends compte qu' ___4___ apprenant à mieux connaître les

autres, on finit ___5___ mieux se connaître. Les voyages élargissent

l'esprit et là ___6___ nous allons, ce ___7___ devient évident

dans le monde entier est le fait ___8___ les hommes sont pareils.

___9___ ce soit en Europe ou en Afrique, en Asie ou en Australie,

les hommes ne cherchent que de vivre en paix.

1. les

2. Pour

3. m'

4. en

X 5. à (par)

6. où

7. qui

8. que

X 9. si (que)

6. Je suis le régime d'un nutritionniste ___1___ je consulte

___2___ les quinze jours. Sa méthode me fera perdre vite quatre kg

___3___ mois. Je suis autorisé à manger à volonté les aliments

___4___ une certaine liste. Je mange du poisson sauf ___5___ qui

sont gras, ___6___ le hareng, le thon ou le saumon. Je me régale de

fruits ___7___ mer, de viande de veau ou de poulet. Je peux égale-

ment consommer 500g. ___8___ yaourt par jour. Par ___9___

les yaourts aux fruits sont interdits.

X 1. auquel (que)

X 2. depuis (tout)

3. par

X 4. sur (d')

5. ceux

6. comme

7. de

X 8. un (de)

X 9. conséquence (contre)

7. Je ne connais ___1___ deux langues universelles, ___2___ de

l'image et ___3___ du cœur. Quand les deux se rencontrent,

___4___ est magnifique. C'est pour ___5___ que j'aime, la pho-

tographie.

Ma photo préféré je ___6___ ai prise au bout du monde. Je

n'avais vu ___7___ depuis plusieurs jours et dans une vallée j'ai

soudain rencontré des paysans ___8___ m'ont laissé prendre

1. que

X 2. cela (celle)

X 3. cela (celle)

4. c'

5. cela

6. l'

X 7. (personne)

8. qui

_____9_____ photo. Leurs sourires étaient si accueillants _____10_____ que _____11_____ en

pour ma part j' _____11_____ garderai toujours le souvenir.

X 9. ma (leur)

10. que

11. en

8. Certaines femmes _____1_____ possèdent mille paires. Les chaus-

sures sont _____2_____ accessoires fétiches _____3_____ femmes

_____4_____ aiment la mode. Qu'importe la tenue, _____5_____ petits

bijoux à chausser illuminent à _____6_____ seuls toute la silhouette.

Les griffes de luxe, comme Louis Vuitton, Chanel, et Dior, _____7_____

portent une attention particulière. Plus qu'aucune autre marque,

Méphisto est synonyme _____8_____ le monde entier de confort. Mais

ce _____9_____ on ignore souvent _____10_____ est que _____11_____

chaussure Méphisto est fabriquée _____12_____ la main selon les mé-

thodes artisanales traditionnelles. Et c'est _____13_____ détail

_____14_____ rend ces chaussures si différentes.

1. _____
2. _____
3. _____
4. _____
5. _____
6. _____
7. _____
8. _____
10. _____
11. _____
12. _____
13. _____
14. _____

9. Los Angeles est _____1_____ seule ville au monde _____2_____ les

femmes rajeunissent d'année _____3_____ année. Les hommes aussi

_____4_____. Un acteur célèbre _____5_____ visage carbonisé m'ex-

plique _____6_____ il a une seule passion _____7_____ la vie: se bronzer.

1. _____
2. _____
3. _____
4. _____
5. _____
6. _____
7. _____

10. Ce n'est peut-être _____1_____ une question d'organisation. Se

réveiller à sept heures et demie le matin et ne _____2_____ se coucher

avant minuit. Arriver _____3_____ jongler les multiples obligations

_____4_____ travail et de la famille. Mais _____5_____ qui a rendu la vie

plus facile est le fait _____6_____ on a été gâté par nos trois enfants qui

ne nous ont posé _____7_____ problème sérieux.

1. _____
2. _____
3. _____
4. _____
5. _____
6. _____
7. _____

11. On a toujours dit _____1_____ Michèle Morgan possédait

_____2_____ plus beaux yeux _____3_____ cinéma français. Eh! ben, ces

1. _____
2. _____
3. _____

beaux yeux sont désormais ____4____ d'un peintre. Elle expose

____5____ ce moment ses derniers tableaux. Michèle Morgan con-

fesse que la beauté de la jeunesse ne ____6____ manque pas.

____7____ grandes passions elle préfère une vie simple et sereine.

Pour travailler ____8____ son atelier, elle porte encore la blouse

____9____ sa grand-mère ____10____ avait faite.

12. Né ____1____ Marseille ____2____ 1868 dans une vieille famille

provençale, Edmond Rostand, ____3____ a fait des études de droit à

Paris, il n'exercera ____4____ le métier ____5____ avocat, préférant

le théâtre.

   Pour *Cyrano de Bergerac,* Rostand va s'inspirer d'un ____6____ ses

maîtres d'école ____7____ long nez. ____8____ ce soit sur les plan-

ches ou ____9____ les caméras de cinéma et de télévision, le rôle titre

de Cyrano a inspiré les plus grands comédiens français de Claude

Dauphin ____10____ Gérard Depardieu. Après plus ____11____ un

siècle ____12____ succès, Cyrano demeure dans le cœur ____13____

français leur héros littéraire favori devançant d'Artagnan et Jean Valjean.

13. « Les années de miel sont terminées », Le chômage, ____1____

avait reculé depuis trois ans, est de retour. Rien ____2____ à Paris, il

a progressé de 20% l'année dernière. L'association jeunesse et entre-

prise (AJE) a demandé à 3000 lycéens de première ____3____ serait

leur secteur d'activité préféré. Quatre sur 10 disent vouloir travailler

____4____ entreprise, 30% choisissent la fonction publique. Une

étude de la Sofres, ____5____ observe les valeurs des Français depuis

dix ans, révèle ____6____ les mots les plus courants dans leur voca-

bulaire sont : « désert », « révolte », « noir », « vide ». Alors, vivons-

nous ____7____ un monde réellement beaucoup ____8____ incer-

tain ou bien est ce que les Français sont devenus hypersensibles et

surinformés ?

4. _____

5. _____

6. _____

7. _____

8. _____

10. _____

1. _____

2. _____

3. _____

4. _____

5. _____

6. _____

7. _____

8. _____

9. _____

10. _____

11. _____

12. _____

13. _____

1. _____

2. _____

3. _____

4. _____

5. _____

6. _____

7. _____

8. _____

14. On a écrit _____1_____ Napoléon Bonaparte plus _____2_____ livres qu'il ne s'est écoulé de jours _____3_____ sa mort. Mais _____4_____ était vraiment cet homme qui a fait trembler le monde ? Ecoutons _____5_____ parler sur des sujets différents, _____6_____ nous aidera mieux à _____7_____ comprendre. **Sur la politique:** « Une bonne politique est de faire croire _____8_____ peuples qu'ils sont libres. »

   Sur les hommes: « On gouverne mieux les hommes par leurs vices _____9_____ par leurs vertus. »

   « Il y a deux leviers _____10_____ remuer les hommes : la crainte et l'intérêt. »

   Sur les femmes et l'amour: « Je crois l'amour nuisible à la société, au bonheur individuel _____11_____ hommes. » « L'amour est une sottise faite à deux ! »

   Sur la religion: Il n'y a que la religion _____12_____ puisse faire supporter aux hommes des inégalités de rang parce qu'elle console _____13_____. »

1. _____
2. _____
3. _____
4. _____
5. _____
6. _____
7. _____
8. _____
9. _____
10. _____
11. _____
12. _____
13. _____

VERB FILL-INS

The second set of completion items provides the infinitive form of 15 verbs (items 16–30), requiring the student to supply the verb form appropriate to the context.

   The following are some helpful hints for this part of the examination:

Helpful Hints

1. Before you start working on this section, go to the grammar review section of the book (Chapter 6) and review all moods and tenses.
2. Remember that in most cases the context will be in the past tense. Make sure to review the difference between **le passé composé** and **l'imparfait**.
3. It is almost certain that one of the verbs will be in the subjunctive mood and one in the conditional. Make sure to review these moods before the test.
4. Write your own paragraph in order to practice using the various tenses.
5. Practice with your classmates. Write paragraphs for each other in order to test each other.
6. If you have trouble with the paragraphs, go back to the grammar review section of the book, then come back to this section and redo the exercices.

PRACTICE PARAGRAPHS (VERB FILL-INS)

> *Directions:* Within the following paragraphs, verb forms have been omitted and each has been replaced by a number on a line. Complete the paragraphs by writing on the right column the correct form of the verb, based on the context. The infinitive form of the verb to be used is shown in parentheses below each line. Be sure to read each paragraph before writing your answers. Check your spelling carefully; accents and agreement must be correct for the answer to be considered correct. Do not use the passé simple.

For answers to the following exercises turn to pages 167–169.

1. —Vite Jake! _____1_____ au cerf volant avant qu'il ne _____2_____ du vent!

—J' _____3_____ venir si je _____4_____ tous ces devoirs pour l'école.

—Oh, s'il te plaît! Je te promets que ça _____5_____ longtemps. Et rappelle-toi comme nous _____6_____ la dernière fois.

— C'est vrai! Que c'était bien! D'accord _____7_____ de cette belle journée.

1. _____ (jouer)
2. _____ (faire)
3. _____ (aimer)
4. _____ (ne pas avoir)
5. _____ (ne pas durer)
6. _____ (s'amuser)
7. _____ (profiter)

2. Je ne pourrai jamais oublier la nuit où mon petit-fils _____1_____. Mon fils _____2_____ à une heure du matin pour nous _____3_____ que sa femme et lui _____4_____ à aller à l'hôpital. Après _____5_____ avec lui, mon mari _____6_____ tout de suite et il _____7_____ pour aller garder notre petite fille qui _____8_____. Mon mari a conduit très vite, il savait que s'il n'arrivait pas chez mon fils sans tarder, ma petite fille _____9_____ et si elle ne _____10_____ pas ses parents elle s'effrayerait. Je voulais que mon mari _____11_____ attention en _____12_____ parce qu'il faisait nuit. Il ne m'a pas écouté et un agent de police l' _____13_____ et voulait lui donner une contra-

1. _____ (naître)
2. _____ (téléphoner)
3. _____ (dire)
4. _____ (s'apprêter)
5. _____ (raccrocher)
6. _____ (s'habiller)
7. _____ (partir)
8. _____ (dormir)
9. _____ (se réveiller)
10. _____ (trouver)
11. _____ (faire)
12. _____ (conduire)
13 _____ (arrêter)

vention; mais quand mon mari lui a tout raconté, l'agent a dit "Bon Dieu! _____14_____ -moi et ne _____15_____ pas notre temps." Après avoir dit cela, il _____16_____ sa sirène et a escorté mon mari le reste du chemin. Le lendemain, très tôt le matin, notre petit-fils _____17_____, un grand garçon adorable. Il _____18_____ pour naître le jour de l'anniversaire de son papa.

14.	_____ (suivre)
15.	_____ (perdre)
16.	_____ (mettre)
17.	_____ (apparaître)
18.	_____ (choisir)

3. Je _____1_____ une très bonne note à l'examen, lundi dernier. Il _____2_____ difficile! Si je n'avais pas appris mes leçons comme tout le monde l' _____3_____ je _____4_____ à l'examen. Mon ami Pierre _____5_____ une bonne note. Il faut qu'il _____6_____ son travail. Après _____7_____, je suis sûr qu'il y _____8_____. Je l'aiderai si je _____9_____ le temps.

1.	_____ (recevoir)
2.	_____ (être)
3.	_____ (faire)
4.	_____ (ne pas réussir)
5.	_____ (ne pas avoir)
6.	_____ (finir)
7.	_____ (étudier)
8.	_____ (arriver)
9.	_____ (trouver)

4. Après _____1_____ un film ensemble, Marie et Pierre en parlent.

Marie: —Moi, je l' _____2_____, mais je ne pense pas que ce _____3_____ un film pour tout le monde.

Pierre: —Moi par contre, je _____4_____. Si l'intrigue avait été plue complexe, je l' _____5_____ intéressant. J' _____6_____ l'impression que la plupart des spectateurs _____7_____ l'idée principale du film.

Marie: —On _____8_____ avoir l'esprit ouvert pour _____9_____ ce genre de film. _____10_____ le revoir et tu _____11_____ que tu l' _____12_____ cette fois-ci. Malheureusement il _____13_____ tard, et j' _____14_____ à ma mère de lui rapporter une glace.

1.	_____ (voir)
2.	_____ (aimer)
3.	_____ (être)
4.	_____ (s'endormir)
5.	_____ (trouver)
6.	_____ (avoir)
7.	_____ (ne pas comprendre)
8.	_____ (devoir)
9.	_____ (apprécier)
10.	_____ (aller)
11.	_____ (voir)
12.	_____ (aimer)
13.	_____ (se faire)
14.	_____ (promettre)

5. —J' _____1_____ à ma banque en Suisse pour te _____2_____ de l'argent sur ton compte. _____3_____ -tu vérifier si le transfert _____4_____ ou pas?

—A mon avis, il _____5_____ arrivé à cause du week-end et des décalages horaires.

1. _____ (écrire)

2. _____ (transférer)

3. _____ (pouvoir)

4. _____ (arriver)

5. _____ (ne pas être)

6. —L'anniversaire de ta maman _____1_____. Qu'est-ce que tu penses lui _____2_____?

—Je _____3_____ lui trouver une belle jaquette en laine.

—Mais tu lui en _____4_____ une l'année dernière.

—J' _____5_____. Je suis heureuse que tu me le _____6_____. Aussitôt que Martine me _____7_____ savoir ce que Maman veut, j'irai le lui _____8_____.

1. _____ (approcher)

2. _____ (acheter)

3. _____ (vouloir)

4. _____ (offrir)

5. _____ (oublier)

6. _____ (dire)

7. _____ (faire)

8. _____ (acheter)

7. Il y a deux semaines je _____1_____ voir ma fille qui passe l'année scolaire à Paris. Avant de _____2_____ je _____3_____ quoi lui acheter comme cadeau. Elle m' _____4_____ de lui apporter un shampooing et une crème traitante. Je lui en _____5_____ deux au cas où elle _____6_____ de rester à Paris jusqu'au mois d'août. Quand je _____7_____ à l'aéroport, elle m' _____8_____ avec un grand sourire. Elle _____9_____ que je _____10_____ la connaissance de tous ses nouveaux amis parisiens. Le temps _____11_____ et je _____12_____ croire qu'il fallait que je _____13_____ l'avion pour rentrer chez moi.

1. _____ (aller)

2. _____ (partir)

3. _____ (savoir)

4. _____ (demander)

5. _____ (prendre)

6. _____ (décider)

7. _____ (arriver)

8 _____ (attendre)

9. _____ (vouloir)

10. _____ (faire)

11. _____ (s'envoler)

12. _____ (ne pas pouvoir)

13. _____ (reprendre)

8. —Caroline, j'ai pu me _____1_____ deux billets pour l'exposition d'Art Moderne au centre Georges Sand. Ça te _____2_____ de venir?

—Mais Claire! Il faut que tu _____3_____ une fois pour toutes que j' _____4_____ l'art moderne.

—Je pensais que ceci te _____5_____ plaisir. Si je m'étais attendue à ce que tu me _____6_____ comme ça, je _____7_____ les billets à mon cousin.

—Ne te _____8_____ pas! Il me semble _____9_____ parler de cette expo. Et en y _____10_____, ça peut être sympa de faire une sortie ensemble.

—Alors, tu _____11_____! J'espère que tu _____12_____ certaines oeuvres. Il se peut même que tu _____13_____ en acheter une.

—Holà Claire, j' _____14_____ que je t' _____15_____. Ne me fais pas changer d'avis avec tes excès d'imagination.

1. _____
   (procurer)
2. _____
   (dire)
3. _____
   (savoir)
4. _____
   (toujours haïr)
5. _____
   (faire)
6. _____
   (répondre)
7. _____
   (donner)
8. _____
   (vexer)
9. _____
   (entendre)
10. _____
   (réfléchir)
11. _____
   (venir)
12. _____
   (apprécier)
13. _____
   (vouloir)
14. _____
   (dire)
15. _____
   (accompagner)

9. Alors Adam, _____1_____ -moi ce que tu _____2_____ au Père Noël.

—Oh tante Magda comment sais-tu que je lui _____3_____ une lettre? J'espère qu'il la _____4_____ bientôt.

— _____5_____ Adam. Il est important que tu _____6_____ que le Père Noël est toujours très occupé.

—C'est vrai tante Magda, mais un jour j' _____7_____ dire que le Père Noël tout en _____8_____ ses lettres est aidé par une armée de petits lutins. Il n'y a aucun doute que celle-ci _____9_____ lui être utile.

1. _____
   (confier)
2. _____
   (commander)
3. _____
   (écrire)
4. _____
   (recevoir)
5. _____
   (ne pas s'inquiéter)
6. _____
   (comprendre)
7. _____
   (entendre)
8. _____
   (lire)
9. _____
   (devoir)

10. Quand j' _____1_____ petite, je _____2_____ au football américain avec mes frères dans le jardin. Même aujourd'hui j'adore _____3_____ le football américain à la télé. J' _____4_____ que les Eagles, mon équipe préférée, _____5_____ au Superbowl

1. _____
   (être)
2. _____
   (jouer)
3. _____
   (regarder)
4. _____
   (aimer)
5. _____
   (aller)

l'année prochaine, mais je ne suis pas sûre que cela _____6_____.
Les Eagles _____7_____ par les spectateurs philadelphiens, et les
spectateurs _____8_____ anéantis quand les Eagles
_____9_____ le match contre Tampa Bay dans le championnat en
janvier. Après _____10_____ le match, j' _____11_____ si
déprimée que je _____12_____ parler à qui que ce soit.

Tous les fans _____13_____ l'entraîneur, et pensaient mieux
_____14_____ gérer l'équipe que lui. Si j' _____15_____ l'entraîneur,
j' _____16_____ une ligne de défense plus large et j' _____17_____
d'autres receveurs écartés pour notre Quarterback magnifique, Donavan
McNabb. Il faut absolument que nous _____18_____ le Superbowl l'année prochaine, autrement il y _____19_____ sûrement du chaos dans les
rues de Philadelphie. Je crois que les fans _____20_____ qu'il existe une
certaine malédiction (*curse*) autour de l'équipe. Il se peut que cette malédiction _____21_____ l'année et prochaine, et dans ce cas je
_____22_____ très heureuse.

6. _____ (arriver)

7. _____ (adorer)

8. _____ (être)

9. _____ (perdre)

10. _____ (regarder)

11. _____ (être)

12. _____ (ne pas vouloir)

13. _____ (critiquer)

14. _____ (savoir)

15. _____ (être)

16. _____ (créer)

17. _____ (trouver)

18. _____ (gagner)

19. _____ (avoir)

20. _____ (savoir)

21. _____ (disparaître)

22. _____ (être)

11. Pour les vacances de Pâques, la classe de français de Mme Breese
_____1_____ de _____2_____ Paris. Tous les élèves _____3_____
à l'exception d'une jeune fille, qui _____4_____ son passeport. Ryann
_____5_____ que tout ce dont elle _____6_____ besoin pour un vol
transatlantique _____7_____ une photo et beaucoup d'argent.

Quand tout le monde _____8_____ à Paris (sauf Ryann), il
_____9_____ mauvais. Tout le groupe _____10_____ que si le climat
_____11_____ meilleur, Paris _____12_____ le paradis. Patrique, Jake

1. _____ (décider)

2. _____ (visiter)

3. _____ (se préparer)

4. _____ (oublier)

5. _____ (penser)

6. _____ (avoir)

7. _____ (être)

8. _____ (arriver)

9. _____ (faire)

10. _____ (se dire)

11. _____ (être)

12. _____ (être)

et William _____13_____ manger des crèpes. Ils _____14_____ une crèperie tout en _____15_____ autour de leur hôtel.

    Les élèves _____16_____ la Cathédrale de Notre-Dame. Ils _____17_____ les oeuvres d'art au Louvre et au Musée d'Orsay. Après _____18_____ leur tour de la ville, le petit groupe _____19_____ chaque soir le train pour rentrer chez la famille qui _____20_____ de les héberger. Mme Huctins _____21_____ très généreuse et aimable. Les élèves s'étaient mis d'accord que lorsqu'ils _____22_____ chez eux , ils lui _____23_____ un cadeau pour la remercier de son acceuil chaleureux. Mme Breese voulait que ses élèves _____24_____ voir la pièce du Petit Prince d'Antoine de St Exupéry. On _____25_____ la pièce au Casino de Paris. Les élèves ont insisté que leur professeur _____26_____ avec eux.

    C'était une soirée extraordinaire. Tout le monde _____27_____ pour longtemps le souvenir de ce voyage.

12. J'ai décidé de _____1_____ avec mes amis. Le soleil _____2_____ à un tel point que nous _____3_____ à l'ombre d'un grand cerisier. L'endroit nous _____4_____ et on _____5_____ bien tous ensembles. A ce moment si j'avais pu arréter le temps je le _____6_____. Mais il a fallu qu'il _____7_____ une averse et nous _____8_____ trempés jusqu'aux os. La prochaine fois que nous _____9_____ au bois, il _____10_____ regarder la météo.

13. _____
   (vouloir)

14. _____
   (chercher)

15. _____
   (se promener)

16. _____
   (visiter)

17. _____
   (admirer)

18. _____
   (finir)

19. _____
   (prendre)

20. _____
   (accepter)

21. _____
   (être)

22. _____
   (rentrer)

23. _____
   (envoyer)

24. _____
   (pouvoir)

25. _____
   (jouer)

26. _____
   (aller)

27. _____
   (garder)

1. _____
   (se promener)

2. _____
   (briller)

3. _____
   (se mettre)

4. _____
   (plaire)

5. _____
   (s'amuser)

6. _____
   (faire)

7. _____
   (avoir)

8. _____
   (rentrer)

9. _____
   (aller)

10 _____
   (falloir)

THE ESSAY

Section IIA, item number 31 is the essay. Students are asked to write a composition on a given subject. The directions are as follows:

> Write in French a well-organized and coherent composition of substantial length on the question below. Show precision and variety in your choice of vocabulary and verb tenses.

(**Note:** Only one topic appears each year.)

Scoring Criteria   The criteria for scoring the essay are generally as follows:

9	Demonstrates superiority	Strong control: • Clear command of language and a sense of idiom. • Clarity of organization. • Accuracy and **variety** in grammar and syntax with a few errors. Not even the best student is expected to write a perfectly accurate composition. • Exceptional development of the topic may compensate for more language problems than this category normally allows. Originality is rewarded.
7–8	Demonstrates competence	Good control: • Reads smoothly overall despite some errors in grammar and usage. • Evidence of organization. • **Varied and generally appropriate vocabulary.** • Creative and/or thorough treatment of the topic may compensate for more language problems than this category normally allows. Creativity is rewarded.
5–6	Suggests competence	Fair control: • Easily comprehensible, with some signs of fluency and organization. • **Correct use of simple grammatical structures** with minor errors. Less accurate use of more complex structures. • Some basic vocabulary (vocabulary associated with the first and second level of the language). • Appropriate treatment of the topic may compensate for more language problems than this category normally allows. Understanding the topic is rewarded.

3–4	Suggests incompetence	Weak control: • Overall comprehensible, but frequently forces the reader to guess. • Little evidence of fluency. • Inaccuracies in grammatical structures and a limited vocabulary. • Evidence of efforts to treat the topic.
1–2	Demonstrates incompetence	Poor or no control: • A total lack of structural accuracy. • Very limited vocabulary. • A 2 may be distinguished from a 1 by showing that the student has somewhat understood the topic.
0		A composition written on another topic. A blank paper or a composition not written in French.

Strategies

The following are some strategies to help you write your composition.

1. **Think first.** *[3-4 min.]* The three or four minutes you will spend thinking about the subject will help you a great deal.
2. Make sure to **underline** the key words in the subject in order to organize your ideas.
3. Write a quick **outline** of your ideas.
4. **Do not think in English.** Try to think in terms of subject, verb, direct and indirect objects.
5. Make sure to memorize the important *Termes de cohérence* found in the speaking section of this book (Chapter 5). These **linking terms** will help you express yourself smoothly.
6. Make sure to **vary your grammatical structure.** Your grade will suffer if you only use the present tense in your composition. A conditional will boost your grade, and the accurate use of the subjunctive is a sure winner. *[do not only use present tense]*
7. Make sure to use at least two **idiomatic expressions.** Idioms and idiomatic expressions show a better control of the language. See Chapter 7 for a list of some interactive idioms.
8. If you do not know how to say a word in French try a different way of saying the same thing. **DO NOT WRITE IT IN ENGLISH.**
9. **Avoid repeating** the question. Remember, the readers who will grade your exam are very familiar with the question.
10. **As a general rule, essays containing no more than one page of normal-sized handwriting will not receive a score higher than 5.** *[write more than one page]*

Sample Answers to the Essay Question

In order to demonstrate how the grading process works, two sample essays have been selected from the 1995 examination. They are transcribed exactly as written.

You should remember that the AP readers are extremely well trained and they are checked for consistency throughout the reading. All readers are told that it is essential that they all follow the same criteria. Some of the things that seem to be consistently observed are:

- Mistakes in placement of accents are not counted heavily.
- Minor spelling mistakes in difficult words may be discounted; however, if the student shows signs of fluency in French and ease in the use of idioms, the score will be affected if there are spelling mistakes.
- Remember the essays are not expected to be perfect.
- Remember to write *more* than one page.

SUJET

Qu'est-ce que le travail représente pour les gens qui travaillent? Pour les uns, c'est une nécessité: il faut travailler pour vivre. D'autres sont motivés surtout par le désir de pouvoir acheter tout ce qu'ils veulent. D'autres encore trouvent dans le travail la possibilité d'exercer leur créativité ou de se consacrer à l'amélioration du monde et de la société.

Quelle conception du travail vous attire le plus? Répondez à cette question dans un essai bien organisé où vous donnez des exemples.

Sample Essay that Received between an 8 and a 9

Moi je travaille pour pouvoir payer pour l'université l'année prochaine. Donc c'est maintenant une nécessité. Mais j'espère pouvoir choisir dans l'avenir, le travail qui m'interesserait sera un travail de créativité. L'argent n'a aucune importance pour moi. Si je choisis un tel travail- par exemple, si je suis écrivaine je serai indépendante. Je n'aurai pas besoin d'aller dans un bureau chaque jour à une certaine heure comme je devrais le faire si j'étais médicine ou marchande. Je crois qu'on fasse mieux ce qu'on veut faire. Donc je pourrais mieux travailler si je le faisais chez moi.

Il y a aussi d'autres attractions quand on travaille que pour lui-même, on peut changer de métier et d'idées quand on veut on ne s'ennuyerait jamais parce qu'on pourrait faire ce qui nous semble intéressant à ce moment-là. Quand à moi, cette condition est très importante, parce que je vois souvents des adultes qui s'ennuient au travail et ne sont plus heureux.

Ce qui m'attire le plus est la possibilité de changer le monde avec les idées. Victor Hugo avait dit: "On peut résister une armée mais non pas une idée". L'effet d'une idée parait plus lentement, mais c'est presque toujours plus fort que l'influence d'une action. Je veux avoir un effet positif et durable sur le monde.

Après avoir fini à l'université, j'espère pouvoir trouver un travail comme celui d'une écrivaine. Je pourrais être indépendante, intéressée, connue (si je réussirais!) - et je crois heureuse. Peut-être un tel travail idéal n'existe point, mais on peut toujours espérer.

This essay does more than merely suggest competence. It does not mean that it is free from error; however its qualities by far outweigh its defects. The essay demonstrates that the student's writing skill is at the level of most undergraduate French language students. The student has a great control of the language: tenses (conditional, future, past infinitive), relative clauses (*ce qu'*, *que*), demonstrative pronouns (*celui*), and a simple but very appropriate vocabulary. All these elements are used, for the most part, correctly, easily, and naturally.

Without wasting any time, the author of the essay states her reasons for working in the present time. She then moves on to develop her own concept of work. In the third paragraph she gives examples and reasons for her choice. The following paragraph takes its cue from the preceding closing judgment: "Je vois souvent des adultes qui s'ennuient au travail et ne sont pas heureux". The student talks about "Ce qui m'attire le plus..." with a very simple transition: "Après avoir fini à l'université". We arrive at the concluding paragraph dealing with her most prevailing sentiments for choosing a particular line of work and a note of hope for the future.

The student who wrote this essay received a 5 on the examination, which suggests that her essay must have earned an 8 or a 9.

Sample Essay that Received a 5 or a 6

On travaille pour des raisons différentes. Je veux travailler pour une raison très simple. Je veux avoir le pouvoir d'acheter des choses pour ma famille. Quand j'aurai une famille, il me faudra acheter l'alimentation, la maison et les autres choses importantes.

Mais je ne veux pas acheter des choses qui ne soient pas nécessaires. On ne doit pas avoir une maison très grande, ou un bateau pour vivre. Donc c'est pas un désir pour l'argent seulement. C'est une question de vivre.

Mes parents sont comme cela aussi. Ils travaillent tous les deux, mais nous ne sommes pas riches. Nous donnons de l'argent à l'église et de temps en temps nous pouvons faire des choses différentes. Une fois en deux ou trois mois nous mangeons au restaurant, et en été nous allons visiter Chicago.

Je crois que si je puisse faire des choses comme ça quand je serai un homme indépendant, je serai heureux. La plupart des étudiants autour de moi sont très riches et ils ne sont jamais satisfaits avec toutes leurs choses. Si on a trop de choses exotiques, on ne puisse pas s'amuser avec des choses qui ne sont pas exotique. Je ne suis pas comme eux, mais je sais qu'il y a plusieurs personnes qui aient beaucoup moins d'argent que moi, et je suis heureux que j'ai assez de l'argent pour vivre.

Mais je dois vous dire que c'est plus que le désir de vivre. Le travaille doit être une chose qui m'a plu. Je ne peux pas faire quelque chose que je trouve ennuyeuse. Finalement, je dois vivre, et il faut que je trouve un travaille où je puisse gagner de l'argent pour vivre.

This essay suggests competence. It reads fairly easily overall, demanding no effort to interpret what the student wants to say. We are dealing here with a student who did not structure his essay or adequately illustrate his views. It is of medium length, and although it is at once apparent that the student does not have a strong command of the language, it does not leave the Reader with any impression of clearly being either bad or good. As a matter of fact, it offers on one occasion a flash of solid competence. "Il faut que je trouve un travail où je puisse gagner de l'argent pour vivre" and yet, on many other occasions, we see signs of a repeated lack of control of tenses. The vocabulary is very basic, and sentences such as "on ne puisse pas s'amuser avec des choses qui ne sont pas exotiques" are representative of a very weak level in vocabulary. Yet, the candidate appears to be aware of his shortcomings and therefore writes in short, clear, and for the most part, syntactically correct French. For all these reasons his essay falls in the **5 or 6** category.

COMMON MISTAKES

The last section in this chapter is designed to show you some common mistakes. The sentences in this section are written by students; the mistakes in italics are the most common ones.

Fautes à Eviter

Les fautes que vous allez trouver dans les phrases suivantes sont des fautes très communes parmi les élèves qui parlent anglais et qui apprennent le français.

Ces fautes sont souvent le résultat d'une traduction de l'anglais ou quand l'élève emploie une construction de phrase anglaise. En corrigeant ces fautes, vous allez apprendre à mieux vous exprimer en français.

Cet exercice devrait donc vous aider à écrire la composition requise à l'examen et à améliorer votre maîtrise de la grammaire. L'explication des fautes sera en anglais pour éviter toute confusion.

Lisez les phrases suivantes attentivement. Chaque phrase contient UNE faute; trouvez la faute et corrigez-la. Certaines fautes seront répétées dans un contexte différent pour vous aider dans votre pratique. Lisez les corrections après chaque phrase pour ne pas répéter les fautes. Surtout ne devinez pas. Allez, bonne chance!

PRACTICE EXERCISES

EXERCICE I

1. Cela ne fait rien pour moi.

2. J'ai lui raconté une histoire pour le distraire.

3. J'habite avec le directeur de l'usine et la femme de lui.

4. En été je mange que je veux et je fais que j'ai envie de faire.
   (Cette phrase a deux fautes.)

5. Quand je regarde lui il me rappelle mon petit frère.

6. Pour montrer que j'aime lui je lui ai offert un cadeau.

7. Mais l'homme dont j'ai vu n'était pas l'homme dont je pensais.
   (Cette phrase a deux fautes.)

8. Il a souri à moi parce qu'il était content.

9. Elle insiste à habiller moi chaque matin.

10. Je pense qu'ils aiment l'un l'autre.

CORRECTIONS

Grammatical Structure

1. Cela ne *me* fait rien.

Pour moi is incorrect because the student is trying to say that a particular situation does not affect him; therefore, an indirect object pronoun is needed. *Moi* is a stress pronoun used generally after an imperative, after a preposition, or to accent the subject pronoun *je* . . . *Me* is the indirect object pronoun.

2. Je *lui ai* raconté une histoire pour le distraire.

The direct and indirect object pronouns precede the auxilliary (helping) verb. *Lui* belongs before *ai*.

3. J'habite avec le directeur de l'usine *et sa femme*.

The use of *la femme de lui* = the wife to him is incorrect. A possessive adjective is needed in this case. *Femme* is a feminine noun; therefore, *sa femme* = his wife.

4. En été je mange *ce que* je veux et je fais *ce que* j'ai envie de faire.

All relative pronouns are preceded by an antecedent. The antecedent is either a noun or a pronoun. What I want to eat or what I want to do does not contain a noun. *Ce* (in this case it means *what*) is inserted directly before the relative pronoun to take the place of an antecedent. Example: *ce que, ce qui, ce dont*.

5. Quand *je le regarde* il me rappelle mon frère.

Regarder = to look at. The verb *regarder* takes a direct object pronoun, in this case *le*.

Example: *Je regarde la télé; je la regarde*.

6. Pour montrer que *je l'aime* je lui ai offert un cadeau.

l'aimer = to like him (*le* = him)
lui: indirect object pronoun. *Le*: direct object pronoun (*lui* = to him)
Aimer takes a direct object pronoun.

Example: *Elle aime le chocolat; elle l'aime*.

7. Mais l'homme *que j'ai vu* n'était pas l'homme à qui je pensais.

Homme is the direct object pronoun of the verb *voir*; therefore, one must use the relative pronoun *que.* The direct object is used after the antecedent *homme. Penser,* when referring to thinking about someone, is followed by *à. Qui* is used after a preposition when the preposition is referring to a person.

Example: *A qui parles-tu?*

8. Il *m'a souri* parce qu'il était content.

A moi is incorrect because the student is trying to say that the person smiled back at him; therefore, an indirect object pronoun is needed. **Moi** is a stress pronoun used generally after an imperative, after a preposition, or to accent the subject pronoun **je. Me** is the indirect object pronoun.

9. Elle insiste à *m'habiller* chaque jour.

Here the student is trying to say that her mother insists on dressing her; therefore, an indirect object pronoun is needed. **Moi** is a stress pronoun used generally after an imperative, after a preposition, or to accent the subject pronoun **je. Me** is the indirect object pronoun.

If you could not correct the error in this sentence, you need to review in depth the direct, indirect, and stress pronouns.

10. Je pense *qu'ils s'aiment.*

Each other is expressed in French by a reflexive verb, in this case *s'aimer* = to love each other. When an action is reciprocal a reflexive verb is used.

Examples: *Ils se téléphonent* = they call each other on the
phone.
Ils s'embrassent = they kiss.
Ils se rencontrent = they meet each other.

EXERCICE II

1. J'ai une petite maison que je dois rester dedans.

2. Je n'ai pas une femme.

3. Je suis tout seul chez moi; je n'ai pas un fils.

4. Je suis un médecin depuis quelques années.

5. En janvier nous nous sommes déplacés dans la nouvelle maison.

6. Les humains se compliquent la vie.

7. J'étais triste et je pensais vers mes parents.

8. Toute sa vie elle n'a fait que du bon.

9. Mes parents ne voulaient pas que je parte notre ville.

10. Ils pensent que je ne comprends pas, mais ils sont faux.

CORRECTIONS
Grammatical Structure

1. J'ai une petite maison *où* je dois rester.

The relative pronoun *que* functions as a direct object. The relative pronoun that refers to a place is *où*.

Example: *La ville où je suis née est très belle.*
La rue où j'habite est très vieille.

2. Je n'ai pas de femme.

The articles *un, une, des, de l', de la,* and *du* all change into *de* in the negative.

Example: *J'ai un livre. Je n'ai pas de livre.*

3. Je suis tout seul chez moi; je n'ai pas *de fils*.

The articles *un, une, des, de l', de la,* and *du* all change into *de* in the negative.

Example: *J'ai une pomme, mais, toi, tu n'as pas de pomme.*

4. *Je suis médecin* depuis quelques années.

After the verb *être*, do not use an article when talking about a trade or a profession.

Vocabulary

5. En janvier nous *avons déménagé* dans la nouvelle maison.

déménager = to move from one's house
Le déménagement is the noun for the action of moving
ménage = household.

Example: *Nous avons déménagé plusieurs fois à cause du travail de mon père.*

6. *Les hommes* se compliquent la vie.

Homme is used when referring to the human race in general.
les êtres humains = human beings

7. J'étais triste et je pensais à mes parents.

penser à = to think about someone or something.
penser de = to have an opinion about something.

8. Toute sa vie elle n'a fait que *du bien*.

le bien: noun, means goodness or good.
le bon: noun, means a coupon.
Example: *J'ai un bon d'essence.*

9. Mes parents ne voulaient pas *que je quitte* notre ville.

> *partir* = to leave
> *quitter* = to leave a place or to leave someone
>
> Example: *Elle part à cinq heures; alors, elle va quitter la maison à trois heures.*

10. Ils pensent que je ne comprends pas mais *ils ont tort.*

> *Ils sont faux* = they are fake.
> *Ils ont tort* = they are wrong.

EXERCICE III

1. Il faut que tout le monde fait attention.

2. Après elle a raccroché le téléphone avec Christine elle est sortie.

3. J'espère que nous soyons toujours amis.

4. Marie a des cheveux blonds et des yeux verts.

5. Il avait tort, et il s'est excusé pour le deuxième temps.

6. J'ai vu pour la première fois que les humains avaient beaucoup de pouvoir sur la nature.

7. J'ai marié mon mari au printemps.

8. Prochain, Monique a téléphoné à Christine.

9. Je n'aime pas habiter chez les autres; j'aime avoir ma maison propre.

10. Finalement je vais partir ce magasin.

CORRECTIONS

Grammatical Structure

1. Il faut que tout le monde *fasse attention*.

Il faut = it is necessary; requires the use of the subjunctive mood.

Example: *Il faut que j'aille* avec mon frère chez le dentiste.

2. *Après avoir raccroché* le téléphone avec Christine elle est sortie.

Après requires *l'infinitif passé*.
L'infinitif passé is formed by using *avoir* or *être* in the infinitive + past participle.

Examples: Ils se sont aimés immédiatement *après s'être vus*.
            Après s'être promenés, ils sont rentrés chez eux.

3. J'espère que nous *serons toujours amis*.

Espérer is followed by the future, not the subjunctive.

4. *Marie a les cheveux blonds et les yeux bleus*.

Use a definite article before parts of the body.

Example: *Il a le nez droit, le visage allongé, le menton carré*, etc.

Vocabulary

5. Il avait tort et il s'est excusé pour *la deuxième fois*.

Fois is used when time can be counted, as in first time, second time, etc.
Temps is used when speaking of time in general or in the abstract.

Example: *Quand il était malade, je n'avais pas le temps*, alors je ne lui téléphonais *qu'une fois par jour*.

6. J'ai vu pour la première fois que *les hommes* avaient beaucoup de pouvoir sur la nature.

Homme is used when referring to the human race in general.

Example: *L'homme cherche son bonheur dans la nature*.

7. *J'ai épousé* mon mari au printemps or *Je me suis mariée au printemps*.

   epouser or *se marier avec* = to get married
   marier = to give someone in marriage

8. *Ensuite*, Monique a téléphoné à Christine.

   Ensuite and *puis* show progression in an action.

9. Je n'aime pas habiter chez les autres, j'aime *avoir ma propre* maison.

   Propre before a noun indicates possession (my own house).
   Propre after a noun means clean.

10. Finalement je vais *quitter* ce magasin.

    partir = to leave
    quitter = to leave a place or to leave someone
    laisser = to leave someone or something behind

    Example: *Je pars demain, je vais quitter toute ma famille et je ne leur laisse rien.*

EXERCICE IV

1. Il avait un père qui lui aimait beaucoup.

2. Ma mère habille moi le matin.

3. Il ne doit pas conduire après il a bu.

4. Dans le matin nous allons à l'école.

5. Il a répondu par hocher la tete.

6. Après la fête les jeunes hommes sont partis.

7. J'ai vu de belles peintures au Louvre.

8. J'étais malade et j'avais besoin de rester.

9. Elle a commencé à habiter dans une solitude complète après la mort de son mari.

10. Pendant les vacances nous dormions pour le plus de temps.

CORRECTIONS

Grammatical Structure

1. Il avait un père qui *l'*aimait beaucoup.

   L'aimer = to like him

   Le = him

   Lui = to him

   Lui: indirect object pronoun. *Le*: direct object pronoun.

   Examples: *Elle aime le garçon*; *elle l'aime.*
   Il parle à Julie; *il lui parle.*

2. Ma mère *m'habille* le matin.

   Moi is a stress pronoun used after a preposition.

   Example: *Il es venu avec moi.*

   an imperative,

   Example: *Réponds-moi gentiment.*

   or to accent the subject.

   Example: *Moi, je suis très honnête.*

   Me is a direct object pronoun.

3. *Il ne doit pas conduire après avoir bu.*

   Après requires *l'infinitif passé.*

   L'infinitif passé is formed by using the present infinitive of **avoir,** or **être + the past participle** of the verb.

   Example: *J'étais très heureuse après lui avoir parlé.*

4. *Le matin* nous allons à l'école.

le matin = in the morning
l'après-midi = in the afternoon
le soir = in the evening
la nuit = at night

Use a definte article to refer to the different times of the day.

5. Il a répondu *en hochant la tête*.

Use the present participle when you want to describe two actions that take place at the same time.

en hochant la tête = by shaking his/her head

Example: *Nous le rencontrons chaque jour en nous promenant.*

En is the preposition that precedes the present participle.

Vocabulary

6. Après la fête *les jeunes gens* sont partis.

jeune homme = young man
jeunes gens = young men

7. J'ai vu de *beaux tableaux* au Louvre.

Peinture = the art of painting or the act of painting a surface.

Example: *La peinture de ma chambre a plu à tout le monde.*

Claude Monet est un des créateurs de la peinture impressioniste.

tableau = a painting

8. J'étais malade et j'avais besoin *de me reposer*.

rester = to stay, to remain
se reposer = to rest

Example: *Après le travail elle est restée chez elle, parce qu'elle était fatiguée et elle avait besoin de se reposer.*

9. Elle a commencé *à vivre* dans une solitude complète après la mort de son mari.

   habiter = to live in a place

   Example: *Elle habite Paris.*

   Elle habite une très jolie maison.

   Vivre = to live

   Example: *Nous avons décidé de vivre loin de nos parents.*

10. Pendant les vacances nous dormions *la plupart du temps.*

   la plupart = most of. *La plupart* is usually followed by a plural noun.

   Example: *La plupart des élèves n'aiment pas les examens.*

   Exception: *La plupart du temps.*

EXERCICE V

1. L'homme qui nous a approché portait un costume bizarre.

2. Elle a beaucoup cherché pour Gabrielle mais elle ne l'a pas trouvée.

3. Ils ont parlé beaucoup avec leurs amis.

4. Etienne a un peu écrit avant il a dormi.

5. Anne voulait acheter un nouveau album.

6. J'ai besoin de quelqu'un qui sait parler russe.

7. Il m'a dit que Catherine et lui avaient brisé leurs fiançailles.

8. Ça me fait très heureux de savoir que tu vas bien.

9. Il y avait beaucoup de peuples dans la rue.

10. La nuit avant l'examen je suis d'habitude très nerveux.

CORRECTIONS
Grammatical Structure

1. L'homme qui *s'est approché* de nous portait un costume bizarre.

   s'approcher de = to approach a person or a place; to come near.

   Example: *Approchez-vous de moi pour mieux m'entendre.*

2. Elle *a beaucoup cherché Gabrielle*, mais elle ne l'a pas trouvée.

   chercher = to look for. *Chercher* is never followed by a preposition.

3. Ils *ont beaucoup* parlé avec leurs amis.

   Beaucoup is an adverb. Adverbs are placed in compound tenses after the helping verb and before the past participle.

   Example: *Heidi a beaucoup pensé avant de me répondre.*

4. Etienne a un peu écrit *avant de dormir.*

   Avant de is followed by the infinive form of the verb.

   Example: *Avant de sortir, n'oublie pas de fermer la porte.*

5. Anne a acheté *un nouvel album.*

   The adjectives *beau, nouveau, vieux* have two masculine forms:

   beau, nouveau, vieux before a masculine noun beginning with a consonant, and *bel, nouvel, vieil* before a masculine noun beginning with a vowel.

6. J'ai besoin de quelqu'un *qui sache* parler russe.

   Savoir is in the subjunctive form because of the superlative idea of looking for the one person, needing the one person, wanting the one thing, etc. It is considered an opinion; therefore, the subjunctive is required.

   Example: *Nadim est le seul qui me comprenne, c'est pourquoi nous sommes amis.*

VOCABULARY

7. Il m'a dit que Catherine et lui avaient *rompu* leurs fiançailles.

briser = to break a thing or to break someone's heart

Example: *En me quittant il m'a brisé le coeur.*

Example: *Nous avons brisé le vase.*

rompre = to break off a relationship

8. *Ça me rend très heureux* de savoir que tu vas bien.

rendre = to make someone feel a certain way
faire = to make or do something

Example: *Elle le rend malheureux parce qu'elle ne l'aime pas.*

9. Il y avait beaucoup *de gens* dans la rue.

peuple = the people of a nation

Example: *Le peuple français est fasciné par la culture américaine.*

gens = people in general

Example: *Je n'aime pas les gens qui ne respectent pas les autres.*

10. *La veille de l'examen*, je suis d'habitude très nerveux.

la veille = the night before, the eve

Example: *la veille de Noël*

EXERCICE VI

1. Marie est l'adolescente typique qui parle toujours sur le téléphone.

2. Soudain j'ai vu deux grenouilles qui regardaient l'un l'autre avec colère.

3. Je ne pense pas que le cadeau est pour moi.

4. Il a cherché partout pour l'ordinateur.

5. Elle a regardé à moi avant de parler.

6. Ma mère a donné une pièce de fromage à mon frère.

7. Quand nous avons téléphoné nous avons laissé un message sur la machine.

8. Comme George l'avait promis le jour prochain les deux amis se sont promenés.

9. A ce temps je ne savais pas que j'avais besoin d'aide.

10. Je me demande si le poulet est assez cuisiné?

CORRECTIONS

Grammatical Structure

1. Marie est l'adolescente typique qui parle toujours *au téléphone*.

Parler followed by the preposition *à* means to speak on or to.

Example: *Je parle à mon prof de chimie.*

Parler followed by the preposition *de* means to speak about.

Example: *Il me parle de son problème.*

2. Soudain j'ai vu deux grenouilles *qui se regardaient* avec colère.

se regarder = to look at each other

Reflexive verbs are used to express reciprocity.

Example: *Ils se sont parlé au téléphone.*

3. Je ne pense pas que le cadeau *soit pour moi*.

Penser, croire et sembler require the subjunctive mood when used in the negative or interrogative form.

Example: *Je ne pense pas qu'il soit en classe.*

4. *Il a cherché partout son ordinateur.*

Chercher = to look for; therefore it is never followed by the preposition *pour*.

5. Elle *m'a regardé* avant de parler.

Direct and indirect object pronouns are placed before the verb. *Moi* is a stress pronoun.

VOCABULARY

6. Ma mère a donné *un morceau* de fromage à mon frère.

un morceau = a piece

7. Quand nous avons téléphoné, nous avons laissé un message sur le *répondeur*.

répondeur = answering machine

8. Comme Georges l'avait promis *le lendemain* les deux amis se sont promenés.

le lendemain = the next day. (This is a common mistake.)

9. *A cette époque* (à ce moment) je ne savais pas que j'avais besoin d'aide.

à cette époque, à ce moment = at this time

10. Je me demande si le poulet est *assez cuit*.

cuisiner = to cook
cuit = cooked

Answers for Practice Paragraphs

FUNCTION WORD FILL-INS

1.

1. pour
2. pour
3. cette
4. à
5. ou
6. dans
7. en
8. pas

2.

1. ce
2. le
3. les
4. grâce
5. qui
6. y
7. qui
8. leur

3.

1. lui
2. nous
3. dont
4. qui
5. pour
6. cela, c'
7. l'
8. que

4.

1. de
2. qu'
3. qui
4. au
5. dont
6. où
7. y
8. laquelle
9. la

5.

1. les
2. Pour
3. m'
4. en
5. par
6. où
7. qui
8. que
9. Que

6.

1. que
2. tout
3. par
4. d'
5. ceux
6. comme
7. de
8. de
9. contre

7.

1. que
2. celle
3. celle
4. c'
5. cela
6. l'
7. personne
8. qui
9. leur
10. que
11. en

8.

1. en
2. les
3. des
4. qui
5. ces
6. eux
7. y
8. dans
9. qu'
10. c'
11. la
12. à
13. ce
14. qui

9.

1. la
2. où
3. en
4. d'ailleurs
5. au
6. qu'
7. dans

10.

1. qu'
2. pas
3. à
4. du
5. ce
6. qu'
7. aucun

11.

1. que
2. les
3. du
4. ceux
5. à
6. lui
7. Ses
8. dans
9. que
10. lui

12.

1. à
2. en
3. qui
4. pas
5. d'
6. de
7. au
8. Que
9. devant
10. à
11. d'
12. de
13. des

13.

1. qui
2. qu'
3. quel
4. en
5. qui
6. que
7. dans
8. plus

14.

1. sur
2. de
3. depuis
4. qui
5. le
6. ceci, cela
7. le
8. aux
9. que
10. pour
11. des
12. qui
13. tout

VERB FILL-INS

1.
1. Jouons
2. fasse
3. aimerais
4. n'avais pas
5. ne durera pas
6. nous étions amusés
7. profitons

2.
1. est né
2. a téléphoné
3. dire
4. s'apprêtaient
5. avoir raccroché
6. s'est habillé
7. est parti
8. dormait
9. se réveillerait
10. trouvait
11. fasse
12. conduisant
13. a arrêté
14. suivez
15. perdons
16. a mis
17. a apparu
18. avait choisi

3.
1. ai reçu
2. était
3. avait fait
4. n'aurais pas réussi
5. n'a pas eu
6. finisse
7. avoir étudié
8. arrivera
9. trouve

4.
1. avoir vu
2. ai aimé
3. soit
4. me suis endormi
5. aurais trouvé
6. avais
7. n'avaient pas compris
8. doit, devrait
9. apprécier
10. Allons
11. verras
12. aimeras
13. se fait
14. ai promis

5.
1. ai écrit
2. transférer
3. Peux
4. est arrivé
5. n'est pas arrivé

6.
1. approche
2. acheter
3. veux/voudrais
4. a offert
5. avais oublié
6. dises
7. fera
8. achèterai

7.
1. suis allée, suis allé
2. partir
3. savais
4. avait demandé
5. ai pris
6. déciderait
7. suis arrivé(e)
8. attendait
9. voulait
10. fasse
11. s'est envolé
12. ne pouvais pas
13. reprenais

8.
1. procurer
2. dit
3. saches
4. ai toujours haï
5. ferais
6. répondes
7. aurais donné
8. vexe
9. avoir entendu
10. réfléchissant
11. viens
12. apprécieras
13. veuilles
14. ai dit
15. accompagnerai

9.
1. confie
2. as commandé
3. ai écrit
4. recevra
5. ne t'inquiète pas
6. comprennes
7. ai entendu
8. lisant
9. doivent, devraient

10.
1. étais
2. jouais
3. regarder
4. aimerais
5. aillent
6. arrive
7. sont adorés
8. ont été
9. ont perdu
10. avoir regardé
11. étais
12. ne voulais pas
13. ont critiqué
14. savoir
15. avais été
16. aurais crée
17. aurais trouvé
18. gagnions
19. aura
20. savent
21. disparaisse
22. serai

11.
1. a décidé
2. visiter
3. s'étaient préparés
4. avait oublié
5. pensait
6. avait
7. c'était
8. est arrivé
9. faisait
10. se disait
11. était
12. serait
13. voulaient
14. ont cherché
15. se promenant
16. ont visité
17. ont admiré
18. avoir fini
19. prenait
20. avait accepté
21. était
22. rentreront
23. enverront
24. puissent
25. jouait
26. aille
27. gardera

12.
1. me promener
2. brillait
3. nous sommes mis
4. plaisait
5. s'amusait
6. aurais fait
7. ait
8. sommes rentrés
9. irons
10. faudra

CHAPTER 5 Speaking

GENERAL INFORMATION

Advanced Placement Language candidates should have attained a speaking proficiency that allows them to

- communicate ideas and facts in a form of speech that a native speaker would easily understand;
- express personal opinions and discuss current topics;
- describe, narrate, and explain using appropriate grammatical structures;
- have a fairly broad range of vocabulary that would allow them to speak with a certain fluency and accuracy.

Speaking Activities

The principal aim of any speaking activity should be to stress communication by expressing and sharing ideas. There should be more emphasis on understanding content than on grammatical correctness, although some attention to form and accuracy is very important in order to establish good patterns of speech.

The topics that people talk about are generally determined by cultural and personal experience. Familiarity with the topic also influences performance in conversation; a student who knows nothing about a topic will have little to say.

It is very important to carefully choose the topics for discussions. They should meet two important criteria:
1. They should have universal appeal.
2. The students should be able to relate to the topics.

Some good examples are: **music, art, food, sports, cars,** and **current events.**

Students will be motivated to communicate in the language if the subjects are of interest to them. The subjects should mirror real-life situations.

SPEAKING PRACTICE

Perhaps the most fundamental motivation is the desire to express oneself and to be understood by others. Encouragement and practice, practice, and more practice can produce surprisingly good results.

- It is essential to create an environment that will encourage you to practice your language skills.
- Video- and audiocassettes will allow you to compare your speaking with that of a model speaker. Videocassettes can be used to provide variety and to show action and speech together.
- Memorization of poems and songs is very helpful to improve pronunciation and vocabulary.
- Listening to dramatic presentations exposes you to the language and the literature of France.
- Tongue twisters are fun and very helpful for pronunciation.

Example: *Je veux et j'exige et j'exécute le paroxysme spasmophile. Le fisc fixe exprès chaque taxe fixe excessive au luxe et à l'exquis.*

- Speaking French on the phone with a friend will show you if you can be easily understood.
- Recording on tape the answers to spoken questions can help improve pronunciation.

Having fun speaking the language will always motivate you to speak it more often.

Tape-Recorded Responses

On the speaking part of the examination, you tape-record your responses to questions based on a series of pictures. The questions are printed in the test booklet and are also heard on a master tape. You may be asked to tell the story presented in the pictures, or to discuss a topic suggested by one of the pictures, or to compare and contrast two pictures. The student tapes are later scored by school and college French teachers serving as examination readers. (**Note:** The vocabulary following each series of pictures is not included on the exam; it is meant only as a study tool for this book.)

Some Helpful Hints

1. Make sure to use the entire 60 seconds allotted for your answer. You will lose points if you stop before the beep.

2. Make sure to include linking terms in your answers.

3. Before recording your response, make sure you understand the vocabulary pertaining to the picture sequence. Mastery of the vocabulary will help you a great deal.

PICTURE SEQUENCES

Directions: Look at the following series of pictures for one minute and 30 seconds and then answer the questions that are on your CDs. (**Note:** The vocabulary following each series of pictures is not included on the exam; it is meant only as a study tool for this book.)

1

Questions

1. Que faites-vous à la fin de l'année pour être préparé à passer vos examens? (60 secondes)

2. Quels critères sont importants pour vous dans le choix d'une université? (60 secondes)

3. La jeune femme était probablement nerveuse durant son interview, mais elle devait paraître calme. Décrivez une situation où on doit savoir maîtriser ses nerfs. (60 secondes)

4. Quel travail aimeriez-vous avoir dans l'avenir et pourquoi? (60 secondes)

5. Quelles sont les occasions où on doit s'acheter un nouvel habit? (60 secondes)

VOCABULAIRE

étudiante (f)	college student
ordinateur (m)	computer
horloge (m)	clock
surveiller	to watch
remises des diplômes (f)	graduation
diplôme (m)	degree
cabine d'essayage (f)	fitting room
tailleur (m)	suit
caisse (f)	cashier
se serrer la main	to shake hands

2

Questions

1. Quel est votre sport favori et pourquoi? (60 secondes)

2. Expliquez comment le jeune garçon de l'histoire a eu le coup de foudre. (60 secondes)

3. Décrivez un parc au printemps. (60 secondes)

4. Pensez-vous que la timidité soit un défaut? Expliquez votre raisonnement. (60 secondes)

5. Que comptez-vous faire le week-end prochain? (60 secondes)

VOCABULAIRE

trottoir (m)	sidewalk
arrière-plan (m)	think bubble (background)
troène (f)	type of shrub
banc (m)	bench
patins à roulette (m)	roller skates
match de foot (m)	game of soccer
gardien de but (m)	goalkeeper
marquer un but	to score
pierre (f)	stone
trébucher	to trip
s'égratigner	to scratch
avoir mal	to hurt
s'agenouiller	to kneel
coup de foudre (m)	love at first sight

3

Questions

1. Racontez un incident ennuyeux qui vous est arrivé. (60 secondes)

2. Etes-vous rancunier/rancunière? Que feriez-vous à la place de la jeune fille? (60 secondes)

3. Quels sont vos loisirs? (60 secondes)

4. Avez-vous joué un tour à quelqu'un? Si oui, racontez ce que vous avez fait. Si non, dites pourquoi. (60 secondes)

5. Quels sont vos projets pour cet été? (60 secondes)

VOCABULAIRE

rancunière/rancunier	spiteful person
loisirs (m)	leisure activities
prendre un bain de soleil	to sunbathe
maillot de bain (m)	bathing suit
crème solaire (f)	suntan lotion
portable (m)	cell phone
pichet d'eau (m)	pitcher
le coupable	culprit
chasser	to chase
s'enfuir	to escape
s'essuyer	to dry
être mouillé	to be wet
mordre	to bite
cheville (f)	ankle
pleurer	to cry
avoir du remords	to have remorse
prendre sa revenche	to avenge

4

Questions

1. Que faites-vous quand vous êtes très fatigué à l'école? (60 secondes)

2. Donnez deux exemples où un élève est renvoyé chez le proviseur. (60 secondes)

3. Imaginez les raisons qui ont causé la fatigue du jeune garçon. (60 secondes)

4. Dites comment il faut se conduire dans une salle de classe. (60 secondes)

VOCABULAIRE

tableau (m)	blackboard
affiche (f)	poster
s'endormir	to fall asleep
pupitre (m)	desk
montrer du doigt	to point
montrer la porte	to ask to leave
s'interroger	to question
se rassembler	to recollect
mal à l'aise	uncomfortable
s'affaisser	to slump down

5

Questions

1. En France les jeunes se rencontrent souvent à la terrasse d'un café. Que font les jeunes aux Etats-Unis après les classes? (60 secondes)

2. Mettez-vous à la place de la jeune fille. Que diriez-vous à la serveuse? (60 secondes)

3. Dans certaines écoles on a éliminé les cours d'art pour économiser. Quelle est votre opinion sur ce sujet? (60 secondes)

4. Racontez une mauvaise expérience et dites comment on vous a consolé. (60 secondes)

5. Si vous étiez en France que commanderiez-vous dans un café? (60 secondes)

VOCABULAIRE

pâtisserie (f)	pastry shop
librairie (f)	bookstore
serveuse (f)	waitress
plateau (m)	tray
dessin (m)	drawing
note (f)	grade
boisson (m)	drink
renverser	to spill
tache (f)	stain
bulle (f)	bubble
être en larmes	to cry
café fumant (m)	hot coffee
essuyer	to wipe
marguerites (f)	daisies

6

Questions

1. Décrivez un moment de votre vie où vous avez eu très peur. Dites quand et pour quelles raisons. (60 secondes)

2. La chasse au trésor fait partie du folklore universel. Donnez une raison qui expliquerait cela. (60 secondes)

3. Quand a-t-on besoin d'une carte? (60 secondes)

4. Que feriez-vous si vous trouviez un trésor? (60 secondes)

VOCABULAIRE

plage (f)	beach
parasol (m)	umbrella
serviette de bain (f)	towel
sable (m)	sand
maillot de bain (m)	bathing suit
creuser	to dig
château de sable (m)	sand castle
enterrer	to bury
carte de trésor (f)	treasure map
grotte (f)	cave
marches (f)	steps
mener	to lead
palmier (m)	palm tree
torche électrique (f)	flashlight
panneau (m)	sign
coffre (m)	treasure chest
trou (m)	hole
applaudir	to applaud
fantôme (m)	ghost
cheveux dressés sur la tête	hair sticking up

7

Questions

1. Que feriez-vous si la voiture que vous conduisiez tombait en panne? (60 secondes)

2. Quand on s'organise en groupe, c'est parfois difficile de partager les tâches. Que conseillerez-vous à un groupe qui voudrait faire du camping? (60 secondes)

3. Quels sont les avantages du camping? (60 secondes)

4. Quels en sont les désavantages? (60 secondes)

VOCABULAIRE

ranger les baggages	to arrange the luggage
au-dessus	on top
lunettes de soleil (f)	sunglasses
tomber en panne	to break down
pneu crevé (m)	flat tire
coffre (m)	trunk
outil (m)	tool
troupeau de mouton (m)	herd of sheep
site de camping (m)	campground
réparer le pneu	to fix a tire
cueillir des fleurs	to pick flowers
tente (f)	tent
s'effondrer	to collapse
se mettre du vernis à ongles	to polish one's nails
être au bout du rouleau	to be at the end of one's rope

8

Questions

1. Dans la cinquième image le jeune garçon est très heureux. Racontez les évènements qui ont précédé ce moment. (60 secondes)

2. En France le football est le sport le plus populaire. Ce n'est pas le cas aux Etats-Unis. D'après vous, qu'est-ce qui cause cette différence entre les deux pays? (60 secondes)

3. Quel rêve aimeriez-vous réaliser? (60 secondes)

4. Quels son les moments qu'on pourrait considerer inoubliables? (60 secondes)

5. Quelle joyeuse occasion avez-vous célébré dernièrement? (60 secondes)

VOCABULAIRE

terrain de foot (m)	soccer field
joueur (m)	player
ballon (m)	ball
maillot (m)	football jersey
faire signe	to gesture
défenseur (m)	defenseman
entraîneur (m)	trainer
tableau des scores (m)	scoreboard
but (m)	goal
tirer sur	to shoot on the goal
attraper	to hold
marquer un but	to score
encourager	to cheer
arbitre (m)	referee
siffler	to blow (the whistle)
fin du match (f)	end of the game
équipe (f)	team
coupe (f)	cup, trophy

9

Questions

1. Le monsieur de l'histoire est un homme d'affaire. Imaginez ce qu'il est venu faire aux Etats-Unis. (60 secondes)

2. Quand on voyage on achète souvent des souvenirs de l'endroit où l'on est. Qu'est-ce qu'on achèterait de votre ville comme souvenirs? (60 secondes)

3. On fait un voyage pour des raisons varies. Donnez trois raisons pour lesquelles on ferait un voyage. (60 secondes)

4. Que peut-on faire pour passer le temps pendant un long voyage? (60 secondes)

5. Dans la quatrième image les deux petits garçons jouent avec des revolvers. Pensez-vous que ce soit une bonne idée que les jeunes jouent avec des jouets qui suggèrent la violence? Quels étaient vos jouets préférés quand vous étiez très jeune? (60 secondes)

VOCABULAIRE

magasin de souvenir (m)	souvenir shop
drapeau (m)	flag
Statue de la Liberté (f)	Statue of Liberty
caisse (f)	cash register
serviette (f)	hand towel
gratte-ciel (m)	skyscraper
détecteur (m)	detector
coussin (m)	pillow
couverture (f)	cover
se disputer	to fight
porte (f)	gate
revolver (m)	gun
cadeau (m)	gift
jouet (m)	toy

10

Questions

1. Imaginez une fin à la soirée. (60 secondes)

2. Que porteriez-vous à une soirée dansante? (60 secondes)

3. D'après vous, l'apparence physique est-elle importante? Dites pourquoi ou pourquoi pas. (60 secondes)

4. Décrivez une soirée parfaite que vous avez passée entre amis. (60 secondes)

VOCABULAIRE

robe sans manche (f)	sleeveless dress
coucou (m)	cuckoo clock
bijoux (m)	jewelry
trousse à maquillage (f)	makeup case
évier (m)	sink
appareil dentaire (m)	toothbrush
nœud papillon (m)	bow tie
ecossais	plaid
rayé	striped
peigne (m)	comb
banc (m)	bench
piste de dance (f)	dance floor
mécontent	unhappy

11

Questions

1. Que pensez-vous des jeunes qui agissent comme le jeune homme de l'histoire? (60 secondes)

2. Quel est votre sujet préféré à l'école? Donnez des raisons pour votre choix. (60 secondes)

3. Imaginez que vous n'avez pas eu le temps de vous préparer pour un examen et que votre professeur vous demande de lui donner une explication. Que lui diriez-vous? (60 secondes)

4. En France le bac est un examen très dur. Les jeunes Français ont souvent peur d'échouer au bac. Aux Etats-Unis y a-t-il un examen qui vous rappelle le bac? Expliquez. (60 secondes)

VOCABULAIRE

affiche (f)	poster
s'endormir	to fall asleep
être décoiffé	to have messy hair
être préocupé	to be worried
arrière-plan (m)	background

12

Questions

1. Dans la troisième image le garçon semble très déçu de son cadeau. Expliquez sa réaction en racontant les évènements qui ont précédé cette image. (60 secondes)

2. Mettez-vous à la place du garçon. Qu'auriez-vous fait à sa place? (60 secondes)

3. Quels sont les traits du caractère du jeune homme qu'on peut déterminer d'après les images? (60 secondes)

4. Pensez-vous que les jeunes de 16 ans sont assez responsables pour conduire? Expliquez votre réponse. (60 secondes)

VOCABULAIRE

souffler	to blow
bougies (f)	candles
décevoir	to disappoint
vieux clou (m)	old nail
clé anglaise (f)	wrench
capot (m)	hood
mousse (f)	foam, bubbles
fièrement	proudly

13

CD3
Tracks 1–2

Questions

1. Dans la deuxième image les trois jeunes filles sont apparemment inquiètes. Imaginez ce qu'elles sont en train de dire à l'agent de police. (60 secondes)

2. Pourquoi les jeunes aiment-ils les montagnes russes? (60 secondes)

3. Mettez-vous à la place d'une des jeunes filles. Que diriez-vous à votre amie qui vous avait abandonné? (60 secondes)

4. A votre avis, quel est le rôle des loisirs dans la vie d'une jeune personne? (60 secondes)

VOCABULAIRE

carnaval (m)	carnival
sac (m)	handbag
pantalon (m)	pants
chemisier (m)	blouse
queue de cheval (f)	ponytail
robe à fleurs (f)	flowery dress
montagne russe (f)	roller coaster
appareil photo (m)	camera
portefeuille (m)	purse, wallet
foule (f)	crowd
loisirs (m)	leisure activities

14

Questions

1. Dans la quatrième image il est évident que la jeune fille regrette
   la décision qu'elle avait prise. Expliquez, en racontant les évènements qui ont précédé l'image. (60 secondes)

2. Que faut-il porter quand il pleut? (60 secondes)

3. On ne voit pas souvent les gens courir dans les rues à Paris.
   D'après les images que vous venez de regarder, quelle pourrait
   bien être la raison? (60 secondes)

4. Mettez-vous à la place du père et dites à la jeune fille ce que vous
   pensez de ce qu'elle vient de faire. (60 secondes)

VOCABULAIRE

baskettes (f)	sneakers
ciré	raincoat
courir	to run
pleuvoir	to rain
veste à capuchon (f)	jacket with a hood
mouiller	to wet

**Comparing and
Contrasting
Two Pictures**

Directions: Look at the two pictures below for one minute and 30 seconds, then answer the questions that are on your CD.

1

**CD3
Tracks 3–11**

Questions

1. Le dîner dans la première image présente certains avantages. Enumérez-les. (60 secondes)

2. Mettez-vous à la place du jeune homme dans la deuxième image et commandez un dîner complet. (60 secondes)

3. Aux Etats-Unis nous avons tendance à manger nos repas très rapidement. Donnez des raisons qui expliqueraient cette tendance. (60 secondes)

2

Questions

1. Les grandes villes sont souvent victimes de graffiti. Que diriez-vous aux jeunes dans la deuxième image pour les dissuader de ce qu'ils sont en train de faire? (60 secondes)

2. Il est temps que les jeunes agissent d'une manière productive. Expliquez ce que font les jeunes gens dans la première image. (60 secondes)

3. Si vous aviez un jardin de légumes que cultiveriez-vous? (60 secondes)

3

Questions

1. Décrivez la jeune fille dans la première image. Dites où elle va aller. Imaginez à quoi elle pense, et ce qu'elle espère de sa soirée. (60 secondes)

2. Dans la deuxième image la jeune fille fait une activité sportive. Expliquez l'influence des sports sur la personnalité et l'apparence physique. (60 secondes)

3. A votre avis, laquelle des deux jeunes filles s'amuse le plus? Expliquez votre réponse. (60 secondes)

4

Questions

1. Que fait l'homme dans la première image? Quelles sont les conséquences de son acte? (60 secondes)

2. Dans la deuxième image, l'homme travaille dur. Quels sont les avantages de ce genre de travail? (60 secondes)

3. Le crime est un des aspects effrayants de notre société moderne. A votre avis, que peut-on faire pour réduire la criminalité? (60 secondes)

5

Questions

1. Laquelle des deux images représentent mieux les cours que vous suivez à votre école? (60 secondes)

2. Parlez d'un projet que vous avez fait pour une de vos classes. (60 secondes)

3. De nos jours l'informatique devient une partie intégrale de l'enseignement. Quel rôle joue-t-elle dans votre école? (60 secondes)

4. Si vous étiez le proviseur de votre école, quels changements aimeriez-vous initier? (60 secondes)

6

Questions

1. Quel rapport pouvez-vous établir entre les deux images? (60 secondes)

2. La dernière fois que vous avez voyagé où êtes-vous allé et pourquoi? (60 secondes)

3. Quand vous êtes au bord de la mer, qu'est-ce que vous aimez faire? (60 secondes)

7

Questions

1. Aimeriez-vous dîner comme la première ou la deuxième famille?
    Donnez des raisons pour votre choix. (60 secondes)

2. A votre avis, quel rôle la famille joue-t-elle dans notre société
    actuelle? (60 secondes)

3. Imaginez votre vie comme père de famille ou mère de famille.
    Qu'est-ce que vous feriez avec vos enfants? (60 secondes)

8

Questions

1. Ces deux images montrent le lien entre la science et la musique. Expliquez. (60 secondes)

2. Expliquez auxquels de ces deux hommes vous pouvez vous identifier. Dites pourquoi. (60 secondes)

3. Donnez un autre exemple où on peut clairement voir un lien entre les sciences et l'art. (60 secondes)

9

Questions

1. Auquel des deux jeunes gens pouvez-vous vous identifier et pourquoi? (60 secondes)

2. Il y a probablement chez vous une pièce que vous préférez. Laquelle et pourquoi? (60 secondes)

3. Préférez-vous voir les films à la télévision ou au cinéma? Pourquoi? (60 secondes)

4. Est-ce que vous pensez qu'il est important de faire du sport? Pourquoi? (60 secondes)

LINKING TERMS (TERMES DE COHÉRENCES)

The following linking terms will help you polish your spoken French. You will also need them to give a French finish to your composition. Use them when describing an event or telling a story. We recommend that you memorize most of them in order to improve your fluency.

a. When you are about to recount an event, the following terms are important to know:

à priori = to begin with (used in conversation)

à priori is often used when recounting an event.

Example: *A priori, je ne pensais pas que le problème soit très grave mais je ne sais pas si les choses vont changer.*

Example: *A priori les deux petites filles semblaient perdues, mais elles ont retrouvé le bon chemin.*

pour commencer = to begin with
d'abord = first
au commencement = in the beginning
au début de l'histoire = at the beginning of the story
il était une fois = once upon a time

b. To proceed from one event to the next, the following terms are important to remember:

et puis = and then
ensuite = then, afterwards, next
soudain = suddenly, all of a sudden
tout à coup = all of a sudden
alors = then, so

c. To conclude your story remember the following terms:

à la fin = at the end
enfin = finally
pour finir = all in all, to conclude
finalement = finally
pour terminer = to finish
bref = in short
en somme = to sum it up

d. To express an opposition, use the following terms:

cependant = however, yet
Example: *Personne n'a cru Jean-Pierre; il disait cependant la vérité.*

pourtant = but, yet
Example: *La mer est très froide; pourtant je veux nager.*

néanmoins = nevertheless
Example: *Caroline déteste l'art moderne; elle a néanmoins l'esprit ouvert.*

en revanche = however
Example: *Les jeunes élèves travaillent bien jusqu'à la fin de l'année; en revanche, les grands ne font rien après les examens AP.*

par contre = however
Example: *Casey était très heureuse de me voir, Sherri par contre ne m'a même pas salué.*

bien que = although
Example: *Bien qu'il adore le cinéma, il n'a jamais le temps d'y aller.*

malgré que = although
Example: *Malgré le fait qu'il veuille réussir à l'examen, il étudie très peu.*

malgré = despite, in spite of
Example: *Malgré son amour pour elle, il a dû la quitter à cause de la guerre.*

Example: *Quoiqu'il arrive, nous réussirons, malgré tout.*

même si = even though, even if
Example: *Même si elle n'aime pas ce qu'elle étudie, elle fait toujours un effort.*

e. When you want to link a general idea to a specific example use:

d'ailleurs = as a matter of fact
Example: *Je n'aime pas du tout la chaleur; d'ailleurs, je ne vais jamais en Floride.*

Example: *J'adore veiller le soir; d'ailleurs, je ne me lève jamais tôt le matin.*

Example: *Patrick est souvent fatigué, d'ailleurs sa mère se plaint qu'il dort tout le temps.*

f. To insist on an idea, to confirm something, or to give a reason, use the following terms:

en plus = moreover, in addition
Example: *Je n'ai vraiment pas envie de sortir ce soir; en plus, je suis très fatigué.*

en fait = actually
Example: *Hier je suis finalement arrivé à voir Marie-Madeleine; en fait, ça faisait très longtemps qu'on ne s'était pas vus.*

Example: *Kirsten ne voulait plus sortir avec Greg, en fait elle ne voulait même plus lui parler.*

afin que = so that
Example: *Je parle très lentement afin que mes élèves puissent me comprendre.*

pour que = in order to
Example: *Je l'ai supplié pour qu'il ne parte pas, mais je n'ai pas réussi.*

afin de (français écrit) = in order to
Example: *Afin de ne pas être mal compris, parlez nettement.*

g. To give a cause for an action:

à cause de = because of
Example: *On n'a pas pu jouer dans le jardin à cause de la pluie.*

parce que = because
Example: *J'ai très mal à la tête. C'est probablement parce que je suis très fatigué.*

car (français écrit) = because
Example: *Le roi était bien triste, car il ne savait plus quoi faire.*

h. To explain the effect or the result of an action use the following terms:

sinon = otherwise
Example: *Téléphonez-moi cet après-midi; sinon je ne vais pas venir avec vous.*

par conséquent = consequently
Example: *Elle a veillé toute la nuit; par conséquent, ce matin elle a eu une migraine terrible.*

donc = thus, therefore
Example: *Elle veut finir ce chapitre; donc elle travaille sans arrêt.*

de ce fait (français écrit) = as a result
Example: *Les deux pays ont signé un accord; de ce fait on aura, finalement la paix.*

ainsi (français écrit) = thus, and so
Example: *J'ai beaucoup aimé le film; ainsi j'ai décidé de le revoir avec vous.*

forcément = as an obvious consequence
Example: *Parce qu'on produit moins en France, les marchandises sont forcément plus chères.*

en vain = in vain
Example: *J'ai essayé en vain de lui parler.*

à force de = by dint of
Example: *A force d'insister, il a fini par me convaincre.*

i. When you want to link or compare one idea to another:

précisément = precisely

Example: *C'est précisément à cause de cela que je viens vous voir.*

par rapport à = in relation to, compared to
Example: *Geneviève: Vous n'allez pas être très habillée pour la soirée dansante.*

Julie: Par rapport à qui?

Example: *Par rapport aux Etats-Unis, la France a beaucoup plus de chômeurs.*

j. When agreeing use the following term:

volontiers = willingly, gladly
Example: *Cécile: Veux-tu m'accompagner au ciné?*

Hélène: Volontiers, mais il faut que tu m'attendes quelques minutes.

Example: *Pierre fait volontiers tout ce qu'on lui demande.*

Two terms often used in conversation:

quasiment = *presque* = almost
Example: *Elle a quasiment échoué parce qu'elle n'a pas étudié.*

carrément = d'une manière ferme, catégoriquement = categorically
Example: *Elle a carrément échoué.*

Example: *Michou dit carrément ce qu'elle pense.*

FRENCH WORDS OFTEN MISTRANSLATED

a cause de = because; *à cause de* is always followed by a noun.
Example: *Sherrine ne va pas au cinéma à cause de la pluie.*

a cette époque, il était... = at that time, he was...

à la longue = eventually

achever = to achieve

actuellement = at the present time

assister = to attend an event
Example: *Joanna assiste au concert.*

au fond, fondamentalement = basically

avoir de bonnes manières = to be well behaved

avoir de mauvaises manières = to have bad manners

avoir raison = to be right
Example: *Le professeur a toujours raison.*

beaucoup de travail = a lot of work

bon = right, correct
Example: *Vous avez la bonne réponse.*

caractère = personality as in "character traits" (*un trait de caractère*)

chemin = way as in road or route

chez lui, chez elle, chez eux = his/her/ their place

confus – This means embarrassed. The English word confused is not easily translated into French; instead, use the expressions *je suis perdu, je ne comprends pas.*

connaître – Use this to express knowing people, places, books, etc.

contrairement = unlike

d'abord, pour commencer = first

de moins en moins = less and less

déception = disappointment; to deceive

décevoir = to disappoint

demander = to ask for. **Never** use the preposition *pour* after demander.

embrasser = to kiss. Never use *baiser* as a verb (except with *la main*)! It is a vulgar version of *faire l'amour*.
Examples: He kissed her = *Il l'a embrassée.* They kissed = *Ils se sont embrassées.*

empêcher = to prevent

emphase = pomposity, bombast, grandiloquence

en fait = actually

envers (a person) = toward

epouser = to marry
Example: *Jake épouse Julie.*

être/tomber amoureux de = to be/fall in love with

éventuellement = possibly

exciter – Though not always, this often means excited in a sexual sense!!
Examples: Mathilde is excited about the necklace = *Mathilde est tout animée à cause de la parrure.*
Nothing excites Mersault = *Rien ne passionne Mersault.*
The crowd is excited = *La foule est agitée.*

exiger = to demand

faire – to make, **with a verb**
Example: *Antoine fait rire le Petit Prince.*

faire confiance à, avoir confiance en = to trust
Examples: *Brittany a confiance en Grégory.*
Kirsten me fait confiance.

faire des confidences = to confide
Example: *Pat fait des confidences à son meilleur ami William.*

faire semblant de/que; jouer = to pretend
Example: *Il fait semblant d'être malade/Il joue le malade.* = He pretends to be sick.

habit – outfit (clothing)

il a du mal à comprendre = he has trouble understanding

Il a failli mourir = almost, in the abstract, as in "He almost died."

il ne comprend pas = he's confused

Il vient d'arriver = He (has) just arrived.

inconfortable, peu confortable, peu commode = uncomfortable
(for a chair, a sofa, etc.)
Example: *Ce canapé est très inconfortable.*

Je suis inquiet de son silence. Son silence m'inquiète. = I am troubled by his silence.

juste = This most often means fair.
Example: *Cet arbitre (referee) est très juste.*

la manière, la façon = way (manner)
Examples: *La façon dont il chante est douce.*
La manière dont il parle est drôle.

la première, la prochaine, la dernière fois = the first, the next, the last time

la situation l'embrouille = the situation is confusing to him

la tromperie = deception

la veille = the day before

le contraire = opposite

le droit de = the right to
Example: *Elle a le droit d'être en colère, parce que tu as été méchant avec elle.*

le jour = the day

le lendemain = the day after
Example: *le lendemain de l'enterrement* = the day after the funeral

le meilleur endroit = the best place to

le processus = process

l'époque de Maupassant = Maupassant's time

lieu (au —)—au lieu. Always comes with *de* and means **instead of**.
Example: *Au lieu de faire ses devoirs, il est sorti avec ses amies.*

l'oeuvre de l'auteur = the author's work

mal à l'aise = uncomfortable (for a person)
Example: *Carter est très mal à l'aise parce qu'il n'a pas étudié.*

manquer – to miss
Examples: *manquer l'autobus* = to miss the bus   *manquer à – to miss someone*
La rose manque au petit prince. = The little prince misses his rose.   *manquer de – to lack*

marier = to marry, as in the person performing the ceremony

mauvais = wrong, as in way
Example: *Le mauvais chemin* (the wrong way)

mettre l'accent sur = to emphasize (*emphasiser* **is not French**) *souligner*

parce que = because; *parce que* must be followed by a subject +
verb.
Example: *Sherrine ne va pas au cinéma parce qu'il pleut.*

pareil = similar

particulièrement = especially

passer un examen = to take an exam
Example: *Ma classe passe un examen de littérature.*

place = a seat (in a plane, class, etc.) or public square

plutôt = rather   *(siège)*

presque = almost, as in almost finished a task
Example: *Heidi a presque fini ses devoirs.*

pretender = to claim, as in to assert.

prévenir = to warn

procès = a courtroom trial

raisonable = sensible

raisonnablement = sensibly

réaliser son but = to achieve one's goal

rendre—To make **with an adjective**.
Example: Le Petit Prince *rend Antoine plus calme.*

rendre visite = to visit a person
Example: *Il n'a jamais rendu visite à sa mère.* = He never visited
his mother.

reprendre = to resume

résumer = to summarize

romanesque = Romantic
(Romantique is a literary genre.)

savoir – to know a fact, to know how

se marier avec = to marry
Example: *Jake se marie avec Julie.*

se rendre compte de/que = to realize

sensible = sensitive

ses ennuis = his/her troubles

signaler, insister sur, souligner, mettre l'accent sur = emphasize

sortir avec quelqu'un = to date someone
Example: *Jake sort avec Julie. Julie est sa petite amie.*

soutenir = to support a person or an idea
Example: *Ma famille me soutient.*

supporter = to bear someone or something
Examples: *Je ne peux pas supporter la violence.*
Je ne peux pas supporter les élèves qui parlent anglais dans une classe de français.

temps = blocks of time, or time in the general sense
Example: *Brittany n'a jamais le temps de me téléphoner parce qu'elle est toujours à ses leçons de danse.*

tort – This is a **noun**. It means wrong only in the expression *avoir tort*; the wrong is incorrect.

toujours = still
Example: *Elle apprend toujours le français.*

travailler = to work

très = very—**do not use** *beaucoup* after *très*.

tromper = to deceive

trouble = anguish

un baiser (noun) = a kiss
Example: *Il lui a donné un baiser.*

un personnage = a character in a play, a film, or a novel

un silence inquiétant = a troubling silence

une habitude = a habit, custom   les moeurs.

vers (a place) = toward

visiter = to visit a place

CHAPTER **6** Grammar Review

This section of the book is designed to help you practice your grammar. Remember, the AP exam reserves 30 points to test your knowledge of grammar structures. Make sure to do all the exercises in this section. If you make any mistakes, go back to the rule and write it down in your own words to make sure you understand it. Keep all your notes in a separate notebook. Your notebook will be your grammar guide.

LES ARTICLES

Les articles en français précèdent le nom.

L'ARTICLE DÉFINI

L'article défini accompagne **un nom** suffisamment **précis** par lui-même.

Exemples: Le soir, Margot préfère rester à la maison.
Le professeur de français est très gentil.

- L'article défini a la valeur **d'un possessif** devant un nom désignant une partie du corps.

Exemples: Olivier me prend la main pour m'aider.
J'ai vraiment mal à la tête.

- L'article défini peut exprimer **l'idée de chaque.**

Exemples: La viande est à trois cent francs le kilo (chaque kilo).
Les œufs coûtent vingt francs la douzaine (chaque douzaine).

- L'article défini peut exprimer **l'idée de tous.**

Exemple: Le dimanche soir nous allons au cinéma (tous les dimanches soirs)

- L'article défini est employé avec **les noms géographiques.**

Exemples: La France est un beau pays.
Le Rhône est un fleuve en France.

- L'article défini accompagne **le nom des langues.**

Exemples: Le français est une belle langue.

L'italien est une langue musicale.

- L'article défini accompagne le nom d'**un sujet académique.**

Exemple: Marie-France étudie l'histoire et les sciences.

- L'article défini accompagne **la date.**

Exemple: Mon anniversaire est le treize décembre.

- L'article défini accompagne les saisons.

Exemples: L'hiver il fait très froid.

Je préfère passer l'été à la montagne.

L'ARTICLE INDÉFINI

L'article indéfini accompagne **un nom** encore **indéterminé.**

Exemple: J'ai trouvé un livre intéressant.

- L'article indéfini **au pluriel** exprime **une quantité indéterminée.** It means **some.**

Exemple: Il m'a offert des cadeaux.

- Les articles indéfinis **un, une,** et **des** changent en **de** devant **un adjectif pluriel** et devant **autres.**

Exemples: J'ai vu de belles statues en bronze.

Je n'ai pas aimé cette robe, et elle m'en a montré d'autres.

- dans une phrase négative.

Les articles indéfinis changent à **de:**

- dans une phrase négative.

Exemples: Brittany mange des bananes.

Brittany **ne** mange **pas DE** banane.

Exceptions:

Des jeunes gens, des jeunes filles, des petits enfants.

- Les articles indéfinis **un, une,** et **des** ne changent pas avant **ce n'est pas, ce ne sont pas.**

Exemples: Ce ne sont pas des trains confortables.
Ce n'est pas un élève studieux.

LES ARTICLES DÉFINIS

- **Le:** article défini masculin singulier. **Le** détermine (modifies) un nom masculin singulier.

Exemples: le garçon, le ballon, le bal

- **La:** article défini féminin singulier. **La** détermine un nom féminin singulier.

Exemples: la civilisation, la patrie, la nation

- **Les:** article défini, masculin ou féminin pluriel. **Les** détermine un nom masculin ou féminin pluriel.

Exemples: les tables, les fenêtres, les garçons, les balcons

LES ARTICLES INDÉFINIS

- **Un:** article indéfini, masculin singulier. **Un** détermine un nom masculin.

Exemples: un gendarme, un juge, un ingénieur

- **Une:** article indéfini féminin singulier. **Une** détermine un nom féminin singulier.

Exemples: une bibliothèque, une librairie, une femme

- **Des:** article indéfini, masculin ou féminin pluriel. **Des** détermine un nom masculin ou féminin pluriel.

Exemples: des bonbons, des voisines, des jouets, des fleurs

LES ARTICLES PARTITIFS

- **De la:** article partitif féminin singulier. **De la** détermine un nom féminin singulier.

Exemple: Frédérique mange de la salade.

- **Du:** article partitif masculin singulier. **Du** détermine un nom masculin singulier.

Exemple: Arnaud veut du sucre.

- **De l':** article partitif, masculin ou féminin singulier. **De l'** détermine un nom masculin ou féminin qui commence avec une voyelle.

Exemple: Nicholas boit de l'eau.

- **Des:** article partitif, masculin ou féminin pluriel. **Des** détermine un nom masculin ou féminin pluriel.

Exemple: Voulez-vous des bonbons?

L'EMPLOI DE L'ARTICLE PARTITIF

- On utilise **l'article partitif** pour désigner **une partie** d'une chose concrète ou abstraite.

Exemples: Le matin Marie-Madeleine mange toujours de la confiture.
Il faut avant tout avoir de la patience pour enseigner.
Nora fait de la musique depuis cinq ans.

- On emploie **de** au lieu de l'article après une expression de quantité.

Exemples: J'ai mangé **trop de** bananes aujourd'hui.
Elle a **beaucoup d'**amis.
Jean-François a très **peu de** patience avec ses enfants.
Elle fait **tant de** fautes, parce qu'elle n'étudie jamais.
Je voudrais **autant de** fromage que vous.
J'ai **assez de** viande.

Beaucoup is never modified by such words as **très** (very) or **trop** (too), but beaucoup can modifiy other adverbs.

Example: Il mange beaucoup moins de chocolat maintenant.

Exceptions:

La plupart des femmes aiment la mode de cette année.

Bien des fois j'ai essayé de lui expliquer la situation.

IL Y A CERTAIN CAS OÙ ON N'EMPLOIE PAS L'ARTICLE

- En général **les noms des personnes** et **des villes** ne prennent pas d'article:

Exemples: Chantal est venue avec moi hier soir.
Paris est un grand centre de la mode.

- Devant un nom complément qui spécifie **la matière:**

Exemples: un sac en cuir, une porte de fer

- Devant un nom complément qui spécifie **l'usage et l'espèce:**

Exemples: un billet de première, un chef de station, une cage à lapin.

- Devant **une apostrophe ou une exclamation:**

Exemples: Citoyens, luttez!
Ô rage! ô désespoir! ô vieillesse ennemie! (Corneille)

- Dans certaines **énumérations:**

Exemples: femmes, vieillards, enfants, tout le monde avait peur.

- Dans certaines **locutions verbales:**

Exemples: Il me fait signe pour m'appeler.
Ils se sont mis en marche après le déjeuner.
Elle est allée au Brésil chercher fortune.

- Dans certains **compléments avec préposition:**

Exemples: André est monté en première classe dans le train.
Je meurs de froid dans cette salle. Fermez les fenêtres.
Vous ne pouvez pas prendre le métro sans billet.

- Après le verbe **parler** ou les prépositions **de** et **en:**

Exemples: Je parle français.

(handwritten: no article)

J'ai un livre de français.

Ce livre est écrit en français.

- Quand on parle d'**une saison en particulier.**

Exemple: Elle fait du ski en hiver.

ON N'EMPLOIE PAS L'ARTICLE INDÉFINI

- Après le verbe **être** quand le nom n'est pas suivi d'un adjectif qualificatif.

Exemple: Mon père est avocat.

(handwritten: par contre/en ravanche/cependant (however). mon père est un avocat intelligent)

Mais on emploie un article:

- Quand on qualifie un nom

(handwritten: (I'm good))

Exemple: Mon père est un avocat célèbre.

- Après **quel** (what a)

Exemple: Quelle vue imprenable.

- Devant **l'apposition**

Exemple: Rome, capitale de l'Italie, est une grande ville.

- Devant **un nom qui a un complément**

Exemples: Un prof de maths.

Une robe de soie.

- Après la préposition **sans**

Exemple: Elle vit sans famille.

- Après **avec** précédant un nom abstrait

Exemple: Étudiez avec patience.

- Après **ni.....ni**

Exemple: Il n'a ni femme ni enfant.

Voyons si vous avez compris

> **A. Remplacez les points par l'article qui convient. Faites attention; il y aura des cas où l'article n'est pas employé. (Les réponses à tous les exercices se trouvent aux pages 320–331.)**

1. ....*L'*..été passé j'ai fait..*un*.voyage en..*—*.... France avec ma famille. Nous avions nos plans pour rencontrer...*des*...amis à..*—*...... Paris. Maman nous a défendu de prendre beaucoup ...*de*...... valises, disant qu'en France on se moque toujours des Améri-cains qui voyagent avec ....*X un*....tas de bagage.

2. ....*La*... petite Marie-Madeleine a quatre ans et son frère Thomas, bien que plus grand qu'elle, n'en a que deux. C'est ...*un*....garçon robuste à ....*X la*..... figure ronde. Il aime...*les*... fruits, surtout ....*les*. bananes. C'est pourquoi sa mère en achète toujours. .....*Le*... soir quand ...*le*.... papa est plongé dans la lecture d'un roman, c'est toujours ...*la*... petite qui l'appelle. Elle veut qu'il vienne jouer avec elle. Elle ne veut jamais aller se coucher. Chaque ....*—*.. soir c'est ..*la*... même histoire. Elle trouve toutes ...*les*. excuses possibles pour attirer l'attention de son père. Tandis que Thomas va se coucher sans...*—*........ problèmes. Il a toujours sommeil ....*le*.... soir et, c'est peut-être parce qu'il n'arrête pas de bouger toute ...*la*.... journée.

3. Il est évident que .... connaissance de .... langue française est indispensable pour ceux qui veulent faire .... voyage en France. De même pour ....personnes qui demeurent aux Etats-Unis, une connaissance de .... langue peut être non seulement utile mais ....source de plaisir et d'éducation. Actuellement aux Etats-Unis il y a plusieurs sociétés françaises comme Rhône-Poulenc qui engagent .... Américains pour travailler; il est de même pour .... grandes maisons de couture comme Chanel et Christian Dior. C'est alors que l'on a ....occasion de profiter de ....étude du français. Nous vivons dans .... monde aujourd'hui où l'on ne peut plus se permettre d'être monolingue.

4. C'est toujours ....même histoire. On travaille tout .... temps, on vit sans................... air frais. On reste tout ....jour dans son bureau sans bouger. Il nous faut de...........air frais. On a besoin de faire de longues promenades et de nous fortifier en

mangeant de bons ....légumes et en buvant beaucoup de............. lait. Mais il ne faut pas oublier .... chose la plus importante, de longues promenades plusieurs fois par jour.

LES NOMS

- On appelle **nom propre** les noms qui appartiennent à un pays ou à un lieu géographique, à un peuple ou à une personne déterminée.

Exemples: **La Loire, Paris,** un **Français, Thomas, André**

- On appelle **nom commun** tous les autres noms: d'hommes, d'animaux ou de choses.

Exemples: un **fermier,** un **chat,** une **table**

- Tous les noms en français ont un genre. Ils sont masculins ou féminins.

GENRES DES NOMS DE PAYS ET DE VILLES

- En général les noms de pays terminés par un **e muet** sont féminins; les autres sont masculins.

most of the time, e muet → fem.

Exemples: La douce France, la verte Irlande, le beau Portugal.

Exceptions:

le Cambodge, le Mexique, le Zaire

- Les noms des villes sont masculins.

Exemple: Paris est très animé.

LE FÉMININ DES NOMS COMMUNS

- L'e final est généralement la marque du féminin.

Exemples: un **cousin,** une **cousine**

- La distinction entre le féminin et le masculin est, dans certains cas, faite par un nom différent.

Exemples: Un **frère**, une **sœur**, un **bœuf** (ox), une **vache** (cow), le **coq** (rooster), la **poule** (hen), le **porc** (pig), la **truie** (sow), l'**oncle**, la **tante**, le **mari**, la **femme**, le **parrain** (godfather), la **marraine** (godmother)

- Les noms qui se terminent en **-er** font leur féminin en **-ère**.

Exemples: Un **berger**, une **bergère**, le **boulanger**, la **boulangère**, l'**infirmier**, l'**infirmière**

- Les noms qui se terminent en **-eur** font leur féminin en **-euse**.

Exemples: Le **danseur**, la **danseuse**, le **chanteur**, la **chanteuse**

- Les noms qui se terminent par **-teur** forment leur féminin en **-trice**.

Exemples: le **directeur**, la **directrice**, un **instituteur**, une **institutrice**, un **acteur**, une **actrice**

Exceptions:

un **gouverneur** (governor), une **gouvernante** (governess), un **serviteur** (servant), une **servante** (servant), un **pécheur** (sinner), une **pécheresse** (sinner)

- Les noms qui se terminent en **-eau** font leur féminin en **-elle**.

Exemple: un **jumeau** (twin), une **jumelle**

- Quelques noms, pour la plupart terminés au masculin par un **e** muet, font leur féminin en **-esse**.

Exemples: Un **comte** (count), une **comtesse** (countess), un **hôte** (host), une **hôtesse** (hostess), un **traitre** (traitor), une **traitresse** (traitress), un **prince**, une **princesse**, un **maître** (master), une **maîtresse** (mistress)

- Certains noms de professions n'**ont pas de féminin.**

Exemples: le **professeur**, l'**ingénieur**, le **peintre**, le **poète**, le **témoin**, le **guide**, l'**auteur**

- Quand c'est nécessaire, on ajoute le mot **femme** au nom de la profession.

Exemple: Dans le lycée de ma fille, il y a des professeurs femmes.

- Certains noms n'ont **pas de masculin.**

Exemples: la **victime,** la **sentinelle** (sentinel), la **connaissance** (acquaintance), la **personne**

- Certains noms, le plus souvent terminés par un **e** muet et désignant des personnes, ont **la même forme au masculin et au féminin.**

Exemples un, une **élève;** un, une **touriste;** un, une, **secrétaire**

- Certains noms ont un sens tout à fait différent selon le genre qu'on leur donne.

Exemples: **le guide** (the guide), **la guide** (the rein); **le garde** (the guard), **la garde** (a body of troops); **un aide** (an assistant), **une aide** (assistance); **le critique** (the critic), **la critique** (the criticism); **le mémoire** (the memo), **la mémoire** (the memory); **le livre** (the book), **la livre** (the pound); **le mode** (the mode), **la mode** (the fashion); **le page** (a page in a court), **la page** (a page in a book); **le voile** (the veil), **la voile** (the sail); **le tour** (the turn), **la tour** (the tower); **le somme** (the sleep), **la somme** (the sum); **le poste** (the position), **la poste** (the post office).

- Le nom **gens** est **féminin** quand il est **immédiatement** précédé d'un adjectif qualificatif.

Exemple: Ce sont de **bonnes gens.**

- **Gens** est **masculin** dans tous les autres cas.

Exemple: Les gens en ville sont très nombreux.

LE PLURIEL DES NOMS

- La plupart des noms font leur pluriel en **-s.**

Exemple: le **garçon,** les **garçons**

• Les noms qui se terminent en **-s, -x, -z** ne changent pas de forme au pluriel.

Exemples: **Le bras, les bras, le prix, les prix, le nez, les nez**

• Les noms qui se terminent en **-au, -eau, -eu** ou **œu** font leur pluriel en **x**.

Exemples: **le jeu, les jeux; le bateau, les bateaux; le voeu** (wish), **les voeux; le noyau** (the pit), **les noyaux**

• Les noms qui se teminent en **-ou** font leur pluriel en **s**.

Exemples: **le clou, les clous; le sou, les sous; le trou, les trous.**

• Certains nom en **-ou** font leur pluriel en **x**.

Exemples: **le bijou, les bijoux; le hibou, les hiboux; le genou, les genoux; le chou, les choux; le caillou** (stone), **les cailloux; le pou** (flea), **les poux**

• Les noms qui se terminent en **al** font leur pluriel en **-aux**.

Exemples: **l'animal, les animaux; le journal, les journaux; l'hôpital, les hôpitaux**

Exceptions:

le bal, les bals; le carnaval, les carnavals; le festival, les festivals

• Les noms qui se terminent en **-ail** font leur pluriel en **s**.

Exemples: **le détail, les détails; le chandail** (sweater), **les chandails; le travail, les travaux.**

• Certains noms ont des **pluriels irréguliers.**

Exemples: **l'oeil, les yeux; le ciel, les cieux; le monsieur, les messieurs**

• Les **nom propres** sont **invariables** au pluriel.

Exemples: **les Dabard; les Meunier**

• Certains noms sont **toujours au pluriel.**

Exemples: **les fiançailles** (engagement); **les mœurs** (customs)

• Certains noms **changent de sens au pluriel.**

Exemples: **la solitude** (des vieux), **la variété** (des plantes), **la politesse** (de l'étudiant). Ces noms sont **abstraits, ils expriment des idées**

Au pluriel ces noms deviennent concrets. Ils expriment des choses sensibles ou bien des actes.

Exemples: Des **solitudes** sont des endroits déserts. Des **variétés** sont des espèces. Des **politesses**, sont des actes de politesse.

LE PLURIEL DES NOMS COMPOSÉS

En général les noms composés, de deux noms ou d'un nom et d'un adjectif, forment leur pluriel en ajoutant **-s** ou **-x** aux deux noms ou à l'adjectif et au nom.

Exemples: **un chou-fleur** (cauliflower), **des choux-fleurs; un beau-frère, des beaux-frères; un grand-père**, **des grands-pères**

Exception:

une grand-mère, des grand-mères

• Pour les noms suivis d'un complément (avec ou sans préposition): le premier nom seul varie.

Exemples: **un chef-d'œuvre** (a masterpiece), **des chefs-d'oeuvre; un arc-en-ciel, des arcs-en-ciel; un timbre-poste, des timbres-poste**

• Pour les verbes suivis d'un complément: le complément peut varier mais **le verbe ne varie jamais.**

Exemples: **le tire-bouchon** (corkscrew), **les tire-bouchons; un couvre-lit** (bedspread), **des couvre-lits**

• Certains **noms composés** sont **invariables.**

Exemples: **des coq-à-l'âne** (cock-and-bull stories); **des tête-à-tête** (private meetings); **des abat-jour** (lamp shades); **des réveille-matin** (alarm clocks)

LES ADJECTIFS

Un adjectif qualificatif est adjoint directement au nom. Rappelons que **les adjectifs qualificatifs se placent en général après le nom** surtout quand l'adjectif exprime un caractère physique (couleur, forme, etc.) et quand l'adjectif se rapporte à la géographie, à l'histoire, à la religion, à l'art, etc.

Remember: Adjectives in French are placed in general after the noun.

Exemples: Une robe rouge, un angle droit, la religion protestante, l'art classique, le peuple allemand

- L'adjectif est placé après le nom quand il est modifié par un adverbe. **The adjective is placed after the adverb.**

Exemples: Un film **incroyablement intéressant,** une ville **pleine de bruit**

- Au cas où un nom a plusieurs adjectifs, ils se placent tous **après** le nom et doivent être liés par **et,** ou séparés par une virgule.

Exemples: un homme aimable, gentil, prevenant
Cet homme est aimable et gentil et prévenant.

- Les participes employés comme adjectifs sont placés **après** le nom.

Exemples: des familles **séparées,** une lame **tranchante,** des eaux **courantes**

Exceptions:

- Certains adjectifs courts et employés souvent se placent **avant** le nom

Exemples: un **beau** spectacle, un **bon** garçon, une **mauvaise** note, une **grosse** femme, la **même** explication, un **joli** chapeau, un **petit** chat, un **nouvel** élève, un **grand** enthousiasme, une **jeune** fille, un **vieux** bonhomme, un **vrai** ami, une **autre** fois, une **longue** promenade, un **vilain** mensonge

- Les adjectifs **beau**, **vieux**, **nouveau** et **mou** (soft, weak) ont une forme spéciale au masculin quand ils précèdent directement un nom qui commence par une voyelle, ou un **h** muet

Exemples: un beau film, un **bel homme;** un nouveau meuble, un **nouvel élève;** un vieux monument, un **vieil arbre;** un chapeau mou, un **mol abandon**

- **Les adjectifs numéraux de sens ordinal** se placent **avant** le nom.

Exemples: la première fois, le troisième groupe

Exception:

la page 3, Louis XIV

- Tous les adjectifs qui modifient **un nom propre** se placent **avant** le nom.

Exemple: Le vaniteux Pierre n'a pas d'amis.

- Beaucoup d'adjectifs se placent **soit** avant, **soit** après le nom.

Un adjectif **placé avant** le nom manifeste vivement ce qui est ressenti; il devient plus **expressif:**

Exemples: Quelle **remarquable femme!** Elle a tout sacrifié pour ses enfants sans jamais penser à elle-même.
C'était une **extraordinaire surprise**. Elle ne s'attendait pas du tout à gagner le premier prix.
Le **pauvre garçon**, il ne comprend jamais les explications du professeur.
Elle voulait à tout prix avoir sa **propre chambre**.
Je suis très intrigué par le **Moyen Age**.
Victor Hugo est un **grand écrivain** français.
Je te présente ma **chère amie** Norma.
Mon **ancien professeur** de français est venue nous rendre visite.

- L'adjectif placé **après le nom** a une valeur **explicative;** il décrit le nom sans toucher à la sensibilité.

Exemples: La découverte du crime était une **surprise extraordinaire.**
Sa **famille est très pauvre** ils n'ont pas de quoi manger.
Elle est très ordonnée et sa **chambre est toujours propre.**
C'est un homme d'**âge moyen;** il a cinquante ans.
Elle est **grande de taille;** je suis plus petite qu'elle.
Ce **voyage est très cher,** il va nous coûter beaucoup d'argent.
Les Pyramides sont des **monuments très anciens.**

L'ACCORD DE L'ADJECTIF

L'adjectif s'accorde en genre (gender) et en nombre avec le nom qu'il modifie.

Exemples: un petit garçon, une petite fille
un vent sec, une feuille sèche

LE FÉMININ DES ADJECTIFS

- En général on ajoute un **e** muet au masculin pour former le féminin des adjectifs.

Exemples: un **Américain,** une **Américaine;** un hiver **froid,** une main **froide**

- Les adjectifs qui se terminent en **e** au masculin garde la même forme au féminin.

Exemples: une réponse **facile,** un examen **facile;** un garçon **fantastique,** une surprise **fantastique;** une femme **remarquable,** un monsieur **remarquable;** une découverte **extraordinaire,** un savant **extraordinaire;** une jeune fille **pauvre,** un quartier **pauvre**

- Les adjectifs qui se terminent en **-el, -eil, -il, -en, -on, -et,** doublent la consonne finale.

Exemples: un **bon** garçon, une **bonne** femme; un homme **cruel,** une loi **cruelle;** un **gentil** compliment, une **gentille** carte; un **Italien,** une **Italienne;** le cœur **net,** une phrase **nette;** un **vieil** arbre, une **vieille** église

- Les adjectifs qui se terminent en **er** forment leur féminin en **ère.**

Exemples: Ce fauteuil est **léger**; cette table est **légère**. Il est **premier**, elle est **première**.

- Les adjectifs qui se terminent en **-et** forment leur féminin en **-ète.**

Exemples: Un repas **complet**, une liste **complète**; un homme **inquiet**, une dame **inquiète**; il est **discret**, elle est **discrète**

- Les adjectifs qui se terminent en **-x** forment leur féminin en **-se.**

Exemples: Il est **amoureux** d'elle, elle est **amoureuse** de lui. Thomas est très **peureux**, Marie est même plus **peureuse** que lui. Ce film est **merveilleux**, cette pièce est **merveilleuse**. Ce discours est **ennuyeux**, cette classe est très **ennuyeuse**. Le mari est **courageux** et sa femme est aussi **courageuse**.

- Les adjectifs qui se terminent en **-f** font leur féminin en **-ve.**

Exemples: un homme **actif**, une femme **active**; un jeune homme **sportif**, une jeune fille **sportive**; un disque **neuf**, une robe **neuve**; un esprit **vif** (lively, sharp), une imagination **vive**; un enfant **naïf**, une enfant **naïve**

- Les adjectifs qui se terminent en **-c** font leur féminin en **-che** ou en **-que.**

Exemples: un bain **public**, une école **publique**; un homme **franc**, une femme **franche**; un drapeau **blanc**, une robe **blanche**

- Certains **adjectifs** sont **irréguliers** au féminin.

Exemples: un problème **faux**, une solution **fausse**; un légume **frais** (fresh, cool), une salade **fraiche**; un homme **roux** (reddish), une femme **rousse**; un jeune homme **turc**, une jeune fille **turque**; un dramaturge **grec**, une pièce de théâtre **grecque**; un climat **doux** (sweet, gentle), une personne **douce**; un **nouvel** album, une **nouvelle** élève; un homme **fou** (mad), une femme **folle**; un renard **malin** (cunning), une action maligne; un couteau **aigu** (sharp), une lame **aigue**; un **vieux** monsieur, une **vieille** dame; un **bel** (handsome) homme, une **belle** femme; mon film **favori**, ma pièce **favorite**; un beurre **mou** (soft), une pâte **molle**

LE PLURIEL DES ADJECTIFS

En général, le pluriel de l'adjectif se forme en ajoutant un **s** au singulier.

Exemples: un homme **intelligent**, des hommes **intelligents**; un **grand** bâtiment, de **grands** bâtiments; une robe **noire**, des robes **noires**; la **première** leçon, les **premières** leçons

- Si le singulier se termine en **-s** ou **-x,** l'adjectif **ne change pas** au pluriel.

Exemples: un homme **heureux**, des hommes **heureux**; un **gros** livre, de **gros** livres; un mari **jaloux**, des maris **jaloux**

- Les adjectifs qui se terminent en **-au** ou **-al,** font leur pluriel en **-aux.**

Exemples: un **beau** tableau, de **beaux** tableaux; un examen **oral**, des examens **oraux**; un **nouveau** film, de **nouveaux** films

Exceptions:

un amour **fatal**, des amours **fatals**; un examen **final**, des examens **finals**; un pays **natal** (country of origin), des pays **natals**

- Certains adjectifs placés **avant** le nom restent invariables au pluriel et sont liés au nom par un trait d'union.

Exemples: une **demi-heure**, des **demi-sœurs**, la **mi-Octobre**

Exception:

une **heure et demie**

- L'adjectif **nu** reste invariable quand il précède directement le nom.

Exemples: **Nu-tête; nu-pieds**

Exception:

la tête nue; les pieds nus

> • Les **adjectifs composés de couleurs** restent **invariables.**

Exemples: Des robes **bleu foncé**; des chapeaux **noir et blanc**; des yeux **vert clair**

Voyons si vous avez compris

> **B. I. Accordez selon le genre du nom, les mots entre parenthèses:**

1. Je voudrais des haricots verts; donnez-m'en (un).....livre.

2. Si vous faites (un)....... tour à Paris vous aurez l'occasion de voir de très beaux monuments.

3. Elle m'a apporté (un)........... aide précieuse quand j'étais malade.

4. Le chirurgien a besoin d'(un).........bon aide pendant l'opération.

5. Les (vieux).............gens aiment parler de leur jeunesse.

6. Dans cette famille il n'y a que de (bon).................gens.

7. Les gens (poli)...............ne sont pas forcément (bon)....

8. Le roi appela (le)................page.

9. Ce soir je resterai à la maison avec (un bon).............livre.

10. On vient de lui offrir (un)............très bon poste qu'elle a refusé.

11. Est-ce qu'il y a (un)....................poste près d'ici?

12. Dans certains pays les femmes portent (un)...............voile.

13. Le petit bébé fait (un)................somme.

14. Je n'ai pas encore visité (ce vieux)..................tour.

15. Elle avait (un grand).......................somme d'argent avant de disparaître.

B. II. Mettez au pluriel les mots entre parenthèses:

---

1. Partout en France il y a de (joyeux et brillant carnaval)
....

2. Les (provincial)..................n'aiment pas beaucoup la vie à
Paris.

3. Elle pense toujours à tous les (détail)...............

4. Il revoit dans ses pensées les (bon après-midi)............passés à
flâner dans les rue de la ville.

5. Le palais avait des (portail monumental)............................

6. La coutume des (festival)..................de musique se répand de
plus en plus.

7. Les (abat-jour).....................dans cet hôtel, sont vraiment laids.

8. Ils ont eu plusieurs (tête-à-tête)................avant de prendre une
décision.

9. Il faut toujours protéger les (animal).................

10. En été on n'a pas besoin de (couvre-lit)........................

B. III. Ecrivez les phrases suivantes au féminin:

---

1. Un père cruel.

2. Cet homme est heureux mais très jaloux.

3. Le maître est inquiet parce que les élèves ne comprennent pas.

4. L'empereur et sa femme sont victorieux.

5. Un petit garçon franc et sincère.

6. Un homme grec.

7. Un élève soigneux.

8. Un petit garçon doux et gentil.

9. Un comte orgueilleux.

10. Un Américain sportif.

B. IV. Mettez les adjectifs entre parenthèses à la forme et à la place qui conviennent:

---

1. (historique) un monument

2. (exquis) une salade

3. (grand) un homme

4. (beau et élégant) des robes

5. (vieux et fatigué) des femmes

6. (roux et gentil) des jeunes filles

7. (vieux et vaniteux) un homme

8. (excessif) des dépenses

9. (appétissant) une salade

10. (premier et bon) la solution

B. V. Mettez au pluriel les mots entre parenthèses:

---

1. Cet auteur a écrit plusieurs (chef-d'œuvre).

2. Il n'aime pas les (pomme de terre).

3. Elle a les yeux (bleu clair).

4. Les (tire-bouchon) sont rouillés.

5. Il avait mal aux (genou).

6. C'étaient de grands (général).

7. Je ne connais pas tes (beau-frère).

8. Ils ont eu plusieurs (tête-à-tête).

9. Tous mes (réveille-matin) ne marchent pas.

10. Les (agent de police) sont arrivés pour arrêter le criminel.

LES PRONOMS PERSONNELS

Personal (Subject) Pronouns

Singulier	Pluriel
Je	nous
Tu	vous
Il	ils
Elle	elles
On	ils, elles

- **Tu** est le pronom personnel sujet à la deuxième personne du singulier qu'on emploie pour parler informellement à une personne ou à un animal.

Exemple: Tu es très gentille, Nora, de m'avoir rendu ce grand service.

- **Vous** est le pronom personnel sujet à la deuxième personne du pluriel qu'on emploie pour parler à plusieurs personnes ou à une personne formellement. Quand on n'est pas sûr en conversation si on doit employer **tu** ou **vous** avec une personne, il est toujours préférable d'employer **vous.**

Exemples: André et Fanny, vous venez ce soir?
Vous me faites grand plaisir, Monsieur Dabard.

Pronoms personnels compléments d'objet

Le pronom personnel complément d'objet direct se place avant le verbe ou l'auxiliaire.

Verbs like *regarder* and *chercher* take a direct object pronoun in French, unlike in English.

Examples: Elle **me** cherche (She is looking **for me**).
Je **te** regarde (I am looking **at you**).

Exemples: Il **te** regarde (complément d'objet direct); il ne **te** regarde pas. Te regarde-t-il? Regarde-moi.

Je **t'**ai regardé nager (complément d'objet direct). Je ne **t'**ai pas regardé nager. T'a-t-il regardé nager? Regarde-le nager. Je **lui** parle de mes problèmes (complément d'objet indirect). Je ne **lui** parle pas de mes problèmes.

Exception:

Je pense **à lui.** Je parle **de lui.** Parle-**lui.** Ne **lui** parle pas.

- On emploie cette même construction avec **les verbes réfléchis.**

Exemple: Je me contente **de lui** et de ses frères.

- Quand on **a deux pronoms compléments d'objet, le premier** pronom est **objet direct, le deuxième** est objet **indirect.**

Exemples: Tu **le lui** donnes. Tu **le lui** as donné. Tu **ne le lui** donnes **pas.** Tu ne **le lui** as pas donné. **Le lui** as-tu donné? Donne-**le-lui.** Ne **le lui** donne pas. Tu **la leur** montre. Tu **la leur** as montrée. Tu ne **la leur** montre pas. Tu ne **la leur** as pas montrée. **La leur** as-tu montrée? Montre-**la à eux.** Ne **la leur** montre pas.

Dans **le français parlé,** on peut toujours employer la locution **est-ce que,** qui permet d'éviter l'inversion.

Exemples: Marie-France, est-ce que tu le lui as donné?
Olivier, est-ce que tu le leur as montré?

- **Le**   Direct object pronouns can express an idea.

Exemples: Je lui rend service, mais elle **le** fait souvent aussi (elle me rend service).
Je sais qu'elle l'aime, mais il faut qu'elle **le** lui dise. (Il faut qu'elle lui dise qu'elle l'aime.)

- **Le**   Direct object pronouns can stress an idea expressed by an adjective.

Exemple: Il est heureux et elle **l'**est aussi.

- **Le**   Direct object pronouns can take the place of a clause.

Exemple: Les taxis sont nombreux à New York? Ils **le** sont.

• **En** signifie **de cela** et représente une chose.

Exemples: Elle mange **de la salade**. Elle **en** mange.
Elle a pris **deux galettes** bretonnes. Elle **en** a pris deux.

• **Y** signifie **à cela** et représente une chose.

Exemple: Je pense **aux examens**. J'**y** pense.

Dans **le français parlé** on emploie parfois **en** et **y** pour représenter **des personnes**.

Exemples: Je pense à mon ami. J'**y** pense.
Je parle souvent d'elle. J'**en** parle souvent.

Voyons si vous avez compris

> **C. Remplacez les points par le pronom complément qui convient.**

1. Si vous aimez les émotions fortes, faites un tour de montagnes russes (roller coaster). Elle .... couperont le souffle, mais vous ....jouirez, je n'ai aucun doute.

2. Moi, j'ai commandé deux boissons. Marie-Madeleine ....a pris une et l'autre je ....ai donnée à mon frère.

3. Ecoute-..............et tu comprendras pourquoi je suis fâché contre lui.

4. En été ma famille aime aller à la plage pour se reposer. Ma tante n'aime pas.............aller parce qu'elle a le teint très claire et le soleil...........brûle la peau.

5. Olivier aime beaucoup ses enfants et il...........dit souvent.

6. Le professeur explique la leçon à ses étudiants. Il .... demande de..........écouter.

7. Le facteur nous apporte le courrier et il nous.............laisse devant la porte de la maison.

8. Il a prêté de l'argent à Caroline parce qu'elle..........avait besoin.

9. A la montagne russe le chariot a démaré à telle vitesse que mon petit frère se mit à pleurer et tout le monde s'est moqué de.........

10. Elle m'a montré une photo de sa maison; elle, me ....avait souvent décrite mais je ....avais oubliée.

11. J'ai acheté quelques cochons en pain d'épice (gingerbread) et je ....ai donnés à mes petits neveux.

12. On ....a offert une augmentation de salaire (a raise).

13. Les égoïstes ne pensent qu'à.............

14. Elle pense constamment à ses problèmes et je ....demande de ne pas toujours ....penser.

15. Mes parents sont âgés; c'est pourquoi je ....téléphone souvent.

LES POSSESSIFS

LES ADJECTIFS POSSESSIFS

L'adjectif possessif **précède** le nom et exprime la possession.
L'adjectif possessif s'accorde en **genre** et en **nombre** avec le nom qu'il modifie.
Les adjectifs possessifs sont:

	Singulier	Pluriel
Première personne	mon, ma, mes	notre, nos
Deuxième personne	ton, ta, tes	votre, vos
Troisième personne	son, sa, ses	leur, leurs

• **Mon, ton, son,** sont employés avant un nom féminin qui commence par une voyelle.

Exemples: Mon amie Nora est très bonne.

Mon histoire préférée est celle de Cendrillon.

• Quand **chacun** est sujet, le possessif qui lui correspond est **son, sa, ses.**

Exemple: Dans cette société **chacun a sa place** particulière, **ses amis intimes,** son **travail utile.**

• Quand **chacun** est en **apposition** au sujet ou au complément, le possessif qui correspond est, **notre, votre, leur.**

Exemples: **Nous trouvons** chacun **notre loisir.**
Je vous donne à chacun **votre liberté.**
Je leur laisse à chacun **leur opinion.**

• Quand **on, personne** ou **tout le monde,** sont sujet, le possessif qui leur correspond est **son, sa, ses.**

Exemples: On aime ses parents.
Tout le monde fait de son mieux.
Personne ne veut sacrifier sa liberté.

• Le possessif est remplacé par **l'article défini** pour désigner **les parties du corps.**

Exemple: J'ai mal à la gorge, aux bras.

• On remplace **son, sa, ses, leur, leurs,** par **en, complément de nom,** quand le **possesseur** est une chose.

Exemple: Elle adore les monuments de Paris; la vue en est merveilleuse.

• Le possessif peut souligner **l'intérêt** porté par le possesseur à la personne ou à la chose possédée.

Exemple: As-tu fais **tes** devoirs? Fais attention à **tes** affaires.

LES PRONOMS POSSESSIFS

Le pronom possessif s'accorde en genre et en nombre avec le nom qu'il remplace.

Les pronoms possessifs sont:

	Singulier	**Pluriel**
Première personne	le mien, la mienne le nôtre, la nôtre	les miens, les miennes les nôtres
Deuxième personne	le tien, la tienne le vôtre, la vôtre	les tiens, les tiennes les vôtres
Troisième personne	le sien, la sienne le leur, la leur	les siens, les siennes les leurs

Exemple: Ma mère et la sienne sont amies; mon livre et le sien sont intéressants.

- Après le verbe **être** le pronom possessif est remplacé par la préposition **à** et un **pronom tonique.**

Exemple: Ce crayon est à moi; cette maison est à moi.

- Souvent les pronoms possessifs au pluriel ont la valeur de: mes parents, nos amis, etc.

Exemple: Tous les miens sont venus fêter avec nous.

LES DÉMONSTRATIFS

Les adjectifs démonstratifs:

Ce: masculin singulier

Cet: masculin singulier
avant une voyelle
ou un "h" muet

Ces: masculin, féminin pluriel

- L'adjectif démonstratif **précède** le nom et **s'accorde** en genre et en nombre avec le nom qu'il précède.

Exemples: **Ce** monsieur est très gentil.
Cet arbre est vert.
Cette jeune fille est blonde.
Ces livres sont ennuyeux.
Ces tables sont rondes.
Cet ami
Cet homme

It is important to remember that all demonstrative pronouns are always followed by: **ci, là, de qui, que,** or **dont.**

Les pronoms démonstratifs:

> **Celui**
> **Celle**
> **Ceux**
> **Celles**

- **Voici, celui-ci, celle-ci, ceux-ci, celles-ci,** et **ceci** désignent **la proximité** d'une personne, d'un objet ou d'un endroit dont on parle.
- **Voilà, celui-là, celle-là, ceux-là, celles-là,** et **cela** désignent une personne, un objet ou un endroit éloigné.
- On ajoute les adverbes **ci** et **là** pour indiquer si une personne, un objet ou un endroit sont **proches** ou **loin** de nous.

Exemples: Regarde ces pommes; celle-ci est rouge (la pomme rouge est proche de la personne qui parle), mais celle-là est jaune (la pomme jaune est plus loin de la personne qui parle).

- On ajoute les adverbes **ci** et **là** pour **énumérer** sans l'idée de proche ou éloigné.

Exemples: Dans ce magasin il y a toutes sortes de robes; celle-ci est rouge, celle-là courte, celle-ci longue, celle-là habillée, celle-là simple.

- Quand on parle on à tendance à remplacer **cela** par **ça.**

Exemples: Ça me fait plaisir de te parler.
Les devoirs, ça prend beaucoup de temps.

- On n'emploie pas les adverbes **ci** et **là, avant la préposition de.**

Exemple: Ne prends pas ce livre; **c'est celui de** Nora et elle en a besoin.

- On n'emploie pas les adverbes **ci** et **là avant qui:**

Exemples: —Asseyez-vous à côté de cet élève.
—Quel élève?
—**Celui qui** est assis seul.

- **Ce** placé avant **qui, que** et **dont** est un relatif neutre, il désigne une chose ou une idée.

Exemples: **Ce que** je prendrai avec moi me sera utile.
Deena a toujours de bonnes notes, **ce qui** fait plaisir à sa mère.

- **Ce** s'emploie souvent comme sujet du verbe **être.** Il s'emploie toujours avant un nom, un nom propre ou un pronom modifié.

Exemple: C'est une bonne idée. (Le nom **idée** est modifié par l'article **une** et l'adjectif **bonne.**)

Exemples: C'est moi qui suis allée à Paris. (**Qui suis allée** à Paris modifie **moi.**)
C'est mon amie Norma. (**Mon amie** modifie le nom propre **Norma.)**

Exemple: Le professeur m'a donné une mauvaise note. C'est injuste. (La mauvaise note est injuste.)

- Notez que **il** et **elle** remplacent **ce** quand il s'agit d'un **adjectif** au lieu d'un nom ou d'un pronom.

Exemples: Il est vraiment méchant.
Elle est gentille.

- Quand il s'agit d'une **profession**.

Exemple: Elle est ingénieur.

- Quand il s'agit d'une **religion**.

Exemple: Il est musulman.

Voyons si vous avez compris

D. I. Remplacez les points par l'adjectif possessif, l'article défini ou le pronom possessif qui convient.

---

1. Au centre ville, les petits marchands ambulants poussaient lentement......................(1)......voiturettes. Chacun avait........................(2)........ façon particulière d'attirer l'attention des clients. Les rues étaient pleines de voitures stationnées. Je me demandais comment j'allais trouver une place pour garer........................(3)..........Chaque personne se

dépêchait pour rentrer à.........(4).........logis. On remarquait à

peine les marchands qui faisaient de grands gestes,.........(5).........

mains en l'air pour indiquer ....(6).........marchandises. Après

le travail dans une grande ville les rues se vident de.........(7).........

monde et souvent on ne voit que les pauvres marchands qui à la

fin d'une longue journée n'ont vendu que très peu.

2. Les hommes d'affaires ont souvent mal à.........(1)......... tête. La

cause de.........(2)......... mal est souvent.........(3)......... travail. Ils ne

se reposent pas assez et chacun d'entre eux pense tout le temps

à.........(4)......... propres affaires. Quand ils ne sont pas au bureau

ils parlent au téléphone avec.........(5)......... employés.

.........(6)......... femmes,.........(7)......... enfants, bref tous

.........(8)......... en souffrent. Ils n'ont jamais le temps, comme

tout le monde, de prendre congé pour se divertir. Moi,

.........(9)......... père est un homme d'affaires, alors je sais de

quoi je parle. Tu as de la chance que.........(10)......... soit professeur.

Au moins,.........(11)......... père a congé pendant les grandes

vacances et vous pouvez tous aller, toi et.........(12)......... à la plage

pendant l'été. Chez nous tout le monde fait ....(13)......... propres

plans de vacances parce que Papa est toujours occupé avec

.........(14)......... affaires, et.........(15)......... téléphone et

.........(16)......... ordinateur. C'est pourquoi on n'est jamais surpris

quand il met.........(17)......... main sur ....(18)......... tête et se plaint.

3. Je n'aime pas du tout l'odeur de l'oignon, mais j'apprécie

.........(1)......... saveur. Chaque fois que je prépare un plat avec des

oignons, le chien de.........(2).........voisins se met à aboyer, et il

aboie si fort que.........(3).........se cache sous la table de la cuisine.

......................(4)......chien s'appelle Gustave. Gustave a très peur du bruit que fait le grand chien des voisins. Je sais que si Gustave pouvait parler il me demanderait de ne pas faire la cuisine avec des oignons.

D. II. Complétez les phrases avec l'adjectif ou le pronom démonstratif qui convient.

---

1. ....homme nous a dit que ....était lui qui allait préparer nos repas pendant l'absence de notre mère. .... avait une conférence en Afrique du Sud pendant deux semaines. On ne savait pas à quoi s'attendre. Monsieur Jospin était très gentil. Il nous demandait toujours "Lequel de .... fromages est-ce que vous préférez? ....est fort et .... est très doux". On ne savait pas toujours quoi lui répondre surtout que notre maman ne nous servait jamais du fromage au lieu du dîner mais ....qui nous faisait surtout plaisir ....était qu'avec le fromage, monsieur Jospin avait l'habitude de nous servir des gâteaux; ....étaient ou bien au chocolat ou à la crème. Du fromage et des gâteaux, on n'a mangé que ....pendant les deux semaines. A son retour Maman a remarqué que nous avions tous bien engraissés.

2. Deena a acheté .... robe chez un couturier au seizième. Elle préfère .... à .... du Faubourg St Honoré qu'elle trouve trop cher. ....est toujours difficile de faire un choix à Paris. Il y a tant de jolies robes! Mais il faut faire attention à ....: la mode ne dure qu'une année et les robes qu'on achète à Paris se démodent très vite.

3. Michel préfère ....article à .... Il n'aime pas beaucoup les articles qui discutent d'un sujet de nature politique. .... qu'il n'aime pas surtout .... sont les articles où l'on exagère et on ne dit pas la vérité............. le mettent en colère et des fois après avoir lu un de .... articles il se promet de ne pas lire le journal, mais comme il préfère lire les nouvelles au lieu de regarder.................à la télévision, il finit toujours par acheter le journal.

4. Mon cher ami, je viens de recevoir les deux fables de La Fontaine que tu m'as envoyées: "La cigale et la fourmi" et "Le corbeau

et le renard". Je veux apprendre par cœur "La cigale et la fourmi" car c'est ....qui m'intéresse. Tu sais que ....
lecture des fables va certainement augmenter ma connaissance
de la langue française. Je suis heureux d'apprendre que tu as
réussi à tous tes examens; il paraît que.................. de mon frère
étaient très difficiles. Nous avons reçu dernièrement la visite de
ma tante, qui, comme tu le sais, est très généreuse. Elles nous a
offert plusieurs cadeaux. ....qui m'a plu le mieux est un
ordinateur. J'en avais vraiment besoin. J'espère que toutes
.... nouvelles te donneront une idée de ma vie à présent, et
je m'attends à lire bientôt ta réponse.

LES PRONOMS RELATIFS

Le pronom relatif **remplace** un nom et **introduit** une **proposition
subordonnée**. La proposition subordonnée modifie ce nom qu'on
appelle un **antécédent**. On emploie un pronom relatif quand on ne
veut pas répéter un nom ou un pronom. Ce nom qu'on appelle un
antécédent précède toujours le pronom relatif. Quand il n'y a pas
de nom ou de pronom avant le pronom relatif, on doit ajouter comme
antécédent une forme du pronom démonstratif: **celui, celle, ceux**
ou **celles**.

Exemples: Quelle robe allez-vous acheter maintenant? **Celle** dont
vous aviez envie a été vendue.

Laquelle préférez-vous? **Celle** que je vous ai offerte ou
celle que ma sœur possède?

Ceux que vous avez choisis sont les livres que j'aime le plus.

Avez-vous un autre manteau? **Celui** que j'ai est démodé.

- **Ce** est employé dans les cas où il n'y a aucun antécédent
et, par conséquent, le genre est inconnu, ou quand l'antécédent est une proposition entière.

Exemples: **Ce** que je veux vous ne pouvez pas me donner.
Dites-moi **ce** que vous voudrez.
Ils nous ont dit la vérité, **ce** qui est l'important.

- Le pronom **QUI** est toujours sujet.

Exemples: La dame qui traverse la rue porte un chapeau vert.
Mais précédé d'une préposition, **qui** ne peut avoir pour
antécédent qu'un nom de personne.

qui - avant verbe

Exemples: L'homme à qui j'ai parlé m'a tout dit.
    L'agent avec qui je me suis disputé m'a donné une
    amende.

- **QUE** est toujours complément d'objet direct.

Exemples: Il a bâti une maison que tout le monde admire.
    L'élève que j'admire a écrit cette belle composition.
    Natalie est une jeune fille que je trouve très intelligente.

- **QUOI** est toujours précédé d'une préposition quand on
  parle d'une chose abstraite ou indéfinie.

Exemple: Avec quoi coupez-vous ce gâteau?

- **Quoi** est parfois employé au sens de **cela** et dans ce cas il
  est précédé d'une forte ponctuation.

Exemple: Faisons nos devoirs; après quoi nous irons au cinéma.

- **LEQUEL** et ses formes variées est précédé d'une préposition
  quand il s'agit d'une chose ou d'un animal, mais comme
  déjà mentionné quand il s'agit d'une personne il est
  préférable d'employer **qui.**

* fill-ins

Exemples: Le garçon avec qui je parle est très gentil.
    La raison pour laquelle je vous dit cela est très simple.
    La table sur laquelle elle a mis le vase est ronde.
    Les cours auxquels il s'intéresse sont les cours de sciences.

- **DONT** est employé avec les expressions verbales qui
  prennent la préposition de comme: **avoir besoin de, s'agir
  de, parler de, avoir envie de, s'occuper de.**

Exemples: Voilà les skis dont il a envie. (Il a envie de ces skis.)
    Prends les livres dont tu as besoin. (Tu as besoin des livres.)
    Voyez la façon dont il agit. (Il agit de cette façon.)
    Voici le révolver dont il m'a menacé. (Il m'a menacé de
    ce révolver.)
    La nappe dont la table est couverte n'est plus aussi propre.
    (La table est couverte de la nappe.)

- **Dont** exprime aussi **la possession.**

Exemples: Le garçon dont je connais le père est ingénieur. (Je connais
    le père du garçon.)

La maison dont tu aimes le jardin a été vendue. (Tu aimes le jardin de la maison.)

- **Dont** ne peut pas être séparé de son antécédent. Si l'antécédent est séparé du pronom relatif **dont**, on emploie **de qui, duquel, de laquelle**, etc.

Exemple: L'océan au milieu duquel nous nous trouvons est très agité.

- **Où** s'emploie pour remplacer un lieu (a place).

Exemple: La ville où je suis née est très belle.

- **Où** est aussi employé pour indiquer un moment.

Exemples: Le jour où je suis née, il faisait beau.
A l'époque où les Anglais n'occupaient pas le pays, le peuple était heureux.

Voyons si vous avez compris

> **E. I. Remplacez les points par le pronom relatif qui convient.**

De la grammaire, toujours de la grammaire! d'abord les démonstratifs et maintenant les pronoms relatifs! Je suis presque sûre qu'il y a plusieurs élèves ....(1).......... ne les comprennent pas encore. Mais si vous ne voulez pas toujours répéter ....(2).......... vous dites, eh bien il faut faire un grand effort pour les comprendre. Voyons, comment puis-je vous les expliquer? Il y a un pronom relatif ....(3).......... est toujours sujet, et c'est le pronom "qui". L'antécédent de "qui" fait l'action du verbe ....(4).......... vous trouverez dans la proposition subordonnée. Les phrases dans ....(5).......... vous allez trouver ce pronom ont un verbe ....(6).......... n'a pas de sujet. Le pronom ....(7).......... vous avez besoin quand c'est le complément d'objet direct ....(8).............. manque, est le pronom "que". Ce pronom est toujours complément d'objet direct; cela veut dire que c'est un pronom ....(9).............. subit directement l'action du verbe avec ....(10)............... vous poserez la question ....(11).............. déterminera s'il s'agit d'un complément d'objet direct ou indirect. Après une préposition comme: entre, avant, avec, sans, à, de, ...(12)............... vous devez faire c'est employer le pronom "qui" s'il s'agit d'une personne, et une forme de "lequel" s'il s'agit d'une chose. Maintenant si vous voulez parler d'un endroit comme la ville ....(13)............. vous êtes né c'est le pronom "où" ....(14).............. vous devez employer. Cet endroit est parfois dans l'espace comme dans le cas de: "Le jour ....(15)............. je suis arrivée il pleuvait très fort." Mais quand vous avez une expression verbale comme avoir besoin de, s'agir de, se méfier de, avoir envie de, parler de, etc., vous devez employer le pronom "dont". Par exemple: "................(16)............. j'ai vraiment envie c'est de dormir." "Dont" est aussi utilisé quand il y a une possession comme dans le cas où vous voulez dire: "La fille ....(17)............. le père est ingénieur travaille avec moi". ....(18)............. je viens de vous expliquer peut être très utile pour apprendre le français. Il nous reste un pronom ....(19)............. nous n'avons pas parlé et c'est le pronom "quoi". Ce pronom ....(20)............. n'est pas souvent employé dans le français écrit mais plutôt le français parlé a d'habitude comme antécédent une chose générale, pas précise, ou une chose abstraite. Comme dans le cas ....(21)............. je veux dire "Je ne sais pas par ....(22)............... commencer". Avez-vous remarqué que ce pronom est précédé par une proposition? C'est souvent le cas, comme dans la phrase "Dites-moi de ....(23)............. vous parler"? Vous avez compris les pronoms relatifs? Voyons si vous pouvez compléter les phrases suivantes:

E. II.

1. Le marchand........................vend de la viande s'appelle un boucher.

2. Dites-moi........................vous voulez et je le ferai.

3. Les élèves.................n'ont pas compris auront une mauvaise note.

4. Voilà ....m'ennuie: c'est quand les élèves ne demandent pas de questions.

5. Prenez........................vous avez envie.

6. Nous n'avons plus......................vous avez besoin.

7. Il faut se débarrasser de tout.....................il y a de sale.

8. Nous allons faire des exercices après.................nous nous présenterons à l'examen.

9. Nous ne sommes pas riches mais nous avons de..................vivre.

10. Voilà le lac au milieu .... nous avons attrapé des poissons.

11. La boîte.................. j'ai enlevé le couvercle vient de se casser.

12. La chambre.................... il travaille est au troisième étage.

13. L'agent de police à .... j'ai posé la question ne m'a pas répondu.

14. Comment s'appelle cette jeune fille ....nous avons vue hier.

15. Donnez-moi le livre..................est sur la table.

16. C'est vous.................... avez tort.

17. Nos enfants n'aiment pas les voisins .... le chien est méchant.

18. Je cherche quelqu'un ....sache taper à la machine plus vite que moi.

19. Jean a trouvé les clefs ....j'avais perdues.

20. Cette femme...............le mari est malade est obligée de travailler.

21. Le film .... j'ai vu hier était très intérressant. .... je veux savoir est si tu l'as aimé comme moi. Le film .... tu me parles ne m'a pas plu.

22. La voiture .... est dans le garage appartient à ma mère. Je lui demande de me la prêter, mais elle refuse parce que c'est la voiture .... elle aime le plus .... me fait toujours de la peine.

23. La ville .... je suis née n'était pas très grande. Alors les amis avec .... nous sortions n'étaient pas nombreux. Les maisons dans .... on vivait n'étaient pas grandes non plus. Par contre, aujourd'hui j'habite une ville .... a beaucoup de grande rues .... je peux faire des achats et découvrir tout .... cette grande ville peut m'offrir.

LES ADJECTIFS INTERROGATIFS

L'adjectif interrogatif précède le nom et s'accorde en genre et en nombre avec le nom qu'il modifie.

Exemples: Quelle heure est-il?
Quel parapluie allez-vous prendre?
Quelles robes allez-vous choisir?
Quels trains arriveront ce soir?

LES PRONOMS INTERROGATIFS

Pour apprendre l'emploi des pronoms interrogatifs il est important de noter que:

- **Quoi** est un pronom interrogatif neutre. Il est souvent précédé d'une préposition.

Exemples: Sur quoi allez-vous mettre les livres?
Avec quoi couperez-vous cette viande?

Quoi est dans certains cas employé **sans verbe**.

Exemple: Quoi de plus utile que d'apprendre une autre langue
que la nôtre.

Quoi est aussi employé pour exprimer **la surprise**.

Exemple: Quoi! Vous osez me demander mon devoir!

• **Qui** se rapporte toujours à une **personne**.

Exemples: Qui a jeté la balle?
Qui est la jeune fille avec lui?

• **Que** est un pronom interrogatif. Il ne s'emploie qu'avec
un verbe et il précède le verbe comme objet.

Exemples: Que me donneras-tu si je réussis à l'examen?
Que feras-tu sans moi?

**Les formes composées
des pronoms
interrogatifs**

Dans les **formes composées** des pronoms interrogatifs, le premier
pronom est pour décider entre une personne et une chose.

• Le pronom placé après le verbe est pour décider s'il s'agit
d'un sujet ou d'un objet.

Exemples: Qui est-ce qui veut aller au cinéma? Nora veut aller au
cinéma.
(Nora est une personne; le premier pronom est donc **qui**.
Nora est sujet; le pronom qui suit le verbe est **qui**.)
Qu'est-ce qui est devant le professeur? Le pupitre est
devant le professeur.
(Pupitre est une chose; le premier pronom est donc **que**.
Le pupitre est sujet; le pronom qui suit le verbe est **qui**.)
Qui est-ce qu'il a invité? Il a invité ses amis.
(Ami est une personne; le premier pronom est donc **qui**.
Ami est complément d'objet direct; le pronom qui
suit le verbe est **que**.)
Qu'est-ce que vous voulez manger? j'aimerais bien manger
une pomme.
(Pomme est une chose; le premier pronom est donc **que**.
Pomme est un complément d'objet direct; le pronom
qui suit le verbe est **que**.)

Il faut noter que dans l'interrogation indirecte, **qui** ne change pas et reste **qui**.

Exemple: Dis-moi, qui t'a donné ce beau collier?

Mais:

Qui est-ce qui est remplacé par **qui**.
Qui est-ce que est remplacé par **que**.
Qu'est-ce qui est remplacé par **ce qui**.
Que ou **qu'est-ce que** est remplacé par **ce que**.

Exemple: Expliquez-moi qui vous fêtez aujourd'hui, ce qui se passera pendant la fête et ce que c'est que vous voulez que je fasse.

- **Lequel** est le pronom interrogatif qu'on emploie pour éviter l'ambiguïté ou pour faire un choix.

Exemples: Laquelle des deux robes préférez-vous?
Lesquels de vos cours trouvez-vous intéressants?
Je ne connais pas ces deux élèves. Lequel est plus diligeant?
Voici tous nos cahiers. Duquel as-tu besoin? *de*
Tu as reçu beaucoup de lettres; auxquelles vas-tu répondre?

question means-lequel

LES EXPRESSIONS INTERROGATIVES

Après **une expression interrogative,** le verbe est employé à la forme interrogative.

Exemples: Combien de voitures avez-vous?
Quand viendras-tu nous rendre visite?
Pourquoi ne voulez-vous pas me répondre?
Où as-tu mis mes clés?
Avec qui préférez-vous sortir?
Comment allez-vous?

Voyons si vous avez compris

> **F. Complétez les phrases avec les pronoms, les adjectifs ou les expressions interrogatives qui conviennent.**

1. ......*Qu'est-ce que*.....vous allez faire cet été?

2. .....*Quand*.....est la date de votre anniversaire?

3. A...*quoi*....sert une boussole?

4. .....*Qu'est-ce qui*.....s'appelle votre frère?

5. .....*Combien*.....de pommes y a-t-il dans ce panier?

6. ....*Qui*..........travaille mieux, vous ou votre soeur?

7. .....*Laquelle*.....de ces deux cravates vas-tu porter?

8. ....*Lequel*.....de vos amis est vraiment sincère?

9. .....*Quand*.....partirez-vous pour l'Europe?

10. .....*Qu'est-ce qui*.....est votre opinion sur ce sujet?

11. ....*Où*..........allons-nous dîner?

12. ....ne va pas?

13. .....*Qu'est-ce que*.....tu veux dire à tes amis avant de partir?

14. ....feras-tu après les vacances?

15. ....voulez-vous que je vous attende?

16. A ....*qui*..........va-t-il donner le premier prix?

17. De...*quoi*......voulez-vous discuter pendant la conférence?

18. ....en sommes-nous dans notre histoire?

19. ....cela veut bien dire?

20. .....*Laquelle*.....de ces robes vas-tu choisir?

LES MOTS INDÉFINIS

- **On** est très souvent employé dans le français parlé. Il est mis pour **nous, tu, vous, ils,** ou **elles.** Le verbe qui suit est toujours à la troisième personne du singulier.

Exemples: En France on aime bien manger.

Nous, on est content des résultats des élections.

On ne sait jamais quoi faire quand on est très fatigué.

- **Une sorte de**, **une espèce de** sont des expressions indéfinies employées surtout dans le langage familier pour désigner sans préciser une personne ou une chose.

Exemple: Elle a mis sur la tête une sorte (une espèce) d'écharpe pour cacher ses cheveux. (Ce n'est pas vraiment une écharpe mais elle ressemble à une écharpe.)

- **Personne** et **rien** sont des indéfinis négatifs qui s'emploient avec **ne** mais sans **pas.**

Exemples: Personne n'est venu me voir ce soir.

Je n'ai rien à vous dire.

- **Quelque** au singulier, désigne d'une façon vague, une personne ou une chose.

Exemple: Ma fille me donne **quelque** souci parce qu'elle n'étudie pas.

- **Quelque** au pluriel veut dire **plusieurs.**

Exemple: J'ai **quelques** soucis pour ma fille, d'abord parce qu'elle n'étudie pas, ensuite parce qu'elle aime ce garçon qui se moque d'elle.

- **Quelque** (adverbe) veut dire **environ** (about) et il reste invariable.

Exemple: Cette salle a **quelque** dix mètres de long (environ dix mètres).

Les pronoms qui correspondent à **quelque** sont **quelqu'un** (someone) et **quelque chose** (something).

Exemples: Si quelqu'un arrive, ne dites pas que je suis ici.
Avez-vous quelque chose à me dire?

- **Le pluriel** de **quelqu'un** est **quelques-uns,** qui veut dire **plusieurs.**
- **Quelque chose** n'a pas de pluriel.

Dans les cas où **quelque chose, rien, quelqu'un** et **personne** sont modifiés par un adjectif, la préposition **de** précède toujours l'adjectif qui est toujours à la forme masculine.

Exemples: C'est quelqu'un de très gentil.
Il n'y a eu personne de blessé dans l'accident.
Il n'y a rien de pire que quand il gèle.
Donne-moi quelque chose de bon; j'ai très faim.

- **Quelconque** (just any) **n'importe quel...n'importe quelle** sont des adjectifs indéfinis qui désignent un nom indéterminé, qui peut être remplacé par un autre de la même espèce.

Exemples: Quand j'ai faim je mange n'importe quel sandwich.
Le sans-abri va dormir aujourd'hui dans une rue quelconque (n'importe quelle rue).

- **Quelconque** veut parfois dire **médiocre, sans intérêt.**

Exemples: C'est un roman très quelconque.
Elle vient d'un milieu quelconque.

- **N'importe qui** et **n'importe quoi** veulent dire n'importe quel homme ou n'importe quelle chose dans le sens de tout le monde ou toute chose.

Exemples: N'importe qui peut venir à cette soirée (tout le monde est invité).
Quand elle est fâchée elle peut dire n'importe quoi (elle peut dire toutes sortes de choses).

- **Autre, autres** (other, another, different) est un adjectif indéfini qui modifie le nom.

Exemples: Je voudrais voir un autre film.
Elle va acheter une autre voiture.
Avez-vous d'autres crayons?

Dans le langage familier **autre** met l'accent sur la première ou la deuxième personne du pluriel.

Exemple: **Nous autres**, nous n'aimons pas la télé surtout pendant la matinée.

Autre est parfois employé sans article ou adjectif démonstratif.

Exemple: Il me dit autre chose, alors je ne sais pas qui croire.

- **Certain,** adjectif indéfini, se place toujours avant le nom; il désigne d'une façon vague une personne ou une chose.

Exemples: Certains films sont très violents.
Certaines femmes n'aiment pas les parfums.

Certain, adjectif qualificatif, se place après le nom et veut dire **sûr.**

Exemple: Nora est certaine que sa maman va lui téléphoner aujourd'hui.

- **Même** adjectif indéfini (same, itself, very, even)

Après un nom ou un pronom **même** signifie **itself** en anglais.

Exemples: Elle-même ne savait pas quoi dire.
Cet homme est l'honnêteté même.

Avant un nom et précédé d'un article, **même** signifie **same** en anglais.

Exemple: Elle a le même livre que moi.

- **Tel,** (masculin singulier), **telle** (féminin singulier), **tels** (masculin pluriel), **telles** (féminin pluriel) (such, such as, like, as) est un adjectif indéfini qui modifie une personne ou une chose. **Tel** exprime une **ressemblance**, il veut dire **pareil, semblable.**

Exemples: Tel père tel fils (le fils est comme son père).
Une femme telle qu'elle mérite d'être félicitée.

Tel exprime **l'intensité** et dans ces cas il veut dire: **si grand, si fort, si triste,** etc.

Exemple: Comment veux-tu qu'on ne se réveille pas avec un tel bruit (un si grand bruit)?

Tel quel, **telle quelle** signifient: <u>**sans changement.**</u>

Exemples: Je vous laisse le manuscrit tel quel.
Je vous décris la pièce telle quelle.

- **tout** (masculin singulier), **toute** (féminin singulier), **tous** (masculin pluriel), **toutes** (féminin pluriel) (all, every)

Tout, au singulier signifie **chaque personne ou chaque chose.**

Exemple: Toute femme mérite d'être respectée.

Tout suivi d'un article signifie la chose entière.

Exemples: Tout le pays est très beau (le pays entier).
Toute ma vie j'ai voulu rencontrer cet acteur célèbre (ma vie entière).

Tout, au pluriel veut dire **chaque,** ou **l'espèce entière.**

Exemples: Nous allons à la plage tous les jours (chaque jour).
Toutes les chemises sont sales (l'espèce entière).

Tout (adverbe) est invariable et signifie **entièrement.**

Exemple: Nous sommes tout seuls dans cette salle de classe.

Tout est invariable avant un nom féminin qui commence par une **voyelle** ou un **h** muet.

Exemple: Elle était tout heureuse de me voir.

Tout s'accorde en genre et en nombre avant un nom féminin qui commence par une consonne.

Exemple: Norma était toute surprise de voir la neige.

Voyons si vous avez compris

> **G. Remplacez les points par l'adjectif, le pronom ou l'expression indéfini qui convient.**

1. Il y a ....livres sur la table.

2. ....est la curiosité humaine que les gens veulent toujours tout savoir.

3. La situation est bien..................que l'on dit.

4. Pour orner son chapeau elle a mis un ruban.................

5. Le ruban de la Légion d'honneur n'est pas un ruban ....

6. Je peux conduire n'importe .... voiture.

7. ....mère................fille.

8. Avez-vous d'....................livres.

9. ....gens n'aiment pas travailler.

10. Tante Yvonne travaille..................la journée.

11. ....m'a dit qu'elle a un appartement à Paris, mais c'est un fait dont je ne suis pas certaine.

12. Alors, ...ne va pas aller au cinéma, et moi qui comptais sortir avec toi ce soir.

13. ....vend des billets au guichet.

14. ....ne vient me voir; je suis toujours toute seule.

15. Elle ne demande jamais...................

16. ....fois que je le vois il me parle de sa petite amie.

17. Elle a été ....surprise de nous voir chez elle.

18. ....les écoles ferment le dimanche.

19. Elle portait une.......................de kimono pour paraître japonaise.

20. Il me répète toujours la.................chose.

LES NÉGATIONS

• On exprime une négation en mettant **ne** avant le verbe et **pas** après le verbe.

C'est la négation la plus simple.

Exemple: Elle ne veut pas sortir avec lui.

• **Pas** disparaît si **ne** est accompagné de: **personne, rien, aucun, jamais, nulle part, nullement,** placés avant ou après le verbe.

Exemples: Personne ne l'aime.
Je ne vois rien d'ici.
Elle n'a aucun doute qu'il va neiger.
Deena ne va jamais au cinéma sans ses amis.
Je ne l'ai vu nulle part.
Ce n'est nullement mon affaire et je ne veux pas en parler.

• **Ne...personne** (no one) est la négation de quelqu'un (some-one) ou tout le monde (everyone).

Exemple: Lui, il est très populaire. Tout le monde l'aime, elle personne ne l'aime.

• **Ne...rien** (nothing) est la négation de tout (all) ou de quelque chose (something).

Exemple: Lui, il a tout ce qu'il veut; elle n'a rien.

• **Ne...jamais** (never) est la négation de **toujours** (always), **souvent** (often).

Exemple: Il veut toujours la voir mais elle ne sort jamais avec lui.

• **Ne...pas encore** (not yet) est la négation de **déjà** (already).

Exemple: Lui, il a déjà fini ses devoirs mais elle ne les a pas encore fini.

- **Ne...nulle part** (nowhere) est la négation de **partout** (everywhere).

Exemple: Lui, il va partout; elle n'aime aller nulle part.

- **Ne...plus** (no longer) est la négation **d'encore** (still).

Exemple: Il a encore faim, mais elle n'a plus envie de manger.

- **Non plus** (not) est la négation de **aussi** (also).

Exemple: Tu ne viens pas? Moi non plus.

- **Ne...que** (only) veut dire **seulement** (only).

Exemple: André n'a que deux cravates (il a seulement deux cravates).

- **Ni...ni** (neither) s'emploie quand le verbe a plusieurs sujets.

Exemple: Ni moi ni elle ne voulons aller au parc.

- **Ni...ni** est la négation de **et...et.**

Exemple: Il a une voiture et un bateau; elle n'a ni voiture ni bateau.

- **Ne...guère** (hardly) veut dire **très peu** (seldom), **rarement** (rarely).

Exemple: Je ne la vois guère dernièrement.

- **Aucun** (none) est la négation de **un, tout, chaque, quelques, plusieurs.**

Je n'al aucun idée

Exemple: Il a plusieurs amis; elle n'en a aucun.

- **N'importe qui, n'importe quoi, n'importe où, n'importe comment, n'importe quand, n'importe quel** sont des expressions qui insistent sur l'indifférence de la personne qui fait un certain choix.

Exemples: Elle invite n'importe qui chez elle.
Il dira n'importe quoi pour faire plaisir à ses parents.
Elle ira n'importe où si le climat est doux.
Elle s'habille n'importe comment pour aller à l'école.
Arrivez n'importe quand; je vous attendrai.
Choisis n'importe quel livre, et je te l'offrirai.

- **Pas** n'est pas employé si on a plusieurs négations dans une phrase.

Exemple: Michèle n'invite plus personne chez elle.

- **Aux temps composés ne** se place avant l'auxiliaire et l'adverbe ou le pronom de négation se place après l'auxiliaire.

Exemples: Elle ne l'a pas vu depuis trois mois.
Je n'ai jamais entendu cette histoire.

- **Non plus** et **nulle part** se placent après le participe passé.

Exemple: Il n'a pas aimé ce livre; elle ne l'a pas aimé non plus.

- **L'infinitif** au négatif est précédé de **ne pas, ne plus, ne jamais,** etc.

Exemple: Il vaudrait mieux ne jamais fumer.

- **L'article partitif** ou **indéfini** est remplacé par **de** à la forme négative; **l'article défini** ne change pas.

Exemples: Il a pris de la salade; elle n'a pas pris de salade.
Il boit du café; elle ne boit pas de café.
Il aime les légumes; elle n'aime pas les légumes.

Voyons si vous avez compris

> **H. Mettez les phrase suivantes à la forme négative.**

1. J'ai besoin de quelqu'un pour m'aider à déménager.

2. Tout le monde aime la mode cette année; moi aussi.

3. Je suis encore jeune.

4. Je vois quelqu'un dans la salle à manger.

5. Elle commande toujours de la salade.

6. Il y a encore des bonbons dans la boite.

7. Il m'a dit quelque chose de drôle.

8. Ces livres se vendent partout en Europe.

9. Tout le monde a accepté notre invitation.

10. Elle a faim et elle a soif.

11. J'ai déjà vu ce film.

12. Tous les garçons portaient des bottes.

13. Quelques élèves échouent toujours à l'examen.

14. J'ai envie de manger une banane et une pomme.

15. Il a encore de l'argent.

16. Il téléphone et écrit à ses amis.

17. Il va encore souvent au cinéma; elle aussi.

18. Ils se rencontrent de temps en temps.

19. Emmanuel est déjà prêt.

20. J'ai un chat.

LES PRÉPOSITIONS

Une préposition est un mot invariable qui sert à introduire un élément d'une phrase, en général un nom ou un verbe. Le choix d'une préposition peut être difficile pour l'élève, car souvent ce choix n'est pas gouverné par une règle grammaticale.

La préposition "à"

• La préposition **à** s'emploie toujours avec certains verbes.

Exemples: Deena a très peur d'**échouer à** l'examen de l'ancien français.
Les enfants n'**obéissent** pas toujours **à** leurs parents.
Il a finalement **réussi à** faire comprendre ses élèves.

(sweets?)

Je **renonce à** maigrir; j'aime trop les douceurs.

Nous avons **assisté à** la pièce ensemble.

Elle a peur de ne pas **plaire aux** parents de son fiancé.

Marie-Amélie m'**encourage à** faire un bon travail.

Le criminel **est condamné à** mort.

Le savant **a réussi à** faire une découverte importante.

Il m'**a aidé à** faire mes devoirs.

- **Certains verbes** suivis de la préposition **à** prennent un sens **idiomatique**.

Exemples: Claude **manque à** tous ses amis. (**Manquer = to miss a thing,** as in a train or a bus; **manquer à = to miss a person**)

Elle **tient à** sortir avec nous. (**Tenir = to hold; tenir à = to insist**)

Cette machine **sert à** sécher le linge. (**Servir = to serve; servir à = to be used for**)

Jeanne **joue au** tennis. (**Jouer = to play; jouer à = to play a game or a sport**)

Le professeur **parle à** Caroline. (**Parler = to speak; parler à = to speak to**)

Elle **a étudié** cette leçon **à fond**. (**Étudier** = to study; **étudier à fond** = to study very carefully)

- La préposition **à** peut indiquer **un endroit** ou **une direction vers** (to) un certain endroit.

Exemples: Marie-France est **à l'école**.

Nous allons **au cinéma**.

La poste est **à deux kilomètres** d'ici.

La pharmacie est **à gauche**.

- Le complément d'**objet indirect** est introduit par la préposition **à**.

Exemples: Je donne le roman **à mon frère**.

Je montre le jardin **à mes amis**.

- Après les verbes **être** et **appartenir, la possession** est indiquée par la préposition **à**.

Exemples: Ce vélo **est à Olivier**.

Cette voiture **appartient à Bruno**.

- Certaines **expressions de condition** ou **de supposition** emploient la préposition **à**.

Exemples: **A moins d'avoir** le temps je ne pourrais pas venir vous voir.

Je voudrais sortir avec lui **à condition de** revenir avant la nuit.

- Certaines **expressions de conséquence** emploie la préposition **à** si **le sujet** du deuxième verbe est **le même** que celui du premier.

Exemples: Elle parle **à donner** un mal de tête.

Il a plaidé sa cause **de manière à** se faire pardonner par tout le monde.

- Dans certains cas pour indiquer **un emploi** ou **un but** on emploie la préposition **à**.

Exemples: N'oubliez pas votre **brosse à dents** (une brosse dont le but est de brosser les dents).

Cette **machine à laver** ne marche pas. (On emploie la machine pour laver.)

Nous avons quatre **chambres à coucher**. (On se couche dans ces chambres.)

- La préposition **à** est employée dans certain cas pour indiquer **la manière** dont on fait quelque chose.

Exemples: Le petit garçon parle **à voix basse**.

Maman aime préparer des **repas à l'italienne**.

Il faut répéter cet exercice **à plusieurs reprises**.

Ne lui parle pas **à haute voix**; elle peut t'entendre.

- La préposition **à** introduit un verbe **à l'infinitif** qui a un sens **passif**.

Exemples: C'est **facile à dire**, mais ce n'est pas **facile à faire**.

Cette leçon est **difficile à comprendre**.

Ces légumes ne sont pas **bons à manger**.

Il cherche **un appartement à louer**.

- La préposition **à** est employée pour indiquer une **qualité qui décrit** une personne, un animal ou une chose.

Exemples: Je parle du jeune homme **aux yeux bleus**.

Elle porte **une robe à manches longues**.

Il vient d'acheter **un bateau à voiles**.

Je n'aime pas **les patins à glace**.

• Certaines **expressions de temps** emploient la préposition **à.**

At the time: **au moment; à l'époque; à l'heure.**
At the end: **à la fin; au bout de**

Exemples: Nous étions là **au moment** de son arrivée.

L'héroïne est morte **à la fin** de la pièce.

Elle est finalement partie **au bout** de trois semaines.

J'étais très fatigué **à l'époque** des vendanges (harvest).

J'ai toujours faim **à l'heure** du déjeuner.

Elle est restée avec moi **jusqu'à la** fin du concert.

Il va revenir **à cinq heures.**

Au commencement de l'histoire, on ne comprend pas très bien ce que l'auteur veut nous dire.

Au début des vacances, elle est toujours heureuse.

Au printemps, au mois de mars, les élèves vont commencer à revoir les romans écrits **au dix-neuvième siècle.**

Il va commencer à étudier **à partir** d'aujourd'hui.

• La préposition **à** est employée avant un infinitif pour indiquer **la durée d'une action** ou la **position physique d'une personne.**

Exemples: Tracy a pris beaucoup de temps **à apprendre** ce poème.

Je reste assise au lit **à lire** des romans.

Il est debout **à travailler** toute la journée.

• La préposition **à** est employée avant certains **moyens de transports.**

Exemples: Sarah va à l'école **à pied.**

Au dix-septième siècle on allait partout **à cheval.**

Quand elle n'a pas de voiture, elle va chez ses amis **à bicyclette.**

• La préposition **à** est employée comme **préposition de lieu** avant le nom d'une **ville** quand on **va** ou on **est** dans cette ville.

Exemples: Elle ira **à Paris** au mois de mars pour voir sa fille.

Elle passe ses vacances **à la Rochelle.**

La préposition "de"

- La préposition **de** s'emploie toujours avec certains verbes.

Exemples: Paulette **mérite de** gagner le premier prix.

Nous ne pouvons pas **nous passer de** chocolat.

Tu **l'as persuadé de** venir avec nous.

Deena **rêve de** finir ses études.

Tâchez de lire les tragédies de Racine.

Je vous **prie d'**accepter notre invitation.

Essayez de voir mon point de vue pour mieux me comprendre.

Marie-Amélie **a oublié de** me donner son numéro de téléphone.

Tu me **promets de** ne jamais plus mentir?

Évitez de fumer; c'est une mauvaise habitude.

Ce n'est pas juste de **se moquer des** autres.

Occupe-toi de tes affaires.

- Certains **verbes** emploient la préposition **de** avant le nom qui les suit.

Exemples: Elle doit **changer de robe** avant de sortir.

Je vous remercie **de votre gentillesse.**

- La préposition **de** précède un verbe à **l'infinitif** quand l'infinitif a un **sens actif.** L'infinitif a un objet direct. Le sujet est souvent impersonnel.

Exemples: Marie est enchantée **d'avoir fait** la connaissance de Paulette.

Il est facile **de lire** *Candide* par Voltaire.

Il est vraiment difficile **de faire** ce que vous me demandez.

- La préposition **de** se place après le verbe **venir + l'infinitif** pour indiquer **le passé récent.**

Exemples: Rachel **vient de sortir** de chez elle.

Nous **venons de finir** nos devoirs.

- Certains **verbes** prennent un sens différent quand ils sont suivis de la préposition **de.**

Exemples: Claire me **parle d'**un film qu'elle a aimé. (**parler** = to speak; **parler de** = to speak about)

Que **pensez-vous des** romans de Duras? (**penser** = to think; **penser de** = to give an opinion about)

[handwritten notes in left margin:]
manquer à – to miss someone
manquer de – to lack

jouer au – sport
jouer de – instrument

Ce garçon **manque** parfois **de** finesse. (**manquer** = to miss; **manquer de = to lack**)

Je **me suis servi de** son sac de couchage. (**servir** = to serve; **se servir de** = to use)

Ma fille **jouait du** piano quand elle était jeune. (**jouer** = to play; jouer de = to play a musical instrument)

- La préposition **de** indique généralement **la possession.**

Exemples: C'est **le poème de** Claire.
Le père de Michèle adore la plage.

- La préposition **de** est employée dans certaines expressions de lieu.

Exemples: Elle habite **à côté de** moi. Sa maison est **près d'**une épicerie, mais **loin d'**une pharmacie; elle est **au coin d'**une petite ruelle, **au pied d'**une jolie colline, au **milieu de** cette belle forêt.
Mettez vos skis **hors de** la maison, **en face du** jardin, **au-dessous de** la fenêtre. Mettez vos manteaux **à l'intérieur de** l'armoire qui se trouve **au fond de** cette longue salle.
Ils se sont promenés **le long de** la Seine, **auprès du** Quartier Latin.

- La préposition **de** est employée pour déterminer **la mesure d'une espace.**

Exemple: Cette salle a huit mètres **de long** et quatre mètres **de large.**

- La préposition **de** est employée pour **déterminer la qualité** en joignant deux noms.

Exemples: Le matin elle aime boire **du jus d'orange.**
N'oubliez pas de prendre vos **sacs de couchage.**
Les enfants s'amusent avec leur **bonhomme de neige.**
Le cours de français est toujours intéressant.
André est un **homme d'affaires.**

- Certaines **expressions indéfinies** sont suivies de **de + un adjectif au masculin.**

Exemples: Il n'a rencontré **personne d'intéressant.**
Je cherche **quelqu'un d'intelligent** pour me comprendre.
Tu as **quelque chose de bon** à manger.

• La préposition **de** peut indiquer **la cause**. La préposition joint le verbe et le nom complément.

Exemples: Manon **meurt de faim** et de froid.
Quand Marc a entendu qu'il a gagné la loto, il **a sauté de joie.**
Chantal est **accablée de douleur.**
Je suis triste **à cause de** mes mauvaises notes.

• La préposition **de** peut indiquer un **emploi** ou **un but.**

Exemples: Cette maison a trois **salles de bains.**
Nous passons notre temps à **la salle de séjour.**
Je voudrais une **tasse de café,** s'il vous plaît.
Je parle lentement afin **d'**être compris.

• La préposition **de** (from, of) est employée **sans article** avant le nom d'une **ville,** ou **d'un pays féminin,** ou **d'un pays masculin** qui **commence par une voyelle,** pour indiquer qu'on rentre ou qu'on revient de la ville, ou du pays.

Exemples: Marc **revient de** Beirut.
Il **est d'**Angleterre.

• La préposition **de** s'emploie **avec un article défini** avant **le nom des pays, ou des états masculins** qui ne commencent pas par une voyelle.

Exemples: Elle **repart des** Etats-Unis.
Je **reviens du** Canada.

• La préposition **de** est employée pour montrer comment on **descend** ou **débarque** d'un **moyen de transports.**

Exemples: Nous **avons débarqué du** bateau hier matin.
Elle **descend du** train.

La préposition "pour"

• La préposition **pour** peut exprimer souvent **la destination, le but. Pour** dans ces cas est suivi d'**un nom** ou d'**un infinitif.**

Exemples: Jeanne d'Arc est morte **pour sa patrie.**
J'ai besoin de trois mois **pour finir** ce travail.
Ce couteau est **pour couper** la viande.
Je travaille **pour gagner** ma vie.
J'habite près d'un coiffeur **pour femmes.**

- La préposition **pour** s'emploie surtout avec les verbes **aller, venir** et **partir** pour indiquer **une période de temps incomplète. Pour** indicates an indefinite period of time.

Exemples: Nous sommes venus **pour nous reposer.**
Ils sont partis **pour les vacances.**

Pendant

- La préposition **pendant** indique **une durée** de temps **complète. Pendant** indicates a completed period of time.

Exemples: J'ai étudié le russe **pendant deux mois.**
En général, on dort **pendant la nuit.**

La préposition "depuis"

- La préposition **depuis** indique une action qui a commencé dans le passé mais qui continue au présent. **Depuis** est en général précédé du présent de l'indicatif. **Depuis** is used when the action begins in the past and continues in the present.

Exemple: J'étudie le russe **depuis deux mois** (sous-entendu, je continue à l'étudier)

La préposition "en"

- La préposition **en** est souvent employée **avant un participe présent.** In this case **en** means while or by.

Exemples: Je l'ai rencontré **en me promenant.**
On réussit **en faisant** un grand effort.
Tout **en aimant** mes enfants, je reconnais leurs défauts.
On apprend le français **en le parlant.**

- La préposition **en** est employée pour indiquer **un lieu** (a place) dans ces cas **en** n'est pas suivi d'un article.

Exemples: Nous allons **en ville.**
Les élèves sont **en classe.**

- La préposition **en** est employée avant le nom d'un **pays féminin**, d'une **province** et avant le nom d'un **pays masculin qui commence par une voyelle.**

Exemples: Christine est **en Italie.**
Notre fille est **en France.**
Nous passons nos vacances **en Bretagne.**
Elle est **en Angleterre.**

- La préposition **en** peut exprimer **la durée** (the length) d'une action.

Exemples: J'ai préparé ce plat **en une heure.** (J'ai pris une heure pour préparer ce plat.)

Je finis mes devoirs **en deux heures.** (Je prends deux heures pour finir mes devoirs.)

- La préposition **en** s'emploie pour indiquer **la matière d'une chose.**

Exemples: Claire porte une robe **en soie.**

Nous habitons une maison **en bois.**

- La préposition **en** s'emploie avec **certains moyens de transports.**

Exemples: Nous allons à l'école **en voiture.**

Elle va à la plage **en autobus** ou **en car.**

Nous sommes partis **en avion.**

- La préposition **en** s'emploie pour exprimer **l'accord** ou **la réalité.**

Exemples: Il n'étudie pas. **En effet.** (On est d'accord qu'il n'étudie pas.)

On me dit que cette maison est très chère, mais **en fait** (en réalité) je trouve qu'on n'a pas payé beaucoup d'argent.

La préposition "dans"

- La préposition **dans** s'emploie pour dire **à l'intérieur de.** Elle est toujours suivie d'**un article défini.**

Exemples: Madame Chapuis est **dans la classe** de chimie.

Elle est **dans la salle à manger.**

- La préposition **dans** peut indiquer **le lieu** d'une chose.

Exemples: Elle a mis tout l'argent **dans le sac.**

David a mis les clefs **dans sa poche.**

- La préposition **dans** s'emploie pour indiquer **le nom d'une rue ou d'une avenue.**

Exemples: Les Dabard habitent **dans la rue Guisarde.** (pas sur ?)

L'appartement est **dans l'avenue Foch.**

- La préposition **dans** s'emploie avant **le nom d'une ville ou d'un pays** quand ils sont suivis d'un **complément** ou d'**un adjectif.**

Exemple: Musset a vécu **dans la France du dix-neuvième siècle.**

- La préposition **dans** s'emploie après le verbe **monter** avec les moyens de transport.

Exemples: Elle **monte dans le train.**
Nous **montons dans une voiture.**

- La préposition **dans** indique **le début d'une action.**

Exemples: Je commencerai à me préparer pour le voyage **dans une heure.** (Je n'ai pas encore commencé à faire mes devoirs, mais je le ferai une heure après.)
L'autobus partira **dans deux heures.** (Il n'est pas encore parti, mais il partira deux heures plus tard.)

La préposition "après"
- La préposition **après** indique **le temps.**

Exemple: Michèle est arrivée après Camille.

- La préposition **après** (after) est souvent suivie de **l'infinitif passé** quand le sujet des deux verbes est le même.

Exemples: **Après avoir fini** nos devoirs, nous sommes allés au cinéma.
Après être descendue du train, elle a pris un autobus.

La préposition "avant"
- La préposition **avant** (before) indique le temps.

Exemple: Il va sortir **avant cinq heures.**

- La préposition **avant** est suivie de **de + l'infinitif présent.**

Exemple: N'oubliez pas de me téléphoner **avant de partir.**

La préposition "devant"
- La préposition **devant** (in front) indique **le lieu.**

Exemple: Le professeur est debout **devant la classe.**

La préposition "derrière"
- La préposition **derrière** (behind) indique **le lieu.**

Exemple: Le tableau est **derrière le professeur.**

- La préposition **par** peut indiquer **le lieu.**

Exemples: Le chemin le plus court est **par ici.**
Il est rentré **par la fenêtre.**
Mettez tout **par terre;** nous allons commencer l'examen.

- La préposition **par** précède un infinitif après les verbes **commencer** et **finir.**

Exemples: Elle a fini **par lui pardonner.**
Il commence **par faire ses devoirs.**

- La préposition **par** indique **le temps.**

Exemple: Il prend son médicament deux fois **par jour.**

- La préposition **par** indique **la manière** dont on fait quelque chose.

Exemples: Paulette a appris le poème **par coeur.**
Elle fait ces choses **par méchanceté.**

- La préposition **par** est employé si le moyen de transport est **le train.**

Exemple: Anne va en Bretagne **par le train.**

- On dit aussi **par avion** quand il s'agit de **lettres.**

Exemple: **Il envoie ces lettres par avion.**

La préposition "malgré"
(despite)

- La préposition **malgré + un nom** indique **l'opposition.**

Exemple: Elle travaille **malgré sa fièvre.**

La préposition "chez"

- La préposition **chez** est toujours suivie d'**un nom de personne** ou d'un **pronom personnel.**

Exemples: Il rentre **chez lui** chaque soir après le travail.
Va **chez le boulanger** chercher du pain.

- La préposition **chez** peut indiquer **l'oeuvre d'un artiste.**

Exemple: **Chez Molière** les personnages représentent des types universels.

La préposition "avec"
(with)

- La préposition **avec + un nom** indique **la manière.**

Exemples: Le proviseur me regarde **avec colère.**
Il fait son travaille **avec adresse.** (skill)

- La préposition **avec** suit le verbe **se marier.**

Exemple: Elle **s'est mariée avec quelqu'un** de très bien.

La préposition "parmi"
(among)

- La préposition **parmi** indique **le lieu.**

Exemple: Il aime être parmi ses amis.

La préposition "sur"
(on)

- La préposition **sur** indique **le lieu.**

Exemples: Mettez le vase **sur la table.**
Cette fenêtre **donne sur le jardin.**

- La préposition **sur** indique une statistique.

Exemple: **Trois personnes sur quatre** préfèrent notre dentifrice
(toothpaste)

La préposition "contre"
(against)

- La préposition **contre** indique **le lieu.**

Exemple: Mettez vos bottes **contre le mur.**

D'autres **prépositions de lieu sont: loin de, près de, autour de, hors de, au centre de, jusqu'à, le long de.**

La préposition "vers"
(toward)

- La préposition **vers** (about) est une préposition **de temps.**

Exemple: Elle viendra nous voir **vers le premier Mai.**

- La préposition **vers** (toward a direction) peut aussi indiquer **le lieu.**

Exemple: Nous avançons **vers** la plage.

La préposition "envers"
(toward)

- La préposition **envers** (toward a person) est employée pour indiquer **un sentiment.**

Exemple: Je n'aime pas son attitude **envers ses parents.**

Rappelez-vous qu'il y a **des verbes qui ne prennent jamais de préposition avant un nom.**

Exemples: Nora, va **chercher** le goûter.

J'**attends** l'autobus chaque matin devant la maison.

Il a **payé** son billet.

Elle **regarde** la télévision.

J'**écoute** la radio.

Demande-lui de te **rendre** ce service.

Voyons si vous avez compris

> **I. Mettez la préposition qui convient dans les phrases suivantes.**
> **N'oubliez pas qu'il y a des verbes qui ne prennent jamais de**
> **préposition avant un nom.**

1. Certains journalistes n'hésitent pas ......à.......inventer des informations qui font quelquefois grand bruit.

2. Je suis arrivée .....à......midi: mon amie était déjà .....à.......la Madeleine. Il y avait une foule immense et un très beau soleil. Nous voulions passer la journée .....à........... nous promener ...à.....pieds. On peut vraiment apprécier Paris ......en...........flânant; quand je me sens un peu triste je me promène .....à.......Paris où je suis toujours tentée......à..par... une vitrine, ou ravie ....par une scène ..dans..... la rue.

3. Un grand magasin vend deux fois plus ...en.... province que ......de.....les grandes villes. Les provinciales aiment aller quelque part où on peut trouver tout ce qu'on veut. Elles n'ont pas le temps ....de...chercher...........—....les marchandises dont elles ont besoin.

4. ....Pour...devenir mannequin il faut d'abord apprendre ...à........ marcher. On appelle souvent les mannequins les "ambassadrices de l'élégance". C'est bien vrai; ces jeunes personnes vont ......aux...quatre coins du monde ....par...leur carrière: ....au....... Japon, ...en.... Grèce, ...en....... Italie, ...au...Brésil et même ....en.....Chine.

5. Le dimanche mes parents allaient toujours ....chez..... le pâtissier ...chez... nous acheter des gâteaux. Nos gâteaux préférés étaient les choux ....à...... la crème...chez.. nous les dimanches auront toujours ce goût.

6. La petite fête s'est terminée................... un excellent dîner que
   la maman d'Olivier avait préparé spécialement ....nous.
   C'était un dîner ....la française. Elle nous a offert aussi une
   grande valise ....cuir .... nous souhaiter bon voyage.
   Nous l'avons remerciée ....sa gentillesse et nous lui avons
   promis ....lui écrire ....Londres.

7. Elle commence toujours ....faire ses devoirs; ensuite si
   elle a le temps elle lit le journal .... regardant du coin de
   l'oeil les nouvelles .... la télé. Elle essaye toujours
   ....répartir son temps de façon ....se détendre
   un peu le soir ....une longue journée .... travail.

8. On dit que le chef-d'oeuvre de Voltaire était sa vie. Son oeuvre
   le rendit célèbre ....l'étranger aussi bien qu'.............. France.
   ....la fin de sa vie on l'appelait "le roi Voltaire".
   Voltaire a contribué ....préparer la Révolution française
   .... attaquant les institutions .... son siècle.

9. Cette dame est très gentille .... moi. Elle m'a aidé ....
   apprendre mon rôle .... la pièce.

10. Dites-moi, ...quoi allez-vous couper ce gâteau?

11. Je n'ai pas le temps maintenant. Je ferai cet exercice ....
    une heure. J'ai l'habitude de le finir ....vingt minutes et
    puis je serai libre et je sortirai ....mes amis.

12. Après être descendu ....taxi, il est monté tout de suite ....
    le train.

13. Avignon est ....sud ....la France. Chaque année dans
    cette ville il y a un très beau festival ....danse.

14. Deux garçons..............trois jouent au football dans cette école.
    C'est un jeu très populaire, ... les joueurs où il y a
    de très bons élèves. Il est facile ....voir que c'est un sport
    qui attire les garçons et les filles.

15. D'habitude, Madame Chapuis va ....(1)...... bureau tous les jours.
    Elle y va .....(2)..... auto. Elle revient ......(3)..... son travail .....(4).....

cinq heures. Quand elle rentre ....(5).......... elle son mari est déjà ....(6).......... la cuisine ....(7).......... préparer le dîner. Elle se dépêche et met un tablier ....(8).......... plastique ....(9).......... aider son mari ....(10).......... faire la cuisine. Le repas qu'ils préparent sera bon ....(11).......... manger. Ils commencent ....(12).......... une soupe ....(13).......... l'oignons, un rôti ....(14).......... veau et des pommes ....(15).......... terre. Ils préparent une salade ....(16).......... fruits et une glace ....(17).......... fraises comme dessert. Madame fait le dessert ....(18).......... plaisir parce qu'elle adore les douceurs. Tous les deux veulent finir leur chef-d'oeuvre ....(19).......... l'arrivée de leurs enfants. ....(20).......... le repas ce sont les enfants qui font la vaisselle et qui rangent les assiettes, les verres ....(21).......... eau et les tasses ....(22).......... thé ....(23).......... les placards. Tout est toujours plus facile ....(24).......... faire quand le couple travaille ensemble.

LES CONJONCTIONS

Il y a **deux groupe**s principaux de conjonctions:

1. **Les conjonctions de coordination** qui joignent des mots ou des phrases.
2. **Les conjonctions de subordination** qui joignent des propositions.

Les conjonctions de coordination nous aident à passer d'une idée à l'autre en **unissant le texte.**

Exemples: Nora **et** Norma et Michou vont ensemble à la plage. Elles iront le matin **ou bien** le soir.

Les conjonctions de coordination qui expriment **le temps** sont:

- **d'abord, premièrement** (to begin with)

- **puis, ensuite** (to create a link between two actions that follow each other)

Exemple:　**D'abord** il voulait prendre l'autobus, **puis** il a changé
d'idée et il a pris le train, **ensuite** il a pris un taxi
pour arriver à l'heure.

- **d'ailleurs, de plus, aussi** (to help add general facts)

Exemple:　Elle voulait aller au bord de la mer; **d'ailleurs** il faisait
beau et **en plus** elle n'avait rien à faire et **aussi** son
mari n'avait pas de travail.

Les conjonctions de coordination qui expriment **l'opposition** sont:

- **pourtant, cependant, mais, au contraire, par contre.**

Exemples: J'ai commandé du poisson; **cependant (pourtant)**, je ne
l'aime pas beaucoup.
Mes amis sont venus au restaurant, **mais** ils sont arrivés
en retard. Ils voulaient tous aller au cinéma; par contre,
moi je voulais rentrer chez moi.
Je trouvais mon idée bonne; eux, **au contraire**, n'étaient
pas du tout d'accord.

Les conjonctions de coordinations qui expriment **la conséquence**
ou **le résultat** sont:

- **alors, donc, enfin, en fin de compte, finalement, en
somme, par conséquent, c'est pourquoi.**

Exemple:　Hier soir j'étais très fatigué. **Alors** j'ai décidé de me
reposer.

En somme les garçon n'avaient pas beaucoup étudié; **par conséquent,**
ils ont trouvé l'examen très difficile et **c'est pourquoi** ils n'ont pas
répondu à plusieurs questions.

**Les conjonctions de subordination sont en général suivies par le
sujet de la proposition subordonnée.**

Les conjonctions de subordination qui expriment **le temps** sont:

- **quand, lorsque, dès que, aussitôt que, après que, pendant
que, tandis que**, qui s'emploient avec **le mode indicatif,**
soit avec le présent de l'indicatif, soit avec le futur simple
ou le futur antérieur de l'indicatif,

soit... soit... - either/or

Exemples: Nous sortirons **aussitôt que** nous aurons fini nos devoirs.

-assonas

Je lui rendrai visite **quand (lorsque)** j'aurai le temps.

Après que vous serez partis, nous serons bien tristes.

Frédérique s'occupe de Thibaud **pendant que** Bruno s'occupe des autres enfants.

Il aime le tennis, **tandis que** moi j'aime le football.

whereas

- **Pendant que** (while in the sense of time), **tandis que** (while in the sense of whereas)
- **avant que** s'emploie avec le mode subjonctif.

Use subjonctif after:
avant que
bien que
quoique
malgré que

Exemple: Je vais essayer de vous voir **avant que** vous ne partiez.

Les conjonctions de subordination qui expriment **l'opposition** sont: **bien que, quoique, malgré que** qui s'emploient avec le mode **subjonctif.**

Exemple: **Bien qu' (quoiqu', malgré qu')** elle soit malheureuse elle fait toujours un effort pour aider les autres.

Les conjonctions de subordination qui expriment **la cause** sont: **puisque, parce que, car, comme.**

Exemple: Je suis contente **parce que** (puisque, car) je vais bientôt à Paris.

Voyons si vous avez compris

J. Complétez les phrases suivantes par la conjonction qui convient.
---

1. Marie travaille beaucoup ....*Car*.....son mari ne fait rien.

2. Je me repose....*Car*......je ne me sens pas bien.

3. ....*Malgré*....que tu sois malade, tu fais de ton mieux.

4. ....*Lorsque / Dès que*....nous serons partis, vous vous sentirez seuls.

5. Il n'étudie pas toujours et .....*néanmoins/pourtant*.....il a de très bonne notes.

6. Heureusement que j'ai....*déjà*....fini mes examens.

7. ....*Ensomme*....comment êtes-vous arrivé à ces résultats?

8. Je ne comprends pas le professeur..*donc*....j'ai des difficultés
   à apprendre les sciences.

9. Il préfère le ski, ...*tandis*..que moi j'aime le ski nautique.

10. Je voudrais vous revoir ....*avant*..vous n'alliez chez vos parents.
    que   *sub.*

LES ADVERBES

Un adverbe modifie un verbe, un adjectif, ou un autre adverbe. On
divise les adverbes en quatre groupes: (1) Les **adverbes de manière**
qui nous expliquent **comment** est une personne ou une chose; (2)
les adverbes de lieu qui nous expliquent **où** se trouve une personne ou une chose; (3) **les adverbes de temps** qui nous disent **quand**
une chose arrive ou va arriver; et (4) **les adverbes de quantité** qui
répondent à la question **combien?**

answer...
how?
where?
when?
how many?

• **Les adverbes se placent après les verbes qu'ils modifient.**

Exemples: Elle **bavarde trop** et le prof n'aime pas cela.
Vous **chantez bien,** alors il faudra le faire plus souvent.

• **Aux temps composés** les adverbes se placent généralement **après le participe passé.**

Exemples: Il **est sorti doucement** pour ne réveiller personne.
Virginie **a mangé lentement** parce qu'elle n'avait pas faim.
Anne **a parlé clairement** pour que tout le monde puisse
la comprendre.

Exceptions:

Quelques adverbes se placent dans les temps composés **après
l'auxiliaire.** Ces adverbes sont: **bien, mal, bientôt, souvent, beaucoup,
toujours, déjà, trop, assez, vite, encore, peu, vraiment,**

Exemples: Camille **a vite** couru pour arriver à l'heure.
Rachel **a beaucoup** remercié ses amis de leur gentillesse.
Karim **a bien** fait à l'examen.
Caroline **a vraiment bien** joué son rôle dans Tartuffe.

• **Les adverbes de manière.**

On forme **les adverbes de manière** en ajoutant **-ment** au **féminin singulier de l'adjectif.**

Exemples: franc (m.s.), franche (f.s.), franchement (adverbe)
heureux (m.s.), heureuse (f.s.), heureusement (adverbe)
tel (m.s.), telle (f.s.), tellement (adverbe)
léger (m.s.), légère (f.s.), légèrement (adverbe)
malicieux (m.s.), malicieuse (f.s.), malicieusement (adverbe)

• **L'adverbe d'un adjectif masculin** qui se termine en **i, é,** ou **u** se forme en ajoutant directement **-ment** à **l'adjectif masculin.**

Exemples: simultané (m.s.), simultanément (adverbe)
poli (m.s.), poliment (adverbe)
vrai (m.s.), vraiment (adverbe)
absolu (m.s.), absolument (adverbe)

• L'adverbe d'**un adjectif masculin** qui se termine en **-ant** ou **-ent** se forme en **-amment** ou **-emment.**

Exemples: prudent (m.s.), prudemment (adverbe)
puissant (m.s.), puissamment (adverbe)
courant (m.s.), couramment (adverbe)
évident (m.s.), évidemment (adverbe)

Exception:

lent, lentement (adverbe)

• **Certains adverbes de manière ont une formation irrégulière.**

Exemples:

Adjectif	Adverbe
précis	précisément
mauvais	mal
gentil	gentiment
pire	pis
profond	profondément

- **Les adverbes de lieu** les plus communs:

Exemples: En été les enfants aiment rester **dehors** (outside).
Ici (here) on ne sert jamais de viande.
Caroline habite **loin** (far) de la plage.
Il y a des jouets **partout** (everywhere) dans ce magasin.
Ne restez pas là (there); allez ailleurs (elsewhere).

- **Les adverbes de temps** les plus communs:

Exemples: Je vous verrai **bientôt** (soon).
Elle a **encore** (again) échoué à l'examen.
Pour aller à l'école je dois me réveiller très **tôt** (early).
Elle arrive **en avance** (early) pour avoir de bonnes places.
Papa rentre **tard** (late) de son travail.
Il ne vient jamais à l'heure; il arrive toujours **en retard** (late).
Aujourd'hui (today) nous avons envie d'aller au cinéma.
Demain (tomorrow) nous irons à Nice.
Autrefois (in the past) on ne voyageait pas beaucoup.
Maintenant (now) tout le monde peut voyager.
Elle veut **toujours** (always) faire plaisir à ses parents.
D'abord j'ai pris un taxi; ensuite j'ai pris le train.

- **Les adverbes de quantité** les plus communs:

Exemples: Elle a **trop** (too much) travaillé hier soir.
Il a **peu** (a small amount) étudié pour cet examen.
Elle en a **assez** (to have enough).
Je suis **tellement** (so) fatigué que je n'arrive pas à ouvrir
les yeux.
Je n'ai **presque** (almost) rien à lui dire.

- **Beaucoup, trop, tant**, et **tellement** sont employés comme
adverbes de quantité ou comme expressions de quantité.

Exemples: Elle **a trop mangé** (adverbe de quantité).
Elle a **trop de devoirs** (expression de quantité).
Il **a beaucoup étudié** (adverbe de quantité).
Il a **beaucoup d'amis** (expression de quantité).

- Les adverbes modifient en général un verbe mais **certains
adverbes** modifient **un adjectif ou un autre adverbe**.

Exemples: Paulette a gagné la course. **Très bien.**
Je suis **bien triste** de vous voir partir.
Elle a **si bien** travaillé qu'elle a fini par recevoir le premier
prix.

- **L'adverbe est souvent remplacé** en conversation par **une expression + un adjectif.**

Exemple: Marc parle **d'un air insouciant**, conduit sa voiture d'**une façon dangereuse** et se moque des autres d'**une manière agaçante.**

- **L'adverbe peut aussi être remplacé** par un **nom précédé de: à la manière de, comme, sans.**

Exemples: Tu chantes comme un rossignol.
Norma se fatigue pour ses enfants avec plaisir.
Nous aimons voyager sans bagages.

- **Tout** employé comme adverbe veut dire **très** et il reste **invariable.**

Exemples: Il m'a demandé de lui pardonner tout gentiment.
Faites attention; ce sont de tout petits animaux.

- **Tout** adverbe forme quelques **locutions adverbiales.**

Exemples: **Tout à coup** (all of a sudden) elle a laissé tomber les verres.
Ariane a refusé de sortir avec ses amis et maintenant elle se sent **tout à fait** (completely) triste.
Il veut vous voir **tout de suite** (right away).
Je vais vous parler **tout à l'heure** (very soon).

Voyons si vous avez compris

> **K. Répondez aux questions suivantes en employant l'adverbe qui convient. Suivez l'exemple.**

Exemple: Comment a-t-il agi avec le nouvel élève? **naturel**
Il a agi **naturellement** avec le nouvel élève.

1. Comment parle-t-il? **(clair)**

   Il parle clairement

2. Comment a-t-elle chanté au concert? **(bon)**

   elle a bien chanté

3. Quand le voyez-vous? **(fréquent)**

   Vous le voyez fréquemment.

4. Comment corrige-t-il les devoirs? **(précis)**

5. Comment se conduit-il? **(gentil)**

6. Comment caresse-t-elle le petit chien? **(doux)**

7. Comment regarde-t-il le film? **(attentif)**

8. Comment a-t-il défendu son pays? **(courageux)**

9. Comment s'habille-t-elle? **(élégant)**

10. Comment as-tu exprimé tes idées? **(ouvert)**

11. Comment parle-t-elle? **(sérieux)**

12. Comment travaille-t-il? **(régulier)**

13. Comment a-t-elle confronté le voleur? **(prudent)**

L. Placez correctement les adverbes dans les phrases suivantes.

---

1. Puisque vous ne ne voulez pas qu'on reste chez vous, nous avons cherché un hôtel. **(ailleurs)**

2. Elle a répondu à ses questions. **(vite)**

3. J'ai commencé mon travail pour pouvoir aller au cinéma. **(tôt)**

4. Il fallait apprendre un métier pour survivre. **(autrefois)**

5. Elle a pleuré après la mort de son petit chien. **(beaucoup)**

6. Il a fait son devoir. **(mal)**

7. Nos amis nous ont parlé. **(sincèrement)**

8. Mon ami est venu. **(hier)**

9. Nous voulions nous mettre en route de bonne heure pour visiter des endroits intéressants. **(hier)**

10. Il a vécu dans cette maison. **(toujours)**

LES COMPARATIFS ET LES SUPERLATIFS

LE COMPARATIF

- On compare deux personnes ou deux objets en plaçant les comparatifs **aussi**, **plus** ou **moins** avant l'adjectif ou l'adverbe qu'ils modifient et en plaçant **que** avant la personne ou l'objet comparé.

Exemples: Olivier est **aussi grand que** son frère.
Notre classe **est plus ensoleillée que** la vôtre.
David court **moins rapidement que** Gustave.

- On emploie la préposition **à** après les adjectifs suivants: **inférieur, supérieur, antérieur et postérieur.**

Exemples: Ce fromage est **inférieur à** celui du pays.
Ces nouvelles sont **antérieures à** mon arrivée.

- Au lieu de dire **plus mauvais que** ou **plus petit que**, on dit: **pire que** et **moindre que.**

Exemples: Il n'est **pire douleur que** celle d'échouer après avoir étudié.
Son **amour n'est pas moindre que** le vôtre.

- La comparaison peut s'exprimer par **comme.**

Exemple: J'aime beaucoup le cinéma **comme toi.**

- La comparaison peut s'exprimer par **comme si** (as if).

Exemple: Elle me parlait **comme si** j'étais sa mère.

- Quand on compare **deux quantités** on emploie les expressions **autant de, plus de et moins de.**

Exemples: J'ai **autant de** livres que toi. (I have as many books as you.)
Nous avons **moins d'**argent que vous.
(We have less money than you.)
Elle a **plus de** courage que ses camarades de classe.
(She has more courage than her classmates.)

• Le comparatif de **beaucoup** est **plus**.

Exemple: Anne a beaucoup de livres mais Christine a plus de
livres qu'elle.

LE SUPERLATIF

• On forme **le superlatif** en ajoutant l'article défini **le, la** ou
les avant la forme comparative.

Exemples: Le TGV est le train **le plus rapide**.
La tragédie de Phèdre est **la plus émouvante**.
Ces poèmes sont **les moins intéressants** du recueil.

• **Plus mauvais** et **le plus mauvais** sont employés dans **un
sens concret**.

Exemple: Ce bateau est plus mauvais que l'autre.

• **Pire** et **le pire** sont employés dans **un sens abstrait.**

Exemple: Si nous allons parler de paresse, Marie est pire que
Chantal.

• **Plus petit** et **le plus petit** sont employés dans un **sens concret** pour mesurer une chose.

Exemple: Ma maison est plus petite que la tienne.

• **Moindre** et **le moindre** sont employés dans **un sens
abstrait.**

Exemple: Je n'ai pas la moindre idée de ce qu'il compte faire.

• **Très** est un superlatif qui est toujours **suivi** d'un **adjectif**
ou d'un **adverbe.**

Exemples: Je suis très heureuse de faire votre connaissance.
David court très rapidement.

• **Davantage** indique la supériorité et se place généralement à la fin d'une phrase.

Exemple: Ce roman est très triste mais celui-là l'est davantage.

- **Plus...plus**, **moins...moins**, **plus...moins** expriment la supériorité ou l'infériorité.

Exemples: Plus je travaille, plus j'ai mal à la tête.
Plus je le connais, plus je l'aime.
Plus il me parle, moins il arrive à me convaincre.
Moins j'étudie, moins j'apprends.

- **Certains adjectifs n'ont pas de forme comparative ou superlative comme: premier, première** (first); **dernier, dernière** (last); **aîné** (older, oldest); **cadet** (younger, youngest).

LES VERBES

- Le verbe est **l'élément principal** d'une proposition. Le verbe indique soit **une action,**

Exemple: Nous marchons rapidement.

- Soit **un état,**

Exemple: Je suis nerveuse.

- On appelle les verbes qui ont un **complément d'objet direct** des verbes **transitifs.**

Exemple: Le garçon regarde la télévision.

- Les verbes **qui n'ont pas de compléments** sont des verbes **intransitifs.**

Exemple: Elle sort du magasin.

- Quand le verbe est précédé d'un pronom **réfléchi,** il est **pronominal.**

Exemple: Je me lave les mains.

Les verbes se divisent en deux groupes: **les verbes réguliers** et les **verbes irréguliers.**

Les verbes réguliers se divisent en **trois groupes:**

1. **Les verbes du premier groupe** qui se terminent en **er** et qui ont comme modèle le verbe **aimer.** Tous les verbes qui se terminent en **er** excepté pour le verbe **aller** suivent la même conjugaison.
2. **Les verbes du deuxième groupe** qui se terminent en **ir** et qui ont comme modèle le verbe **finir.** Dans ce groupe il y a plusieurs exceptions. Le verbe **partir** sert comme modèle à plusieurs verbes qui se terminent en **ir** et qui ne suivent pas le verbe **finir.**
3. **Les verbes du troisième groupe** qui se terminent en **re** et qui ont comme modèle le verbe **vendre. Ce groupe a le plus d'exceptions.**

Pour revoir vos verbes, étudier le tableau des verbe réguliers et irréguliers (Appendix III).

Pour exprimer une réalité ou une possibilité, on emploie des modes différents.

Les verbes français ont **six modes** et chaque mode à l'exception de l'impératif a des temps différents.

Les modes sont:

Le mode indicatif, le mode impératif, le mode conditionnel, le mode subjonctif, le mode infinitif et le mode participe.

LE MODE INDICATIF

Le mode indicatif indique une action présente, passée ou futur.

Le présent de l'indicatif

Le présent de l'indicatif exprime en général une action qui a lieu au moment où l'on parle. Il s'emploie aussi pour indiquer:

1. **un fait actuel**
   Exemple: L'ordinateur joue un grand rôle dans notre société moderne.
2. **l'habitude dans le présent**
   Exemple: Je vais au parc tous les jours.
3. **un fait vrai en tout temps**
   Exemple: Les élèves n'aiment pas les examens.
4. **un fait futur proche dans le langage familier**
   Exemple: L'exposition commence demain.
5. **un fait futur après la conjonction si**
   Exemple: Si je réussis à l'examen, je partirai en France.

Si (present), (futur)

6. **un fait passé dans un récit (le présent de narration)**
   Exemple: Pendant la révolution la noblesse trouve refuge en
   Angleterre et en Belgique.
7. **un conseil.**
   Exemple: Pour aller au seizième vous prenez le métro.

Le passé composé de l'indicatif

Pour former **le passé composé** on emploie **le présent de l'indicatif** de **l'auxiliaire avoir** ou de **l'auxiliaire être**, et **on ajoute le participe passé** du verbe. En général, les verbes se conjuguent au passé composé avec l'auxiliaire **avoir** excepté les verbes intransitifs suivants: **aller, venir (revenir), arriver, partir, retourner, monter, descendre, sortir, entrer (rentrer), rester, naître, mourir, devenir.**

Certains verbes qui sont en général intransitif comme **monter, descendre, sortir** et **rentrer** peuvent avoir un **complément d'objet direct.** Dans ces cas ces verbes emploient l'auxiliaire **avoir** au passé composé.

Exemples: Elle a monté les valises.
Elle a rentré ses affaires dans l'armoire.
Michelle a descendu les boîtes au premier étage.

Le passé composé exprime **une action passée.** Le passé composé répond à la question: **"Et puis, qu'est-ce qui est arrivé?" (And then what happened?)**

Exemple: Il faisait beau et je suis allé au parc. (Il faisait beau et puis, qu'est-ce qui est arrivé? Je suis allé au parc.)

Je dormais quand le téléphone a sonné. (Je dormais et puis, qu'est-ce qui est arrivé? Le téléphone a sonné.)

Hier matin elle s'est réveillée tard parce que son réveil n'a pas sonné. (Hier matin qu'est-ce qui est arrivé? Elle s'est réveillée tard. Qu'est-ce qui est arrivé? Son réveil n'a pas sonné.)

• **Le passé composé** remplace **le passé simple** dans **la conversation.**

Exemple: Jules César a conquis la Gaule et il a vaincu Vercingétorix.

• **Le passé composé** s'emploie **après si** conjonction de condition.

Exemple: Si dans une heure vous n'avez pas fini le travail, téléphonez-moi.

Les participes passés des verbes conjugués avec **avoir** et des verbes **pronominaux** s'accordent en genre et en nombre avec **le nom** ou **le pronom complément d'objet direct** qui **précède** le verbe.

Exemples: J'ai nettoyé la table; je l'ai nettoyée.
Nous avons appris la leçon; nous l'avons apprise.
Nous nous sommes lavés ce matin.

Si l'objet direct suit le verbe il n'y a pas d'accord.

Exemple: Elle s'est lavé la figure.

Si le pronom réfléchi est un **complément d'objet indirect** il **n'y a pas d'accord.**

Exemples: Ils se sont parlé. (**Se** est complément d'objet indirect.)
Nous nous sommes dit bonjour.

Les participes passés des verbes conjugués avec **être** s'accordent avec **le sujet.**

Exemples: Nous sommes sortis avec nos amis.
Elle est morte de faim et de fatigue.

Le passé simple de l'indicatif

Le passé simple est un temps qui s'emploie dans **la langue écrite** pour exprimer un fait passé. On peut toujours remplacer le passé simple par le passé composé.

Les verbes qui se terminent en **er** ont tous les mêmes terminaisons au passé simple:

J'aim**ai**; tu aim**as**; il aim**a**; nous aim**âmes**, vous aim**âtes**, ils aim**èrent**.

Les verbes qui se terminent en **ir** ont tous les mêmes terminaisons au passé simple:

Je fin**is**; tu fin**is**; il fin**it**; nous fin**îmes**; vous fin**îtes**, ils fin**irent**.

La troisième personne du singulier et la troisième personne du pluriel sont les formes du passé simple qu'on emploie le plus souvent.

L'imparfait

On **forme** l'imparfait en prenant la première personne du pluriel du présent de l'indicatif du verbe et en remplaçant le **-ons** par **les terminaisons** suivantes: **ais, ais, ait, ions, iez, aient.**

- **connaître (nous connaissons):**
  je connaiss**ais**, tu connaiss**ais**, il, elle, on connaiss**ait**, nous connaiss**ions**, vous connaiss**iez**, ils, elles connaiss**aient**

- **rire (nous rions):**
  je ri**ais**, tu ri**ais**, il, elle, on ri**ait**, nous ri**ions**, vous ri**iez**, ils elles ri**aient**

L'imparfait décrit une **condition** passée. On l'emploie pour exprimer:

- **la durée dans le passé**   (imp) quand.. (passé composé)

Exemple: Les élèves jouaient quand le professeur est arrivé. (Quelle était la condition des élèves? Ils jouaient et puis qu'est-ce qui est arrivé? Le professeur est arrivé.)

- **une habitude dans le passé**

Exemple: Chaque matin nous allions à l'école.

- **la description dans le passé**

Exemple: Hier tu étais très fatigué.

Pour mieux comprendre le rapport entre le passé composé et l'imparfait il est utile de se demander si l'action passée **décrit une condition** ou si elle **répond à la question "Et puis qu'est-ce qui est arrivé"**? Demandez toujours cette question avant de décider sur l'imparfait ou le passé composé.

Exemple: Nous bavardions ensemble lorsqu'un jeune homme élégant s'est approché de nous. (Quelle était notre condition? Nous bavardions. Ce n'est pas une action que nous avons décidé de prendre. Et puis qu'est-ce qui est arrivé? Un jeune homme élégant s'est approché de nous.)

Le plus-que-parfait

Le plus-que-parfait se forme avec l'auxiliaire **avoir** ou **être** à l'**imparfait de l'indicatif + le participe passé.**

- **apprendre:**
  j'avais appris, tu avais appris, il, elle, on avait appris, nous avions appris, vous aviez appris, ils, elles avaient appris

- **sortir:**
  j'étais sorti, tu étais sorti, il était sorti, elle était sortie, on était sorti, nous étions sortis, vous étiez sortis, ils étaient sortis, elles étaient sorties

Le plus-que-parfait s'emploie seulement par rapport à un autre temps passé, pour exprimer **une action terminée avant une autre action au passé.**

Exemples: Parce qu'il avait gagné beaucoup d'argent, il est allé en Europe. (Deux actions au passé: l'action de gagner l'argent précède l'action de partir.)

La dame avait traversé la rue quand elle est tombée. (Deux actions au passé: l'action de traverser la rue est terminée avant l'action de tomber.)

Le plus-que-parfait s'emploie après la conjonction de condition **"si"** dans le passé.

Exemple: Si j'avais pu vous rencontrer, je l'aurais fait.

Si plus que parfait, past conditional

Le futur simple de l'indicatif

Le futur de l'indicatif exprime **un fait qui n'est pas encore arrivé** au moment où l'on parle.

Exemple: L'été prochain je ferai un long voyage.

Pour former le futur simple on prend **l'infinitif du verbe** et on ajoute les terminaisons du futur: **ai, as, a, ons, ez, ont.** Si l'infinitif du verbe se termine en **-re,** on supprime le **e.**

- **aimer:**
  j'aimer**ai**; tu aimer**as**; il aimer**a**; nous aimer**ons**; vous aimer**ez**; ils aimer**ont**

- **finir:**
  je finir**ai**; tu finir**as**; il finir**a**; nous finir**ons**; vous finir**ez**; ils finir**ont**

- **vendre:**
  je vendr**ai**; tu vendr**as**; il vendr**a**; nous vendr**ons**; vous vendr**ez**; ils vendr**ont**

Certains verbes ont un radical irrégulier au futur, mais les termi- naisons sont toujours les mêmes.

- **voir:**
  je verr**ai**; tu verr**as**; il verr**a**; nous verr**ons**; vous verr**ez**; ils verr**ont**

Le **futur simple** s'emploie aussi pour exprimer:

Sidenote for essays:
Autrefois (in the past)
Dans l'avenir (in the future)

1. **L'habitude dans l'avenir**
   Exemple: Tous les jours, pendant l'été, Thomas nagera dans la piscine.
2. **Un conseil**
   Exemple: Vous prendrez la première rue à gauche.
3. **Un ordre**
   Exemple: Dorénavant (from now on), tu feras chaque jours tes devoirs.

Le futur antérieur

will have

Le futur antérieur est un temps composé. Pour former le futur antérieur on prend **le futur simple** de l'auxiliaire **avoir** ou **être + le participe passé** du verbe en question.

Exemples: Dès que nous **aurons fini** nos devoirs, nous sortirons avec nos amis.

A cinq heures tu **auras fini** ton travail et nous irons au cinéma.

Le futur antérieur, comme le plus-que-parfait, existe uniquement par rapport à un autre temps dans le futur. **Le futur antérieure indique qu'une action dans le futur sera terminée avant une autre action dans le futur.**

Exemple: Quand j'*futur antérieur* **aurai fini** ce livre, **je te** *futur* **raconterai** l'histoire. (Deux actions dans le futur: je vais finir le livre avant de raconter l'histoire.)

L'accord du participe passé se fait au futur antérieur comme dans tous les autres temps composés.

LE MODE IMPÉRATIF

Le verbe au **mode impératif** exprime **un ordre**, **un conseil**, et au négatif **une défense**. L'impératif s'emploie à la deuxième personne du singulier et du pluriel et à la première personne du pluriel. La forme de l'impératif est comme la forme du présent de l'indicatif.

Exception:

Les verbes qui se terminent en **-er** laissent tomber le **s** à la deuxième personne du singulier.

no "s" for tu form

Exemples: **Va** le voir sans tarder.
         Dépêche-toi; nous sommes en retard.

Dans certain cas on ajoute "s" ou "t" pour rendre **la prononciation** plus simple.

Exemples: **Va-t-en** (get out). Je ne veux plus te voir.
Vas-y. Ne change pas tes plans pour moi.

Les impératifs irréguliers sont:

être: sois, soyons, soyez.
avoir: aie, ayons, ayez.
savoir: sache, sachons, sachez.
vouloir: veuillez.

LE MODE CONDITIONNEL

Le mode conditionnel présente un fait qui dépend d'une condition, exprimée ou non par **si.**

Le mode conditionnel a deux temps: le présent du conditionnel et le passé du conditionnel.

Pour former **le conditionnel présent** on prend **le radical du futur + les terminaisons de l'imparfait.**   would

- **aimer:**
  j'aimer**ais**; tu aimer**ais**; il aimer**ait**; nous aimer**ions**; vous aimer**iez**; ils aimer**aient**

- **finir:**
  je finir**ais**; tu finir**ais**; il finir**ait**; nous finir**ions**, vous finir**iez**, ils finir**aient**

- **vendre:**
  je vendr**ais**; tu vendr**ais**; il vendr**ait**; nous vendr**ions**; vous vendr**iez**; ils vendr**aient**

Pour former **le conditionnel passé**, on emploie l'auxiliaire **avoir** ou **être au conditionnel présent + le participe passé** du verbe en question. Les règles de l'accord du participe passé sont les mêmes que dans les autres temps composés.

- **aimer:**
  j'aurais aimé, tu aurais aimé, il, elle aurait aimé, nous aurions aimé, vous auriez aimé, ils, elles auraient aimé

- **sortir:**
  je serais sorti, tu serais sorti, il serait sorti, elle serait sortie, nous serions sortis, vous seriez sortis, ils seraient sortis, elles seraient sorties

• **Le conditionnel présent** est employé comme forme de politesse. Cette forme s'emploie surtout avec les verbes **vouloir**, **aimer** et **pouvoir**.

Exemples: Je voudrais de la salade, s'il vous plaît.

Nous aimerions mieux aller à la plage.

Pourriez-vous nous aider demain matin.

• **Le conditionnel présent** exprime **le futur dans le passé.** Dans une phrase où il y a deux actions passées si l'action dans la proposition subordonnée est au futur par rapport à l'action dans la proposition principale, l'action de la subordonnée est au conditionnel présent.

Exemples: Elle nous a déclaré qu'elle **n'épouserait pas** Marc. (Deux actions dans le passé; elle a déclaré précède sa décision futur d'épouser Marc.)

Maman nous a dit qu'elle **rentrerait** tard. (Deux actions dans le passé; ce que Maman nous a dit précède le fait qu'elle va rentrer tard.)

• **Le conditionnel présent** s'emploie toujours comme résultat d'une condition introduite par **si + l'imparfait.**

~~imp~~ imp: ... conditional

Exemples: S'il faisait mauvais nous n'irions pas à la piscine.

Si j'avais beaucoup d'argent j'achèterais une villa près de Cannes.

• **Le conditionnel présent** s'emploie après **au cas où, dans le cas où** pour exprimer une condition ou une supposition.

Exemples: Donne-lui ton adresse au cas où elle irait à Paris.

Je prendrai ma voiture dans le cas où je serais en retard.

• **Le conditionnel présent** s'emploie pour exprimer **un rêve; un plaisir qu'on imagine.**

Exemple: Dans la villa de mes rêves il y aurait des fleurs partout.

• **Le conditionnel passé** s'emploie comme forme de **politesse.**

Exemple: **Nous aurions aimé** vous revoir avant votre départ.

• **Le conditionnel passé** peut exprimer **une nouvelle non certaine.**

Exemple: **Il aurait vendu** sa maison, paraît-il.

present ... present
present ... futur
present ... imperatif
imparfait ... conditionel present
plus que parfait .... conditionel passé

• **Le conditionnel passé** exprime **le regret d'un plaisir manqué.**

Exemple: **Nous aurions voulu aller** avec vous à l'exposition de Monet.

• **Le conditionnel passé** peut exprimer une action qui ne s'est jamais réalisée au passé; dans ce cas il s'emploie comme résultat d'une condition introduite par **si + le plus-que-parfait.**

Exemples: Si j'avais su que Marie avait gagné le premier prix, je te l'aurais dit.

Si vous nous aviez bien expliqué cela, nous l'aurions bien compris.

LE MODE SUBJONCTIF

Le subjonctif n'exprime pas une action réelle comme le mode indicatif, mais **une action voulue**, **souhaitée ou pensée**. Le subjonctif s'emploie toujours dans une **proposition subordonnée** qui dépend d'une proposition principale. Les deux propositions ont deux sujets différents.

Pour **former le présent du subjonctif**, on prend **la troisième personne du pluriel du présent de l'indicatif** et on remplace le **-ent** par les terminaisons suivantes: **e, es, e, ions, iez, ent.**

• **dire, ils disent:**
que je dise, que tu dises; qu'il, qu'elle, qu'on dise; que nous disions; que vous disiez; qu'ils, qu'elles disent

• **aimer, ils aiment:**
que j'aime; que tu aimes; qu'il, qu'elle, qu'on aime; que nous aimions, que vous aimiez, qu'ils, qu'elles aiment

• **finir, ils finissent:**
que je finisse; que tu finisses; qu'il, qu'elle, qu'on finisse; que nous finissions, que vous finissiez, qu'ils, qu'elles finissent

• **vendre, ils vendent:**
que je vende, que tu vendes, qu'il, qu'elle, qu'on vende, que nous vendions, que vous vendiez, qu'ils, qu'elles vendent

Certains **verbes** sont **irréguliers** au subjonctif.

- vouloir:

  que je veuille, que tu veuilles, qu'il, qu'elle, qu'on veuille, que nous voulions, que vous vouliez, qu'ils, qu'elles veuillent

- savoir:

  que je sache, que tu saches, qu'il, qu'elle, qu'on sache, que nous sachions, que vous sachiez, qu'ils, qu'elles sachent

- aller:

  que j'aille, que tu ailles, qu'il, qu'elle, qu'on aille, que nous allions, que vous alliez, qu'ils, qu'elles aillent

- faire:

  que je fasse, que tu fasses, qu'il, qu'elle, qu'on fasse, que nous fassions, que vous fassiez, qu'ils, qu'elles fassent

- pouvoir:

  que je puisse, que tu puisses, qu'il, qu'elle, qu'on puisse, que nous puissions, que vous puissiez, qu'ils, qu'elles puissent

- valoir:

  que je vaille, que tu vailles, qu'il, qu'elle, qu'on vaille, que nous valions, que vous valiez, qu'ils, qu'elles vaillent

- falloir:

  qu'il faille

- avoir:

  que j'aie, que tu aies, qu'il qu'elle, qu'on ait, que nous ayons, que vous ayez, qu'ils aient

- être:

  que je sois, que tu sois, qu'il, qu'elle, qu'on soit, que nous soyons, que vous soyez, qu'ils soient

Pour former **le passé du subjonctif**, on prend **le présent du subjonctif de l'auxiliaire avoir** ou **être + le participe passé** du verbe en question. L'accord du participe passé est le même que dans les autres temps composés.

- parler:

  que j'aie parlé, que tu aies parlé, qu'il, qu'elle, qu'on ait parlé, que nous ayons parlé, que vous ayez parlé, qu'ils, qu'elles aient parlé

- mourir:

  que je sois mort, que tu sois mort, qu'il soit mort, qu'elle soit morte, que nous soyons morts, que vous soyez morts, qu'ils soient morts, qu'elles soient mortes

Le subjonctif s'emploie dans **une proposition indépendante** ou **principale** pour exprimer:

- **Un ordre,** à la troisième personne.

Exemples: Que cet élève insolent sorte à l'instant.
Qu'on le fasse entrer; je veux lui parler.

- **Un désir ou un souhait.**

Exemples: Que votre volonté soit faite.
Vive la France.
Dieu vous bénisse. (God bless you.)
A Dieu ne plaise (God forbid.)

Le subjonctif s'emploie **dans une proposition subordonnée** dans les cas suivants:

- Après **un verbe de volonté ou de désir**

Use subj after vouloir in essay

Exemple: Antoinette veut que son amie lui dise la vérité.

- Après **un verbe de doute**

Exemple: Je doute qu'il vienne ce soir.

- Après **un verbe d'opinion à la forme négative ou interrogative**

Exemples: Je ne pense pas qu'il sache la réponse à votre question.
Croyez-vous qu'il comprenne le problème?

Mais: *— indicatif*
Je pense qu'il sait la réponse à votre question.
Je crois qu'il comprend le problème.

- Après **une expression de sentiment**

Exemples: **Je suis heureuse** que tu viennes avec moi à Paris.
Elle est triste que nous partions bientôt.
Il se plaint que son film ait eu peu de succès.
Maman **craint** que je ne réussisse pas.
Le professeur **est furieux** que nous n'ayons pas fini nos devoirs.

Nous sommes surpris que notre équipe ait perdu le match hier.

Je suis stupéfait que tu aies gagné la loterie.

Exception:

Le subjonctif ne suit pas le verbe espérer. Après espérer au présent, le verbe de la subordonnée est au futur simple de l'indicatif.

Exemple: J'espère que tu viendras avec nous à la campagne.

Quand espérer est à l'imparfait le verbe de la subordonnée est au conditionnel présent.

Exemple: J'éspèrais que tu viendrais avec nous à la campagne.

- **Le subjonctif** s'emploie après **les conjonctions suivantes**: **bien que** (although), **quoique** (although), **pour que** (in order that), **afin que** (in order that), **de sorte que** (so that, in such a way that), **pourvu que** (as long as), **malgré que** (despite), **autant que** (as much as), **avant que** (before), **de peur que** (for fear that, lest) **de crainte que** (for fear that, lest), **sans que** (without), **à moins que** (unless), **en attendant que** (waiting), **jusqu'à ce que** (until)

Exceptions:

- **Le subjonctif** ne suit pas **les conjonctions** suivantes; elles sont suivies de l'indicatif:
  aussitôt que (as soon as), **dès que** (as soon as), **tandis que** (while), **puisque** (since), **lorsque** (when), **quand** (when), **si** (if), **tant que** (as long as), **peut-être que** (perhaps)

- **Le subjonctif** s'emploie après beaucoup de locutions et de verbes **impersonnels** marquant une **obligation**, une **nécessité**, une **possibilité**, un **sentiment** ou une **improbabilité**: **il semble** (it seems), **il est nécessaire** (it is necessary), **il faut** (it is necessary), **il est important** (it is important), **il convient** (it is fitting), **il vaut mieux** (it is better), **il est préférable** (it is better), **il se peut** (it may be), **il est juste** (it is right), **il est faux** (it is false), **il est bon** (it is good), il **est essentiel** (it is essential), **il est impossible** (it is impossible), **il est urgent** (it is urgent), **il est temps** (it is time), **il est rare** (it is rare)

Exceptions:

- Le subjonctif ne suit pas "il est probable".

Exemple: Il est probable que je vous verrai demain.

- Le subjonctif ne suit pas les locutions et les verbes impersonnels qui indiquent une certitude à l'affirmatif.

Exemples: **Il me semble** (it seems to me) qu'il fait beau.
Il ne me semble pas qu'il fasse beau.
Il est certain (it is certain) qu'il viendra ce soir.
Il n'est pas certain qu'il vienne ce soir.
Il est évident (it is evident) qu'il me comprend.
Il n'est pas évident qu'il me comprenne.

- Le subjonctif s'emploie dans une proposition subordonnée relative après: le seul, le premier, le dernier, le plus, dans un sens subjectif superlatif.

Exemples: Il est **le seul qui** me comprenne.
Le train bleu est **le meilleur restaurant que** je connaisse.

- Le subjonctif s'emploie dans une proposition subordonnée relative pour exprimer un désir ou un but qu'on veut atteindre. (to reach)

Exemples: Je cherche un homme qui puisse bien comprendre le russe.
J'ai besoin d'un catalogue qui ait de bons modèles.

- Le subjonctif s'emploie après des expressions indéfinies qui ne marquent pas une identité exacte comme: quoique (whatever), **qui que** (whoever), **quel...que** (whatever), **quelque + adjectif ou adverbe...que** (however), **si + adjectif ou adverbe...que** (however) **où que** (wherever).

Exemples: **Où qu'**il aille il ne peut jamais être seul depuis son succès.
Quoiqu'on en dise, je trouve les films européens plus
intéressants que les films américains.
Quelque célèbre qu'il soit, il est toujours modeste.
Si patient **qu'**on soit, le temps semble toujours long à
l'hôpital.
Qui que vous soyez il faut respecter la loi.

Si l'action de **la proposition subordonnée** a lieu **au même moment, ou à un moment futur** à l'action de la proposition principale, on emploie le **présent du subjonctif.**

Exemples: Anne est contente que sa fille vienne la voir avec son fiancé.

Nous voulions que tu chantes avec nous ce soir.

Bien qu'il fasse mauvais, nous irons faire du ski.

Si l'action de **la proposition subordonnée** a lieu à **un moment antérieur** à l'action de la proposition principale, on emploie le **passé du subjonctif.**

Exemples: Je suis très heureuse que vous soyez venu nous rendre visite.

Bien que le professeur nous ait bien expliqué la leçon, nous ne la comprenons pas.

LE MODE INFINITIF

L'emploi du mode infinitif est **varié.**

- **L'infinitif** peut avoir les mêmes fonctions qu'**un nom.**

Exemples: Il est important d'**aider** nos camarades de classe. (L'infinitif est sujet.)

Je désire **rester** avec vous. (L'infinitif est complément d'objet direct.)

Il a promis de **finir** son devoir. (L'infinitif est complément d'objet direct.)

- **L'infinitif** peut exprimer **la manière.**

Exemple: Il passe son temps à regarder la télé.

- L'infinitif peut être **complément de nom.**

Exemple: Le moment de partir est arrivé.

- **L'infinitif** peut exprimer **un ordre** ou **une défense.** Dans ces cas il s'adresse à tout le monde au lieu de s'adresser à une personne en particulier. Il s'emploie surtout dans les avis au public, les recettes de cuisine et les ordonnances médicales (prescriptions).

Exemples: Faire **cuire** au four.

Ne pas **avaler.** (Do not swallow.)

- **L'infinitif** dans une proposition subordonnée **remplace le subjonctif** si le sujet dans la proposition principal est le même que dans la proposition subordonnée.

Exemples: Je voudrais **vivre** tout près de la mer.

Elle sera contente de vous **voir**.

- **L'infinitif** dans une proposition relative **remplace le subjonctif ou le conditionnel,** et dans ce cas le relatif est toujours **précédé d'une préposition.**

Exemples: Je n'ai personne avec qui travailler (avec qui je travaillerais; avec qui je puisse travailler).

- L'infinitif au négatif **est précédé de la négation complète.**

Exemples: Essayons de ne pas le froisser car il est très sensible.

Il vaut mieux ne rien dire.

Ne plus vous voir serait très difficile pour moi.

Pour former **l'infinitif passé** on emploie l'auxiliaire **avoir** ou **être à l'infinitif + le participe passé du verbe en question.** L'infinitif passé suit la préposition **après.**

Exemples: Après avoir fini nos devoirs, nous sortirons avec nos amis.

Après être sortie elle s'est rendue compte qu'elle avait oublié ses clés.

LE MODE PARTICIPE

- **Le participe présent** s'emploie après la préposition **en** pour former le gérondif.

- **Le gérondif** exprime le moyen, la manière ou une action simultanée avec l'action du verbe principal. Le participe présent répond à la question **"Comment"?** en expliquant l'action du sujet.

Exemples: Elle réussit **en étudiant** sans arrêt. (Comment réussit-elle? Par quel moyen réussit-elle?)

Elle est partie **en pleurant.** (Comment est-elle partie? De quelle manière?)

J'ai rencontré mon ami **en me promenant.** (L'action du gérondif est simultanée avec celle du verbe principal.)

- **Le participe présent** a une forme composée pour exprimer une action antérieure à celle du verbe principal.

Exemples: **Ayant** bien **mangé,** le bébé a dormi toute la nuit.

Étant parti avant nous, Marc a pu nettoyer l'appartement
avant notre arrivée

Ayant été riche toute sa vie, elle ne peut jamais se priv-
er de quoi que ce soit.

• Dans certains cas **le participe présent** n'exprime pas l'action
d'un verbe, mais une qualité. Dans ce cas il se rapporte en
genre et en nombre avec le nom et il devient **un adjectif
verbal.**

Exemples: Paulette a toujours une figure souriante.

Ce sont des problèmes gênants.

• **Le participe passé** s'emploie dans tous **les temps composés:**
le passé composé, le plus-que-parfait, le futur antérieur,
le conditionnel passé et le subjonctif passé.

• **Le participe passé** suit ou bien l'auxiliaire **avoir** (dans la
majorité des cas) ou bien l'auxiliaire **être** (les exceptions
et tous les verbes réfléchis).

• **Le participe passé employé avec le verbe avoir** s'accorde
en genre et en nombre avec **le complément d'objet direct**
si le complément d'objet direct est avant le verbe.

Comparez:
J'ai pris la pomme de mon frère.
Je l'ai prise.
J'ai mangé la tarte. Quelle tarte as-tu mangée?

• **Le participe passé** ne s'accorde pas avec le pronom **en**

Exemple: Des films, j'en ai vu beaucoup.

• **Le participe passé reste invariable avec les verbes
impersonnels:**

Exemple: Des froids, il en a fait cette année.

• **Le participe passé** employé avec l'auxiliaire **être** s'accorde
en genre et en nombre avec **le sujet** du verbes.

Exemple: Nous sommes sortis avec nos amis.

Voyons si vous avez compris

M. Complétez les phrases par la forme convenable du présent de l'indicatif.

---

1. **(lire)** Elle...*lit*............. un poème.

2. **(dire)** Nous leur...*disons*......au revoir.

3. **(traduire)** Vous ...*traduisez*.......le paragraphe.

4. **(construire)** Vous...*construisez*...... une maison.

5. **(écrire)** Elles...*écrivent*....... une lettre à leur parents.

6. **(interdire)** Le professeur nous...*interdit*.........de parler.

7. **(vivre)** Elle...*vit*.............. avec ses parents.

8. **(suivre)** Ils .....*suivent*.......... un cours de français.

9. **(décrire)** Tu ....*décris*......... la scène.

10. **(croire)** Nous...*croyons*..... qu'elle dit la vérité.

11. **(mourir)** Il ....~~meurt~~ *meurt*.............de fatigue.

12. **(voir)** On les ....*voit*.............. lundi.

13. **(mourir)** Je....~~meurs~~ *meurs*....de faim.

14. **(croire)** Vous....*croyez*............ qu'elle a raison.

15. **(voir)** Je.....*vois*........ que tu as tort.

16. **(fuir)** Nous...~~fuions~~ *fuyons*..... sa présence.

17. **(peindre)** Elle...*peint*.............. la salle.

18. **(craindre)** Nous...*craignons*... de ne pas réussir.

19. **(plaindre)** Je...*plains*.............. les pauvres.

20. (**joindre**) Vous ne ....joignez..... pas les copains.

21. (**prendre**) Nous...prenons.... l'autobus.

22. (**prendre**) Ils....prennent.......l'avion.

23. (**comprendre**) Tu...comprends.....le français.

24. (**venir**) Elles....viennent.....ce soir.

25. (**tenir**) Tu...tiens.....l'enfant.

26. (**appartenir**) Ce livre m'...appartient.....

N. Mettez les verbes entre parenthèses à la forme convenable du présent de l'indicatif.

---

1. Elle (**ouvrir**)...ouvre... la porte.

2. Nous (**souffrir**)....souffrons.....de la chaleur.

3. Les paysannes (**cueillir**)..cueillissent.......les fleurs.

4. Vous (**rire**)...riez....souvent en classe.

5. Ils (**courir**)...courent...très vite.

6. Je (**rompre**)....romps.......tous les liens.

7. Elles (**conclure**)...concluent.....que nous avons tort.

8. Je (**battre**)....bats..............le tapis.

9. Ne vous (**battre**)..battez...pas.

10. Ils (**mettre**)...mettent.....le couvert.

11. Tu (**mettre**)...mets.........la nappe sur la table.

12. Je (**dormir**)...dors..............le dimanche.

13. Tu (**partir**)...pars.............à midi.

14. Elles (**servir**)......servent......le dîner.

15. Elle ne (**mentir**)......ment......jamais.

16. Ils (**sentir**)......sentent......l'odeur fraîche.

17. Je (**vaincre**)......vaincs......mon rival.

18. Vous (**connaître**)......connaissez......mon père.

19. Je (**connaître**)......connais......bien la ville.

20. Nous (**haïr**)......haïssons......le mensonge.

21. Je (**haïr**)......hais...... (to hate) l'injustice.

22. Ils (**plaire**)......plaisent......à tout le monde.

23. Nous (**plaire**)......plaisons......au prof.

O. Mettez les verbes entre parenthèses au temps qui convient.

Hier Jacob, Gustave et Jordan (devoir) ont....dû.....(1) [devaient (imp)] étudier

pour l'examen de français. A l'école il y (avoir)....avait.....(2) une

grande fête à cause du match de football. Les garçons

(aller)....sont allés....(3) à la bibli pour étudier. Ils (arriver)

....sont arrivés....(4) à la bibli pour découvrir que beaucoup d'élèves

(être)....étaient....(5) à la bibli pour regarder la télé. Alors ils

(décider)....ont décidé....(6) de retourner à la salle d'étude pour étudier

pour l'examen. Ils (demander) ont....demandé....(7) à leur prof de leur donner

des exemples; ils (attendre) attendaient / ont attendu....(8) pendant que le prof (préparer)

a préparé / préparait....(9) des exemples sur l'ordinateur. Le prof (prendre)

a....pris....(10) beaucoup de temps mais les garçons (être)....étaient....(11)

très patients.

> **P. Mettez les verbes entre parenthèses aux temps qui conviennent. Faites attention à l'emploi du conditionnel.**

1. Il pleuvait à verse quand nous (sortir) ...~~sortis~~ *sommes*.. avec notre groupe d'amis. Nous portions nos imperméables au cas où il (pleuvoir) *pleuvrait*. Mon ami Jean-Pierre avait l'air très fatigué, il (devoir) *a dû ~~devait~~* se coucher tard hier soir. Après (faire) ....*avoir fait*. notre promenade habituelle au parc nous (décider) *avons décidé*. d'aller voir un film d'aventures.   *conditionnel*

2. J'(aimer) *aimerais* bien accepter votre invitation, mais j' (promettre) ..~~avais de~~ *ai promis / ai promis*.. à ma soeur de l'acompagner au théâtre. Si j'avais su que tu voulais me voir j' (dire) *aurais dit*.. à ma soeur de demander à quelqu'un d'autre de l'accompagner.

3. Après que Rachel (faire) ...~~fait~~ *aura fait*... tous ses achats, nous (pouvoir) *pourrons* prendre sa voiture. Elle nous la prêtera, si on (promettre) *promet* de ne pas trop tarder. Autrefois nous (avoir) *avions* notre propre voiture, mais depuis quelques mois notre père (perdre) *a perdu* son poste et nous (devoir) *~~devons~~ avons dû* vendre notre voiture.

4. Si tu (lire) ...~~lis~~ *avais lu*.... le journal ce matin, tu (savoir) *~~sauras~~ aurais su*... les nouvelles du monde. En (lire) ..*lisant*. on apprend toujours beaucoup de choses. Toi tu t'imagines que tu peux suivre tout ce qui se passe en (regarder) *regardant*.. la télé. Si tu continues à faire cela tu ne (savoir) *sauras* pas les détails importants qu'on ne mentionne jamais à la télé.

> **Q. Mettez les verbes entre parenthèses au subjonctif présent.**

1. Il faut que tu (**faire**) *fasses*...tes devoirs.

2. Je (veux) qu'il (**partir**) *parte*...ce soir.

3. Je regrette que vous (**être**) *soyez*....en retard.

4. Elle est très heureuse que nous (**prendre**) *prenions* ✓ ..le train.

5. Il est nécessaire que vous (**dire**) *disiez*..la vérité.

6. Bien qu'il (**avoir**) *ait*....raison, je ne suis pas d'accord avec lui.

7. Je cherche un homme qui (**savoir**) *sache*...... parler russe.

8. Pensez-vous qu'il (**vouloir**)...*veuille*... nous voir?

9. Je ne crois pas qu'ils se (**connaître**)........... *connaissent neg*

10. Il faut que vous (**pouvoir**)...*puissiez*...... le comprendre.

11. Je regrette qu'ils (**avoir**)...*aient*...... une mauvaise note.

> **R.I. Mettez les verbes entre parenthèses au temps qui conviennent.**

(Essayer) ...*Essaie*...(1) encore une fois de voir si vous (comprendre)
...*comprenez*...(2) l'emploi du subjonctif. Ce mode (avoir) ...*a*...(3) la réputation
parmi les élèves d'être très difficile. Je ne (être) ...*suis*...(4) pas de cet
avis. Quand nous (commencer) ...*avons commencé*...(5) notre étude du subjonctif, je
vous (dire) ...*a dit*...(6) que le subjonctif (être) ...*est était*...(7) très utile pour
exprimer des idées subjectives. Il faut que vous (savoir) ...*sachiez*...(8) que
je (ne pas changer) ...*n'avais pas changé*...(9) d'avis. Je veux que vous (faire) ...*fassiez*...(10)
un effort pour comprendre ce qu'on (appeler)...*appelle*...(11) en français la
concordance des temps, ou simplement quand il (falloir) ...*faut*...(12)
employer un certain temps ou un certain mode. Je vous (déjà expliquer)
...*avais déjà expliqué*...(13) qu'en français il y (avoir) ...*a*...(14) six modes de verbes:
**l'indicatif, l'impératif, le conditionnel, le subjonctif, le participe et
l'infinitif.** Le mode indicatif a trois temps passé: l'imparfait, le passé
composé et le passé simple. Est-ce que vous (remarquer) ...*avez remarqué*...(15) que
dans *Le petit prince* St Exupéry (employer) ...*emploie surtout*...(16) (surtout) l'imparfait
et le passé simple. Il est nécessaire que vous (pouvoir) ...*puissiez*...(17) comprendre la différence entre ces deux passés. L'imparfait vous (aider)
...*aidez*...(18) à expliquer la condition d'une personne ou d'une chose,
tandis que le passé composé et le passé simple (répondre) ...*répondent*...(19) à la
question "Et puis, qu'est-ce qui est arrivé?" Je cherche toujours
l'élève qui (pouvoir) ...*puisse*...(20) comprendre cette différence sans difficulté.

R.II.

1. Hier Anna (aller) ...(1)... *est allée* au ciné. Elle était très heureuse que ses amis (aller) ...(2)... *soient allés* avec elle. Le film (être) ...(3)... *était* très triste. Tout le monde (pleurer) ...(4)... *a pleuré* , même les garçons qui (essayer) ...(5)... *ont essayé / essayaient* de cacher leurs émotions. Anna (vouloir) ...(6)... *voulait* que ses amis (revenir) ...(7)... *soient revenus / revenrent* chez elle pour jouer mais personne ne (avoir) ...(8)... *avait* envie de jouer; le film leur (faire) ...(9)... *faisaient avait fait* de la peine et rien (ne pouvoir) ...(10)... *ne pouvait* les égayer. Espérons que la prochaine fois Anna (choisir) ...(11)... *choisira* un film comique.

2. Molly (se sentir) ...(1)... *se sentait* mal hier. Bien qu'elle (venir) ...(2)... *soit venue* à l'école elle (ne pas vouloir) ...(3)... *ne voulait pas* passer toute la journée à écouter ses professeurs. Elle (être) ...(4)... *était* heureuse que Rachel (rester) ...(5)... *soit resté* avec elle pour lui expliquer ce que (dire) ...(6)... *disaient* les profs.

3. Je cherche une personne qui (pouvoir) ...(1)... *puisse* vraiment bien expliquer **le subjonctif** à la classe. Il (falloir) ...(2)... *faut* faire attention; le subjonctif (être) ...(3)... *est* toujours dans la proposition subordonnée. Dans la proposition principale on (devoir) ...(4)... *doit* utiliser le mode indicatif. Il (falloir) ...(5)... *faut* que vous (lire) ...(6)... *lisiez* tout le paragraphe pour que vous (pouvoir) ...(7)... *puissiez* deviner les temps des verbes. Au passé il y (avoir) ...(8)... *a* deux temps: le passé composé qui (répondre) ...(9)... *répond* à la question: qu' (être) ...(10)... *est* -ce qui est arrivé? et l'imparfait qui (décrire) ...(11)... *décrit* une condition. Faites attention quand il y (avoir) ...(12)... *a* deux actions dans le passé; la première action (être) ...(13)... *est* toujours au plus-que-parfait. On (former) ...(14)... *forme* le plus-que- parfait avec l'imparfait du verbe **avoir** ou du verbe **être** et **le participe passé** du verbe en question. Maintenant que vous (lire) ...(15)... *avez lu* ce paragraphe, je veux que vous (revoir) ...(16)... *revoyiez* les paragraphes précédents pour voir si vous (comprendre) ...(17)... *comprenez* ce que je (venir) ...(18)... *viens* de vous expliquer. Je ne pense pas que l'examen (être) ...(19)... *soit* difficile. Mais je suis certaine que vous (préférer) ...(20)... *préférez* vous amuser à faire autre chose.

Answers to Grammar Exercises

A. REMPLACEZ LES POINTS PAR L'ARTICLE QUI CONVIENT.

1. L', un, ..., des, ..., de, un.
2. La, un, la, les, les, Le, le, la, ..., la, les, ..., le, la.
3. la, la, un, les, la, la, des, les, l', l', un.
4. la, le, ..., le, l'une, ...,   la.

B. I. ACCORDEZ SELON LE GENRE DU NOM, LES MOTS ENTRE PARENTHÈSES.

1. une
2. un
3. une
4. un
5. vieux
6. bons
7. polis, bons
8. le
9. un bon
10. un
11. une
12. un
13. un
14. cette vieille
15. une grande

B. II. METTEZ AU PLURIEL LES MOTS ENTRE PARENTHÈSES.

1. des carnavals joyeux et brillants
2. provinciaux
3. détails
4. bons après-midi
5. portails monumentaux.
6. festivals
7. abat-jour
8. tête-à-tête
9. animaux
10. couvre-lits

B. III. ECRIVEZ LES PHRASES SUIVANTES AU FÉMININ.

1. une mère cruelle
2. Cette femme est heureuse mais très jalouse.
3. La maîtresse est inquiète.
4. l'empératrice et son mari
5. une petite fille franche et sincère
6. une femme grecque
7. une élève soigneuse
8. une petite fille douce et gentille
9. une comtesse orgueilleuse
10. une américaine sportive

B. IV. METTEZ LES ADJECTIFS ENTRE PARENTHÈSE À LA FORME ET À LA PLACE QUI CONVIENNENT:

1. un monument historique
2. une salade exquise
3. un grand homme
4. de belles robes élégantes
5. de vieilles femmes fatiguées
6. des jeunes filles rousses et gentilles
7. de vieux hommes vaniteux
8. des dépenses excessives
9. une salade appétissante
10. la première bonne solution

B. V. METTEZ AU PLURIEL LES MOTS ENTRE PARENTHÈSES.

1. chefs-d'oeuvre
2. pommes de terre
3. bleu clair
4. tire-bouchons
5. genoux
6. généraux
7. beaux-frères
8. tête-à-tête
9. réveille-matin
10. agents de police

C. REMPLACEZ LES POINTS PAR LE PRONOM COMPLÉMENT QUI CONVIENT.

1. vous, en
2. en, l'
3. moi
4. y, lui
5. le
6. leur, l'
7. le
8. en
9. lui
10. me, l', l'
11. les
12. lui
13. eux
14. lui, y
15. leur

D. I. REMPLACEZ LES POINTS PAR L'ADJECTIF POSSESSIF, L'ARTICLE DÉFINI OU LE PRONOM POSSESSIF QUI CONVIENT.

1.
(1) leurs
(2) sa
(3) la mienne
(4) son
(5) les
(6) leurs
(7) leur

2.
(1) la
(2) leur
(3) leur
(4) ses
(5) leurs
(6) leurs
(7) leurs
(8) les leurs
(9) mon
(10) le tien
(11) ton
(12) lui

(13) ses
(14) ses
(15) son
(16) son
(17) la
(18) la

3.

(1) la
(2) mes
(3) le mien
(4) Mon

D. II. COMPLÉTEZ LES PHRASES AVEC L'ADJECTIF OU LE PRONOM DÉMONSTRATIF QUI CONVIENT.

1. Cet, c', Celle-ci, ces, Celui-ci, celui-là, ce, c', ceux-ci, cela.
2. cette, celui-ci, celui, C', ceci.
3. cet, celui-là, Ce, ce, Ceux-là, ces, celles-là.
4. celle, cette, ceux, Celui, ces.

E. I. REMPLACEZ LES POINTS PAR LE PRONOM RELATIF QUI CONVIENT.

(1) qui
(2) ce que
(3) qui
(4) que
(5) lesquelles
(6) qui
(7) dont
(8) qui
(9) qui
(10) lequel
(11) qui
(12) ce que
(13) où
(14) que
(15) où
(16) ce dont
(17) dont
(18) Ce que
(19) dont
(20) qui
(21) où

(22) quoi

(23) quoi

E. II.

1. qui
2. ce que
3. qui
4. ce qui
5. ce dont
6. ce dont
7. ce qu'
8. quoi
9. quoi
10. duquel
11. dont
12. où
13. qui
14. que
15. qui
16. qui
17. dont
18. qui
19. que
20. dont
21. que, Ce que, dont
22. qui, qu', Ce qui
23. où, qui, lesquelles, qui, où, ce que

F. COMPLÉTEZ LES PHRASES AVEC LES PRONOMS, LES ADJECTIFS OU LES EXPRESSIONS INTERROGATIVES QUI CONVIENNENT.

1. Qu'est-ce que
2. Quelle
3 quoi
4. Comment
5. Combien
6. Qui
7. Laquelle
8. Lequel
9. Quand
10. Quelle
11. Quand *or* Où

12. Qu'est-ce qui

13. Qu'est-ce que

14. Que

15. Pourquoi *or* Comment

16. qui

17. quoi

18. Où

19. Qu'est-ce que

20. Laquelle

G. REMPLACEZ LES POINTS PAR L'ADJECTIF, LE PRONOM OU L'EXPRESSION INDÉFINI QUI CONVIENT.

1. quelques

2. Telle

3. telle

4. quelconque

5. quelconque

6. quelle

7. Telle, telle

8. autres

9. Certains

10. toute

11. Quelqu'un

12. on

13. On or Quelqu'un.

14. Personne

15. rien

16. Chaque

17. toute

18. Toutes

19. sorte

20. même

H. METTEZ LES PHRASE SUIVANTES À LA FORME NÉGATIVE.

1. Je n'ai besoin de personne pour m'aider à déménager.

2. Personne n'aime la mode cette année; ni moi non plus.

3. Je ne suis plus jeune.

4. Je ne vois personne dans la salle à manger.

5. Elle ne commande jamais de la salade.

6. Il n'y a plus de bonbons dans la boîte.

7. Il ne m'a rien dit de drôle.

8. Ces livres ne se vendent nulle part en Europe.

9. Personne n'a accepté notre invitation.

10. Elle n'a ni faim ni soif.

11. Je n'ai pas encore vu ce film.

12. Aucun garçon ne portait de bottes.

13. Aucun élève n'échoue à l'examen.

14. Je n'ai envie de manger ni de banane ni de pomme.

15. Il n'a plus d'argent.

16. Il ni téléphone ni écrit à ses amis.

17. Il ne va plus au cinéma; elle non plus.

18. Ils ne se rencontrent jamais.

19. Emmanuel n'est pas encore prêt.

20. Je n'ai pas de chat.

I. METTEZ LA PRÉPOSITION QUI CONVIENT DANS LES PHRASES SUIVANTES.

1. à

2. à, à, à, à, en, à, par, par, dans

3. en, dans, de, ...

4. Pour, à, aux, pour, au, en, en, au, en

5. chez, pour, à, Chez

6. par, pour, à, en, pour, de, de, de

7. par à, en, à, de, à, après, de

8. à, en, À, à, en, de

9. avec, à, dans

10. avec

11. dans, en, avec

12. au, dans

13. au, de, de

14. sur, parmi, de

15. (1) au

   (2) en

   (3) de

   (4) à

   (5) chez

   (6) à

   (7) pour

   (8) en

   (9) pour

   (10) à

   (11) à

   (12) avec

   (13) à

   (14) de

(15) de
(16) de
(17) aux
(18) avec
(19) avant
(20) Après
(21) à
(22) à
(23) dans
(24) à

J. COMPLÉTEZ LES PHRASES SUIVANTES PAR LA CONJONCTION QUI CONVIENT.

1. tandis que
2. parce que *or* puisque *or* car
3. Quoique *or* malgré
4. Dès que *or* aussitôt que *or* quand
5. pourtant
6. déjà
7. En somme *or* En fin de compte
8. parce que *or* car
9. tandis
10. avant que

K. RÉPONDEZ AUX QUESTIONS SUIVANTES EN EMPLOYANT L'ADVERBE QUI CONVIENT.

1. il parle **clairement**.
2. Elle a **bien** chanté au concert.
3. Je voyage **fréquemment**.
4. Il corrige **précisément** les devoirs.
5. Il se conduit **gentiment**.
6. Elle caresse **doucement** le petit chien.
7. Il regarde **attentivement** le film.
8. Il a **courageusement** défendu son pays.
9. Elle s'habille **élégamment**.
10. J'ai **ouvertement** exprimé mes idées.
11. Elle parle **sérieusement**.
12. Il travaille **régulièrement**.
13. Elle a **prudemment** confronté le voleur.

L. PLACEZ CORRECTEMENT LES ADVERBES DANS LES PHRASES SUIVANTES.

1. Puisque vous ne ne voulez pas qu'on reste chez vous, nous avons cherché un hôtel **ailleurs**.
2. Elle a **vite** répondu à ses questions.
3. J'ai commencé mon travail **tôt** pour pouvoir aller au cinéma.
4. **Autrefois** il fallait apprendre un métier pour survivre.
5. Elle a **beaucoup** pleuré après la mort de son petit chien.
6. Il a **mal** fait son devoir.
7. Nos amis nous ont parlé **sincèrement**.
8. Mon ami est venu **hier**.
9. **Hier** nous voulions nous mettre en route de bonne heure pour visiter des endroits intéressants.
10. Il a **toujours** vécu dans cette maison.

M. COMPLÉTEZ LES PHRASES PAR LA FORME CONVENABLE DU PRÉSENT DE L'INDICATIF.

1. lit
2. disons
3. traduisez
4. construisez
5. écrivent
6. interdit
7. vit
8. suivent
9. décris
10. croyons
11. meurt
12. voit
13. meurs
14. croyez
15. vois
16. fuyons
17. peint
18. craignons
19. plains
20. joignez
21. prenons
22. prennent
23. comprends
24. viennent
25. tiens
26. appartient

N. METTEZ LES VERBES ENTRE PARENTHÈSES À LA FORME CONVENABLE DU PRÉSENT DE L'INDICATIF.

1. ouvre
2. souffrons
3. cueillent
4. riez
5. courent
6. romps
7. concluent
8. bats
9. battez
10. mettent
11. mets
12. dors
13. pars
14. servent
15. ment
16. sentent
17. vaincs
18. connaissez
19. connais
20. haïssons
21. hais
22. plaisent
23. plaisons

O. METTEZ LES VERBES ENTRE PARENTHÈSES AU TEMPS QUI CONVIENT.

(1) devaient
(2) avait
(3) sont allés
(4) sont arrivés
(5) étaient
(6) ont décidé
(7) ont demandé
(8) ont attendu
(9) préparait
(10) a pris
(11) étaient

P. METTEZ LES VERBES ENTRE PARENTHÈSES AUX TEMPS QUI CONVIENNENT.

1. sommes sortis, pleuvrait, a dû, avoir fait, avons décidé
2. aimerais, ai promis, aurais dit
3. aura fait, pourrons, promet, avions, a perdu, avons dû
4. avais lu, aurais su, lisant, regardant, sauras

Q. METTEZ LES VERBES ENTRE PARENTHÈSES AU SUBJONCTIF PRÉSENT.

1. fasses
2. parte
3. soyez
4. prenions
5. disiez
6. ait
7. sache
8. veuille
9. connaissent
10. puissiez
11. aient

R.I. METTEZ LES VERBES ENTRE PARENTHÈSES AU TEMPS QUI CONVIENT.

(1) Essayons
(2) comprenez
(3) a
(4) suis
(5) avons commencé
(6) ai dit
(7) était
(8) sachiez
(9) n'ai pas changé
(10) fassiez
(11) appelle
(12) faut
(13) ai déjà expliqué
(14) a
(15) avez remarqué
(16) a surtout employé
(17) puissiez
(18) aidera
(19) répondront
(20) puisse

R.II.

1.

(1) est allée
(2) soient allés
(3) était
(4) a pleuré
(5) essayaient
(6) voulait
(7) reviennent
(8) n'avait
(9) avait fait
(10) ne pouvait
(11) choisira

2.

(1) se sentait
(2) soit venue
(3) ne voulait pas
(4) était
(5) soit restée
(6) disaient

3.

(1) puisse
(2) faut
(3) est
(4) doit
(5) faut
(6) lisiez
(7) puissiez
(8) a
(9) répond
(10) est
(11) décrit
(12) a
(13) est
(14) forme
(15) avez lu
(16) revoyiez
(17) avez compris
(18) viens
(19) soit
(20) préférez

CHAPTER **7** Cultural Notes

What are the first words that come to your mind about "La France?" Do you think right away: "La France est plus petite que l'état du Texas"? Do you envision "la douce France" or "la belle France"? Can you hear your teacher's voice repeat "La France a plusieurs frontières naturelles"? Do you picture la Tour Eiffel, l'Arc de Triomphe, Notre Dame de Paris, un bateau-mouche, le Sacré-Cœur, le Palais de Versailles, les châteaux de la Loire, la Côte d'Azur? Do you think "Les Français portent des bérets, adorent le fromage, vont chez le boulanger pour acheter des baguettes, sont très fiers de leurs vins, ont de très bons gâteaux, vont souvent au café avec des amis et essayent de préserver leur patrimoine et leurs traditions"? If these images come to your mind, you have already developed a feeling for France and its rich culture. In this chapter we will review some important facts about France and explain some idiomatic expressions, and some well-known proverbs.

LA GÉOGRAPHIE DE LA FRANCE

La France a la forme d'un hexagone régulier. Un hexagone est une figure géométrique à six côtés. Trois de ces côtés sont des côtes. La France est bornée au nord par la Manche et la mer du Nord, à l'ouest par l'océan atlantique, au sud par la mer Méditerranée.

Les trois autres côtés de l'hexagone ont des frontières avec six pays: au nord-est la Belgique et le Luxembourg; à l'est l'Allemagne, la Suisse et l'Italie; au sud-est l'Espagne.

Les fleuves

Le réseau fluvial *(river system)* français est une source de joie pour les Français qui font du tourisme en péniche *(barge)*; il sert de moyens de transport, d'irrigation, et d'énergie hydro-électrique.

Les fleuves principaux sont: **la Seine**, le fleuve de Paris, et **la Loire,** le plus long fleuve de France. La vallée de la Loire est célèbre pour ses châteaux. **La Garonne** est le fleuve qui produit beaucoup d'énergie hydro-électrique. **Le Rhône** forme à son embouchure un vaste delta qui s'appelle la Camargue, région d'élevage (cattle breeding) intensif où le taureau (bull) est roi. La vallée du Rhône est une région très fertile. **Le Rhin** sépare la France de l'Allemagne.

Les fleuves et les rivières navigables sont unis par de nombreux canaux. Le plus célèbre est **le canal du Midi** qui relie la mer Méditerranée avec l'océan Atlantique.

Les montagnes

La France a un relief varié. Les montagnes les plus importantes de la France sont: **les Alpes** qui sont le rêve de tous les skieurs et où se trouve le plus haut sommet de l'Europe, **le Mont Blanc** (4.807 mètres). Dans **les Préalpes** au Vercors on fait du ski de fond (cross-country skiing). **Les Pyrénées** forment une frontière naturelle entre la France et l'Espagne. C'est dans les Pyrénées qu'on élève des brebis (sheep) qui donnent le roquefort, un des plus célèbres fromages français. **Le Jura** forme une frontière naturelle entre la France et la Suisse. **Les Vosges** sont près de l'Allemagne en Alsace. **Le Massif central** est un grand plateau au centre de la France. C'est la chaîne de montagnes la plus ancienne.

Le climat

Grâce à son relief, à l'influence modératrice du Gulf Stream qui réchauffe ses côtes, et à sa latitude en pleine zone tempérée de l'hémisphère nord, la France jouit d'un climat doux et tempéré. Les plaines et les bassins des fleuves sont les régions les plus fertiles. La France est avant tout un pays agricole; les industries alimentaires sont répandues en France.

Le vin

La France est le premier pays du monde pour la production du vin. Les vins les plus renommés sont: **le champagne**, **le bourgogne le bordeaux** et **le sauterne**. Le cognac et l'armagnac sont des liqueurs et **le calvados** est un cidre. Le Languedoc méditéranéen est la grande région productrice de vin de consommation courante. Le Bordelais et la Bourgogne produisent principalement des vins de qualité dont la célébrité n'atteint pas celle des vins de Champagne. La vallée de la Loire et l'Alsace sont parmi les autres régions vinicoles (productrice de vins).

Le fromage

La France est un grand pays d'élevage (cattle breeding) d'où la richesse des produits laitiers. Les Français offrent au monde d'excellents fromages dont les plus célèbres sont: **le brie**, **le camembert**, **le roquefort**, **le port-salut**, et **le cantal**.

Le commerce et l'industrie

Les côtes de la France sont riches en produits de mer et **la pêche** alimente de nombreuses usines de conserves localisées près des principaux ports. **La construction automobile** joue un rôle important dans le commerce de la France. La production annuelle de la France la place au quatrième rang dans le monde. On exporte des voitures françaises partout dans le monde. Les marques principales sont: **Renault, Peugeot, Citroën** et **Simca.**

Il faut également mentionner que la France a une excellente renommée pour **la construction des avions**, des hélicoptères et des engins spatiaux. La France participe avec l'Allemagne et les Pays-Bas pour la construction de l'airbus, et avec l'Angleterre pour le Concorde. Elle participe aussi à la réalisation d'un satellite européen de télé-communications. Il y a des constructions navales surtout dans les grands ports de l'Atlantique et de la Manche.

L'industrie chimique s'est surtout établie à proximité des matières premières (carbochimie), près des raffineries de pétrole (pétrochimie), près des centrales hydrauliques (électrochimie), sur les gisements de sel de Lorraine et, à un bien moindre degré sur le gisement de potasse du sud de l'Alsace. **Rhône-Poulenc, Ugine-Kuhlman** et **Michelin** sont quelques-unes des plus grandes sociétés françaises.

Le textile est une industrie ancienne. Le Nord (avec Roubaix comme centre) est la première région de l'industrie lainière et l'Est (sud de l'Alsace, autour de Mulhouse) vient en tête pour le coton. La fabrication des textiles artificiels (rayonne) et des fibres synthétiques est liée à la chimie, et le principal centre est la région de Lyon, l'ancienne capitale de l'industrie de la soie naturelle. **La confection et l'habillement** est une industrie qu'on trouve surtout dans les grandes villes. Paris est le centre pour la haute couture.

L'industrie alimentaire a pour but de transformer les produits de l'agriculture, et la production est extrêmement variée, des boissons (vins, bière) aux conserves diverses (fruits, légumes).

La Côte d'Azur (autour de Grasse) est le principal domaine des cultures florales, mais **la fabrication des parfums** est achevée à Paris, centre des cosmétiques. Les parfumeurs français les plus célèbres sont: **Chanel, Lanvin, Patou, Guerlain, Christian Dior** et **Coty.**

LES PROVINCES

La France est divisée aujourd'hui en départements, mais les Français ont gardé l'habitude de parler des anciennes provinces, surtout pour préserver leur patrimoine et leurs traditions. Chaque province a son costume régional qu'on porte à des fêtes folkloriques comme celle de la Félibrée. C'est une fête occitane qu'on célèbre chaque année la première semaine de juillet dans le Périgord et où des groupes de Français viennent de l'Auvergne, du Limousin et de Catalogne pour faire revivre les vieux métiers de la terre et du bois. Les groupes qui participent à la fête portent la coiffe (headdress) et les sabots de leur région. La Félibrée est un exemple qui montre l'attachement des Français à leur patrimoine.

Un problème dont on parle souvent dans l'actualité (current events) est celui de la désertification des campagnes françaises qui se vident. On éprouve par conséquent une certaine nostalgie et on a tendance à faire revivre les provinces, leur gastronomie locale et leurs traditions.

Examinons quelques provinces et le rôle qu'elles jouent dans le patrimoine (culture, heritage) français.

La Corse

Connue surtout pour son soleil, ses belles plages et ses fonds sous-marins (underwater), la Corse est très attachante (endearing) à l'intérieure, dans ses montagnes, où on fabrique du fromage de brebis qui constitue la principale source de revenu (income) des bergers (shepherds) corses. La capitale de la Corse est Ajaccio, lieu de naissance de Napoléon Bonaparte. Le musée Fesh à Ajaccio est un des plus beaux musées régionaux à la fois pour l'architecture de ses lignes, et aussi parce qu'il contient six siècles de peintures. En Corse pour la veillée de Noël on a toujours coutume d'entonner de magnifiques chants à plusieurs voix, Ça s'appelle la polyphonie. On a aussi coutume de manger la Polenta, faite de farine de châtaigne. Aujourd'hui la Polenta est un plat de fête. On la mange avec du fromage de brebis frais, mais la Polenta c'est surtout l'occasion de chanter la polyphonie, si vieille et si belle. Elle représente tout un passé, toute une culture, des souvenirs, des chagrins, des misères et souvent des joies; la polyphonie chante la vie.

La Provence

La Provence a préservé une tradition sensuelle et colorée. On y découvre une subtile alliance entre nature et culture. Cette province ensoleillée se trouve au sud-est du pays. Grâce à son climat doux les fleurs y poussent en toutes saisons. Dans la ville de Grasse on extrait les essences parfumées. Et quand on se promène en été en Provence il y a une couleur et un parfum qu'on ne peut pas manquer; ce sont ceux de la lavande. Dans les Alpes de Haute-Provence les plateaux sont violet intense. La lavande est une fleur du pays qui représente pour les habitants de cette région le soleil et les vacances. C'est une plante robuste peu exigeante mais elle a trois ennemis: les insectes qu'il faut détruire, la pollution, et le mauvais temps, qu'il faut subir (endure). Une tonne de lavande sèche donne environ trente kilos d'essence. Soixante-dix pour cent de la production nationale vient de cette région. La Provence a gagné une renommée universelle à cause de sa fameuse Côte d'Azur (the Riviera). La Provence est aussi connue pour sa belle faïence (earthenware).

Le Pays-Basque

A l'étranger lorsqu'on montre l'image traditionnelle du Français, on le montre avec un béret basque et avec une baguette. S'il existe en France un sport qui marque vraiment et profondément une région, c'est bien la pelote du Pays-Basque, un sport qu'on apprend très jeune au fronton des villages. En été des vagues de touristes visitent la région qui est très populaire parmi les Français. L'hiver la vie semble calme, presque alanguie. Elle est rythmée par le claquement d'une balle sur un mur: la pelote basque. L'hiver elle se joue surtout à l'intérieure. Au total on pratique vingt-et-une spécialités avec différents instruments, paletta en bois, chistera en osier, ou main nue. Ici chacun peut trouver le bonheur de frapper et d'entendre claquer la balle. La claque c'est tout le secret de la pelote. Les joueurs reconnaissent ainsi les bons fabriquants. En France il en reste trois qui perpétuent la fabrication traditionnelle entièrement à la main de l'élastique ou du latex, d'abord pour le noyau, de la laine ensuite, puis du fil de coton, dernière touche le cuir cousu. Selon les spécialités et les tailles les prix varient; une pelote peut coûter huit cent francs. Dans la fabrication de la pelote il y a plusieurs critères à respecter: il y a la claque, la vivacité et la douceur.

Au Pays-Basque le fronton est comme l'église; on en trouve un dans chaque village. Plus de soixante mille en France pratiquent ce sport. La main nue est le jeu le plus vieux, le plus basque, disent les puristes. La raquette ou le gant de cuir n'apparaissent qu'au dix-huitième siècle. La chistera, autre symbole basque, a été inventée il y a un siècle et demi seulement; depuis elle a donné naissance à de nombreuses spécialités dont la Sesta Ponta, un des jeux de balles les plus rapides.

Plusieurs joueurs basques sont devenus professionnels en Espagne ou aux Etats-Unis. Il y a en France aujourd'hui une seule famille basque qui continue à fabriquer la chistera. La chistera est à la base de la racine basque. "Un basque est né avec une pelote à la main" disent-ils. Cette amour de la pelote les basques voyageurs l'ont transmis au quatre coins de la planète. Tout les quatre ans les championnats du monde réunissent dix-sept nations. La pelote à fait son entrée internationale aux Jeux Olympiques de Barcelone. Les enfants commencent à jouer depuis l'âge de cinq ans. C'est un jeu assez rapide; c'est aussi un jeu de technique, un jeu fait d'adresse et de force. La pelote c'est bien sûr d'abord le plaisir de jouer avec un petit supplément d'âme basque qui trouve son plaisir à taper et puis chanter la pelote après la partie comme le veut la coutume.

Le Languedoc

Cette région est située dans le Midi de la France. Elle a gagné une renommée internationale car, depuis des générations, des artisans passionnés de la région réalisent de vrais chefs-d'œuvre en ébénisterie (furniture made with ebony, a black wood of great hardness) et la marqueterie. La ville de Revel (entre Toulouse et Carcassonne) est devenue, au fil des années, la capitale française des meubles d'art. Revel a la plus grande concentration d'artisans spécialisés dans le mobilier. Depuis 1975, le Lycée professionnel de Revel, prépare au diplôme de la profession des jeunes en ébénisterie, tapisserie, sculpture et en marqueterie. Quand on entre dans un atelier de Revel on redécouvre un monde où le meuble est avant tout une œuvre collective avec simplement du bois brut, à l'objet fini, une main différente qui sait et qui va transformer lentement et patiemment la matière, avec bien souvent des outils et des techniques qu'utilisaient les ébénistes du siècle dernier.

Aujourd'hui, grâce à Revel, le vingtième siècle peut encore réaliser des œuvres d'époque que la France exporte à travers le monde entier et qui permet à l'artisan français de jouir d'une renommée internationale.

La Bretagne

C'est une péninsule au nord-ouest de la France. Une grande partie de la population bretonne est d'origine celte. On fait un effort dans les vieilles familles pour préserver le breton, l'ancienne langue de cette province. Les habitants vivent surtout de la mer. Les marins et les pêcheurs bretons continuent à jouer un rôle important dans les traditions maritimes de la France. Les Bretons sont conservateurs et superstitieux. La Bretonne (femme de la Bretagne) se distingue par sa coiffe en dentelle blanche qu'elle porte pour les fêtes. L'ardoise (*slate*) donne un cachet au paysage breton avec ses maisons de granite, et ses vieilles chapelles. On dit en France: "La Bretagne abrite des ardoises et les ardoises abritent la Bretagne". L'ardoise est une matière très belle, et en Bretagne elle rend grand service aux habitants de la région, car des fois il pleut en Bretagne pendant six mois et l'ardoise qui endure la pluie devient donc indispensable. Le centre de la Bretagne est le pays des ardoisiers. L'exploitation de l'ardoise est un travail dur et parfois pénible. Cette région produit deux mille tonnes d'ardoise par an, à peine un pour cent du marché français, mais l'ardoise de la Bretagne est d'une pureté exceptionnelle. L'ardoise est très dure, et pourtant elle se laisse fendre jusqu'à un millimètre d'épaisseur. La qualité de cette ardoise on la retrouve aussi dans le geste du couvreur (roofer, one who covers a roof, in this case with slate) le goût, le plaisir des artisans de la région qui ont appris le métier avec une si belle matière. Les ardoises les plus épaisses sont destinées surtout au monuments historiques, car, une fois posée, l'ardoise durera pendant des siècles.

L'Auvergne

Au centre du Massif central, c'est une province de terres volcaniques. On y trouve les puys, des volcans éteints. En Auvergne on continue à fabriquer des sabots; une des anciennes traditions consiste à offrir à Noël un sabot et une cane aux hommes de trente ans qui ne sont pas mariés. L'Auvergne est également le domaine de la fameuse race des vaches Salers. La vache Salers ne donne pas beaucoup de lait, mais c'est un lait, en revanche, de qualité inégalable, lait, très bon, pour faire le cantal fermier (fromage célèbre). Pour obtenir quarante kilos de cantal on a besoin de quatre cent vingt litres de lait. La période de maturation du fromage peut durer huit mois, et le cantal est la fierté (pride) du pays.

La Bourgogne

Région au centre de la France, entre le Saône, la Loire et la Seine. La Seine a son origine dans cette région. Originallement les Bourguignons sont venus en France d'une île de la Scandinavie qui s'appelait "Burgundarholm". Les habitants de cette région étaient riches et forts. Ils ont construit des canaux, et cela a permis le commerce du vin, un des meilleurs produits de la Bourgogne.

La Bourgogne et le charme discret de ses canaux offrent aux Français des excursions sur le canal de Bourgogne en péniche reconvertie en hôtel-restaurant de luxe. Le tourisme fait revivre le canal. Les touristes choisissent souvent de passer une semaine en péniche-hôtel. Les péniches offrent des traversées champêtres au rythme de la marche à pied sans faire d'effort, une croisière tout confort pour douze personnes où les journées sont souvent réservées à la contemplation. Ce type de navigation fluviale suscite l'intérêt dans les régions rurales en offrant un confort digne des meilleures quatre étoiles (luxury hotel). Tout est différent dans ces voyages en péniche, particulièrement le passage en écluse (lock), ce passage qui produit toujours de nouvelles sensations. La Côte d'Or est célèbre pour ses bonbons à l'anis de Flavigny. Les gens sont surtout attirés par les fameuses boîtes en métal qu'on aime collectionner. On fabrique ces bonbons dans une vieille abbaye carolingienne. Le bonbon est apprécié à l'étranger, plus du tiers de la production est exporté aux Etats-Unis, en Australie et au Japon.

La Normandie

Elle est située au nord-ouest de la France, sur les côtes de la Manche. Avec son climat humide, c'est une région de fermes fertiles et de pâturages. Les belles vaches de la Normandie produisent le lait qui sert à fabriquer le beurre et les fromages normands de renommée mondiale.

Deux événements importants sont liés à l'histoire de la Normandie: la conquête de l'Angleterre en 1066 par Guillaume le Conquérant, duc de Normandie, et le débarquement libérateur des forces alliées sur les plages de la Normandie le six juin 1944.

Dans la région de Basse-Normandie, en novembre, on récolte les pommes pour en faire du cidre, et c'est le moment où l'on transforme le jus de pomme en alcool: le calvados. Ici les pommes mouillées par l'automne donnent naissance au roi des Calvados. C'est par variété qu'on brasse (brew) les pommes quand elles atteignent leur mûrissement maximum, qui est l'élément essentiel pour extraire le maximum de parfum. Du Japon aux Etats-Unis on met sur les plus grandes tables du monde ce produit prestigieux de la Normandie, Manche et Orne (département très riche en champignon).

C'est également dans cette région, dans la forêt du département de l'Orne, qu'on peut s'initier à la cueillette et s'introduire dans le monde passionnant et méconnu des champignons. La connaissance des champignons a beaucoup progressé ces dernières années, et sur le terrain des comestibles (edible mushrooms) on a pu écarter certaines idées fausses: le champignon attaqué par les limaces n'est pas forcément comestible; mettre des pièces d'argent avec les champignons quand on les fait cuire n'a rien à voir avec leur comestabilité. La seule chose qu'il faut faire c'est de ne manger que les champignons dont on est sûr. Dans la forêt on peut trouver neuf cents espèces de champignons soit le quart de ce qu'on peut retrouver en France, ce qui rend la région un paradis pour les ramasseurs. La région de Haute-Normandie est célèbre pour son paysage de plateaux creusés de vallées profondes et tombant en falaises abruptes sur la Manche. On trouve dans cette région de l'élevage bovin et par conséquent de très bons produits laitiers.

L'Ile de France

Elle se trouve dans le bassin parisien, et c'est une région fertile et industrielle. Avec sa capitale Paris cette province était et continue à être le coeur administratif de la France. La langue parlée dans cette province est devenue la langue officielle de la France.

L'Alsace, la Lorraine

Ces provinces se trouvent au nord-est de la France. Pendant plusieurs années, la France et l'Allemagne se disputèrent ces deux provinces.

De nombreuses invasions qu'elle a subit, l'Alsace, à l'image de sa cigogne, a su conserver son identité et préserver ses traditions. L'Alsace produit à elle seule les deux tiers de la consommation française de choucroute. L'automne est la période où l'on récolte les choux. A quelques kilomètres de Strasbourg, la capitale de l'Alsace, la région du Krautergershem, littéralement le village du chou, produit le quart de la choucroute nationale. Après avoir été récolté, le chou est coupé et râpé pour faire la choucroute. Il faut deux kilos de chou pour faire un kilo de choucroute. La choucroute doit fermenter ensuite avec le sel pendant trois ou quatre semaines, et elle est, en principe, consommable jusqu'à la mi-juin. Pour garder la choucroute la température est importante. Il faut une cave bien fraîche, on doit saler, et surtout tasser, la choucroute correctement. En fin de saison la choucroute change de goût et devient plus amère; des fois il faut la laver plusieurs fois avant de la consommer, et ça ne sent pas toujours bon. Aujourd'hui le ramassage des choux est mécanisé, mais une grande partie du travail est faite à la main, un effort éprouvant, que l'on veut, synonyme de qualité. En Alsace on prépare la choucroute avec du porc fumé et différentes charcuteries comme la saucisse, suivant la région. Si la cigogne est le symbole de l'Alsace, la choucroute en est son met favori.

Mirecourt, en Lorraine, joue un rôle important dans la tradition artisanale française; cette petite ville est la capitale de la lutherie (string instrument making) en France.

La Savoie

C'est une région au nord des Alpes avec les plus grandes montagnes de l'Europe. C'est également un lieu de passage entre la France, l'Italie et la Suisse. En Savoie on passe généralement les vacances à la montagne. La neige est pour certains synonyme de glisse, de ski; pour d'autres, elle reste le moyen de s'évader dans un beau décor, de respirer l'air frais et de voir de belles choses. Le parc naturel du Vercors dans les Préalpes est un de ces endroits où toute la famille peut jouir d'une randonnée en raquette (snowshoes). Du parc on peut voir dans le fond le Mont Blanc (le plus haut sommet de la France) et au premier plan la Chartreuse. Le Vercors offre par la variété de ses paysages autant un plaisir de découverte qu'un excellent terrain de jeux d'hiver.

La Touraine, l'Orléanais, l'Anjou

Ces trois provinces se trouvent dans la vallée de la Loire. Cette région s'appelle "le pays des châteaux" parce qu'aucune autre région ne possède tant de châteaux aussi proches l'un de l'autre. Les plus connus de ces beaux châteaux sont: **Azay-le-Rideau, Blois, Chambord** et **Chenonceaux**. En Touraine, "le jardin de la France", on produit les meilleurs fruits et légumes en France.

QUELQUES LOCUTIONS IDIOMATIQUES IMPORTANTES

Idioms express the feelings of a speaker with very few words. Idioms are closely linked to the culture of a particular country; they often conjure up a picture that we cannot translate into English. Studying idioms in a foreign language makes evident the fact that one language is never the translation of another. French idioms enrich our knowledge and feel for the French language. They offer a glimpse into ways of thinking particular to France. An appreciation of the idioms and an understanding of their various nuances are, therefore, a sure sign of a better understanding of the French language and the French culture.

In this part of the chapter we will go over some of these expressions and give examples of the context in which to use them. Practice these expressions; try to use them in your conversations. They are wonderful shortcuts into the heart of the language and, when used properly, will add a richness and competency to your speech on the speaking section of the exam.

Le revers de la médaille (the other side of the coin):
Examples:

1. Mon travail est très exigeant, mais **le revers de la médaille** est que j'aime beaucoup les gens avec qui je travaille.
2. Il est vrai que Rachel m'a beaucoup aidé avec mes devoirs, mais **le revers de la médaille** est que des fois elle n'est pas du tout gentille avec moi.

Ça fait râler (When something makes you very angry):
This expression is used in an informal conversation when one is very upset about something or someone.
Examples:

1. **Ça** me **fait râler** chaque fois qu'il me demande de le conduire quelque part, parce que je sais qu'il ne fait jamais rien pour personne.
2. **Ça fait râler** de voir de très jeunes enfants fumer.

Râler veut dire faire entendre un râle en respirant. Un râle est le bruit rauque de la respiration chez certains moribonds (the peculiar sound heard in the throat that immediately precedes death; the death rattle.)

Un rire jaune (a false smile):
The color "jaune" is the color of treachery in French. A strikebreaker or a coward is called "un jaune."

Examples:
1. Elle a **ri jaune** quand elle s'est rendue compte que tout le monde savait qu'elle avait menti, et que maintenant il fallait tout expliquer.
2. Chaque fois que je le vois il a ce **rire jaune** qui me prouve qu'il ne m'aime pas et qu'il fait un effort pour paraître aimable.

Faire le poireau (to be left to wait around):
This expression is used in an informal conversation when you want to say that you had no choice but to wait. "Les poireaux" (leeks) remain in the ground longer than most vegetables.
Examples:
1. Nous avons manqué l'autobus ce matin et on a dû **faire le poireau** presque deux heures avant d'aller à l'école.
2. Thomas a **fait le poireau** hier parce que Marie-Madeleine n'a pas téléphoné, et elle est arrivée très tard.

Ne pas savoir où donner de la tête (to be really confused):
This is a useful expression when you want to express confusion or stress.
Examples:
1. Je **ne sais plus où donner de la tête**; j'ai trop à faire et trop peu de temps libre.
2. Pauvre Marie-France, avec les courses, la lessive et sa famille elle **ne sait plus où donner de la tête**.

Donner sa langue au chat (to give up):
French children use this expression in games and riddles. Without a tongue (eaten by the cat) one cannot give an answer.
Examples:
1. "Alors, comment allons-nous résoudre ce problème entre Olivier et Bruno"?
   "Je **donne ma langue au chat**. Je ne vois vraiment pas de solution à leur dispute".
2. "Eh bien, Marie, tu **donnes ta langue au chat**?"
   "Non, pas encore. Laisse-moi trouver une solution à la devinette (riddle)".

Les cheveux en bataille (dishevelled hair):
The picture that this expression gives literally is of hair engaged in battle.
Examples:
1. Quand elle se lève le matin Pierrette a toujours **les cheveux en bataille**.
2. Je sui arrivée à la soirée **les cheveux en bataille** à cause du vent.

Le train-train (the routine):

This is the regular routine without any unexpected event.

Examples:

1. A l'école c'est toujours le même **train-train.** Je trouve cela vraiment fatigant et des fois bien ennuyeux.
2. Quand à mes nouvelles, rien ne sort du **train-train** des évènements ordinaires.

C'est ma bête noire (I just cannot stand it):

This expression is used when you want to emphatically make a point against someone or something.

Examples:

1. Je n'ai jamais vraiment compris les maths; c'est ma **bête noire.**
2. Sa **bête noire,** c'est de voyager seul en avion.

Avoir le trac (to have stage fright):

This expression is used when a person is nervous facing an audience.

Examples:

1. Même après toutes ses années au théâtre il continue à **avoir le trac.**
2. **J'ai eu le trac** quand mon prof m'a demandé d'expliquer le problème à la classe.

A gogo (a lot of):

From the old French word "gogue" meaning "réjouissance." "Etre dans les gogues" meant "to be joyful." The word now is "abondemment" (abundance)

Examples:

1. Elle s'achète une nouvelle robe chaque semaine; c'est comme si elle avait de l'argent **à gogo.**
2. On avait très soif après la course et Maman a servi de la limonade **à gogo.**

Un violon d'Ingres (a hobby):

This expression comes from the fact that Ingres, the famous painter, played the violin in his spare time.

Examples:

1. La photographie, c'est son **violon d'Ingres;** il passe toutes ses vacances à prendre des photos.
2. Il est avocat, mais l'aquarelle est son **violon d'Ingres.**

N'avoir ni queue ni tête (to make no sense):
This expression is used when you find it difficult to understand or believe a story.
Examples:
1. Je regrette, mais ton histoire **n'a ni queue ni tête.** Comment veux-tu que je te croie?
2. Le discours du candidat **n'avait ni queue ni tête,** et il n'a pas réussi à expliquer son point de vue.

De bon coeur (willingly):
This expression is used to show good faith.
Examples:
1. Je t'aiderai **de bon coeur** à faire le ménage, si tu promets de sortir avec moi ce soir.
2. Il nous a accompagné **de bon coeur** pour nous aider à garder les enfants.

Rester bouche bée (to be surprised):
This expression is used to show extreme shock.
Examples:
1. Quand il a annoncé qu'il allait se marier avec Josette, sa mère est **restée bouche bée.**
2. Quand il a appris que son père avait gagné la loto, il est **resté bouche bée.**

Etre rasoir (to be a bore):
This expression is used in an informal conversation to describe a boring person. The picture is that of the repetitive task of shaving.
Examples:
1. Qu'elle **est rasoir,** Lucie. Elle m'a raconté la même histoire au moins dix fois.
2. Mon prof d'histoire **est** vraiment **rasoir.**

En somme (all in all):
This expression is used after one has considered all there is to consider to conclude a statement.
Examples:
1. C'est **en somme** assez facile d'apprendre une langue étrangère si on la pratique assez souvent.
2. Vous n'avez rien compris. **En somme,** tous mes efforts pour vous expliquer le subjonctif ont été une perte de mon temps.

Payer les pots cassés (to pay for the damage):
The picture this expression conjures up is one of broken pots that someone will pay for.
Examples:

1. C'est Marc qui m'a parlé pendant toute la classe de français, et comme d'habitude j'ai fini par **payer les pots cassés.**
2. Quand on n'étudie pas toute l'année on finit toujours par **payer les pots cassés.**

Comme le jour et la nuit (as different as night and day):
This expression is used to compare two different things or persons.
Examples:

1. Ils sont frères, mais ils sont **comme le jour et la nuit;** ils se disputent tout le temps et ne sont jamais d'accord.
2. Marie et Chantal sont **comme le jour et la nuit;** Marie préfère la campagne tandis que Chantal aime la ville.

Tiré à quatre épingles (well dressed):
This expression is similar to the term "pin money." During the Renaissance, pins were an item of luxury. So literally "held by four pins" has come to mean "well dressed."
Examples:

1. Elle est toujours **tirée à quatre épingles,** et pourtant elle travaille beaucoup.
2. Quand il est venu nous rendre visite la semaine dernière, il était **tiré à quatre épingles.**

La brebis galeuse (the black sheep):
Literally translated, this expression means "the mangy sheep."
Examples:

1. Paulette est **la brebis galeuse** de sa famille; personne ne l'invite, et cela lui fait de la peine.
2. Il n'a jamais pu réussir au travail, et c'est pourquoi il est **la brebis galeuse** de sa famille.

Etre sans le sou (to be penniless): ~~fauché(e) - broke~~
This expression is used to emphasize a person's destitution.
Examples:

1. Maintenant que j'ai acheté cette voiture, je **suis sans le sou** pour m'amuser.
2. Le pauvre, il **est sans le sou** depuis qu'il est au chômage.

Avoir du toupet (to have nerve):
This expression is used in an informal conversation to criticize an insensitive person.
Examples:
1. Tu **as** vraiment **du toupet;** je t'ai déjà dit que je ne voulais pas que tu conduises ma voiture, et tu insistes à le faire.
2. Paulette **a du toupet;** quand le prof lui demande une question, elle refuse de lui répondre.

En faire à sa tête (to do as one wishes):
Literally this expression explains that a person can act according to his or her own mind (tête).
Examples:
1. Pierre a refusé d'écouter mes conseils quand je lui ai dit d'étudier; il s'est amusé toute l'année. Il **en a fait à sa tête,** et maintenant il se demande pourquoi il a échoué à tous ses examens.
2. N'essaye même pas de lui parler; elle **en fait** toujours **à sa tête.**

Appeler un chat un chat (to call a spade a spade):
This expression is used when describing someone who speaks his or her own mind.
Examples:
1. Marie-France a beaucoup de tact, mais Olivier **appelle un chat un chat.**
2. Moi, **j'appelle un chat un chat;** je n'ai peur de personne.

Avoir du pain sur la planche (to have more than one thing to do):
This expression originated in rural France when farmers used to make large quantities of bread that they stored on a board, "une planche." To have bread in reserve came to mean that one had work waiting to be completed.
Examples:
1. J'aimerais aller à la plage avec vous, mais **j'ai du pain sur la planche.** Demain j'ai un examen d'histoire, et je n'ai pas encore fini mes devoirs.
2. Je voudrais t'aider à déménager, mais mon mari et moi nous **avons du pain sur la planche;** nos enfants arrivent dans une semaine, et nous devons nettoyer la maison.

Un canard (a tabloid):
"Un canard" was originally a sensational, often untrue, piece of news, the term today to describe a newspaper or a magazine that prints such news.
Examples:
1. Pour passer le temps au supermarché je lis les **canards.**
2. Les acteurs célèbres ont souvent leurs photos dans ce **canard.**

C'est kif-kif (it makes no difference):

"Kif-kif" is from the Arabic meaning "pleasure." With time it has come to mean "it's my pleasure either way."

Examples:

1. "Tu veux aller à la plage ou à la montagne"?
   "**C'est kif-kif;** je veux simplement sortir de la maison et changer d'air".

2. "Alors, nous allons aller au cinéma ou attendre que Marc vienne nous chercher?
   "**C'est kif-kif;** je n'ai pas encore fini mon travail".

Etre aux anges (to be very happy):

This expression means literally to be with angels (to be in seventh heaven). It paints a picture of happiness.

Examples:

1. Elle **est aux anges** de voir les amis qu'elle n'a pas vus depuis longtemps.

2. La fin de l'année scolaire était très difficile. Je **suis aux anges** de voir venir les grandes vacances.

Etre bête comme ses pieds (to be very stupid):

Feet cannot think. This expression describes a brainless person.

Examples:

1. Elle **est bête comme ses pieds;** l'autre jour je lui ai demandé quelle est la capitale de la France. Elle n'a pas su la réponse.

2. Nous devons **être bêtes comme nos pieds;** on a demandé des renseignements à plusieurs personnes mais on s'est quand même perdus.

De nos jours (nowadays):

Examples:

1. **De nos jours** les jeunes préfèrent porter des vêtements confortables.

2. **De nos jours** on lit moins à cause de la télévision.

Un temps de chien (very bad weather):

This expression is used in informal conversation describing bad weather. Expressions with "de chien" have a negative connotation.

Examples:

1. Hier, il faisait **un temps de chien** et nous sommes tous restés à la maison.

2. Nous ne pouvons pas aller à la plage aujourd'hui; il fait **un temps de chien.**

Perdre le nord (to lose control):
This expression refers to the loss of orientation when one cannot
locate North on the compass.
Examples:
1. Quand il s'est rendu compte qu'on lui avait volé son argent,
   il a **perdu le nord.**
2. Pauvre Guy, il a **perdu le nord** quand il a appris qu'on ne
   voulait plus de lui au travail.

Cela vaut la peine (it's worth it, it's worth the hardship):
Examples:
1. Madeleine a beaucoup travaillé pour réussir à l'examen, mais
   cela valait la peine; maintenant elle peut s'amuser pendant
   les vacances.
2. **Cela vaut la peine** d'être toujours honnête; c'est le seul moyen
   de gagner la confiance d'autrui.

Etre au point-mort (to be at a standstill):
"Le point-mort" is the neutral gear.
Examples:
1. Nous **sommes au point-mort.** Personne ne veut compromettre
   et la situation va de mal en pire.
2. Depuis plusieurs mois les négociations entre les deux pays
   sont au point-mort. On se demande quand ils vont résoudre
   leurs problèmes.

Passer une nuit blanche (to spend a sleepless night):
"Blanche" is from "blancus," which has come to mean figuratively
"empty" (a night empty of sleep).
Examples:
1. Elle a **passé des nuits blanches** quand sa fille était malade.
2. Nicolas avait tant de soucis après le départ de sa fiancée qu'il
   a passé une nuit blanche, et ce matin il est très fatigué.

Avoir le cafard (to feel depressed):
"Le cafard" is a cockroach. The image of a cockroach conjures up
disgusting pictures.
Examples:
1. Mon amie **a le cafard** ce matin; elle n'a envie de rien faire.
2. **J'ai** toujours **le cafard** quand il pleut.

Sa mémoire est une vraie passoire (he or she has a memory like a sieve):

"Un passoire" (a sieve) is full of holes and cannot hold fine things.

Examples:

1. Ma **mémoire est une vraie passoire;** j'ai oublié l'anniversaire de ma meilleure amie.

2. Mon père est assez âgé, et **sa mémoire est une vraie passoire.**

Avoir des doigts de fées (to have nimble fingers):

"Les fées" (fairies) have magic in their fingers. This expression applies to a person who can use his or her hands to do wonderful things.

Examples:

1. Nora **a des doigts de fées;** c'est elle qui a fait cette robe superbe.

2. Mon prof d'art **a des doigts de fées;** je ne peux jamais répéter ce qu'elle me montre.

Faire courir un bruit (to spread a rumor):

Examples:

1. Les élèves **font courir le bruit** que le proviseur va annuler les examens.

2. On a **fait courir le bruit** que nos nouveaux voisins sont très bizarres. Je pense que ce n'est pas du tout juste.

C'est son rayon (that's his or her specialty):

"Un rayon" is a department in a large store. The person in charge of the department is knowledgeable about it.

Examples:

1. L'architecture, **c'est son rayon.** Demande-lui des conseils avant de faire construire ta nouvelle maison.

2. Les enfants, **c'est mon rayon.** Je travaille avec eux toute la journée.

Un coup de foudre (love at first sight):

"La foudre" (thunderbolt) catches people unaware; they do not know what hit them just as in the case of love at first sight.

Examples:

1. Roméo et Juliette, c'était **le coup de foudre.**

2. Pour mes parents, c'était **le coup de foudre,** et ils se sont mariés très jeunes.

QUELQUES PROVERBES UTILES

Proverbs are an integral part of the folklore of a country. As with idioms, proverbs give us a glimpse into the French culture. The values and traditions of a nation are usually reflected in its proverbs. The proverbs that follow are not the most important or the most used; they differ depending on the region. You should try to understand them, memorize the ones that you like, and compare them to their English equivalent when possible.

A beau mentir, qui vient de loin.
Celui qui vient d'un pays lointain, peut raconter des choses fausses sans peur d'être contredit. (The proverb applies to cases when you cannot prove that a person is lying because you know nothing of the subject.)

A bon vin, point d'enseigne.
Ce qui est bon n'a pas besoin de recommandation. (When something is very good it does not need to be explained.)

L'air ne fait pas la chanson.
L'apparence n'est pas la réalité. (One should not rely on appearances.)

Deux avis valent mieux qu'un.
On fait bien, avant d'agir, de consulter plusieurs personnes. (It is always better to seek advice before making a decision.)

Il n'y a que la vérité qui blesse.
Les reproches vraiment pénibles sont ceux qu'on a mérités. (Only the truth can hurt us.)

Loin des yeux loin du coeur.
L'absence affaiblit les sentiments. (This proverb is usually used when two people in love are separated by long distances; out of sight, out of mind.)

Il n'y a pas de fumée sans feu.
Derrière les apparences il y a toujours quelque réalité. (This proverb is used when a rumor has spread and no one is sure of the truth; there is no smoke without fire.)

Qui dort dîne.
Le sommeil tient lieu de sommeil. (Sleep is as important as food.)

Qui sème le vent, récolte la tempête.

Celui qui produit des causes de discorde ne peut s'étonner de ce qui en découle. (This proverb is used to describe a person who causes trouble.)

Tout nouveau, tout beau.

La nouveauté a toujours un charme particulier. (We are always attracted by new things or by people we have just met.)

Vouloir c'est pouvoir.

On réussit lorsqu'on a la ferme volonté de réussir. (Where there's a will there's a way.)

On ne fait pas d'omelettes sans casser d'oeufs.

On n'arrive pas à un résultat sans peine et sacrifices. (This proverb is used as advice to a lazy person who wants good results without too much effort; one can't make an omelette without breaking the eggs.)

Paris ne s'est pas fait en un jour.

Rien ne peut se faire sans le temps voulu. (Proverb used as advice to someone in a great hurry to see results.)

Petit à petit l'oiseau fait son nid.

A force de persévérance on vient à bout d'une entreprise. (With patience and perseverance we can accomplish all we want.)

Main froide, cœur chaud.

La froideur des mains indique un tempérament amoureux. (This proverb is used usually as an excuse for having cold hands; cold hands, warm heart.)

Mieux vaut tard que jamais.

Il vaut mieux, dans certain cas, agir tard que ne pas agir du tout. (Better late than never.)

Les murs ont des oreilles.

Dans un entretien confidentiel, il faut se défier de ce qui nous entoure. (This proverb is used to warn a person to not talk too openly about private matters.)

Noël au balcon, Pâques au tison (wood logs)

S'il fait beau à Noël, il fera froid à Pâques. (Good weather at Christmas means cold weather at Easter.)

APPENDIX I

Model Exams 1 and 2

MODEL EXAM 1: ANSWER SHEET

EXCHANGES

1. Ⓐ Ⓑ Ⓒ Ⓓ
2. Ⓐ Ⓑ Ⓒ Ⓓ
3. Ⓐ Ⓑ Ⓒ Ⓓ
4. Ⓐ Ⓑ Ⓒ Ⓓ
5. Ⓐ Ⓑ Ⓒ Ⓓ
6. Ⓐ Ⓑ Ⓒ Ⓓ
7. Ⓐ Ⓑ Ⓒ Ⓓ
8. Ⓐ Ⓑ Ⓒ Ⓓ
9. Ⓐ Ⓑ Ⓒ Ⓓ
10. Ⓐ Ⓑ Ⓒ Ⓓ
11. Ⓐ Ⓑ Ⓒ Ⓓ
12. Ⓐ Ⓑ Ⓒ Ⓓ
13. Ⓐ Ⓑ Ⓒ Ⓓ
14. Ⓐ Ⓑ Ⓒ Ⓓ
15. Ⓐ Ⓑ Ⓒ Ⓓ

DIALOGUES

16. Ⓐ Ⓑ Ⓒ Ⓓ
17. Ⓐ Ⓑ Ⓒ Ⓓ
18. Ⓐ Ⓑ Ⓒ Ⓓ
19. Ⓐ Ⓑ Ⓒ Ⓓ
20. Ⓐ Ⓑ Ⓒ Ⓓ
21. Ⓐ Ⓑ Ⓒ Ⓓ
22. Ⓐ Ⓑ Ⓒ Ⓓ
23. Ⓐ Ⓑ Ⓒ Ⓓ
24. Ⓐ Ⓑ Ⓒ Ⓓ
25. Ⓐ Ⓑ Ⓒ Ⓓ

26. Ⓐ Ⓑ Ⓒ Ⓓ
27. Ⓐ Ⓑ Ⓒ Ⓓ
28. Ⓐ Ⓑ Ⓒ Ⓓ
29. Ⓐ Ⓑ Ⓒ Ⓓ
30. Ⓐ Ⓑ Ⓒ Ⓓ
31. Ⓐ Ⓑ Ⓒ Ⓓ
32. Ⓐ Ⓑ Ⓒ Ⓓ
33. Ⓐ Ⓑ Ⓒ Ⓓ
34. Ⓐ Ⓑ Ⓒ Ⓓ
35. Ⓐ Ⓑ Ⓒ Ⓓ
36. Ⓐ Ⓑ Ⓒ Ⓓ

PASSAGES

37. Ⓐ Ⓑ Ⓒ Ⓓ
38. Ⓐ Ⓑ Ⓒ Ⓓ
39. Ⓐ Ⓑ Ⓒ Ⓓ
40. Ⓐ Ⓑ Ⓒ Ⓓ
41. Ⓐ Ⓑ Ⓒ Ⓓ
42. Ⓐ Ⓑ Ⓒ Ⓓ
43. Ⓐ Ⓑ Ⓒ Ⓓ
44. Ⓐ Ⓑ Ⓒ Ⓓ
45. Ⓐ Ⓑ Ⓒ Ⓓ
46. Ⓐ Ⓑ Ⓒ Ⓓ
47. Ⓐ Ⓑ Ⓒ Ⓓ
48. Ⓐ Ⓑ Ⓒ Ⓓ
49. Ⓐ Ⓑ Ⓒ Ⓓ
50. Ⓐ Ⓑ Ⓒ Ⓓ
51. Ⓐ Ⓑ Ⓒ Ⓓ

52. Ⓐ Ⓑ Ⓒ Ⓓ

53. Ⓐ Ⓑ Ⓒ Ⓓ

54. Ⓐ Ⓑ Ⓒ Ⓓ

55. Ⓐ Ⓑ Ⓒ Ⓓ

56. Ⓐ Ⓑ Ⓒ Ⓓ

57. Ⓐ Ⓑ Ⓒ Ⓓ

58. Ⓐ Ⓑ Ⓒ Ⓓ

59. Ⓐ Ⓑ Ⓒ Ⓓ

60. Ⓐ Ⓑ Ⓒ Ⓓ

61. Ⓐ Ⓑ Ⓒ Ⓓ

62. Ⓐ Ⓑ Ⓒ Ⓓ

63. Ⓐ Ⓑ Ⓒ Ⓓ

64. Ⓐ Ⓑ Ⓒ Ⓓ

65. Ⓐ Ⓑ Ⓒ Ⓓ

66. Ⓐ Ⓑ Ⓒ Ⓓ

67. Ⓐ Ⓑ Ⓒ Ⓓ

68. Ⓐ Ⓑ Ⓒ Ⓓ

69. Ⓐ Ⓑ Ⓒ Ⓓ

70. Ⓐ Ⓑ Ⓒ Ⓓ

71. Ⓐ Ⓑ Ⓒ Ⓓ

72. Ⓐ Ⓑ Ⓒ Ⓓ

73. Ⓐ Ⓑ Ⓒ Ⓓ

74. Ⓐ Ⓑ Ⓒ Ⓓ

75. Ⓐ Ⓑ Ⓒ Ⓓ

76. Ⓐ Ⓑ Ⓒ Ⓓ

77. Ⓐ Ⓑ Ⓒ Ⓓ

78. Ⓐ Ⓑ Ⓒ Ⓓ

79. Ⓐ Ⓑ Ⓒ Ⓓ

80. Ⓐ Ⓑ Ⓒ Ⓓ

81. Ⓐ Ⓑ Ⓒ Ⓓ

82. Ⓐ Ⓑ Ⓒ Ⓓ

Model Exam 1

(NOTE: The script for the taped portion of the Model Exam is found in Appendix II.)

FRENCH LANGUAGE
SECTION I
Time—1 hour and 25 minutes
PART A
Time—approximately 25 minutes

EXCHANGES

Directions: You will hear a series of brief exchanges between two speakers. The exchanges will be spoken twice. After listening to the exchanges, choose the most appropriate rejoinder from the four choices you are given below and blacken the right answer on the answer sheet on page 355. You will have 12 seconds to answer each question.

(**Note:** Answers are found on page 378.)

CD3
Tracks 12–14

1. (A) Je ne savais pas que tu avais mal au pied.
   (B) Et quelle pièce est-ce que tu aimerais voir?
   (C) Allons donc faire une randonnée.
   (D) Bon, alors, on va en ville et on verra.

2. (A) Non, il y avait trop de monde en ville.
   (B) Moi, je me contente d'aller au ciné.
   (C) Non, les ascenseurs me donnent le vertige.
   (D) Tu sais, je n'ai jamais aimé l'escalade.

3. (A) Je ne savais pas que ce n'était plus à la mode.
   (B) On pourrait quand même aller à la plage.
   (C) Justement cela t'aidera à aller plus vite.
   (D) Mais je pense que les voiliers sont au port.

4. (A) Bon, allons à la piscine pour nous rafraîchir.
   (B) Ça t'irait, une salade composée et des fruits ?
   (C) Tu ne veux jamais rien partager avec moi.
   (D) Alors, mademoiselle décide de suivre un régime?

5. (A) Je ne savais pas qu'ils avaient fait un voyage en bateau.
   (B) C'est vrai, ils nous attendent depuis un bout de temps.
   (C) Tu as raison. Ils ne vont probablement pas venir.
   (D) Ce n'est pas grave. On est tout prêt à les recevoir.

GO ON TO THE NEXT PAGE

6. (A) C'est gentil de sa part de venir nous
       rendre visite.
   (B) Je me demande ce que je pourrai
       préparer qu'elle aime.
   (C) Il faudra appeler la police pour
       essayer de la retrouver.
   (D) Dommage. Elle ne pourra pas manger
       de fruits de mer.

7. (A) Ce n'est pas une raison pour lui
       donner tant de douceurs.
   (B) Tu penses qu'on peut leur offrir
       quelque chose à manger?
   (C) Ça c'est s'occuper d'un enfant? Tu
       te moques de moi.
   (D) Tu vois bien qu'elle n'a pas suivi
       son traitement.

8. (A) Non, tu sais bien que la course me
       fait du bien.
   (B) Du tout, les maths sont mon sujet
       préféré.
   (C) Un peu. Mais bon, il faut faire ce
       qu'il faut.
   (D) Oui, comme d'habitude je m'amuse
       beaucoup.

9. (A) Ça va, je sais qu'il aime les boutons
       de manchette.
   (B) Et tu crois qu'il les aimera en cuir
       ou en lin?
   (C) C'est vrai qu'il devrait se remettre
       en forme.
   (D) Et tu penses que ça ne va pas être
       trop cher?

10. (A) C'est vrai. Et moi, je ne supporte
        pas les films doublés.
    (B) Tu sais, aujourd'hui tout le monde
        fait des copies.
    (C) Mais, pourquoi tu ne m'as pas dit
        que tu l'avais déjà vu?
    (D) Alors, il faudra aller le chercher
        dans un autre magasin.

11. (A) Et toi, tu ne dépenses jamais rien
        sur tes habits?
    (B) On pourra se permettre des
        vacances cette année?
    (C) Je sais que tu me fais de très beaux
        cadeaux.
    (D) Ne me parle plus de cette vieille
        casquette.

12. (A) En plus il n'a pas arrêté de neiger et
        je gèle.
    (B) Et moi qui pensais que c'était très
        simple.
    (C) Ce n'est pas vraiment une question
        de courage.
    (D) Alors, je recommande que tu voies
        un médecin.

13. (A) Admets qu'il fait trop chaud.
    (B) Je me demande quand il va neiger.
    (C) Regarde, quelle belle journée de
        printemps.
    (D) Voyons, il n'a pas cessé de pleu-
        voir.

14. (A) Bon, je vais suivre ton conseil.
    (B) D'accord, rappelle-moi plus tard.
    (C) Je t'en prie, ne te fâche pas de moi.
    (D) Moi, à treize heures je ne suis pas
        libre.

15. (A) Ah! Si moi je pouvais faire semblant
        d'être si calme!
    (B) Moi aussi, je ne supporte pas qu'on
        se moque de moi.
    (C) Tu vois bien que j'essaye simplement
        de te détendre.
    (D) Ne me dis pas que tu aimes tant faire
        des discours.

GO ON TO THE NEXT PAGE

DIALOGUES

Directions: You will now listen to some dialogues. After each dialogue, you will be asked several questions, which will be spoken twice. Select the best answer to each question from among the four choices printed below and blacken your answer on the answer sheet on page 355. You will have 12 seconds to answer each question.

CD3
Tracks 15–18

(**Note:** Answers are found on page 378.)

DIALOGUE 1

16. (A) Un chemin
    (B) La douane
    (C) Une autoroute
    (D) Une auberge

17. (A) faire une randonnée en montagne.
    (B) parler avec la vieille dame.
    (C) se renseigner sur leur route.
    (D) dire où ils vont aller.

18. (A) Il se met facilement en colère.
    (B) Il veut être gentil avec la femme.
    (C) Il finit par trouver son chemin.
    (D) Il décide de retourner sur ses pas.

19. (A) Le couple tombe près du château.
    (B) Le couple décide de visiter la côte.
    (C) La femme prouve qu'elle avait raison.
    (D) L'homme prend une décision d'aller seul.

DIALOGUE 2

20. (A) Ils font le tour de Paris en autocar.
    (B) Ils se préparent pour un long voyage.
    (C) Ils essayent de se cacher de la police.
    (D) Ils prennent part à un jeu de groupe.

21. (A) Il ne peut plus avancer de sa place.
    (B) Les autres ont de meilleures notes.
    (C) Personne ne veut lui parler.
    (D) Il est tout seul sans amis.

22. (A) Elle fait une promenade.
    (B) Elle regarde les vitrines.
    (C) Elle doit payer de l'argent.
    (D) Elle achète des maisons.

23. (A) Le jeune homme qui a l'avenue Henri Martin
    (B) La jeune femme qui ramasse 200 euros.
    (C) Personne dans le groupe n'a de la chance
    (D) La jeune femme qui a les Champs-Elysées

24. (A) Quand on joue au Monopoly
    (B) Quand on est très riche
    (C) Quand on a passé par une guerre
    (D) Quand on a des maisons sur la rue

DIALOGUE 3

25. (A) Elle avait extrêmement peur des chats.
    (B) Sa maman ne lui a pas permis d'en avoir.
    (C) Elle ne voulait pas en être responsable.
    (D) Elle ne pouvait pas supporter les chats.

26. (A) l'attaque inattendue de Timie
    (B) la gentillesse du jeune homme
    (C) la mauvaise humeur de la soeur
    (D) la paresse inexplicable du chat

GO ON TO THE NEXT PAGE

27. (A) Elle a toujours le cafard.
    (B) Elle est sage comme une image.
    (C) Elle voit la vie en rose.
    (D) Elle est soupe au lait.

28. (A) Parce qu'elle voulait lui faire
        plaisir.
    (B) Parce qu'elle était fierè de ses griffes.
    (C) Parce qu'elle ne pouvait pas bien
        dormir.
    (D) Parce qu'elle agit comme sa
        maîtresse.

29. (A) Les chats ne sont pas très aimables.
    (B) Les chats peuvent être dangereux.
    (C) Les chats ont des sautes d'humeur.
    (D) Les chats sont comme les hommes.

30. (A) La jeune femme ne verra plus
        Minouche.
    (B) Le jeune homme n'aime pas sa
        soeur.
    (C) La jeune femme ne connaît pas bien
        la famille.
    (D) Le jeune homme est amoureux de la
        jeune femme.

DIALOGUE 4

31. (A) Pour faire des études.
    (B) Pour apprendre l'anglais.
    (C) Pour faire un stage.
    (D) Pour visiter les Etats-Unis.

32. (A) A ce que leur fils ait le mal du pays
    (B) A ce que leur fils choisisse un autre
        état
    (C) A ce que leur fils préfère les Etats-Unis
    (D) A ce que leur fils se fasse beaucoup
        d'amis

33. (A) Il est misogyne.
    (B) Il est ordonné.
    (C) Il est patriotique.
    (D) Il est sensible.

34. (A) Emmanuel est un jeune homme
        trop exigeant.
    (B) C'est extrêmement dur de vivre en
        Floride.
    (C) Les jeunes gens ont du mal à
        s'entendre.
    (D) La vie à l'université n'est pas
        commode.

35. (A) Il était méchant.
    (B) Il était trop grand.
    (C) Il était désordonné.
    (D) Il était indécis.

36. (A) "J'ai été très malheureux dans ce
        pays".
    (B) "C'est difficile de s'organiser en
        Floride".
    (C) "J'aime bien, mais pas assez pour y
        vivre".
    (D) "J'aime bien, mais je ne m'entends
        avec personne".

GO ON TO THE NEXT PAGE

PART B

> *Directions:* Read the following passages carefully. Each passage is followed by a number of questions or incomplete statements. Select the best response according to the ideas expressed in the passage. Mark your answers on the answer sheets on pages 355–356.

(**Note:** Answers are found on page 378–379.)

Ce dimanche-là, par un ciel orageux des premières chaleurs de juin, on courait le Grand Prix de Paris au bois de
ligne Boulogne. Le matin, le soleil s'était levé
(5) dans une poussière rousse. Mais vers onze heures, au moment où les voitures arrivaient à l'hippodrome de Longchamp, un vent du sud avait balayé les nuages; des vapeurs grises s'en allaient en
(10) longues déchirures, des trouées d'un bleu intense s'élargissaient d'un bout à l'autre de l'horizon. Et, dans les coups de soleil qui tombaient entre deux nuées, tout flambait brusquement.

(15) Nana, passionnée, comme si le Grand Prix allait décider de sa fortune, voulut se placer contre la barrière, à côté du poteau d'arrivée. Elle était arrivée de très bonne heure, une des premières,
(20) dans son landau garni d'argent..... un cadeau du comte Muffat. Quand elle avait paru à l'entrée de la pelouse, avec deux postillons trottant sur les chevaux de gauche, et deux valets de pied,
(25) immobiles derrière la voiture, une bousculade s'était produite parmi la foule, comme au passage d'une reine. Elle portait les couleurs de l'écuries Vandeuvres, bleu et blanc, dans une
(30) toilette extraordinaire: le petit corsage et la tunique de soie bleue collant sur le corps, relevés derrière les reins en un pouf énorme, ce qui dessinait les cuisses

d'une façon hardie, par ces temps de
(35) jupes ballonnées.

Midi sonnait. C'était plus de trois heures à attendre pour la course du Grand Prix. Lorsque le landau se fut rangé contre la barrière, Nana se mit à
(40) l'aise, comme chez elle. Elle avait eu le caprice d'amener Bijou et Louiset. Le chien, couché dans ses jupes, tremblait de froid, malgré la chaleur; tandis que l'enfant, attifé de rubans et de dentelles,
(45) avait une pauvre petite figure de cire, muette, pâlie par le grand air. Cependant, la jeune femme, sans s'inquiétter des voisins, causait très haut avec Georges et Philippe Hugon, assis devant elle.

(50) "Alors, disait-elle, comme il m'assommait, je lui ai montré la porte.... Et voilà deux jours qu'il boude."

Elle parlait de Muffat, seulement elle n'avouait pas aux jeunes gens la
(55) vraie cause de cette première querelle. Un soir, il avait trouvé dans sa chambre un chapeau d'homme.

Mais elle s'interrompit pour dire:

"Regardez donc, voilà les Mignon qui
(60) arrivent. Tiens! Ils ont amené les enfants.... Sont-ils fagotés, ces petits!"

GO ON TO THE NEXT PAGE

Les Mignon étaient dans un landau,
aux couleurs sévères, un luxe cossu de
bourgeois enrichis. Rose, en robe de
(65) soie grise, garnie de bouillonnés et de
noeuds rouges souriait....Mais, quand le
landau fut rangé près de la barrière, et
qu'elle aperçut Nana triomphante au
milieu de ses bouquets, avec ses quatre
(70) chevaux et sa livrée, elle pinça les lèvres,
très raide, tournant la tête. Mignon au
contraire la mine fraîche, l'oeil gai, envoya
un salut de la main. Lui par principe,
restait en dehors des querelles de femmes.

Nana, Emile Zola

37. Dans le passage la description du temps
suggère qu'il faisait
(A) chaud.
(B) frais.
(C) beau.
(D) du vent.

38. Le Grand Prix de Paris est une course de
(A) landaux.
(B) voitures.
(C) chevaux.
(D) chariots.

39. Comment les spectateurs réagissent-ils
à la vue de Nana?
(A) Ils lui font preuve de leur grande
affection et respect.
(B) Ils sont impressionnés par l'extrava-
gance de ses vêtements.
(C) Ils sont surpris de la voir apparaître
au Grand Prix de Paris.
(D) Ils se précipitent pour permettre à
Nana de trouver une place.

40. Qu'est-ce que Bijou et Louiset ont en
commun?
(A) Ils sont intimidés par le spectacle et
le bruit.
(B) Ils sont habillés d'une manière très
extravagante.
(C) Ils sont très fiers et heureux d'être
les enfants de Nana.
(D) Ils donnent une impression de gêne
et d'incommodité.

41. Dans le contexte du passage, le verbe
"il m'assommait" (lignes 50–51) veut
dire:
(A) il m'ennuyait.
(B) il me menaçait.
(C) il me frappait.
(D) il me maltraitait.

42. Dans la phrase "je lui ai montré la porte"
(ligne 51), le pronom "lui" se rapporte
(A) à Bijou.
(B) à l'enfant.
(C) au comte.
(D) à la jeune femme.

43. D'après le passage, on comprend que
les Mignon
(A) sont de très bons amis de Nana.
(B) sont habillés avec beaucoup de goût.
(C) ne veulent ni saluer ni parler à Nana.
(D) ont fait récemment leur fortune.

44. Dans ce texte nous apprenons que Nana
et Muffat
(A) ont eu une dispute d'amoureux.
(B) se connaissent depuis longtemps.
(C) ne se sont pas vus depuis plusieurs
jours.
(D) ne parlent jamais de leur liaison.

GO ON TO THE NEXT PAGE

45. L'auteur nous dit que Mignon est un homme
(A) jovial.
(B) indifférent.
(C) réservé.
(D) impressionnable.

46. Selon le passage laquelle des descriptions suivantes est caractéristique de Nana?
(A) Elle a une démarche altière et raide pour attirer l'attention.
(B) Elle a un penchant marqué pour l'intrigue et les secrets.
(C) Elle a un comportement licencieux pour son temps.
(D) Elle se conduit d'une manière honnête et pudique.

—Mon père est dans un journal qui s'appelle Le Petit Marseillais.

—Justement, mon oncle le lit tous
ligne les jours, à cause de la politique.

(5)   —Oh! dit-elle—un peu méprisante—la politique, mon père ne s'en occupe pas! Il est est bien plus que ça!

—C'est le directeur?

—Oh! bien plus! C'est lui qui corrige
(10) les articles de tous les autres! Mais oui! Et de plus, il fait des poésies, qui sont imprimées dans des revues à Paris.

—Des poésies avec des rimes?

—Oui, Monsieur, parfaitement. Des
(15) rimes, il en a trouvé des milliers. Il les cherche dans le tramway.

J'avais appris des poésies à l'école, et j'avais toujours été surpris par la rime, qui arrive à l'improviste au bout
(20) d'une ligne; je pensais que les poètes, capables d'un tel tour de force, étaient extraordinairement rares, et qu'ils figuraient tous, sans exception, dans mon livre de classe. Je lui demandai donc:
(25)   —Comment s'appelle-t-il?

Elle me répondit fièrement:
—Louis de Montmajour.
—Comment?
Elle répéta en articulant nettement:
(30)   —Lohisse de Montmajour!

Non, il n'était pas dans mon livre...

Je n'osai pas le lui dire, et je fus saisi de respect à la pensée qu'elle était noble, puisque devant son nom, il y
(35) avait "de"; c'était peut-être la fille d'un comte, ou même d'un marquis: voilà pourquoi il ne fallait pas la tutoyer.

—Et vous, votre père, que fait-il?
—Il est professeur.
(40)   —Professeur de quoi?
—De tout. Il est à l'école du chemin des Chartreux.
—Une école communale?
—Bien sûr. C'est la plus grande de
(45) tout Marseille!

J'attendis l'effet de cette révélation. Il fut désastreux.

Elle fit une jolie petite moue, et prit un air supérieur pour dire:
(50)   —Alors, je vous apprendrai qu'il n'est pas professeur. Il est maître d'école. C'est très bien, mais c'est moins qu'un professeur.

Elle enchaîna aussitôt:
(55)   —Vous allez à l'école en ville?
—Oui, j'entre au lycée au mois d'octobre. En sixième. Je vais apprendre le latin.

—Moi, je suis au lycée depuis bien
(60) longtemps. Et je passe en cinquième cette année. Quel âge avez-vous?
—Bientôt onze ans.
—Eh bien moi, j'ai onze ans et demi, et je suis en avance sur vous d'un
(65) an.... D'ailleurs pour moi ça n'a pas d'importance, parce que l'année prochaine je me présente au Conservatoire de musique, pour le piano.

GO ON TO THE NEXT PAGE

—Et vous savez en jouer?

(70)   —Assez bien, dit-elle d'un air satisfait. Et même très bien pour mon âge. Mais je vous rappelle que je vous ai permis de me tutoyer jusqu'aux Bellons. Je me demande pourquoi vous n'en (75) profitez pas!

—Parce que maintenant, c'est trop tard, et puis les gens de la noblesse, on ne les tutoie jamais.

Elle me fit un long regard de côté, (80) un petit rire, et déclara:

—C'est plutôt parce que je vous impressionne.

—Moi? Pas du tout!

—Mais si, mais si. Ce n'est pas moi (85) qui vous intimide: c'est ma beauté. C'est comme ça avec tous les garçons: je les fais rougir quand je veux!

Je fus piqué au vif, car ce sont les garçons qui font rougir les filles.

(90)   —Allons, allons, dit- elle, n'aie pas honte. Un jour j'ai entendu mon père qui disait à ma mère: " A vingt ans, elle fera des ravages!" Oui, mon cher, "des ravages". Et mon père s'y connaît parce (95) qu'il fréquente des poétesses. Moi, il m'appelle "la princesse". Mais naturellement, ce n'est pas mon nom. Mon nom, c'est Isabelle...

—Moi je m'appelle Marcel.

(100)   Elle fit une petite moue.

—Ce n'est pas mal, mais c'est moins joli qu'Isabelle. Enfin, ce n'est pas de ta faute.

Le temps des secrets, Marcel Pagnol

47. D'après les premières paroles, qu'est-ce qui définit le mieux la personnalité des deux enfants?
(A) Isabelle est intelligente; Marcel se sent inférieur.
(B) Marcel est plein de confiance; Isabelle est sans artifice.
(C) Isabelle est très vaniteuse; Marcel est impressionnable.
(D) Marcel est présomptueux; Isabelle a une nature agressive.

48. Que fait exactement le père d'Isabelle au journal?
(A) Il est rédacteur.
(B) Il est éditeur.
(C) Il est correcteur.
(D) Il est journaliste.

49. Dans la phrase "Je n'osai pas le lui dire" (ligne 32) le pronom "le" se rapporte au fait que Marcel
(A) a peur d'Isabelle.
(B) ne connaît pas le père d'Isabelle.
(C) n'a jamais aimé la poésie du père d'Isabelle.
(D) ne veut pas parler à Isabelle de sa famille.

50. Quel sentiment Marcel éprouve-t-il quand il apprend que le père d'Isabelle est noble?
(A) Il est jaloux.
(B) Il est envieux.
(C) Il est déçu.
(D) Il est intimidé.

GO ON TO THE NEXT PAGE

51. Quel adjectif décrit le mieux l'attitude
d'Isabelle vis-à-vis du travail du père
de Marcel?
(A) Méprisante
(B) Respectueuse
(C) Déconcertante
(D) Troublante

52. L'expression "Je fus piqué au vif" (ligne
88) pourrait être remplacée par:
(A) J'ai été extrêmement surpris.
(B) J'ai été vivement impressionné.
(C) J'ai été profondément vexé.
(D) J'ai été marqué pour la vie.

53. Le surnom "princesse" suggère
qu'Isabelle
(A) vient d'une famille royale.
(B) est une enfant gâtée.
(C) aime être bien traitée.
(D) a un titre de noblesse.

54. Dans ce dialogue Isabelle essaie de
montrer à Marcel
(A) qu'elle est supérieure à lui.
(B) qu'elle veut être son amie.
(C) qu'elle veut être tutoyée.
(D) qu'elle est d'une famille noble.

55. Que peut-on dire de Marcel d'après ce
passage?
(A) Il est fier et sensible.
(B) Il est nerveux et irritable.
(C) Il est farouche et émotif.
(D) Il est indécis et gauche.

Nous découvrîmes le sommet des
Pyramides: nous en étions à plus de
dix lieues. Pendant le reste de notre
ligne navigation, qui dura encore près de
(5) huit heures, je demeurai sur le pont à
contempler ces tombeaux; ils paraissient
s'agrandir et monter dans le ciel à
mesure que nous approchions.

J'avoue qu'au premier aspect des
(10) Pyramides, je n'ai senti que de l'admiration. Je sais que la philosophie peut
sourire ou gémir en songeant que le
plus grand monument sorti de la main
des hommes est un tombeau; mais
(15) pourquoi ne voir dans la Pyramide de
Chéops qu'un amas de pierres et un
squelette? Ce n'est point par le sentiment
de son néant que l'homme a élevé un
tel sépulcre, c'est par l'instinct de son
(20) immortalité: ce sépulcre n'est point la
borne qui annonce la fin d'une carrière
d'un jour, c'est la borne qui marque
l'entrée d'une vie sans terme; c'est une
espèce de porte éternelle bâtie sur les
(25) confins de l'éternité. "Tous ces peuples
(d'Egypte), dit Diodore de Sicile, regardant la durée de la vie comme un
temps très court et de peu d'importance,
font au contraire beaucoup d'attention
(30) à la longue mémoire que la vertu laisse
après elle: c'est pourquoi ils appellent
les maisons des vivants des hôtelleries
par lesquelles on ne fait que passer;
mais ils donnent le nom de demeures
(35) éternelles aux tombeaux des morts,
d'où l'on ne sort plus. Ainsi les rois ont été
comme indifférents sur la construction
de leur palais; et ils se sont épuisés dans
la construction de leurs tombeaux."

(40) On voudrait aujourd'hui que tous
les monuments eussent une utilité
physique, et l'on ne songe pas qu'il y a
pour les peuples une utilité morale
d'un ordre fort supérieur, vers laquelle
(45) tendaient les législations de l'antiquité.
La vue d'un tombeau n'apprend-elle
donc rien? Si elle enseigne quelque
chose, pourquoi se plaindre qu'un roi
ait voulu rendre la leçon perpétuelle?
(50) Les grands monuments font une partie

GO ON TO THE NEXT PAGE

essentielle de la gloire de toute société humaine. A moins de soutenir qu'il est égal pour les nations de laisser ou de ne pas laisser un nom dans l'histoire, *(55)* on ne peut condamner ces édifices qui portent la mémoire d'un peuple au-delà de sa propre existence et le font vivre contemporain des générations qui viennent s'établir dans ses champs *(60)* abandonnés. Qu'importe alors que ces édifices aient été des amphithéâtres ou des sépulcres? Tout est tombeau chez un peuple qui n'est plus. Quand l'homme a passé, les monuments de sa vie sont *(65)* encore plus vains que ceux de sa mort; son mausolée est au moins utile à ses cendres; mais ses palais gardent-ils quelque chose de ses plaisirs?

Itinéraire de Paris à Jérusalem,
François-René de Chateaubriand

56. Qu'est-ce qui caractérise le mieux la description des Pyramides dans ce passage?
(A) L'auteur nous offre une évocation concrète.
(B) L'auteur ne fait qu'énumérer des caractéristiques.
(C) L'auteur donne très peu de détails sur les Pyramides.
(D) L'auteur fait des commentaires exagérés.

57. Le texte nous apprend toutes les caractéristiques suivantes sur les Pyramides SAUF:
(A) Ce sont de très grands monuments.
(B) Ils ont été bâtis par les Égyptiens.
(C) Ce sont des monuments de l'antiquité.
(D) Ils ont aussi servi comme palais.

58. D'après l'auteur, quel fait pourrait déplaire aux philosophes qui visitent les Pyramides?
(A) Les rois ont abusé de leur peuple pour leur gloire personnelle.
(B) Le plus grand monument bâti par l'homme est un mausolée.
(C) Ce grand monument n'est vraiment qu'un tas de pierre.
(D) Les hommes s'attachent à des monuments sans importance.

59. Selon l'auteur qu'est-ce qui inspira les hommes à bâtir les Pyramides?
(A) Un désir de faire plaisir à leur roi
(B) Une passion pour la perfection dans l'art
(C) Une conscience qu'ils sont éternels
(D) Une dévotion pour les lois qui les gouvernaient

60. Selon Diodore de Sicile, les anciens Égyptiens croyaient que
(A) la vie d'un homme est ce qu'il a de plus cher.
(B) la mort met une fin à tous les plaisirs.
(C) la vie n'est qu'un passage vers l'éternité.
(D) la mort mérite d'être grandiosement célébrée.

61. Selon l'auteur, quelle est la grande valeur des Pyramides?
(A) Elles ont servi de tombeaux aux rois de l'ancienne Egypte.
(B) Elles portent un témoignage sur leur temps.
(C) Elles démontrent que les anciens étaient audacieux.
(D) Elles fournissent des informations importantes.

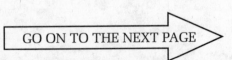
GO ON TO THE NEXT PAGE

62. Le ton de ce passage est
(A) méditatif.
(B) plaintif.
(C) mélancolique.
(D) didactique.

"Où trouver, en effet, plus de patriotisme que dans les campagnes, plus de dévouement à la cause publique, plus
ligne d'intelligence en un mot? Et je n'entends
(5) pas, Messieurs, cette intelligence superficielle, vain ornement des esprits oisifs, mais plus de cette intelligence profonde et modérée, qui s'applique par-dessus toute chose à poursuivre
(10) des buts utiles, contribuant ainsi au bien de chacun, à l'amélioration commune et au soutien des Etats, fruit du respect des lois et de la pratique des devoirs..."
"Ah! encore, dit Rodolphe. Toujours
(15) les devoirs...... : " Le devoir! le devoir" Eh! parbleu! le devoir, c'est de sentir ce qui est grand, de chérir ce qui est beau, et non pas d'accepter toutes les conventions de la société, avec les ignominies
(20) qu'elles nous imposent.
—Cependant......, cependant......, objectait Mme Bovary.
—Eh non! pourquoi déclamer contre les passions? Ne sont-elles pas la seule
(25) belle chose qu'il y ait sur la terre, la source de l'héroïsme, de l'enthousiasme, de la poésie, de la musique, des arts, de tout enfin?
—Mais il faut bien, dit Emma, suivre
(30) un peu l'opinion du monde et obéir à sa morale.
—Ah! c'est qu'il y en a deux, répliqua-t-il. La petite, la convenue, celle des hommes, celle qui varie sans
(35) cesse.....Mais l'autre l'éternelle, elle est tout autour et au-dessus, comme le paysage qui nous environne et le ciel bleu qui nous éclaire."

M. Lieuvain venait de s'essuyer la
(40) bouche avec son mouchoir de poche. Il reprit:
"Et qu'aurais-je à faire, messieurs, de vous démontrer ici l'utilité de l'agriculture? Qui donc pourvoit à nos besoins?
(45) Qui donc fournit à notre subsistance? N'est-ce pas l'agriculteur? L'agriculteur, Messieurs, qui, ensemençant d'une main laborieuse les sillons féconds des campagnes, fait naître le blé, lequel
(50) broyé et mis en poudre au moyen d'ingénieux appareils, en sort sous le nom de farine, et, de là, transporté dans les cités, est bientôt rendu chez le boulanger, qui en confectionne un aliment
(55) pour le pauvre comme pour le riche. N'est-ce pas l'agriculteur encore qui engraisse, pour nos vêtements, ses abondants troupeaux dans les pâturages? Car comment nous vêtirions-nous, car
(60) comment nous nourririons-nous sans l'agriculteur? Et même, Messieurs, est-il besoin d'aller si loin chercher des exemples? Qui n'a souvent réfléchi à toute l'importance que l'on retire de ce
(65) modeste animal, ornement de nos basses-cours, qui fournit à la fois un oreiller moelleux pour nos couches, sa chair succulente pour nos tables, et des oeufs? Mais je n'en finirais pas s'il fallait
(70) énumérer les uns après les autres les différents produits que la terre bien cultivée, telle qu'une mère généreuse, prodigue à ses enfants. Ici c'est la vigne; ailleurs, ce sont les pommiers à cidre
(75) ...plus loin, les fromages; et le lin; messieurs, n'oublions pas le lin! qui a pris dans ces dernières années un accroissement considérable et sur lequel j'appellerai particulièrement votre
(80) attention."

Madame Bovary, Gustave Flaubert

GO ON TO THE NEXT PAGE

63. Selon M. Lieuvain quelle partie de la population est essentielle à la nation?
(A) Les citoyens intelligents
(B) Les gens des cités
(C) Ceux qui cultivent la terre
(D) Ceux qui travaillent avec leurs mains

64. Dans son discours M. Lieuvain explique que la vraie intelligence permet à l'homme de
(A) réussir dans sa carrière.
(B) comprendre plus facilement.
(C) parvenir à ses buts sans problèmes.
(D) travailler au service des autres.

65. Rodolphe est opposé
(A) à la vie des paysans.
(B) au travail manuel.
(C) aux discours patriotiques.
(D) aux obligations civiques.

66. D'après le passage, quel adjectif décrit Rodolphe le mieux?
(A) Logique.
(B) Emotif.
(C) Impressionnable.
(D) Moral.

67. Dans la phrase "qui en confectionne un aliment pour le pauvre comme pour le riche" (lignes 54, 55) le pronom "en" a pour antécédent
(A) "farine"
(B) "appareils"
(C) "boulanger"
(D) "blé"

68. De quel animal de la basse-cour M. Lieuvain parle-t-il?
(A) La vache
(B) La poule
(C) Le canard
(D) La brebis

69. Le lin "a pris.... un accroissement considérable" (lignes 76–78) veut dire que le lin
(A) est en danger
(B) est superflu.
(C) s'est multiplié.
(D) s'est surpassé

70. Le ton du discours de M. Lieuvain est
(A) sceptique et ironique.
(B) didactique et moraliste.
(C) sobre et mélancolique.
(D) philosophique et savant.

Rutilante et ordonnée, la Suisse mérite mieux que sa réputation de pays propre et cher. Des pentes du Valais
ligne aux rives du lac Léman, des petits villages
(5) des Grisons au sommet de l'Oberland bernois, elle révèle une multitude de décors. Et s'applique à offrir une diversité qui en fait une destination touristique pour tous les âges et tous les goûts. Des
(10) vacances hivernales en Suisse deviennent une expérience inoubliable pour les fanas de ski. L'été, la Suisse est un concert. Un véritable festival de rencontres musicales. Interlaken pour les Semaines
(15) musicales (13 août, 1er septembre), Montreux pour son célèbre festival de jazz et Fribourg pour le jazz aussi. Ce n'est pas tout. Si l'envie vous prend de jouer dans le jardin de ceux qui sont
(20) cousus d'or, restez quelques jours à Lugano. Là vous pourrez déguster des mets succulents et faire de longues promenades dans un décor féerique. C'est un endroit idylique, où c'est bien
(25) facile d'oublier les problèmes du monde.

GO ON TO THE NEXT PAGE

Au cas où vous trouveriez Lugano trop cher, une randonnée pédestre d'une semaine avec hébergement à l'auberge, vous coûtera environ 3.580 F

(30) en demi-pension, tandis qu'un petit séjour dans un charmant hôtel de Klosters vous reviendra à 2.870, et vous ne dépenserez que 2.910F pour une échappée à vélo dans le Jura neuchâtelois

(35) qui durera cinq jours. La Suisse, domaine fabuleux de tous les sports d'hiver, est un paradis pour l'été.

71. Quand on dit que la Suisse est "rutilante" (ligne 1) cela veut dire qu'elle est
(A) organisée.
(B) coûteuse.
(C) resplendissante.
(D) surpeuplée.

72. Dans la phrase " qui en fait une destination touristique" (ligne 8), le pronom "en" a pour antécédent
(A) "décors".
(B) "Suisse".
(C) "diversité".
(D) "destination".

73. Dans l'expression "ceux qui sont cousus d'or" (lignes 19–20) le pronom ceux se réfère aux
(A) jardins somptueux.
(B) touristes riches.
(C) vêtements décorés.
(D) domaines fabuleux.

74. La description de Lugano suggère que c'est un endroit
(A) coûteux.
(B) champêtre.
(C) rustique.
(D) abandonné.

75. Qu'est-ce qui résume le mieux l'idée principale de ce passage?
(A) La Suisse est un pays très riche.
(B) La Suisse est idéale pour les sports d'hiver.
(C) La Suisse n'accommode que les touristes aisés.
(D) La Suisse offre plusieurs activités en été.

76. Ce passage est probablement tiré
(A) d'une lettre à un ami.
(B) d'un journal intime.
(C) d'un roman d'aventure.
(D) d'une brochure de voyage.

Federico García Lorca est le grand poète de l'Espagne. Connaître ce grand dramaturge, c'est faire une immersion

ligne dans la terre, le sang, la chair, la souf-

(5) france et la passion. "Je fais une poésie à s'ouvrir les veines, écrivait le poète en 1928, une poésie déjà évadée de la réalité." Lorca était un personnage éclatant etdouble à la fois, frivole et

(10) désespéré, insouciant et morbide.

Toute son oeuvre parle de violence, d'intolérance. "Noces de sang" est née d'un fait divers, le meurtre près d'une ferme, dans la province d'Almeria,

(15) d'un jeune homme qui avait enlevé, le matin des noces, la fiancée de son cousin. L'histoire mûrit quatre ans dans l'imagintion de Lorca avant de devenir un chef-d'oeuvre lyrique fait de prose et de vers

(20) mêlés. "Le théatre, disait-il, n'existe pas s'il n'est pas dans la main des poètes."

Dégoûté des structures établies, Lorca appelle à la révolution culturelle

(25) et politique. En 1932 il crée une troupe itinérante avec une trentaine de comédiens. Parcourant en camion son pays,

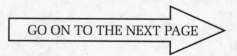

GO ON TO THE NEXT PAGE

il présente "au peuple le plus pauvre, le plus rustre, le plus sensible aux *(30)* émois de la douleur" les grands textes du théâtre espagnol. Sur scène, drapé dans de longs voiles noirs, Lorca est l'Ombre, métaphore du Péché et de la Mort.

(35)   Au centre de cette oeuvre sont les êtres les plus importants chez le poète: les femmes. Il les aime passionnément "Hélas mes tragiques noces sans épousée et sans autel...se plaint-il. Il *(40)* sait que le "plaisir sombre" débouche sur la mort, tandis que la femme donne la vie. Il refuse à ses héroïnes le bonheur dont il est privé. Elles non plus, n'y ont pas droit, elles sont sacrifiées et con- *(45)* damnées, au nom de la morale et des conventions, à ne pas vivre l'amour. Voici donc les plus beaux rôles féminins du théâtre espagnol: la femme sans homme, Bernarda; la femme sans *(50)* fils, Yerma; la fiancée infidèle de "Noces de sang" à laquelle il permet de plaider non coupable pour cause d'amour fou. Ce théatre tragique est un spectacle sur l'amour impossible et sur la mort, qui *(55)* est le prix de la révolte.

77. Selon le passage quel est le thème principal de l'oeuvre de Lorca?
    (A) Les problèmes sociaux
    (B) L'amour et le devoir
    (C) Le bonheur et le châtiment
    (D) La brutalité et l'intransigeance

78. La pièce de Lorca "Noces de sang" a été inspirée par
    (A) un chef-d'oeuvre du théâtre romantique.
    (B) une aventure dans la vie du poète.
    (C) un incident qu'il a lu dans le journal.
    (D) une histoire qu'on lui avait racontée.

79. Une troupe "itinérante" est une troupe qui
    (A) joue pour toutes les classes sociales.
    (B) présente un nombre de spectacles.
    (C) fait de longs voyages à l'étranger.
    (D) se déplace d'un endroit à l'autre.

80. Ce texte nous apprend que García Lorca
    (A) n'éprouvait que du mépris pour les femmes.
    (B) écrivait dans un style sobre et précis.
    (C) refusait de jouer dans ses pièces.
    (D) avait des idées profondément socialistes.

81. Le grand écrivain García Lorca appartient au théâtre
    (A) lyrique.
    (B) romantique.
    (C) existentialiste.
    (D) folklorique.

82. Qu'est-ce que les héroïnes de Lorca sont incapables de trouver?
    (A) La passion
    (B) L'idéal
    (C) Le bonheur
    (D) Le succès

FRENCH LANGUAGE
SECTION II
PART A
Time—1 hour and 5 minutes
Percent of total grade—50

Part A: Time—50 minutes: This part is a test of your ability to write in French. It consists of two completion sets and one essay on a given topic.

Part B: Time—Approximately 15 minutes: This part is a test of your ability to speak in French. You will be asked to speak in a variety of ways and to record your voice. You will also be asked to start and stop your tape recorder several times. Be sure to follow the instructions you will hear.

Directions: Within the following paragraphs, single words have been omitted. Complete the paragraphs by writing on the right column ONE SINGLE French word that is correct BOTH in meaning and form according to the context of the paragraph. NO VERB FORMS may be used. Expressions such as "jusqu'à," and "ce qui" and "ce que" are NOT considered single words.

(**NOTE:** Answers are found on page 380.)

1. Christine, la copine ____1____ je t'ai parlé, tient ____2____ [*parler de*] devenir écrivain. Donc, pour ____3____ faire plaisir, je lui ai acheté un magnétophone pour ____4____ elle puisse enregistrer toutes ses pensées à ____5____ moment de la journée. J'étais très fière ____6____ moi-même. ____7____, avant que je ne lui offre le cadeau, elle me dit que son copain, ____8____ qui travaille pour IBM, lui a offert un ordinateur portable. ____9____ avoir entendu cette nouvelle, j'étais moins fière de mon cadeau.

2. ____10____ est la troisième fois ____11____ je lui dis de se taire. ____12____ culot, celui-là! Il n'arrête pas de chuchoter ____13____ son voisin. ____14____, le voisin est pire que lui. J'____15____ ai marre!

1. *dont*
2. *à*
3. *lui*
4. *qu'*
5. *chaque*
6. *de*
7. *Mais*
8. *lequel celui*
9. *Apres*
10. *C'*
11. *que*
12. *Quel*
13. *à*
14. *D'ailleurs*
15. *en*

GO ON TO THE NEXT PAGE

Directions: Within the following paragraphs, 15 verb forms have been omitted. Complete the paragraphs by writing on the right column the correct form of the verb, based on the context. The infinitive form of the verb to be used is shown at the bottom of the column. Be sure to read each paragraph before writing your answers. Check your spelling carefully; accents and agreements must be correct for the answer to be considered correct.

(**NOTE**: Answers are found on page 380.)

—Dis-moi, Nora, tu _____16_____ les feux d'artifice hier soir. Norma me dit qu'ils étaient spectaculaires.

—Malheureusement ma tante _____17_____ de la Suisse hier soir.

Maman _____18_____ que toute la famille _____19_____.

—Vous _____20_____ tous venir au parc. Il _____21_____ beau. Si tu m'avais dit que ta tante de Suisse _____22_____ être avec vous, je _____23_____ vous chercher tous dans la grosse voiture de maman. Et de cette façon, on _____24_____ la soirée ensemble.

—Vite Nadim! _____25_____ au volley avant qu'il ne _____26_____ du vent!

—J' _____27_____ venir si je _____28_____ tous ces devoirs pour l'école.

—Ho, s'il te plaît! Je te promets que ça _____29_____ longtemps. Et rappelle-toi comme nous _____30_____ la dernière fois.

16. *as vu*
    (voir)
17. *est venue* / *venait*
    (venir)
18. *voulait*
    (vouloir)
19. *s'est réunie*
    (se réunir)
20. *aviez dû*
    (devoir)
21. *faisait*
    (faire)
22. *allait*
    (aller)
23. *serais venu*
    (venir)
24. *aurait passé*
    (passer)
25. *jouons*
    (jouer)
26. *fait*
    (faire)
27. *aimerais*
    (aimer)
28. *n'avais pas*
    (ne pas avoir)
29. *ne durera pas*
    (ne pas durer)
30. *nous sommes* *amusés*
    (s'amuser)

SUBJUNCTIF !!! ...

GO ON TO THE NEXT PAGE

Directions: Write in French a well-organized and coherent composition of substantial length on the question below. Show precision and variety in your choice of vocabulary and verb tenses.

(**NOTE**: Only one topic appears each year.) As a general rule, essays containing no more than one page of normal-sized handwriting will not receive a score higher than 5.

1. Imaginez que vous avez réussi dans votre vie. Vous êtes célèbre et tout le monde voudrait mieux vous connaître. On vous demande d'écrire un texte qu'on publiera.

   Faites la liste de vos grandes réalisations que vous souhaitez partager avec le public. Parlez de vos liens familiaux, de vos amitiés, de votre travail et de votre engagement au sein de votre communauté.

FRENCH LANGUAGE
SECTION II
PART B
Time—Approximately 15 minutes

Directions for speaking will be given to you by a master tape during the examination. You will be asked to speak in a variety of ways, and to record your voice. Follow carefully the directions for stopping and starting your tape recorder. Make sure the machine is in the "Record" position when you are recording. At the end of the examination you should be sure to verify that your voice has been recorded.

Directions (on tape): Look at the six pictures below for one minute and 30 seconds and then answer the questions about them that you will hear on your CD.

CD3
Tracks 19–20   1

Questions

1. Dans la dernière image la jeune fille semble horrifiée. Expliquez sa réaction en racontant les évènements qui ont précédé ce moment. (60 secondes)

2. Mettez-vous à la place de la jeune fille. Que feriez-vous à sa place? (60 secondes)

3. Que conseillerez-vous à la jeune fille de faire la prochaine fois qu'elle reçoit des amis? (60 secondes)

Now look at the two pictures below for one minute and 30 seconds and then answer the questions about them that are on your CD.

2

Questions

1. Mettez-vous à la place du garçon dans la première image. Que diriez-vous à vos parents? (60 secondes)

2. Expliquez à laquelle de ces de familles vous pouvez identifier, en racontant ce que vous avez fait le week-end passé. (60 secondes)

3. A votre avis qu'est-ce qui aurait pu causer le problème de la première famille? Expliquez comment il aurait pu être évité. (60 secondes)

MODEL EXAM 1 ANSWERS

EXCHANGES

1. Ⓐ Ⓑ Ⓒ ●
2. Ⓐ Ⓑ Ⓒ ●
3. Ⓐ ● Ⓒ Ⓓ
4. Ⓐ ● Ⓒ Ⓓ
5. Ⓐ Ⓑ Ⓒ ●
6. Ⓐ Ⓑ Ⓒ ●
7. Ⓐ Ⓑ ● Ⓓ
8. Ⓐ Ⓑ ● Ⓓ
9. Ⓐ Ⓑ Ⓒ ●
10. ● Ⓑ Ⓒ Ⓓ
11. ● Ⓑ Ⓒ Ⓓ
12. Ⓐ Ⓑ ● Ⓓ
13. Ⓐ Ⓑ Ⓒ ●
14. Ⓐ ● Ⓒ Ⓓ
15. ● Ⓑ Ⓒ Ⓓ

DIALOGUES

16. ● Ⓑ Ⓒ Ⓓ
17. Ⓐ Ⓑ ● Ⓓ
18. Ⓐ Ⓑ Ⓒ ●
19. Ⓐ Ⓑ ● Ⓓ
20. Ⓐ Ⓑ Ⓒ ●
21. ● Ⓑ Ⓒ Ⓓ
22. Ⓐ Ⓑ ● Ⓓ
23. Ⓐ Ⓑ Ⓒ ●

24. ● Ⓑ Ⓒ Ⓓ
25. Ⓐ ● Ⓒ Ⓓ
26. ● Ⓑ Ⓒ Ⓓ
27. Ⓐ Ⓑ Ⓒ ●
28. Ⓐ Ⓑ Ⓒ ●
29. Ⓐ Ⓑ Ⓒ ●
30. Ⓐ Ⓑ ● Ⓓ
31. ● Ⓑ Ⓒ Ⓓ
32. Ⓐ Ⓑ ● Ⓓ
33. Ⓐ ● Ⓒ Ⓓ
34. Ⓐ Ⓑ Ⓒ ●
35. Ⓐ Ⓑ ● Ⓓ
36. Ⓐ Ⓑ ● Ⓓ

PASSAGES

37. ● Ⓑ Ⓒ Ⓓ
38. Ⓐ Ⓑ ● Ⓓ
39. Ⓐ ● Ⓒ Ⓓ
40. Ⓐ Ⓑ Ⓒ ●
41. ● Ⓑ Ⓒ Ⓓ
42. Ⓐ Ⓑ ● Ⓓ
43. Ⓐ Ⓑ Ⓒ ●
44. ● Ⓑ Ⓒ Ⓓ
45. ● Ⓑ Ⓒ Ⓓ
46. Ⓐ Ⓑ ● Ⓓ
47. Ⓐ Ⓑ ● Ⓓ

48. Ⓐ Ⓑ ● Ⓓ
49. Ⓐ ● Ⓒ Ⓓ
50. Ⓐ Ⓑ Ⓒ ●
51. ● Ⓑ Ⓒ Ⓓ
52. Ⓐ Ⓑ ● Ⓓ
53. Ⓐ ● Ⓒ Ⓓ
54. ● Ⓑ Ⓒ Ⓓ
55. ● Ⓑ Ⓒ Ⓓ
56. Ⓐ Ⓑ ● Ⓓ
57. Ⓐ Ⓑ Ⓒ ●
58. Ⓐ ● Ⓒ Ⓓ
59. Ⓐ Ⓑ ● Ⓓ
60. Ⓐ Ⓑ ● Ⓓ
61. Ⓐ ● Ⓒ Ⓓ
62. ● Ⓑ Ⓒ Ⓓ
63. Ⓐ Ⓑ ● Ⓓ
64. Ⓐ Ⓑ Ⓒ ●
65. Ⓐ Ⓑ Ⓒ ●

66. Ⓐ ● Ⓒ Ⓓ
67. Ⓐ Ⓑ Ⓒ ●
68. Ⓐ ● Ⓒ Ⓓ
69. Ⓐ Ⓑ ● Ⓓ
70. Ⓐ ● Ⓒ Ⓓ
71. Ⓐ Ⓑ ● Ⓓ
72. Ⓐ ● Ⓒ Ⓓ
73. Ⓐ ● Ⓒ Ⓓ
74. ● Ⓑ Ⓒ Ⓓ
75. Ⓐ Ⓑ Ⓒ ●
76. Ⓐ Ⓑ Ⓒ ●
77. Ⓐ Ⓑ Ⓒ ●
78. Ⓐ Ⓑ ● Ⓓ
79. Ⓐ Ⓑ Ⓒ ●
80. Ⓐ Ⓑ Ⓒ ●
81. ● Ⓑ Ⓒ Ⓓ
82. Ⓐ Ⓑ ● Ⓓ

PART A (FUNCTION WORD FILL-INS)

1. dont
2. à
3. lui
4. qu'
5. chaque or n'importe quel
6. de
7. Mais or Cependant
8. celui
9. Après
10. C'
11. que
12. Quel
13. à
14. D'ailleurs
15. en

PART A (VERB FILL-INS)

16. as vu
17. est venue
18. voulait
19. se réunisse
20. auriez dû
21. faisait
22. allait
23. serais venu(e)
24. aurait passé
25. jouons
26. fasse
27. aimerais
28. n'avais pas
29. ne durera pas
30. nous nous sommes amusés

MODEL EXAM 2: ANSWER SHEET

EXCHANGES

1. Ⓐ Ⓑ Ⓒ Ⓓ
2. Ⓐ Ⓑ Ⓒ Ⓓ
3. Ⓐ Ⓑ Ⓒ Ⓓ
4. Ⓐ Ⓑ Ⓒ Ⓓ
5. Ⓐ Ⓑ Ⓒ Ⓓ
6. Ⓐ Ⓑ Ⓒ Ⓓ
7. Ⓐ Ⓑ Ⓒ Ⓓ
8. Ⓐ Ⓑ Ⓒ Ⓓ
9. Ⓐ Ⓑ Ⓒ Ⓓ
10. Ⓐ Ⓑ Ⓒ Ⓓ
11. Ⓐ Ⓑ Ⓒ Ⓓ
12. Ⓐ Ⓑ Ⓒ Ⓓ
13. Ⓐ Ⓑ Ⓒ Ⓓ
14. Ⓐ Ⓑ Ⓒ Ⓓ
15. Ⓐ Ⓑ Ⓒ Ⓓ
16. Ⓐ Ⓑ Ⓒ Ⓓ
17. Ⓐ Ⓑ Ⓒ Ⓓ
18. Ⓐ Ⓑ Ⓒ Ⓓ

DIALOGUES

19. Ⓐ Ⓑ Ⓒ Ⓓ
20. Ⓐ Ⓑ Ⓒ Ⓓ
21. Ⓐ Ⓑ Ⓒ Ⓓ
22. Ⓐ Ⓑ Ⓒ Ⓓ
23. Ⓐ Ⓑ Ⓒ Ⓓ
24. Ⓐ Ⓑ Ⓒ Ⓓ
25. Ⓐ Ⓑ Ⓒ Ⓓ

26. Ⓐ Ⓑ Ⓒ Ⓓ
27. Ⓐ Ⓑ Ⓒ Ⓓ
28. Ⓐ Ⓑ Ⓒ Ⓓ
29. Ⓐ Ⓑ Ⓒ Ⓓ
30. Ⓐ Ⓑ Ⓒ Ⓓ
31. Ⓐ Ⓑ Ⓒ Ⓓ
32. Ⓐ Ⓑ Ⓒ Ⓓ
33. Ⓐ Ⓑ Ⓒ Ⓓ
34. Ⓐ Ⓑ Ⓒ Ⓓ
35. Ⓐ Ⓑ Ⓒ Ⓓ
36. Ⓐ Ⓑ Ⓒ Ⓓ
37. Ⓐ Ⓑ Ⓒ Ⓓ
38. Ⓐ Ⓑ Ⓒ Ⓓ
39. Ⓐ Ⓑ Ⓒ Ⓓ

PASSAGES

40. Ⓐ Ⓑ Ⓒ Ⓓ
41. Ⓐ Ⓑ Ⓒ Ⓓ
42. Ⓐ Ⓑ Ⓒ Ⓓ
43. Ⓐ Ⓑ Ⓒ Ⓓ
44. Ⓐ Ⓑ Ⓒ Ⓓ
45. Ⓐ Ⓑ Ⓒ Ⓓ
46. Ⓐ Ⓑ Ⓒ Ⓓ
47. Ⓐ Ⓑ Ⓒ Ⓓ
48. Ⓐ Ⓑ Ⓒ Ⓓ
49. Ⓐ Ⓑ Ⓒ Ⓓ
50. Ⓐ Ⓑ Ⓒ Ⓓ
51. Ⓐ Ⓑ Ⓒ Ⓓ

52. Ⓐ Ⓑ Ⓒ Ⓓ

53. Ⓐ Ⓑ Ⓒ Ⓓ

54. Ⓐ Ⓑ Ⓒ Ⓓ

55. Ⓐ Ⓑ Ⓒ Ⓓ

56. Ⓐ Ⓑ Ⓒ Ⓓ

57. Ⓐ Ⓑ Ⓒ Ⓓ

58. Ⓐ Ⓑ Ⓒ Ⓓ

59. Ⓐ Ⓑ Ⓒ Ⓓ

60. Ⓐ Ⓑ Ⓒ Ⓓ

61. Ⓐ Ⓑ Ⓒ Ⓓ

62. Ⓐ Ⓑ Ⓒ Ⓓ

63. Ⓐ Ⓑ Ⓒ Ⓓ

64. Ⓐ Ⓑ Ⓒ Ⓓ

65. Ⓐ Ⓑ Ⓒ Ⓓ

66. Ⓐ Ⓑ Ⓒ Ⓓ

67. Ⓐ Ⓑ Ⓒ Ⓓ

68. Ⓐ Ⓑ Ⓒ Ⓓ

69. Ⓐ Ⓑ Ⓒ Ⓓ

70. Ⓐ Ⓑ Ⓒ Ⓓ

71. Ⓐ Ⓑ Ⓒ Ⓓ

72. Ⓐ Ⓑ Ⓒ Ⓓ

73. Ⓐ Ⓑ Ⓒ Ⓓ

74. Ⓐ Ⓑ Ⓒ Ⓓ

75. Ⓐ Ⓑ Ⓒ Ⓓ

76. Ⓐ Ⓑ Ⓒ Ⓓ

77. Ⓐ Ⓑ Ⓒ Ⓓ

78. Ⓐ Ⓑ Ⓒ Ⓓ

79. Ⓐ Ⓑ Ⓒ Ⓓ

80. Ⓐ Ⓑ Ⓒ Ⓓ

81. Ⓐ Ⓑ Ⓒ Ⓓ

82. Ⓐ Ⓑ Ⓒ Ⓓ

83. Ⓐ Ⓑ Ⓒ Ⓓ

84. Ⓐ Ⓑ Ⓒ Ⓓ

85. Ⓐ Ⓑ Ⓒ Ⓓ

Model Exam 2

(NOTE: The script for the taped portion of the Model Exam is found in Appendix II.)

FRENCH LANGUAGE
SECTION I
Time—1 hour and 25 minutes
PART A
Time—approximately 25 minutes

EXCHANGES

Directions: You will hear a series of brief exchanges between two speakers. The exchanges will be spoken twice. After listening to the exchanges, choose the most appropriate rejoinder from the four choices you are given below and blacken the right answer on the answer sheet on page 381. You will have 12 seconds to answer each question.

CD3
Tracks 21–24

(NOTE: Answers are found on page 403.)

1. (A) Il a couru très loin du chat.
   (B) Il a expliqué au chat ce qu'il fallait faire.
   (C) Il a mis le doigt dans l'oeil du chat.
   (D) Il s'est caché sous le lit.

2. (A) Je vais danser et chanter toute la nuit.
   (B) Je vais mettre des lunettes noires de soleil.
   (C) Je vais porter l'armure d'un homme d'armes.
   (D) Je vais me cacher sous un fauteuil dans un coin.

3. (A) Malheureusement personne n'est venu à la réunion.
   (B) C'est certainement une des améliorations possibles.
   (C) Il faudra que les adhérents versent leurs cotisations.
   (D) Il va falloir former une équipe et acheter le matériel.

4. (A) Bravo! Et tu as réussi à le vendre au marché?
   (B) Heureusement que tu as fini par gagner ce match incroyable.
   (C) Ça ne m'étonne pas. On appelle ce poisson le requin des eaux douces.
   (D) Tu aurais dû te renseigner pour savoir que c'est un métal très lourd.

5. (A) Eh bien, nous nous sommes bien bronzés.
   (B) Nous avons fait de la planche à voile.
   (C) Nous avons mis de l'huile solaire.
   (D) Nous sommes rentrés sans tarder.

6. (A) Alors tu as vraiment aimé ce long voyage?
   (B) Félicitations, tu as très bien fait ton travail.
   (C) Dis-moi, est-ce que tu as vu la cargaison?
   (D) Bon voyage. C'est une belle croisière.

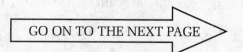

GO ON TO THE NEXT PAGE

7. (A) Je n'aime pas du tout le goût des
       fruits gâtés.
   (B) Je n'ai vraiment pas le temps d'aller
       au supermarché.
   (C) Alors, qu'est-ce que tu vas comman-
       der comme dessert?
   (D) Ce n'est pas de ma faute; c'est toi
       qui les as achetés.

8. (A) Appelle-les tout de suite.
   (B) Alors, ils ont accepté?
   (C) C'est gentil de leur part de venir.
   (D) Tu rigoles, tu leur parles et ne leur
       dis rien?

9. (A) C'est pourquoi je veux aller à la
       plage avec toi.
   (B) J'ai vraiment mal à la jambe
       aujourd'hui.
   (C) Mais tu n'es pas obligée de venir
       avec moi.
   (D) Tu ne veux jamais m'aider à nettoyer
       la maison.

10. (A) C'est juste le moment de travailler.
    (B) Et ça fait longtemps que tu le fais?
    (C) Alors je t'accompagne tout de suite.
    (D) Tu as raison de vouloir en profiter.

11. (A) Je ne savais pas qu'il avait neigé.
    (B) Ça va si tu promets de me la payer.
    (C) Sans doute un bain chaud te feras
        du bien.
    (D) Quelle drôle d'idée! J'ai déjà très
        chaud.

12. (A) Ça va, je serais prêt vers quatre
        heures de l'après-midi.
    (B) Dis-lui qu'il va falloir qu'il fasse
        bientôt des économies.
    (C) On pourrait alors prendre un taxi
        ensemble pour y aller.
    (D) Non, je regrette, je ne pourrai vraiment
        pas aller avec lui.

13. (A) Je suis heureuse de la voir finalement
        s'entraîner.
    (B) Je t'ai toujours dit qu'elle était
        paresseuse, ta soeur.
    (C) Et comme d'habitude elle ne va pas
        déjeuner avec nous!
    (D) Et toi, tu ne l'invites jamais à venir
        courir avec nous le matin.

14. (A) Je trouve la télé vraiment captivante.
    (B) Tu sais, je ne suis pas cinéphile
        comme toi.
    (C) Mais moi, je n'aime pas faire de
        l'aviron.
    (D) Je ne vois pas pourquoi il faut sortir
        pour s'amuser.

15. (A) Je regrette, je n'avais aucune idée
        qu'il était malade.
    (B) Eh bien, il va falloir qu'il se soigne
        tout de suite.
    (C) Ce n'est pas juste. Je me demande où
        était le prof.
    (D) Dis-moi comment faire pour punir
        ce malheureux?

16. (A) Et quand tu es tombée tu t'es fait
        très mal?
    (B) Tu sais, moi c'est un jeu qui ne m'a
        jamais passionné.
    (C) Moi, je n'aurai jamais pu deviner que
        tu étais nerveuse.
    (D) C'est parce que le metteur en scène
        t'a dit de le faire.

17. (A) Moi je m'inquiète quand je ne
        comprends pas le guide.
    (B) Moi, par contre, j'ai pitié pour leur
        fatigue.
    (C) C'est parce que tu as toujours aimé
        la géographie.
    (D) Tu as raison, mais je préfère
        regarder les voitures.

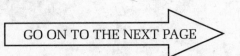

GO ON TO THE NEXT PAGE

18. (A) Tu ne devrais pas conduire si vite.
    (B) Je comprends, je viens de perdre le
        mien.
    (C) J'espère que ça lui apprendra une
        leçon importante.
    (D) Il va falloir que tu l'emmènes chez
        le médecin.

DIALOGUES

Directions: You will now listen to some dialogues. After each dialogue, you will be asked several questions, which will be spoken twice. Select the best answer to each question from among the four choices printed below and blacken your answer on the answer sheet on page 381. You will have 12 seconds to answer each question.

CD3
Tracks 25–28

(**NOTE:** Answers are found on page 403.)

19. (A) Parce qu'en France on aime la vitesse
    (B) Parce qu'il ne veut pas conduire à
        droite
    (C) Parce qu'il ne veut pas ralentir pour
        les gens
    (D) Parce qu'il observe la limite de vitesse

20. (A) Pour avertir les piétons d'un accident
    (B) Quand la voiture est sur le point de
        tomber en panne
    (C) Pour communiquer avec les autres
        voitures
    (D) Pour permettre aux autres d'utiliser
        la file de gauche

21. (A) Il trouve que les Français respectent
        plus la limite de vitesse.
    (B) Il pense que les Américains con-
        duisent plus lentement.
    (C) Il constate que la limite de vitesse
        est plus élevée en France.
    (D) Il prouve qu'on conduit beaucoup
        plus vite aux Etats-Unis.

22. (A) Comparer la France aux Etats-Unis
    (B) Lui demander de conduire lentement
    (C) Dire que les Français sont agressifs
    (D) Baser son opinion des Français sur lui

23. (A) Parce qu'il veut se reposer
    (B) Parce qu'il a très faim
    (C) Parce qu'il n'aime pas la circulation
    (D) Parce qu'il se fait tard

24. (A) Conduire tôt le matin
    (B) Le menu du restaurant
    (C) Le décor du restaurant
    (D) Les restaurants très chics

25. (A) Parce qu'ils font un régime
    (B) Parce qu'ils n'ont pas très faim
    (C) Parce que la serveuse le recommande
    (D) Parce qu'ils sont au bord de la mer

26. (A) De l'aider à choisir son entrée
    (B) De décortiquer son crabe
    (C) De ne pas commander de dessert
    (D) De goûter sa bonne soupe

27. (A) Parce qu'il n'en peut plus de fatigue
        et de faim
    (B) Parce qu'il ne veut pas partager son
        crabe avec elle
    (C) Parce qu'il est très capable de
        travailler sans son aide
    (D) Parce qu'il aimerait vraiment sortir
        avec Marie

GO ON TO THE NEXT PAGE

28. (A) Parce qu'elle a déjà commandé son
        dessert
    (B) Parce que la voiture de son amie est
        tombée en panne
    (C) Parce que Paul ne veut pas écouter
        son conseil
    (D) Parce qu'elle a promis à une amie
        de l'aider

29. (A) Dans une voiture
    (B) Dans la rue
    (C) Chez les parents de la jeune fille
    (D) Dans un train

30. (A) D'avoir trop bu
    (B) D'être de mauvaise humeur
    (C) De ne pas aimer ses parents
    (D) De ne lui avoir pas dit la vérité

31. (A) qu'il ne peut pas trouver son
        chemin.
    (B) qu'il avait fait trop de travail
        dernièrement.
    (C) qu'il ne connaît pas les parents de
        son amie.
    (D) qu'il ne voulait pas venir en pre-
        mier lieu.

32. (A) Il est frustré parce qu'il ne veut pas
        être avec cette jeune fille.
    (B) Il est très heureux parce qu'il aime
        célébrer les fêtes avec son amie.
    (C) Il est nerveux parce qu'il ne connaît
        pas les parents de son amie.
    (D) Il est fâché parce qu'il est perdu et
        son amie ne veut pas l'aider.

33. (A) Le jeune homme insiste qu'il sait
        exactement où il va aller.
    (B) La jeune fille dit à son ami qu'il
        aurait dû tourner à gauche.
    (C) La jeune fille dit à son ami qu'il
        devrait tourner à gauche.
    (D) Le jeune homme dit à son amie qu'elle
        n'est pas précise.

34. (A) Beaucoup de chemises
    (B) Une grande valise
    (C) Une tente pour camper
    (D) Des objets en métal

35. (A) Une petite voiture
    (B) Une voiture décapotable
    (C) Une voiture de sport
    (D) Une voiture d'occasion

36. (A) Ils organisent un pique-nique au parc.
    (B) Ils sont sur le point de partir en
        voyage.
    (C) Ils se préparent pour un match de
        tennis.
    (D) Ils présentent une publicité pour la
        4CV.

37. (A) Parce qu'il est très aimable avec elle.
    (B) Parce que c'est lui qui propose de
        conduire.
    (C) Parce qu'il emporte plus de bagages
        qu'elle.
    (D) Parce qu'il ne veut pas l'emmener
        avec lui.

38. (A) Pour prendre des photos
    (B) Pour faire une randonnée
    (C) Pour faire plaisir à un ami
    (D) Pour éviter les hôtels

39. (A) Deena met de l'ordre et place ses
        affaires sur les raquettes d'Olivier.
    (B) Deena range la voiture et prend les
        raquettes sur les genoux.
    (C) Olivier ouvre la portière et met tous
        les bagages à l'arrière.
    (D) Olivier ouvre le coffre et met les
        raquettes à l'arrière.

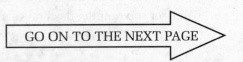
GO ON TO THE NEXT PAGE

PART B

Directions: Read the following passages carefully. Each passage is followed by a number of questions or incomplete statements. Select the best response according to the ideas expressed in the passage. Mark your answers on the answer sheets on pages 381–382.

(**Note:** Answers are found on pages 403–404.)

La pauvre enfant se trouva dans l'obscurité. Elle s'y enfonça. Seulement, comme une certaine émotion la gagnait,
ligne tout en marchant, elle agitait le plus
(5) qu'elle pouvait l'anse du seau. Cela faisait un bruit qui lui tenait compagnie.

Tant qu'elle eut des maisons et même seulement des murs des deux côtés de son chemin, elle alla assez
(10) hardiment. De temps en temps, elle voyait le rayonnement d'une chandelle à travers la fente d'un volet, c'était de la lumière et de la vie, il y avait là des gens, cela la rassurait. Cependant, à mesure qu'elle
(15) avançait, sa marche se ralentissait comme machinalement. Quand elle eut passé l'angle de la dernière maison, Cosette s'arrêta.

Elle posa le seau à terre, plongea sa
(20) main dans ses cheveux et se mit à se gratter lentement la tête, geste propre aux enfants terrifiés et indécis. Ce n'était plus Montfermeil, c'étaient les champs. L'_espace_ noir et désert était devant elle.
(25) Elle regarda avec désespoir cette obscurité où il n'y avait plus personne, où il y avait des bêtes, où il y avait peut-être des revenants. Elle regarda bien, et elle entendit les bêtes qui marchaient dans l'herbe,
(30) et elle vit distinctement les revenants qui remuaient dans les arbres. Alors elle ressaisit le seau, la peur lui donnait de l'audace:—Bah! dit-elle, je lui dirai qu'il

n'y avait plus d'eau! Et elle rentra
(35) résolument dans Montfermeil.

A peine eut-elle fait cent pas qu'elle s'arrêta encore, et se mit à se gratter la tête. Maintenant c'était la Thénardier qui lui apparaissait; la Thénardier,
(40) hideuse avec sa bouche d'hyène et la colère flamboyante des yeux. L'enfant jeta un regard lamentable en avant et en arrière. Que faire? Que devenir? Où aller? Devant elle le spectre de la Thé-
(45) nardier; derrière elle tous les fantômes de la nuit et des bois. Ce fut devant la Thénardier qu'elle recula. Elle reprit le chemin de la source et se mit à courir. Elle sortit du village en courant, elle
(50) entra dans le bois en courant, ne regardant plus rien, n'écoutant plus rien. Elle n'arrêta sa course que lorsque la respiration lui manqua; mais elle n'interrompit point sa marche. Elle allait devant elle,
(55) éperdue.

Tout en courant, elle avait envie de pleurer.

Le frémissement nocturne de la forêt l'enveloppait tout entière.

(60) Elle ne pensait plus, elle ne voyait plus... Chose étrange! Elle ne se perdit pas. Un reste d'instinct la conduisait vaguement. Elle arriva ainsi à la source...

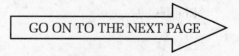
GO ON TO THE NEXT PAGE

Cosette ne prit pas le temps de
(65) respirer. Il faisait très noir, mais elle
avait l'habitude de venir à cette fontaine.
Elle chercha de la main gauche dans
l'obscurité un jeune chêne incliné qui
lui servait ordinairement de point
(70) d'appui, rencontra une branche, s'y
suspendit, se pencha et plongea le seau
dans l'eau. Elle était dans un moment
si violent que ses forces étaient
triplées. Elle retira le seau presque plein
(75) et le posa sur l'herbe. Cela fait, elle s'aperçut qu'elle était épuisée de lassitude...

Victor Hugo, *Les Misérables*

40. Quelle est la cause principale de la
peur de l'enfant?
(A) L'absence de lumière
(B) Des sentiments incompréhensibles
(C) Le bruit du seau
(D) Les murs qui l'entourent

41. Qu'est-ce qui rassure l'enfant?
(A) Des paroles de gentillesse
(B) Une sensation visuelle agréable
(C) Les gens qu'elle voit autour d'elle
(D) La joie qu'elle ressent chez les autres

42. Pourquoi Cosette s'arrête-t-elle la pre-
mière fois?
(A) Parce qu'elle est fatiguée
(B) Parce qu'elle a peur
(C) Parce qu'elle est perdue
(D) Parce qu'elle voit sa maison

43. Comment savons-nous que Cosette
hallucine?
(A) Elle se parle à elle-même à haute voix.
(B) Elle est convaincue qu'elle est toute
seule.
(C) Elle imagine des choses qui n'existent
pas.
(D) Elle suit des bêtes imaginaires sur
l'herbe.

44. Qu'est-ce que Cosette craint plus que
tout autre chose?
(A) Les fantômes
(B) Les bêtes
(C) L'obscurité
(D) La Thénardier

45. Comment Cosette est-elle arrivée à la
source?
(A) En se conformant aux lois de la raison
(B) En continuant sur un chemin bien
marqué
(C) En suivant uniquement son intuition
(D) En consultant une carte de l'endroit

46. Dans la phrase "s'y suspendit, se pencha
et plongea le seau dans l'eau" (lignes 70–
72) Le pronom "y" a comme antécédent
(A) le chêne.
(B) la branche.
(C) l'obscurité.
(D) le seau.

47. Finalement, qu'est-ce qui pousse
Cosette à accomplir sa tâche?
(A) Une volonté rare chez une enfant
(B) Un sentiment très profond du devoir
(C) Une peur extrême d'une personne
(D) Une force extraordinaire pour une
enfant

J'étais arrivé le soir, avec mes parents,
dans un village de la côte sain-
tongeaise, dans une maison de pêcheurs
ligne louée pour la saison des bains. Je savais
(5) que nous étions venus là pour une chose
qui s'appelait la mer, mais je ne l'avais
pas encore vue (une ligne de dunes me
la cachait, à cause de ma très petite taille)

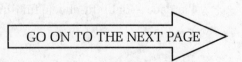

GO ON TO THE NEXT PAGE

et j'étais dans une extrême impatience
(10) de la connaître. Après le dîner donc, à la
tombée de la nuit, je m'échappai seul
dehors. L'air vif, âpre, sentait je ne sais
quoi d'inconnu, et un bruit singulier, à la
fois faible et immense, se faisait derrière
(15) les petites montagnes de sable auxquelles
un sentier conduisait.

Tout m'effrayait, ce bout de sentier
inconnu, ce crépuscule tombant d'un ciel
couvert, et aussi la solitude de ce coin
(20) de village...

Puis, tout à coup, je m'arrêtai glacé,
frissonnant de peur. Devant moi,
quelque chose apparaissait, quelque
chose de sombre et de bruissant qui
(25) avait surgi de tous côtés en même
temps et qui semblait ne pas finir; une
étendue en mouvement qui me donnait
le vertige mortel... Evidemment c'était
ça; pas une minute d'hésitation, ni même
(30) d'étonnement que ce fût ainsi, non,
rien que de l'épouvante; je reconnaissais
et je tremblais. C'était d'un vert obscur
presque noir; ça semblait instable, perfide,
engloutissant; ça remuait et ça se déme-
(35) nait partout à la fois, avec un air de
méchanceté sinistre. Au-dessus, s'é-
tendait un ciel tout d'une pièce, d'un
gris foncé, comme un manteau lourd...

Nous restâmes un moment l'un
(40) devant l'autre, moi fasciné par elle. Dès
cette première entrevue sans doute,
j'avais l'insaisissable préssentiment
qu'elle finirait un jour par me prendre,
malgré toutes mes hésitations, malgré
(45) toutes les volontées qui essayeraient de
me retenir... Ce que j'éprouvais en sa
présence était non seulement de la
frayeur, mais surtout une tristesse sans
nom, une impression de solitude

(50) désolée, d'abandon, d'exil... Et je repartis
en courant, la figure très bouleversée,
je pense, et les cheveux tourmentés par
le vent, avec une hâte extrême d'arriver
auprès de ma mère, de l'embrasser, de
(55) me serrer contre elle; de me faire consoler de mille angoisses anticipées, qui
m'avaient étreint le cœur à la vue de ces
grandes étendues vertes et profondes.

Pierre Loti, *Découverte de la mer*

48. La première fois que l'auteur a vu la
mer il était
(A) confiant.
(B) mécontent.
(C) très jeune.
(D) assez grand.

49. Comment était l'air ce soir-là?
(A) Chaud
(B) Humide
(C) Frais
(D) Froid

50. Qu'est-ce qui fit trembler l'enfant?
(A) Le vent âpre
(B) L'isolement de l'endroit
(C) Le ciel couvert
(D) La vue de la mer

51. Qu'est-ce qui a donné le vertige à l'enfant?
(A) La couleur verdâtre de la mer
(B) Le mouvement des vagues
(C) Le ciel qui pesait sur lui
(D) Les petites montagnes de sable

52. L'enfant décrit la mer avec tous les
qualificatifs suivants SAUF
(A) immense.
(B) épouvantable.
(C) dangereuse.
(D) fastidieuse.

GO ON TO THE NEXT PAGE

53. L'enfant éprouve face à la mer tous les sentiments suivants SAUF
    (A) de la mélancolie.
    (B) de l'exaltation.
    (C) de la peur.
    (D) de l'isolement.

54. Après avoir lu ce passage qu'est-ce qui exprime le mieux l'effet que la mer aura sur l'auteur?
    (A) Il aura toujours très peur de la mer.
    (B) Elle lui donnera envie de faire de long voyage.
    (C) Il va constamment essayer d'éviter la mer.
    (D) Elle va exercer sur lui une fascination irrésistible.

55. Quel est le style de ce récit?
    (A) Descriptif
    (B) Ironique
    (C) Philosophique
    (D) Analytique

Thibaut: Madame, mademoiselle, monsieur. Bonjour. Une fois n'est pas coutume,
ligne nous ne parlerons pas de football aujourd'hui, mais nous allons rester dans
(5) le domaine du sport et plus particulièrement de l'exploit, puisque nous allons vous parler d'amour. Vivre avec une femme, la rendre heureuse c'est pour un homme la dernière grande aventure.

(10) **Jean-Paul:** En effet nos caméras ont suivi pendant un an la vie d'Emmanuel et de Deena et des autres, dans cette aventure comparable à la première traversée de l'Atlantique.

(15) **Thibaut:** Saluons au passage, Jean-Paul, le formidable travail de nos caméramen.

Jean-Paul: Absolument, travail difficile qui fut le leur, puisque nos équipes les ont suivis minute par minute, heure
(20) par heure, et dans tous les compartiments du jeu si j'ose m'exprimer ainsi.

Thibaut: Vous pouvez, Jean-Paul, vous pouvez. Quoiqu'il en soit et les choses étant ce qu'elles sont, nous vous proposons
(25) tout de suite de vivre cette aventure et nous espérons que vous passerez un moment agréable en notre companie. Jean-Paul, j'ai appris que vous êtes de l'avis qu'il faut voir les intervenants agir
(30) dans des situations difficiles.

Jean-Paul: C'est un peu ça. Le début de la relation ne m'intéresse pas tant, c'est parce que ça ressemble à un entraine-ment. Rien de très émouvant ne se
(35) passe. La partie entre les deux jeunes gens ne va réellement commencer qu'avec les premiers obstacles qu'il va falloir surmonter.

Thibaut: Vous semblez bien sûr de vous,
(40) Jean-Paul. Vous pensez que ces obstacles dont vous parlez sont inévitables.

Jean-Paul: J'en ai bien peur, mais je ne voudrais pas être, Thibaut, l'oiseau de mauvaise augure. Je vous propose donc
(45) de regarder la partie et de voir si l'avenir me donne raison. Ce que je ne souhaite pas au demeurant.

Thibaut: Eh bien, j'allais vous le proposer Jean-Paul et en tout cas c'est une histoire
(50) d'amour très ouverte que nous pro-posent Emmanuel et Deena et c'est tant mieux pour le spectacle.

GO ON TO THE NEXT PAGE

56. D'après ce dialogue nous comprenons que cette émission a l'habitude de présenter:
    (A) des histoires d'amour.
    (B) un documentaire historique.
    (C) un sport en particulier.
    (D) les nouvelles internationales.

57. Pour cette émission les deux présentateurs ont décidé:
    (A) d'expliquer à fond le domaine du sport.
    (B) de présenter une grande aventure nautique.
    (C) de documenter la vie d'un jeune couple.
    (D) de se limiter aux découvertes récentes.

58. Dans la phrase "Absolument, travail difficile qui fut le leur" (lignes 17, 18) le pronom "leur" se refère
    (A) au couple.
    (B) aux navigateurs.
    (C) aux présentateurs.
    (D) aux équipes.

59. Qui les présentateurs insistent-ils à féliciter?
    (A) Les deux jeunes amoureux
    (B) Le metteur en scène du spectacle
    (C) Ceux qui ont filmé le couple
    (D) Les gens qui les entourent

60. Jean-Paul est convaincu qu'Emmanuel et Deena
    (A) auront des problèmes.
    (B) vont se séparer.
    (C) seront très heureux.
    (D) se sont bien préparés.

61. Selon Jean-Paul qu'est-ce qui constitue une vraie histoire d'amour?
    (A) Le nombre d'années que le couple passe ensemble
    (B) Tous les moments de bonheur qu'un jeune couple partage
    (C) Les difficultés que le jeune couple réussit à vaincre
    (D) L'attraction très forte que ressent le couple

62. Quand Jean-Paul dit qu'il ne voudrait pas être un oiseau de mauvaise augure (lignes 43, 44) c'est qu'il ne voudrait pas paraître
    (A) vaniteux.
    (B) pessimiste.
    (C) volatile.
    (D) orgueilleux.

63. Thibaut pense qu'ils vont avoir un spectacle réussi parce que l'histoire d'amour qu'ils présentent est
    (A) sensationnelle.
    (B) romantique.
    (C) véridique.
    (D) extraordinaire.

64. Qu'est-ce qui exprime le mieux la manière de parler des deux présentateurs?
    (A) Ils parlent d'une manière simple et précise.
    (B) Ils tirent leur vocabulaire du domaine du sport.
    (C) Ils présentent une analyse profonde et logique.
    (D) Ils emploient beaucoup de termes scientifiques.

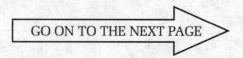

GO ON TO THE NEXT PAGE

Hippolyte, excellent nageur, coureur dératé, assez bon cavalier, était loin d'avoir comme je l'avais dit, des facultés *linge* intellectuelles correspondantes à ces (5) qualités physiques. Deux exemples donneront une idée de son intelligence.

Un soir que ma mère craignait une gelée de nuit, et qu'elle voulait préserver quelques belles fleurs d'automne placées (10) sur un petit mur d'appui, et dont la vue égayait les fenêtres de la salle à manger, elle appela Hippolyte.

Hippolyte accourut et attendit l'ordre qu'on allait lui donner, ses gros yeux (15) écarquillés.

—Hippolyte, lui dit ma mère, vous rentrerez ces pots-là ce soir et vous les mettrez dans la cuisine.

—Oui, madame, répondit Hippolyte.

(20)   Le soir, ma mère trouva effectivement les pots dans la cuisine, mais empilés les uns sur les autres, afin de prendre le moins de place possible sur les terres de Marie.

(25)   Une sueur froide perla au front de ma pauvre mère, car elle comprenait tout.

Hippolyte avait obéi à la lettre. Il avait vidé les fleurs et rentré les pots.

Les fleurs brisées, entassées les unes (30) sur les autres et toutes brillantes de gelée, furent retrouvées le lendemain au pied du mur.

Le second fait est plus grave....

J'avais un charmant petit friquet (35) que Pierre avait attrapé. C'était Hippolyte qui était chargé spécialement de donner du grain à mon friquet et de nettoyer la cage.

Un jour je trouvai la cage ouverte et (40) mon friquet disparu.

De là, cris, douleurs, trépignements, et enfin intervention maternelle.

—Qui a laissé cette porte ouverte? demanda ma mère à Hippolyte.

(45)   —C'est moi, madame, répondit celui-ci, joyeux comme s'il avait fait l'action la plus adroite du monde.

—Et pourquoi cela?

—Dame, pauvre petite bête, sa cage (50) sentait le renfermé.

Il n'y avait rien à répondre à cela.

Alexandre Dumas, *Mémoires*

65. Qu'est-ce qui distingue Hippolyte?
    (A) Son intelligence
    (B) Sa spiritualité
    (C) Sa beauté
    (D) Sa force

66. Qu'est ce que la maman a demandé à Hippolyte?
    (A) D'arroser les fleurs de la salle à manger
    (B) D'abriter les fleurs du froid
    (C) De balayer les feuilles mortes
    (D) De décorer les fenêtres de la salle à manger

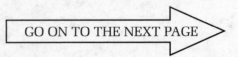
GO ON TO THE NEXT PAGE

67. "Les terres de Marie" (lignes 23, 24) se réfère à
(A) la cuisine.
(B) la salle à manger.
(C) la maison.
(D) les pots.

68. La maman est triste parce qu'Hippolyte
(A) a fait tomber les pots.
(B) n'a pas arrosé les fleurs.
(C) a beaucoup travaillé pour lui faire plaisir.
(D) n'a pas compris ce qu'elle voulait de lui.

69. "Obéir à la lettre" (ligne 27) signifie:
(A) Répondre promptement à son courrier.
(B) Suivre aveuglément tous les ordres.
(C) Faire à sa tête sans considérer les autres.
(D) Exécuter les ordres dans un sens litéral.

70. Le second incident indique qu'Hippolyte manque de
(A) générosité.
(B) bon sens.
(C) bonté.
(D) confiance.

71. Pourquoi Hippolyte était-il heureux d'avoir ouvert la porte de la cage?
(A) Parce que la cage était trop petite pour l'oiseau
(B) Parce qu'on lui avait demandé de le faire
(C) Parce que la cage avait une mauvaise odeur
(D) Parce qu'il voulait faire plaisir à madame

72. Ce n'était pas possible de blâmer Hippolyte parce qu'il
(A) était un homme aimable.
(B) était un homme très fort.
(C) avait dit la vérité.
(D) avait fait son devoir.

73. Qu'est-ce qui décrit le mieux Hippolyte?
(A) C'est un serviteur parfait.
(B) C'est un homme simple.
(C) Il intimide son entourage.
(D) Il est apprécié par sa maîtresse.

Dès notre entrée en cinquième, aux recommandations habituelles que nous font les religieuses s'ajoute un comman-
ligne dement majeur; Mère Thérésia l'enrobe
(5) de mille métaphores allusives. Elle a recours à des périphrases pour nous mettre en garde contre le danger des "garçons". Alors que Mère Thérésia prend toutes les précautions possibles
(10) pour aborder ce sujet épineux, Mère Appollonie ne s'embarasse pas de for-mules et insiste lourdement sur ce thème. Or, c'est l'âge où nous venons de couper nos longues tresses pour adopter les
(15) coiffures de jeunes filles.... Nous sommes heureuses d'être invitées à nos premières "parties". Les élèves guindées et timorées de Sion doivent affronter la concurrence des jeunes filles de l'école
(20) anglaise, très libérées et ignorant toutes les pressions que nous subissons au pensionnat. Il ne faut surtout pas faire tapisserie, la hantise de toute jeune fille en soirée. Il faut s'ingénier à trouver
(25) des sujets de conversation, et qui plus est en anglais, pour damer le pion à nos rivales.

GO ON TO THE NEXT PAGE

Un matin, alors que nous venons d'entrer en classe, tous nos cartables (30) sont perquisitionnés. Les religieuses procèdent à une fouille systématique de toutes nos affaires. A la fin de la matinée, la Supérieure demande à voir trois élèves de la classe dont moi. (35) Lorsque mes camarades me poussent à entrer j'oublie, dans mon désarroi, de faire la révérence. Ma terreur est telle que je ne comprends rien aux admonestations de la Supérieure. Je sais simplement (40) que j'ai une retenue et un avertissement sera envoyé à mes parents. Le lendemain ma mère m'apprend mon crime impardonnable: J'ai recopié sur un cahier de brouillon, les paroles d' "Un gamin à (45) Paris"!! Heureux temps où, à Alexandrie, les rigueurs et l'intransigeance de l'éducation religieuse française contrastaient avec le libéralisme familial.

Nous sommes sévèrement répri-(50) mandées pour le moindre écart de langage; Sonia F. est punie pour avoir osé dire "c'est marrant". Alors qu'aujourd'hui, aux émissions de la télévision, on se plaît à demander aux écrivains et (55) aux autres leur juron ou blasphème favori, Je mesure combien est loin l'époque où il nous était catégoriquement interdit de dire "zut".

En classe de quatrième, Mère Myriane (60) oeuvre, à son insu, pour la francophilie et la francophonie bien plus que tous les ministres et responsables français assignés à cette tâche. Elle a un charisme extraordinaire. Nous récitions nos cours (65) d'histoire en adoptant à l'instar de Mère Myriane, ses positions passionnées pour sa patrie. Mère Myriane encourage,

involontairement, nos penchants au romantisme. Nous apprenons les poèmes (70) de Lamartine, de Musset, de Vigny qui répondent à nos exaltations d'adolescentes. Nous nous associons aux peines de coeur des poètes et à leur amour d'une nature que nous ne connaissons (75) qu'à travers nos livres et qui est, par suite, encore plus sublimée.

Azza Heikel, *L'education Alexandrine*

74. Les religieuses s'acharnent à protéger leurs jeunes élèves
(A) de l'injustice sociale.
(B) de mère Apollonie.
(C) du sexe masculin.
(D) des jeune filles libérées.

75. Un sujet "épineux" (ligne 10) est un sujet:
(A) piquant.
(B) intéressant.
(C) ennuyeux.
(D) embarassant.

76. Selon le texte qu'est-ce qui aurait gêné le plus une jeune fille au cours d'une soirée?
(A) De faire de la broderie
(B) De perdre au jeu
(C) De décevoir son professeur
(D) De ne pas être invitée à danser

77. Pourquoi les jeunes de Sion aiment-elles parler anglais?
(A) Pour faire de la pratique
(B) Pour faire plaisir à leur prof
(C) Pour éclipser celles de l'école anglaise
(D) Pour être acceptées dans l'école anglaise

GO ON TO THE NEXT PAGE

78. Selon le texte, qu'est-ce que les religieuses se permettaient que les profs d'aujour- d'hui n'ont pas le droit de faire?
(A) Donner des retenues à leurs élèves
(B) Menacer les élèves de les renvoyer
(C) Fouiller les affaires personnelles des élèves
(D) Envoyez des avertissements aux parents de leurs élèves

79. Qu'est-ce que les religieuses ne tolèrent pas?
(A) La langue anglaise
(B) Le langage familier
(C) Les soirées au couvent
(D) Les émissions de télévision

80. Laquelle des descriptions suivantes caractérise le mieux l'éducation reçue par la narratrice?
(A) C'est une éducation stricte qui propage l'usage du français.
(B) C'est une éducation qui limite les qualités intellectuelles des élèves.
(C) C'est une éducation qui n'insiste que sur les oeuvres historiques.
(D) C'est une éducation qui ne met l'accent que sur la morale.

Dieu vous donne une bonne et heureuse année, ma très chère, et à moi la parfaite joie de vous revoir en
ligne meilleure santé que vous n'êtes présente-
(5) ment. Je vous assure que je suis fort en peine de vous; il gèle peut-être à Aix comme ici, et votre poitrine en est malade. Je vous conjure tendrement de ne point tant écrire, et de ne point me répondre
(10) sur toutes les bagatelles que je vous écris; écoutez-moi, figurez-vous que c'est une gazette; aussi bien je ne me souviens plus de ce que je vous ai mandé: ces réponses justes sont trop longues à

(15) venir pour être nécessaires à notre commerce. Dites-moi quelques choses en trois lignes de votre santé, de votre état, un mot d'affaire s'il le faut, et pas davan- tage, à moins que vous ne trouviez
(20) quelque charitable personne qui veuille écrire pour vous. Le chevalier est au coin de son feu, incommodé d'une hanche: c'est une étrange chicane que celle que lui fait son rhumatisme. Gordes
(25) n'était pas encore arrivé; j'ai bien envie de voir un homme qui vous a vue. Vous m'envoyez donc des étrennes; j'ai bien peur qu'elles ne soient trop jolies: les miennes sont d'une légèreté que la bise
(30) doit emporter.... J'ai toujours les échecs dans la tête, je crois que je ne jouerai jamais bien. Hébert donne six fois de suite échec et mat à Corbinelli qui enrage. Voilà ce qu'il a gagné à l'hotel
(35) de Condé. Ma fille, je vous dis adieu. J'attends de vos nouvelles avec impa- tience, car pour avoir de grosses lettres, c'est ce que je crains présentement plus que toutes choses. C'est ainsi que l'on
(40) change, selon les dispositions, mais toujours par rapport à vous, et à cette tendresse qui ne change point, et qui est devenue mon âme même: je ne sais pas trop si cela se peut dire mais je
(45) sens parfaitement que de vivre et de vous aimer, c'est la même chose pour moi.

Lettres de M^eme de Sévigné, de sa famille, de ses amis. (J. Blaise, 1818)

81. Cette lettre apporte à la fille de Madame de Sévigné des voeux pour
(A) une longue vie.
(B) le nouvel an.
(C) un bon anniversaire.
(D) la fête de Noël.

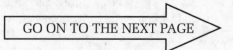
GO ON TO THE NEXT PAGE

82. Madame de Sévigné est inquiète parce que sa fille

(A) ne lui a pas écrit.

(B) ne se sent pas bien.

(C) n'a pas eu de ses nouvelles.

(D) ne veut pas venir la voir.

83. L'expression "je vous conjure tendrement de ne point tant écrire" (lignes 8,9) montre que Madame de Sévigné se soucie de ne pas

(A) écrire des lettres à sa fille.

(B) fatiguer sa fille.

(C) ennuyer sa fille.

(D) avoir un commerce avec sa fille.

84. Pour distraire sa fille, Madame de Sévigné

(A) lui promet de la présenter au chevalier.

(B) la laisse gagner chaque fois aux échecs.

(C) lui raconte les petits évènements de son entourage.

(D) lui offre une revue mondaine très populaire.

85. Le ton de cette lettre est

(A) tendre et prévenant.

(B) mélancolique et nostalgique.

(C) enjoué et recherché.

(D) ironique et léger.

FRENCH LANGUAGE
SECTION II
PART A
Time—1 hour and 5 minutes
Percent of total grade—50

Part A: Time—50 minutes: This part is a test of your ability to write in French. It consists of two completion sets and one essay on a given topic.

Part B: Time—Approximately 15 minutes: This part is a test of your ability to speak in French. You will be asked to speak in a variety of ways and to record your voice. You will also be asked to start and stop your tape recorder several times. Be sure to follow the instructions you will hear.

Directions: Within the following paragraphs, single words have been omitted. Complete the paragraphs by writing on the right column ONE SINGLE French word that is correct BOTH in meaning and form according to the context of the paragraph. NO VERB FORMS may be used. Expressions such as "jusqu'à," and "ce qui" and "ce que" are NOT considered single words.

(**NOTE:** Answers are found on page 405.)

1. J'attends mon mari _____1_____ dix minutes et je commence _____2_____ m'inquiéter. _____3_____ fois qu'il sort avec son ami David, _____4_____ est l'homme _____5_____ plus irresponsable du monde, quelque chose de mal _____6_____ arrive. *arriver à* Enfin, je _____7_____ vois! Je ne sais pas _____8_____ entre eux m'énerve le plus. David, qui encourage mon mari _____9_____ faire des bêtises, ou mon mari, qui n'arrête pas de sortir avec _____10_____.

2. Tu ne connais pas Isabelle ? Elle est _____11_____ taille moyenne et elle a _____12_____ yeux bleus. _____13_____ qui la connaissent te diront qu'elle est la prof la plus aimable du département. Je suis sûr qu'elle fera tout ce _____14_____ elle peut pour répondre _____15_____ tes questions.

1. depuis
2. à
3. Chaque
4. qui
5. le
6. ~~X~~ lui/leur
7. le
8. ~~qui~~ lequel
9. ~~de~~ à
10. lui
11. de
12. les
13. ~~X~~ tout ceux
14. qu'
15. à

— don't forget about
lequel / ceux/celle/celui /
lui/leur

GO ON TO THE NEXT PAGE

Directions: Within the following paragraphs, 15 verb forms have been omitted. Complete the paragraphs by writing on the right column the correct form of the verb, based on the context. The infinitive form of the verb to be used is shown at the bottom of the column. Be sure to read each paragraph before writing your answers. Check your spelling carefully; accents and agreements must be correct for the answer to be considered correct.

(**NOTE:** Answers are found on page 405.)

Hier soir je me suis dit « J'ai besoin que ma fille _____16_____ m'aider parce que ça fait deux jours que je _____17_____. » Je lui _____18_____ pour lui dire que j' _____19_____ très fatiguée et que je cherchais quelqu'un qui _____20_____ me donner un coup de main. Elle _____21_____ de conduire de New York pour me secourir. En _____22_____ avec elle j'ai pensé que si je n'avais pas cette fille sur qui je _____23_____ toujours, je ne _____24_____ jamais tout mon travail. Aussitôt qu'elle _____25_____ nous commencerons à piocher tout de suite. Je ne pense pas qu'elle _____26_____ perdre son temps. Lorsqu'elle _____27_____ je lui dirai « _____28_____ tout de suite, et _____29_____ également de nous _____30_____ un peu. »

16. __vienne__
    (venir)
17. __ne dormais pas__
    (ne pas dormir)
18. __ai téléphoné__
    (téléphoner)
19. __étais__
    (être)
20. __puisse__
    (pouvoir)
21. __a offert__
    (offrir)
22. __raccrochant__
    (raccrocher)
23. __comptais__
    (compter)
24. __finissais__
    (finir)
25. __arrivera__
    (arriver)
26. __voudrais__
    (vouloir)
27. __viendra__
    (venir)
28. __Commence__
    (commencer)
29. __Essaie__
    (essayer)
30. __divertir__
    (divertir)

[handwritten annotations:]
- look out for subjunctif
- look out for si… statements
- look out for distinguishing characteristics b/t PC & imp

imparfait
CONDITIONAL
Wt cnt 1
SUBJUNCTIF
futur antérieur: must happen before other thing in future happens

GO ON TO THE NEXT PAGE

Directions: Write in French a well-organized and coherent composition of substantial length on the question below. Show precision and variety in your choice of vocabulary and verb tenses.

(**NOTE:** Only one topic appears each year.) As a general rule, essays containing no more than one page of normal-sized handwriting will not receive a score higher than 5.

Dans les rues de nos grandes villes nous voyons des spectacles horribles: Des vieux qui passent des nuits glaciales accroupis sur le trottoir. Des enfants fugueurs qui sont victimes de négligence ou d'agression physique. Imaginez l'existence de ces êtres humains. Décrivez vos sensations, vos sentiments, vos réflexions. Connaissez-vous des services sociaux qui aident ces pauvres malheureureux? Y a-t-il un moyen de résoudre ce problème tragique?

FRENCH LANGUAGE
SECTION II
PART B
Time—Approximately 15 minutes

Directions for speaking will be given to you by a master tape during the examination. You will be asked to speak in a variety of ways, and to record your voice. Follow carefully the directions for stopping and starting your tape recorder. Make sure the machine is in the "Record" position when you are recording. At the end of the examination you should be sure to verify that your voice has been recorded.

Directions (on tape): Look at the six pictures below for one minute and 30 seconds and then answer the questions about them that you will hear on your CD.

CD3
Tracks 29–30

1

Questions

1. Dans la dernière image la jeune fille est très soulagée. Expliquez sa réaction en racontant les évènements qui ont précédé cette image. (60 secondes)

2. Qu'est-ce-que la jeune fille aurait pu faire pour éviter le vol de son passeport? (60 secondes)

3. Si vous aviez l'occasion de faire un voyage, où iriez-vous? Et pourquoi? (60 secondes)

4. Si un Français venait vous rendre visite, que lui recommanderiez-vous de visiter dans votre ville? Et pourquoi? (60 secondes)

Now look at the two pictures below for one minute and 30 seconds and then answer the questions about them that are on your CD.

2

Questions

1. Comparez les deux images, en expliquant comment les mêmes élèves peuvent se conduire de manière très différente à l'école. (60 secondes)

2. Que pensez-vous de l'opinion qui dit que l'art est une matière qui n'est pas strictement nécessaire? (60 secondes)

3. On se plaint souvent que les jeunes ne lisent pas assez. Que faut-il faire pour les encourager à lire d'avantage? (60 secondes)

MODEL EXAM 2 ANSWERS

EXCHANGES

1. Ⓐ Ⓑ ● Ⓓ
2. Ⓐ Ⓑ ● Ⓓ
3. Ⓐ ● Ⓒ Ⓓ
4. Ⓐ Ⓑ ● Ⓓ
5. Ⓐ Ⓑ Ⓒ ●
6. Ⓐ Ⓑ ● Ⓓ
7. Ⓐ Ⓑ Ⓒ ●
8. ● Ⓑ Ⓒ Ⓓ
9. Ⓐ Ⓑ ● Ⓓ
10. Ⓐ Ⓑ Ⓒ ●
11. Ⓐ ● Ⓒ Ⓓ
12. Ⓐ Ⓑ ● Ⓓ
13. Ⓐ Ⓑ ● Ⓓ
14. Ⓐ ● Ⓒ Ⓓ
15. Ⓐ Ⓑ ● Ⓓ
16. Ⓐ Ⓑ ● Ⓓ
17. Ⓐ ● Ⓒ Ⓓ
18. Ⓐ ● Ⓒ Ⓓ

DIALOGUES

19. Ⓐ Ⓑ Ⓒ ●
20. Ⓐ Ⓑ ● Ⓓ
21. Ⓐ Ⓑ ● Ⓓ
22. Ⓐ Ⓑ Ⓒ ●
23. ● Ⓑ Ⓒ Ⓓ

24. Ⓐ Ⓑ ● Ⓓ
25. Ⓐ Ⓑ Ⓒ ●
26. Ⓐ ● Ⓒ Ⓓ
27. Ⓐ ● Ⓒ Ⓓ
28. Ⓐ Ⓑ Ⓒ ●
29. ● Ⓑ Ⓒ Ⓓ
30. Ⓐ ● Ⓒ Ⓓ
31. Ⓐ ● Ⓒ Ⓓ
32. Ⓐ Ⓑ ● Ⓓ
33. Ⓐ ● Ⓒ Ⓓ
34. Ⓐ ● Ⓒ Ⓓ
35. ● Ⓑ Ⓒ Ⓓ
36. Ⓐ ● Ⓒ Ⓓ
37. Ⓐ Ⓑ ● Ⓓ
38. Ⓐ Ⓑ ● Ⓓ
39. Ⓐ ● Ⓒ Ⓓ

PASSAGES

40. ● Ⓑ Ⓒ Ⓓ
41. Ⓐ ● Ⓒ Ⓓ
42. Ⓐ ● Ⓒ Ⓓ
43. Ⓐ Ⓑ ● Ⓓ
44. Ⓐ Ⓑ Ⓒ ●
45. Ⓐ Ⓑ ● Ⓓ
46. Ⓐ ● Ⓒ Ⓓ
47. Ⓐ Ⓑ ● Ⓓ

48. Ⓐ Ⓑ ● Ⓓ
49. Ⓐ Ⓑ ● Ⓓ
50. Ⓐ Ⓑ Ⓒ ●
51. Ⓐ ● Ⓒ Ⓓ
52. Ⓐ Ⓑ Ⓒ ●
53. Ⓐ ● Ⓒ Ⓓ
54. Ⓐ Ⓑ Ⓒ ●
55. ● Ⓑ Ⓒ Ⓓ
56. Ⓐ Ⓑ ● Ⓓ
57. Ⓐ Ⓑ ● Ⓓ
58. Ⓐ Ⓑ Ⓒ ●
59. Ⓐ Ⓑ ● Ⓓ
60. ● Ⓑ Ⓒ Ⓓ
61. Ⓐ Ⓑ ● Ⓓ
62. Ⓐ ● Ⓒ Ⓓ
63. Ⓐ Ⓑ ● Ⓓ
64. Ⓐ ● Ⓒ Ⓓ
65. Ⓐ Ⓑ Ⓒ ●
66. Ⓐ ● Ⓒ Ⓓ
67. ● Ⓑ Ⓒ Ⓓ
68. Ⓐ Ⓑ Ⓒ ●

69. Ⓐ ● Ⓒ Ⓓ
70. Ⓐ ● Ⓒ Ⓓ
71. Ⓐ Ⓑ ● Ⓓ
72. Ⓐ Ⓑ ● Ⓓ
73. Ⓐ ● Ⓒ Ⓓ
74. Ⓐ Ⓑ ● Ⓓ
75. Ⓐ Ⓑ Ⓒ ●
76. Ⓐ Ⓑ Ⓒ ●
77. Ⓐ Ⓑ ● Ⓓ
78. Ⓐ Ⓑ ● Ⓓ
79. Ⓐ ● Ⓒ Ⓓ
80. ● Ⓑ Ⓒ Ⓓ
81. Ⓐ ● Ⓒ Ⓓ
82. Ⓐ ● Ⓒ Ⓓ
83. Ⓐ ● Ⓒ Ⓓ
84. Ⓐ Ⓑ ● Ⓓ
85. ● Ⓑ Ⓒ Ⓓ

PART A (FUNCTION WORD FILL-INS)

1. depuis

2. à

3. Chaque

4. qui

5. le

6. lui or leur

7. le or les

8. lequel

9. à

10. lui

11. de

12. les

13. Ceux

14. qu'

15. à

PART A (VERB FILL-INS)

16. vienne

17. n'ai pas dormi

18. ai téléphoné

19. étais

20. puisse

21. a offert

22. raccrochant

23. compte

24. finirais

25. sera arrivée

26. veuille

27. viendra

28. Commençons

29. essayons

30. divertir

APPENDIX II Script

The following exchanges between two speakers will be spoken twice, after which you are to choose the most appropriate rejoinder from the four choices printed in your book on pages 48 through 57. Indicate your answer on the answer sheet provided on page 43. You will have 12 seconds to answer each question.

EXCHANGES

1. **(M)** La vie en ville, j'en ai assez. Je vais m'installer à la campagne.
   (W) Mais tu n'as pas peur de t'embêter?

2. **(M)** Ma voiture a été emmenée par la police à la fourrière.
   (W) Pourquoi? Où est-ce que tu t'étais garé?

3. **(M)** Pourrais-tu arroser mes plantes pendant les vacances?
   (W) Oui, j'essaierai de ne pas les laisser mourir mais c'est sans garantie.

4. **(W)** Est-ce que tu as déjà commandé des habits dans un catalogue?
   (M) Non, l'idée d'acheter quelque chose sans l'essayer ne me plaît pas.

5. **(M)** Est-ce que tu as contacté Florence depuis son accouchement?
   (W) J'ai essayé de l'appeler hier soir, mais je n'ai eu que le répondeur.

6. **(M)** Votre fils passe-t-il le bac cette année?
   (W) Oui, mais avec 90% de réussite l'année dernière dans son lycée, je ne suis pas très inquiète.

7. **(M)** Je vais passer au supermarché en rentrant du travail. Est-ce que tu as besoin de quelque chose?
   (W) Oui, n'oublie pas d'acheter des oeufs pour faire un gateau.

8. **(M)** Est-ce que votre fille Marie-Madeleine est toujours aussi enrhumée?
   (W) Oui, on a essayé tous les traitements possibles sans aucun résultat.

9. **(W)** Quel est tout ce bruit dans la rue?
   (M) Mais c'est sûrement encore une manifestation.

10. **(M)** J'ai acheté *l'Express* aujour-d'hui. Est-ce que tu as envie de le lire?
    (W) Ah oui, volontiers. On m'a dit qu'il y a un article très intéressant cette semaine sur l'économie française.

11. **(W)** L'agence immobilière nous a faxé des photos des trois maisons à vendre qui ont l'air très intéressantes.
    (M) Est-ce que tu penses aller les voir ce week-end?

12. **(M)** Qu'est-ce qui vous arrive? Vous avez l'air épuisée.

(W) Notre bébé s'est réveillée trois fois cette nuit et je manque terriblement de sommeil.

13. **(W)** Olivier, la cuisine est dégoûtante. Il faut absolument faire la vaisselle.

(M) Je t'ai déjà dit dix fois que nous avions besoin d'une femme de ménage.

14. **(W)** Olivier, tu as trouvé quelqu'un pour garder les enfants samedi pendant le mariage de Marie-Madeleine?

(M) Pas encore. J'ai pourtant essayé, mais tout le monde est pris.

15. **(M)** Il est temps de rentrer à la maison; la babysitter nous attend.

(W) Est-ce que tu vas la racompagner chez elle?

16. **(M)** Zut! J'ai tout effacé en appuyant sur le mauvais bouton.

(W) Je t'ai dit qu'il se faisait tard et que tu étais fatigué.

17. **(W)** Bruno, est-ce que tu as fini de peindre la chambre en haut?

(M) Non, je suis toujours en train de préparer les murs avant d'attaquer la peinture.

18. **(W)** Oh j'adore les réunions de famille: revoir tous les cousins, parler de nos souvenirs d'enfance.

(M) C'est vrai on s'est bien amusé, mais qu'est-ce qu'elle a grossi ta tante Fanny!

19. **(W)** Tiens, il y a un film de Jerry Lewis à la télé ce soir.

(M) Oh, ses films me font mourir d'ennui.

20. **(W)** Ah, ça commence à m'énerver. Le métro et les trains sont encore en grève demain.

(M) Tu vas prendre ta voiture pour aller au travail?

21. **(W)** Chéri, nous n'aurions pas dû prendre l'autoroute. Tu sais qu'il y a toujours des bouchons à la sortie de Paris.

(M) Amour, ne m'agace pas. Les routiers ont bloqué toutes les routes nationales. Nous n'avions pas de choix.

22. **(M)** C'est dommage que tu ne sois pas sortie avec nous hier soir.

(W) Il a fait un orage terrible. Le ciel était plein d'éclairs et il a plu à torrent.

23. **(M)** Pardon madame, vous avez mon siège.

(W) Excusez-moi monsieur, ça ne vous dérangerait pas de changer de place avec moi? Comme ça je ne serai pas séparée de mon mari.

24. **(Girl)** Regarde, Maman. Il y a des soldes partout. Je vais pouvoir acheter plein de choses pour la rentrée.

(W) Caroline, ne commence pas. Ce n'est pas parce que tu rentres en terminale, cette année qu'il te faut toute une nouvelle garde-robe.

25. **(W)** Tiens, il y a un paquet que l'on doit aller chercher à la poste.

(M) Je me demande pourquoi ils ne l'ont pas laissé directement dans la boîte à lettres.

26. **(W)** Zut! on vient de rater l'autobus, Jean-Pierre. Il faudra rentrer à pieds.

(M) Mais, non, je suis trop fatigué et il fait un temps de chien.

27. **(M)** Quel temps splendide, pas un nuage!

(W) Fais attention. Ne t'assieds pas par terre; l'herbe est mouillée.

28. **(M)** Tu as mauvaise mine aujour-d'hui.

   (W) Tu sais, je n'ai pas fermé l'oeil toute la nuit. Nos voisins ont fait la fête jusqu'à quatre heures du matin.

29. **(W)** Tu as l'air confus et perdu.

   (M) J'ai beau regarder cette carte. Je ne trouve pas la rue dont tu parles. Je crois qu'on devrait s'arrêter et demander à quelqu'un.

30. **(M)** Marc me dit que tu étais de très mauvaise humeur hier.

   (W) Qu'est-ce que tu veux? J'étais malade et j'ai attendu une heure et demie chez le doc-teur avant de le voir.

31. **(W)** Admettons, enfin, que les solu-tions proposées par le Front national sont inacceptables pour des républicains et, de surcroît, démagogiques et inapplicables.

   (M) Mais comment faire admettre aux Français les réformes inévitables pour la survie du pays?

32. **(Girl)** Je pense beaucoup à l'avenir ces jours-ci. Je ne sais pas quelle université choisir.

   (M) Il y a une phrase assez connue qui dit: "Pour avoir une vie réussie, il faut avoir écrit un livre, construit une maison et entretenu un jardin".

33. **(W)** Pourquoi t'es-tu encore arrêté à la pâtisserie? Tu sais bien que ton médecin t'a formelle-ment interdit les choses sucrées.

   (M) Je sais bien, mais Hélène me les a gentiment offertes en sortant du travail.

34. **(W)** Je crois que je vais demander à mon médecin le sexe de mon bébé à la prochaine visite.

   (M) Mais je croyais que l'on était d'accord pour que ça soit une surprise.

35. **(W)** Votre frère a-t-il enfin trouvé un nouveau travail?

   (M) Non, le pauvre. Il est toujours au chômage après plusieurs mois de recherche.

36. **(W)** Ma société cherche une secré-taire trilingue. Est-ce que tu connais quelqu'un pour ce type d'emploi?

   (M) J'ai éventuellement quelqu'un en vue, mais je crois qu'elle ne parle que le français et l'allemand.

37. **(M)** Martine m'a téléphoné pour me dire qu'elle a trouvé un nouvel appartement et pour me demander de l'aider à déménager ce weekend.

   (W) Ça tombe vraiment mal, car nous avions prévu de passer le weekend chez tes parents.

38. **(M)** Cherie, est-ce que tu aurais vu quelque part mon rasoir électrique?

   (W) Je crois que je l'ai vu traîner par terre dans la chambre des enfants.

39. **(W)** Voilà j'ai réglé la note....les valises sont faites? On peut partir?

   (M) Attends! Il faut vérifier qu'on n'a rien oublié. Fanny cherche dans les tiroirs et toi, Nicolas, regarde sous les lits.

40. **(M)** Pardon mademoiselle. J'ai une réclamation à faire. Ce séchoir ne marche pas.

   (W) Je suis désolée monsieur, mais nous ne pouvons rien repren-dre aujourd'hui parce que nos ordinateurs ne marchent pas.

41. (M) Il est vraiment tard. Tu devrais rester coucher ici plutôt que de prendre la route à cette heure-ci.

(W) Oui, tu as raison, et en plus je crois que j'ai un peu trop bu. Tu penses que je devrais téléphoner pour dire que je ne rentre pas?

42. (W) Aujourd'hui le drapeau est vert. On peut se baigner.

(M) Après être sortie de l'eau tu devrais mettre de la crème solaire.

43. (W) Je vous prie de m'excuser, monsieur, mais je crois que c'est mon tour.

(M) Désolé, j'étais là avant vous.

44. (W) Bonsoir monsieur, est-ce que vous pouvez me faire une composition florale? C'est pour offrir.

(M) Bien sûr. Nous vendons en ce moment des lys et des roses car c'est la saison.

45. (W) Bruno, est-ce que tu peux emmener les enfants à l'école ce matin? J'ai un rendez-vous de dentiste à 9h et je ne veux pas être en retard.

(M) Désolé, mais Fanny et Nicolas ne sont même pas habillés, et je dois partir tout de suite. Ton dentiste peut attendre, pas mon travail.

46. (W) Cécile a le front brûlant. Elle a sûrement de la fièvre.

(M) Attends, je vais chercher le thermomètre pour prendre sa température.

47. (W) Qu'est-ce que tu veux faire ce week-end? J'aimerais vraiment sortir de Paris.

(M) Oui, cela ferait du bien aux enfants qui ont besoin de prendre l'air.

48. (W) Depèche-toi, nous allons rater le train de 16h50.

(M) De toutes les façons, même en prenant un taxi pour la gare, nous allons sûrement arriver trop tard.

49. (W) Bonsoir Olivier, c'est Christine. Je t'appelle pour voir si vous pouvez venir dîner ce soir?

(M) Hmm, c'est sympa, mais je ne sais pas si je vais arriver à trouver quelqu'un pour garder les enfants aussi rapidement.

50. (W) Moi, voyez-vous, ce que j'aime, c'est de rester à Paris en été. Il y a toujours quelque chose à faire, et c'est bien moins cher que la Côte d'Azur.

(M) Mais votre famille ne se plaint pas?

51. (W) Arnaud, Thomas, Marie-Madeleine, mettez-vous à table tout de suite. Les crêpes vont se refroidir.

(M) Chérie, tu sais bien que je suis un régime et j'aurais certainement préféré quelque chose de moins lourd.

52. (W) J'ai pris le train Eurostar Paris-Londres pour la première fois. C'était formidable, même si j'étais un peu inquiète lors du passage dans le tunnel sous la Manche.

(M) Moi, ce tunnel me fait vraiment trop peur, surtout avec les menaces terroristes. Je préfère y aller en avion.

53. (M) J'ai essayé de t'appeler mais ton téléphone était occupé toute la soirée.

(W) C'était Christine. Alors, tu sais comment elle est; elle n'a pas arrêté de parler pendant une heure. J'avais beau essayer de l'interrompre. Impossible.

54. **(W)** Vous savez, pour mes clients, mon entreprise et mes collaborateurs, Internet est un formidable outil de communication.

(M) Mais c'est aussi la porte ouverte à des escrocs ou à des virus.

55. **(W)** Ça fait un moment que je les cherche. Je pense que j'ai perdu les colliers que j'ai fabriqués ce matin. Je suis malade à l'idée.

(M) Mais non, cherche encore au fond de ton sac, dans les pochettes intérieures. Assieds-toi, tu chercheras mieux.

56. **(W)** Vous avez aimé le film *Mme Bovary*?

(M) Oui, mais on ne peut pas le comparer avec le roman.

57. **(M)** Vous ne prenez pas de boeuf bourguignon, Françoise?

(W) Non merci. J'ai décidé de joindre ceux qui ont finalement pris conscience qu'ils consomment trop de produits carnés et de matières grasses animales tandis qu'ils négligent les richesses végétales.

58. **(W)** **(pilot)** Je fais toujours attention à mes finances et dès que nous atterrissons j'irai à la banque.

(M) **(pilot)** C'est très intéressant, mais pour le moment nous volons. Nous parlerons de tes finances plus tard. Zut alors, il y aura des turbulences encore.

59. **(Boy)** Maman, dépèche-toi. Tu as promis. Je veux nager avec mes amis dans la piscine. Allons.

(W) Je te le répète pour la trente-sixième fois! Tu viens de manger et si tu nages tu auras des crampes. Apprends à te patienter.

60. **(W)** **(lifeguard)** Eh! Vous! Là! Vous ne pouvez pas aller dans l'eau. Vous ne voyez pas les éclairs?

(M) Bah! c'est une toute petite tempête. Je suis maître-nageur.

61. **(M)** Quelle matinée, mon réveil n'a pas marché et j'ai brûlé mon petit déjeuner.

(W) Mais ce n'est pas tout. Je vois que tu as fait d'autres bêtises. Il y a du jus d'orange sur ta chemises et tu porte deux chaussettes différentes.

62. **(M)** Les enfants sont aux anges. Il rêvent de la plage.

(W) Et moi, avec mon nouveau caméscope je pourrais les filmer au bord de l'eau et visionner immédiatement ce que je filme.

63. **(W)** Par les temps qui courent, rien n'est plus dur que de trouver un vrai ami sur qui compter.

(M) Mais je pensais que tu t'entendais à merveille avec Chantal.

64. **(W)** Avec les premiers rayons de soleil, mes envies de folies reviennent. Malheureusement, mes finances ont plutôt besoin de vitamines.

(M) Ne t'en fais pas. Il y a des soldes dans tous les grands magasins pour célébrer l'arrivée de la nouvelle saison.

65. **(M)** Tu tombes bien. On va justement se mettre à table.

(W) Désolée, mais j'ai une réunion importante avec mon patron dans un quart d'heure.

66. **(M)** Quel joli coin de paradis! Le seul inconvénient est qu'il n' y a rien à faire à l'auberge.

(W) Tu exagères. Ici les sports de la nature sont rois.

67. (M)   Nous jouons notre dernier match de Rugby pour la coupe cet après-midi. Tu viens regarder? Il fait si beau.

    (W)   Je regrette, mais je suis invitée au mariage de ma cousine Rachel. Tu sais, elle se remarie.

68. (M)   As-tu idée du cadeau que nous allons offrir au bébé de Laure?

    (W)   Oui, je voudrais lui donner la broche de grand-mère.

69. (W)   Jacques, je voudrais me faire une belle coupe.

    (M)   Certainement, une coupe carrée vous irait très bien.

70. (W)   Vous n'auriez pas quelque chose pour les insomnies, monsieur? J'ai besoin de quelque chose pour pouvoir bien dormir.

    (M)   Je pourrais vous donner des pillules homéopathiques qui ne sont pas des somnifères mais des tranquilisants ou plutôt des anti-stressants.

71. (W)   Il est l'heure. Tu te dépêches? Tu es toujours en retard. Les amis ont téléphoné deux fois déjà et nous attendent dans la rue.

    (M)   J'arrive, j'arrive. Fais sortir les fruits et les sandwichs du frigo.

72. (M)   A l'occasion du mariage de Marie-Madeleine je pense me mettre en grande tenue.

    (W)   Que veut dire grande tenue pour un homme?

73. (W)   J'ai passé la journée à travailler sur l'ordinateur. J'ai très mal aux yeux. Je préfère qu'on remette le ciné pour un autre jour.

    (M)   Nous pourrions aller au concert. Ça te fatiguerait moins les yeux.

74. (M)   Quel merveilleux arrangement de fleurs! Il est bien plus beau que celui de Céline.

    (W)   C'est sûr. Celui-ci c'est un bouquet fait de fleurs naturelles tandis que l'autre est artificiel.

75. (Girl)   Tu la trouves comment ma robe, Maman?

    (W)   Elle est superbe mais un peu trop habillée pour l'occasion.

DIALOGUES

Listen to the recorded dialogues on the CD. Then, after each, you will be asked questions on the CD about what you have just heard. The questions following the dialogues are spoken twice. Choose your answers from the choices given on pages 62 through 75. You will have 12 seconds to answer each question. Mark your answers on the answer sheets on pages 43 through 44. Then check your answers on pages 76 through 77.

DIALOGUE NUMBER 1. LES CADEAUX

(Olivier)   (au téléphone) Patricia, c'est Olivier, comment vas-tu?

(Patricia)   Très bien et toi?

    (O)   Le travail est un peu fou en ce moment, mais tout va bien. Je t'appelle pour les cadeaux de Noël. Crois-tu que l'on pourrait faire un cadeau commun pour les parents?

    (P)   Es-tu sûr que Frédérique et Gilles sont d'accord pour faire un cadeau groupé?

    (O)   Oui, je viens de les appeler, Gilles m'a dit que Papa parle d'acheter un fax depuis plusieurs mois. Il pense que ce serait une bonne idée de cadeau.

(P) Je ne sais pas si ça lui sera très utile, surtout étant à la retraite, mais comme tu connais Papa, ce n'est pas toujours l'homme le plus pratique. Mais après tout, si cela peut lui faire plaisir.

(O) Et pour Maman, est-ce que tu as une idée?

(P) Hum, ça c'est plus difficile. Peut-être un nouveau robot ménager pour sa cuisine?

(O) Je ne sais pas. Ça c'est le genre de chose qu'elle s'achèterait toute seule. Par contre, Frédérique a pensé qu'un nouveau manteau lui ferait plaisir. Elle a repéré dans une boutique à Paris une très belle veste autrichienne qui est un peu chère mais qui est bien chaude et très élégante.

(P) Oui, c'est une excellente idée! Et connaissant ta mère, elle ne s'offrirait jamais une veste pareille.

Questions

1. Qu'est-ce que les enfants décident d'offrir à leurs parents?
2. Qu'est-ce que nous apprenons du père d'Olivier?
3. Qu'apprenons-nous de la mère d'Olivier?
4. Que peut-on dire des enfants de cette famille?

Vocabulaire

la retraite	retirement
robot ménager	cuisinart
repérer	to find

DIALOGUE NUMBER 2.
LE REVEILLON DE NOEL

(Paul) Chérie, qu'est ce que tu penses faire pour le réveillon de Noël? N'oublie pas que nous aurons au moins une quinzaine de personnes à dîner.

(Hélène) Pour tout le monde, je crois que je vais faire quelque chose de classique, comme des toasts au saumon fumé et du foie gras en entrée. Pour le plat principal, j'hésite entre une dinde et de l'agneau.

(P) Et si pour changer du saumon, on servait des escargots en entrée et des homards en plat principal?

(H) Des homards non avec ce nombre de personnes! Ça vaut horriblement cher et en plus je doute que tout le monde aime ça. Cela serait vraiment dommage.

(P) Tu as peut-être raison. D'ailleurs, je suis sûre que plusieurs personnes n'aiment pas les escargots non plus.

(M) Et qu'est-ce que tu suggères pour le dessert?

(P) Pour le dessert, j'aimerais bien tes crêpes flambées à la glace à la vanille ou aux fraises. Cela changerait de la traditionnelle bûche de Noël.

Questions

1. De quoi s'agit-il dans ce dialogue?
2. Pourquoi la femme préfère-t-elle un menu classique?
3. Qu'est-ce que la femme ne veut pas servir à ses invités?
4. En France, à Noël, que sert-on d'habitude comme dessert?

Vocabulaire

l'agneau	lamb
escargots	snails
homard	lobster

DIALOGUE NUMBER 3. AEROPORT

(Olivier) (au téléphone) Marc, c'est Marie Claire. John, mon beau-frère, arrive de Philadelphie samedi matin. Est-ce que tu pourrais aller le chercher à l'aéroport?

(Marc) Pourquoi? Tu ne peux pas y aller? Je n'ai aucune envie de perdre deux heures dans les bouchons.

(O) Je suis désolée, mais je serai en déplacement en Suisse et Paul est bloqué par un rendez-vous important chez le médecin qu'il n'a pas pu déplacer.

(M) Bon. Est ce qu'il arrive à Orly ou à Charles de Gaulle?

(O) C'est à Orly à 8:30. Il ne devrait pas y avoir trop de circulation à cette heure-là.

(M) Tu es sûr qu'il n'a pas envie de prendre un taxi, ton beau-frère?

(O) Je sais que ça serait beaucoup plus simple, mais il n'est jamais venu en France et ne parle pas deux mots de français.

(M) Bon, c'est d'accord. Je le déposerai chez toi vers onze heures.

(O) Est-ce que tu veux rester déjeuner à la maison? Tu pourras ensuite lui faire visiter quelques musées l'après-midi.

(M) C'est gentil mais je préfère vous laisser en famille!

Questions

1. De quoi s'agit-il dans ce dialogue?
2. Pourquoi Marie Claire ne peut-elle pas aller chercher John?
3. Pourquoi John ne prendra-t-il pas le taxi?
4. Marc refuse l'invitation de Marie Claire parce qu'il:

Vocabulaire

bouchon	traffic jam
bloqué	stuck
déplacer	to arrange for another time

DIALOGUE NUMBER 4. QUEL AFFAME!

(Thomas) Maman, on mange?

(Maman) Ecoute, Thomas. Il n'est que onze heures du matin. Ce n'est pas l'heure de manger.

(T) Oui, mais j'ai faim.

(M) De toute façon, tu as toujours faim.

(T) Qu'est-ce qu'on va manger?

(M) Je n'ai encore pas d'idée. Pourquoi? Tu penses à quelque chose?

(T) Et si tu faisais des frites?

(M) Des frites! On en a mangé hier et si je t'écoutais on ne mangerait que des frites, des nouilles et du riz à longueur d'année! Et si je faisais des haricots verts pour changer?

(T) Pourquoi tu me demandes si tu ne fais que ce que tu veux? Débrouille-toi, je vais jouer. Je préfère les frites aux haricots, tu sais.

Questions

1. Qu'est-ce que le petit garçon demande à sa mère?
2. Thomas aime manger tout ce qui suit SAUF:
3. La maman n'est pas d'accord avec son fils parce qu'elle:
4. Quel sorte de repas Thomas aime-t-il manger?

DIALOGUE NUMBER 5.
QUI EST LE COUPABLE?

(Maman) Claire, Guillaume, Cécile. Qui a cassé la lampe du salon?

(Claire) Ce n'est pas moi. J'étais chez ma copine.

(Guillaume) Moi, non plus. J'étais au tennis.

(M) De toutes façons, c'est l'un d'entre vous. Il n'y a ni chat ni chien dans cette maison et pas de fantôme. Donc, réfléchissez bien. Je veux seulement savoir qui a fait cette bêtise.

(C) Et si c'était Papa?

(M) Et pourquoi pas moi en nettoyant la poussière?

(G) Je crois que c'est Claire et Cécile. Elles se sont battues ce matin.

(M) Les filles, c'est vrai?

(C) La lampe s'est cassée quand Cécile m'a lancé un coussin.

(M) Je ne veux pas savoir qui a lancé le coussin. Vous étiez deux donc c'est simple: vous allez nettoyer et au lieu d'aller jouer, vous viendrez avec moi choisir une nouvelle lampe dans les magasins.

Questions

1. Qu'est-ce que la maman veut savoir?
2. Quand la maman dit: "Et pourquoi pas moi en nettoyant la poussière"? elle est:
3. Des faits suivants concernant la famille, lequel est vrai?
4. On peut dire que la maman agit d'une manière:

Vocabulaire

fantôme	ghost
poussière	dust
se battre	to fight
coussin	cushion

DIALOGUE NUMBER 6.
COPAINS OU AMIS

(Nadine) Yvan, et si ce week-end on invitait les Francoeurs?

(Yvan) Oh non, les Francoeurs sont un peu coincés. Le repas ne sera pas drôle. Nadine, invitons plutôt les Grandvilles.

(N) Je ne suis pas d'accord. Vous n'allez parler que d'argent, d'investissement. C'est rasant, et en plus, comme elle travaille à la mairie, elle ne parle que des énormes appartements à vendre ou vendus dans les quartiers les plus chics de Nancy qu'on ne pourra jamais s'offrir à moins de gagner à la loterie.

(Y) Tu as raison. Finalement, on ne devrait plus les voir. Par contre, si on invitait Jean-Michel et Catherine, leurs enfants pourraient jouer avec les nôtres et avec eux au moins ce sera super sympa comme d'habitude.

(N) En plus, cela fait au moins un mois qu'on ne les a pas vus. Ce sera décontracté. Rien de tel qu'un ancien très bon copain de classe pour se faire une soirée sympa. Pourquoi tu n'y as pas pensé plus tôt?

Questions

1. Pourquoi Yvan ne veut-il pas inviter les Francoeurs?
2. Qu'est-ce que Nadine ne peut pas supporter?
3. Le couple invite Jean-Michel et Catherine parce qu'ils:
4. Le couple dans ce dialogue:

Vocabulaire

coincé	uptight
c'est rasant	it is boring
décontracté	relaxed

DIALOGUE NUMBER 7. LES DANGERS DE LA CIGARETTE

(Touriste) Est-ce qu'on peut fumer dans l'aérogare?

(Guide) Non, monsieur, c'est interdit. Il faut sortir.

(T) Je ne tiens plus le coup. Je sors.

(T) Je vous demande pardon, mais je n'ai pas de feu. Auriez-vous un briquet à me prêter?

(G) Je regrette, monsieur, mais je ne fume pas et je n'ai ni allumettes ni briquet. Monsieur, qu'avez-vous fait de votre valise?

(T) Je l'ai laissée sur le trottoir. Attendez-moi quelques instants. Je vais aller la chercher.

(T) **(en criant):** Ma valise! Mais c'est dingue, où est ma valise?

Questions

1. Où a lieu cette conversation?
2. Le touriste ne peut pas se passer de:
3. Pourquoi le touriste est-il surpris?
4. Quelle est la morale de ce dialogue?

Vocabulaire

ne pas tenir le coup	can not stand it
du feu	a light
briquet	lighter
trottoir	sidewalk
c'est dingue	it is crazy

DIALOGUE NUMBER 8. L'INFORMATIQUE

(Olivier) Je viens de recevoir une disquette avec un mois d'abonnement gratuit à Compuserve et je ne sais absolument pas à quoi ça sert ni comment m'en servir.

(Deena) Ça veut dire que maintenant tu peux faire du Courrier Électronique et passer les soirées sur Internet.

(O) Ah, c'est ça. L'autre soir, j'ai essayé pendant une heure de voir les différentes fonctions et j'ai effectivement vu une histoire d'adresse et d'E-mail, mais je n'arrive vraiment pas à m'en servir.

(D) Ce qu'il faut, c'est connaitre l'adresse de ton correspondant. Il peut être n'importe où dans le monde et tu peux lui envoyer des messages, des documents et même des photos, et tout cela pour le prix d'une communication téléphonique locale.

(O) Ça c'est vraiment intéressant parce que j'ai de plus en plus de clients qui me donnent leur E-mail adresse et je ne sais pas vraiment quoi en faire.

(D) Et en plus du courrier électronique, tu peux faire des recherches pour ta société sur le World Wide Web et trouver des serveurs aux quatre coins du monde qui te donneront gratuitement accès à des informations qui peuvent être très utiles.

(O) Et est-ce que pour un utilisateur particulier il y a des choses intéressantes à découvrir?

(D) Oh oui, certainement. Tu peux voir les pages d'informations des grandes chaînes américaines, comme CNN et CBS, et regarder les résultats des matchs de sports ou même visiter assis dans ton salon le musée du Louvre.

(O) Eh bien, tout ça à l'air extraordinaire, mais j'ai vraiment peur de perdre un temps incroyable à trouver ce qui m'interresse.

(D) Ne t'inquiète pas. Après un quart d'heure ensemble, tu seras prêt à l'utiliser comme tu le voudras.

Questions

1. De quoi s'agit-il dans ce dialogue?
2. Quel est le plus grand avantage du courrier électronique?

3. D'après la jeune fille, quel est le rôle des serveurs?
4. Qu'est-ce que ce service offre à l'utilisateur particulier?

Vocabulaire

abonnement	subscription
gratuit	free
courrier électronique	e-mail

DIALOGUE NUMBER 9. LA TELEVISION

(O) On était chez mes parents ce week-end et pour la première fois j'ai vu ma mère passionnée par une série américaine.

(M) Laquelle?

(O) "Urgences" ("ER"). Elle la regarde tous les dimanches soirs.

(M) Moi, je trouve que c'est complètement nul.

(O) Non, pour une fois, les Américains ont sorti une série qui a un peu de substance et qui est très réelle.

(M) Pour ce qui est du réel, ma tante, qui est infirmière à la campagne, dit que les histoires sont complètement irréalistes et souvent ridicules.

(O) Oh, tu sais, les urgences à la campagne. Ça ne doit pas ressembler beaucoup aux cas qui arrivent dans les urgences de Chicago.

(M) Moi, elle m'a dit que les termes médicaux utilisés n'étaient vraiment pas correctes et que c'était sûrement mal traduit.

(O) Et bien, moi, j'ai lu dans *Paris-Match* qu'ils ont été écrits par des médecins américains et traduits en français par une équipe de médecins français.

(M) De toute les façons, je n'aime pas cette série et je trouve qu'il y a souvent des scènes choquantes.

Questions

1. Qu'est-ce que le jeune homme a fait pendant le week-end?
2. Qu'est-ce qui déplaît à sa tante dans "Urgences"?
3. D'après le jeune homme, qu'est-ce qui rend "Urgences" réaliste?
4. Que peut-on conclure à la fin du dialogue?

Vocabulaire

passioné	fascinated
nul	worthless

DIALOGUE NUMBER 10. LA MEDECINE MODERNE

(Jean-Luc) Cela devient très délicat de faire la médecine de façon isolée, avec uniquement ce qu'il y a dans le cerveau du médecin! Sans la connaissance des collègues, sans la littérature mondiale, sans les banques de données, on ne peut pas effectivement traiter les patients. En plus, un grand nombre de médecins sont reliés à des systèmes informatiques. Grâce aussi à l'informatique, ils sont au courant des progrès scientifiques. Dans le cas des maladies complexes, faire de la médecine telle qu'elle existait est insensé.

(Lisa) Tu veux dire que la médecine libérale, telle qu'elle continue à être parfois pratiquée est obsolète?

(J) Oui. On vit actuellement une révolution médicale et scientifique; les jeunes reçoivent une éducation de plus en plus orientée vers la science, vers la collégialité, vers l'absence de décisions individuelles. Bref, vers un nouveau système.

Questions

1. Qu'est-ce qu'un médecin ne peut plus faire?
2. A quoi sert l'informatique dans le domaine médical?
3. Comment se prépare-t-on pour la révolution médicale?
4. Quelle conclusion peut-on tirer de ce dialogue?

Vocabulaire

cerveau	brain
banques des données	data bank
traiter	to treat
insensé	insane
collégialité	cooperative learning

DIALOGUE NUMBER 11. INTERNET

(Deena) Dis-donc Olivier, tu fais quoi là? Ne me dis pas! Tu es encore branché à cet ordinateur.

(Olivier) Eh! Tu te rends compte! *Paris-Match* est actuellement sur Internet. Ceci permet à ses lecteurs de dialoguer avec les invités, d'écrire aux hommes politiques et aux personalités concernés par les sondages.

(D) (sarcastique) Mais c'est un véritable forum interactif! J'ai des amis qui passent des heures à taper sur leur clavier. Ça risque d'être une addiction.

(O) Et dire qu'il n'y a pas longtemps, Internet n'était qu'un outil expérimental d'échange d'informations entre chercheurs! Tout a vraiment changé depuis que des génies de l'informatique ont conçu, quelque part en Californie, des programmes qui masquent la complexité des commandes et qui en rendent l'usage enfantin.

(D) C'est fascinant, mais tu te rends compte, les copains doivent arriver dans quelques instants et tu n'as même pas préparé les apéros.

Questions

1. Que fait Olivier?
2. A l'origine, Internet était:
3. Quel est le principal avantage de lire une revue sur Internet?
4. D'après la jeune femme, quel pourrait être le désavantage?

Vocabulaire

sondage	poll
outil	tool
chercheur	researcher

DIALOGUE NUMBER 12. L'INDUSTRIE

(Olivier) J'ai vraiment du mal à comprendre pourquoi les choses se vendent si cher ici en comparaison aux Etats-Unis.

(Deena) C'est assez simple: toutes les industries ont fait d'énormes efforts de mécanisation des tâches répétitives. Pour que ces investissements ne pèsent pas trop lourd dans le prix des produits, il faut faire tourner les machines plus longtemps. C'est pourquoi les machines travaillent aux Etats-Unis 358 jours par an.

(O) Et en France, les machines travaillent-elles autant de jours?

(D) Justement non. En France pour le même investissement on ne travaille que 270 jours. Les Français sont forcément beaucoup plus cher, donc les gens achètent moins et c'est une des autres causes du chômage.

(O) C'est le rêve de tout Français d'enrayer le chômage, mais pour le faire je suppose qu'il faudra empecher les bureaucrates de prendre des décisions concernant les affaires. Dans un monde de vitesse on n'a pas le temps d'attendre. Une entreprise doit toujours avoir les moyens de se renouveler et d'innover.

(D) Et qu'est-ce que tu dis si on allait chez Léon de Bruxelles?

J'ai très envie de manger des moules et cela nous aidera un peu à oublier le déclin économique de notre pays et nous fera apprécier ce qu'il a de délicieux à offrir.

Questions

1. Qu'ont fait les industries pour augmenter la production?
2. Pourquoi les produits coûtent-ils plus cher en France qu'aux Etats-Unis?
3. Qu'est-ce que les Français souhaitent?
4. Pour se consoler de la situation économique, le jeune couple va:

Vocabulaire

tâche	task
forcément	necessarily
enrayer	to eliminate
moules	mussels

DIALOGUE NUMBER 13.
UNE SOIREE CINE

(Deena) Deux billets pour "La guerre des étoiles", s'il vous plaît. Un tarif réduit, et un tarif normal.

(Dame au guichet) Ça sera 82 FF.

(Emmanuel) Non, Deena, qu'est-ce que tu fais? Ne paye pas. J'ai la carte.

(D) Quelle carte, Emmanuel?

(E) La carte cinema. Je l'ai achetée la dernière fois. Tu ne te souviens pas?

(D) Oui, mais je ne veux pas que tu payes chaque fois qu'on va au cinema. Ça ne va pas. Non, je sais que je ne suis qu'une pauvre étudiante, mais j'arrive quand même, et toi, tu n'es

pas milliardaire non plus.

(E) Ecoute, j'ai déjà payé pour la carte. Il y a six billets là dessus. C'est moins cher comme ça, mais on n'a qu'un temps limité à s'en servir. Après ce soir, il nous reste encore deux billets là dessus, et après ça, toi, tu peux acheter la carte et tu peux m'inviter au cinéma pendant deux mois, si tu veux.

(D) Bon, d'accord, j'ai compris. On utilise la carte.

(M) Le film est à la salle deux.

(D) Il nous reste combien de temps avant le film?

(E) Vingt minutes.

(D) Bon, allons à un café. Au moins, je peux t'offrir une boisson.

(E) Comme tu veux.

Questions

1. Comment Emmanuel veut-il payer pour aller au cinéma?
2. Deena est gênée parce qu'elle:
3. Comment Emmanuel réussit-il à convaincre son amie?
4. A la fin du dialogue, les deux jeunes gens décident:

Vocabulaire

tarif réduit	reduced rate

DIALOGUE NUMBER 14.
LE DÉPART

(Bruno) Allez, dépêche-toi, Martine. Le taxi nous attend.

(Martine) Mais je suis déjà prête!

(B) Est-ce que tu as les billets du train?

(M)   Mais oui, Bruno. J'ai tous les documents de voyage.

(B)   (to a cab driver) Bonjour, monsieur, nous allons à la gare, s'il vous plaît.

(B)   As-tu composté ton billet?

(M)   Mais, pour qui me prends-tu? Ce n'est quand même pas la première fois que je voyage. On le prend d'où ce train?

(B)   Nous y sommes. Allez, monte. Voilà notre compartiment.

(M)   (She sits down) Ouf, finalement! J'ai horreur des gares!

(B)   Ah, voilà la dame qui arrive avec les snaks. Tu as envie de quelque chose?

(M)   Un café me fera du bien et une chocolatine.

(B)   Madame, deux cafés, s'il vous plaît, une chocolatine et un chausson aux pommes.

Questions

1. Où le couple doit-il aller pour commencer son voyage?
2. Bruno veut s'assurer que Martine a:
3. Dans ce dialogue il est évident que la femme:
4. Que fait le couple à la fin du dialogue?

DIALOGUE NUMBER 15. AU SUPERMARCHE

(Martine)   Tu prends un caddie, s'il te plaît. Je crois que nous en aurons besoin.

(Bruno)   Sûr, avec toute cette liste que tu as fait!

(M)   J'en ai marre de faire des courses.

(B)   Et moi donc, mais nous n'avons vraiment pas le choix à la guerre comme à la guerre!

(M)   Bon, attaquons par les légumes.

On les prend congelés ou frais?

(B)   Frais sûrement. C'est bien meilleur surtout avec le choix que nous avons maintenant: des aubergines, des courgettes, des poivrons, des poireaux, des haricots verts....

(B)   Bon, ça va, ça va. Dis, on prends de l'aneth fraîche et du coriandre frais comme épices.

(B)   Oui, et n'oublie pas qu'on aura besoin de basilique pour la sauce.

(M)   Il nous faut une bonne viande. Tiens, voilà une superbe selle d'agneau. On la servira avec des pommes de terre.

(B)   Super, mais quoi faire pour entrée?

(M)   Un vol au vent au riz de veau et champignon.

(B)   Alors, là nous avons ce qu'il nous faut pour une entrée et le plat principal; il nous manque le dessert.

(M)   Pourquoi pas un petit parfait à la vanille avec un coulis de framboise? Ou bien, tu préfères qu'on fasse une mousse au chocolat blanc et noir à la sauce d'orange?

(B)   Pour moi c'est pareil.

(M)   Dis donc, tu vois un peu les calories qu'on se fait?

(B)   C'est superbe! Vive la gourmandise!!

Questions

1. Où a lieu ce dialogue?
2. Quel est le genre viande que le couple achète?
3. Le couple n'a pas encore pris de décision sur:
4. On peut conclure de cette conversation que ce couple:

Vocabulaire

caddie	shopping cart
en avoir marre	to have had enough
congelé	frozen
à la guerre comme à la guerre	let's forge ahead
aubergine	eggplant
courgette	zucchini
aneth	dill
basilique	basil
riz de veau	sweetbreads
coulis	sauce
framboise	raspberry

DIALOGUE NUMBER 16. L'HOTEL

(Deena) Bonjour, nous avons une réservation au nom des De Bellesizes.

(Réceptioniste) Bonjour, madame. Soyez les bienvenus au Sofitel. Avez-vous fait un bon voyage?

(D) Oui, merci.

(R) Voulez-vous m'eppelez votre nom s'il vous plaît.

(D) Certainement. C'est D E B E L L E S I Z E S.

(R) Ah, voilà, j'ai trouvé. Vous avez une chambre double pour cinq nuits. Avez-vous votre bon de réservation de l'agence de voyage?

(D) Mon Dieu! Où est la pochette....Ah! la voilà.

(R) Non, ce n'est pas celui-là. C'est celui de votre excursion.

(D) Ah, le voilà! Je l'ai trouvé.

(R) Oui madame, merci. Votre chambre c'est la 425 au quatrième étage avec vue sur le parc. Mademoiselle Nicole, notre relation publique, va vous accompagner. Vos bagages vont vous suivre dans quelques instants. Je vous souhaîte un agréable séjour.

(D) J'aurai besoin de me faire réveiller à cinq heures du matin.

(R) Certainement, madame. Notre standard vous fera le réveil. Vous aurez aussi la possibilité de prendre le petit déjeuner à cette heure-ci. Ce sera la formule buffet.

Questions

1. Le réceptionniste demande à la dame de:
2. Quel est l'avantage de la chambre 425?
3. Quel est le service que la dame demande?
4. Quelle est l'information que lui donne le réceptionniste?

Vocabulaire

coupon de voyage	voucher
standard	operator

DIALOGUE NUMBER 17. AU RESTAURANT

(Maître-d'hôtel) Bonsoir, madame. Avez-vous une réservation?

(Deena) Non. Mais vous avez fait beaucoup de changements. Je reconnais à peine votre restaurant.

(M) Nous avons un nouveau propriétaire. Combien de personnes êtes-vous?

(D) Quatre.

(M) Quatre?

(D) Ah, oui. La quatrième arrive dans quelques minutes.

(M) Pourriez-vous patientez quelques instants, s'il vous plaît? J'aurai une table prête pour vous.

(D) Merci.

(M) Passez donc au vestiaire entre-temps.

(D) Bonne idée. Notre amie s'appelle Odile.

(M) Très bien, madame. Je la signalerai à la réception. Votre table est prête maintenant. Voulez-vous commander vos apéritifs ou attendre votre amie.

(D) Nous pouvons commander tout de suite: deux thés chinois, un quart d'eau minérale pétillante et un quart d'eau minérale plate. Ah! Et la voilà qui arrive. Mais monsieur, il gèle ici.

(M) Ne vous tracassez pas, madame. Je vais baisser la climatisation.

Questions

1. Qu'est-ce que le maître d'hôtel demande aux clients?
2. Pourquoi la quatrième personne n'est pas là?
3. D'après la cliente, qu'est-ce qui a changé?
4. Qu'est-ce que le maître d'hôtel fait pour accommoder la cliente?

Vocabulaire

vestiaire	coat check
signaler	to tell
eau minérale pétillante	sparkling mineral water
se tracasser	to worry

DIALOGUE NUMBER 18. A L'AEROPORT

(Arnaud) C'est extra! Ce train qui nous amène jusqu'à dans l'aéroport.

(Deena) Avant l'enregistrement on pourrait passer par la galerie marchande? J'ai besoin d'aller à la pharmacie pour m'acheter des pastilles pour la gorge.

(A) Je pense que c'est à l'étage au-dessus.

(D) Nous aurons quand même le temps avant l'enregistrement des bagages, ou il vaut mieux terminer avec les bagages et redescendre?

(A) Mais non, nous avons amplement le temps.

(D) C'est quel guichet pour Londres?

(A) Regarde l'écran. C'est au terminal B. Donc, nous devons traverser par là pour nous rendre au terminal B départ aux guichets 20 à 26.

(D) Tu demanderas qu'on soit au secteur non-fumeur et j'aimerais m'asseoir auprès de la fenêtre.

(A) C'est fait. Voilà ta carte d'embarquement. Allons passer le contrôle des passeports.

(D) Mais tu vois bien que nos places sont marquées fumeur. Il faut que je fasse toujours les choses moi-même sinon tu te trompes. Que Dieu m'aide avec mes allergies!!

Questions

1. Où se passe cette scène?
2. Quelle est la destination du couple?
3. Le meilleur moyen de renseignement sur les départs est de:
4. Comment se termine le dialogue?

Vocabulaire

galerie marchande   shopping area

DIALOGUE NUMBER 19.
CHANTILLY

(Olivier) As-tu jamais été au château de Chantilly?

(Deena) Je l'ai vu de l'extérieur mais je n'y suis jamais rentrée.

(O) Il fait une journée superbe. Qu'en dis-tu, on y va?

(D) Volontiers. Ce n'est vraiment pas très loin. On pourra y aller en R.E.R.

(O) Cette place de la gare est mignonne. Que penses-tu? On prend un taxi pour aller au château ou bien on y va à pied?

(D) A mon avis, à pied si ce n'est pas très loin, mais qu'on se renseigne.

(O) Il faut traverser la rue, se diriger vers le bois, et on m'a dit que c'était dix minutes à pied.

(D) Regarde comme c'est beau. Tu vois les boutons aux branches? C'est extraordinaire, la naissance de la nature. Mais où sommes-nous? J'ai l'impression que nous sommes en plein champs de course. Il est où ce château? Nous marchons depuis une bonne vingtaine de minutes. Je ne le vois pas. Par contre, là à gauche ce sont les écuries, donc il ne doit pas être très loin.

(O) Tiens! Le voilà. Quel merveilleux château! Il est entouré d'eau.

(D) Regarde ces jeunes à l'entrée en train de vendre des jonquilles. Il y en a des rouges et des oranges. Je n'en ai jamais vues auparavant.

(O) Moi non plus. Je ne connais que les jaunes et les blanches.

(D) Commençons par faire le tour en bateau pour pouvoir bien prendre des photos de l'extérieur avant la visite du château.

Questions

1. Quel est le moyen de transport utilisé par le couple pour se rendre au lieu où se trouve le château?
2. En quelle saison sommes-nous?
3. Par quoi la dame reconnaît-elle qu'elle est près du château?
4. Qu'est-ce qui surprend le couple?

Vocabulaire

champs de course   race track
écurie   stables

DIALOGUE NUMBER 20.
LES ACHATS

(Deena) Regarde ce que j'ai trouvé pour Odile. Elle adore ce style de robes évasées fleuries. Je la lui ramène avec moi.

(Olivier) Bonne idée, mais est-ce que tu connais sa taille?

(D) Non, mais je lui ai pris une large puisque ce style de vêtements ne doit pas mouler le corps.

(O) Tu as raison, et si jamais c'est grand elle pourra toujours la rétrécir.

(D) Alors, dis-moi comment tu la trouves.

(O) Mais tu as dis que tu lui a pris une large. Celle-ci est petite.

(D) Pas possible! On a dû l'accrocher sur le mauvais ceintre. Je dois être à l'aéroport demain à onze heures du matin et je n'aurais certainement pas le temps d'aller en ville. Il faut que je leur téléphone le matin pour me la faire livrer.

(O) Je ne pense pas qu'il vont le faire.

(D) Tu paries?

(O) Non, je ne parie pas. Je te connais trop bien. Quand tu te mets une chose en tête, tu l'obtiens.

Questions

1. Les robes qu'Odile aime sont:
2. Quel est le soudain problème qui se pose?
3. Comment la dame va-t-elle résoudre ce problème?
4. Qu'est-ce que nous apprenons de la personalité de la dame?

Vocabulaire

évasé   not formfitting
rétrécir   to shorten
ceintre   hanger

DIALOGUE NUMBER 21. UNE INTERVIEW

(Journaliste) Que vous apporte le métier d'actrice?

(L'actrice) C'est comme des vacances. Tourner, est une parenthèse d'enfance dans une vie d'adulte. On fait place au jeu. On oublie les petits fracas quotidiens pour rentrer dans la peau d'un autre. C'est extraordinaire.

(J) Quels sont vos plaisirs?

(L) Mes enfants avant tout. Mon fils aîné Stéphane est à New York et ma fille Chantal est avec moi, à Paris.

(J) Est-elle tentée par le cinéma?

(L) Pour l'instant, pas du tout. Bien qu'elle soit très sollicitée. Ce qui l'intéresse c'est l'écriture comme son papa. Après avoir reçu l'équivalent du bac à Londres, elle suit des cours de l'histoire de l'art à Paris. Elle est très studieuse.

(J) Qui sont vos relations?

(L) En dehors de ma famille je suis plutôt solitaire. J'adore rester chez moi en silence. Je déteste inviter des gens à la maison. C'est un refuge réservé à ma famille et à mon mari.

(J) La presse a annoncé votre séparation. Qu'en est-il?

(L) Eh bien, vous me l'apprenez! Ce ne sont que des mensonges qu'on raconte.

(J) Pouvez-vous enfin nous confier vos bonnes résolutions pour l'année qui vient de commencer?

(L) Je n'en ai pas. Ma vie professionnelle est tellement programmée que je préfère laisser le reste en roue libre.

Questions

1. D'après la femme, quel est le grand avantage de son métier?
2. Que dit-elle de sa fille?
3. Quelle rumeur nie-t-elle?
4. Quels sont les traits dominants de la femme dans ce dialogue?

Vocabulaire

fracas	noise
peau	skin
sollicité	in demand
mensonge	lie

DIALOGUE NUMBER 22.
IL NEIGE!

(Agnès) Il fait horriblement froid aujourd'hui. Je me demande si c'est prudent de laisser sortir les enfants dehors. Ils ont annoncé moins 10 degrés ce matin à la radio.

(Quentin) Ce serait trop dommage de les garder enfermés à la maison alors qu'ils sont en vacances et qu'il y a au moins 20 centimètres de neige dehors.

(A) Je sais bien. Quand ils ont vu la neige ce matin, ils voulaient absolument sortir construire un bonhomme de neige et faire de la luge avec leurs amis, Françoise et Thibaud.

(Q) Laisse-les donc sortir une heure ou deux et quand ils auront froid, tu les feras goûter et ils pourront ensuite jouer avec leurs amis à l'intérieur. Je les raccompagnerai chez eux ce soir.

(A) Tu as raison. Je vais téléphoner à leurs parents voir si les enfants peuvent venir. Peut être peuvent-ils dormir ici ce soir. Ça t'évitera de les reconduire par ce temps.

Questions

1. L'homme et la femme dans ce dialogue ne savent pas:
2. Quel temps fait-il?
3. Qu'est-ce que la maman décide de faire pour aider son mari?
4. D'après ce dialogue, que peut-on dire du papa?

Vocabulaire

prudent	wise
reconduire	to drive back

DIALOGUE NUMBER 23.
LE FROMAGE

(Hélène) La belle famille américaine d'Olivier arrive dans quelques jours des Etats-Unis; je suis toute nerveuse.

(Paul) Mais pourquoi donc?

(H) Nous allons les recevoir pour trois jours. Qu'est-ce que je vais leur servir?

(P) Tu sais qu'en France nous n'avons pas de problème. Nous sommes plutôt gâtés en ce qui concerne la gastronomie.

(H) Tu as raison. Entre les différents pâtés, desserts, vins, nous avons tout ce qu'il faut, mais je dois bien faire mon choix de fromage parce qu'ils s'y attendent. Ils m'ont déjà dit qu'ils mouraient d'envie de goûter les bons fromages du pays.

(P) Ma chère, même s'ils restent plus longtemps nous pourrions les servir matin, midi et soir d'une variété différente sans jamais nous répéter.

(H) Bon, faisons notre liste.

(P) A mon avis, nous leur servirons les fromages moins connus en Amérique, comme la Fourme d'Ambert. C'est moins fort qu'un roquefort.

(H) Bonne idée. Et que penses-tu d'une raclette?

(P) Ça ne va pas. Raclette et fondue ça fait plutôt Suisse. Par contre, le cantal, le roblechon, le Port-Salut, le camembert, le brie et le chèvre ça c'est du français!

(H) Oh! là là, je vais commencer à chanter "La Marseillaise". Allons mon vieux, soyons pratiques et allons à la fromagerie.

Questions

1. Pourquoi la dame est-elle nerveuse?
2. Pour ses repas, quel est le plat auquel elle donne le plus d'intérêt?
3. Sur quoi le mari insiste-t-il?
4. Sur quel ton se termine la conversation?

Vocabulaire

gâté   spoiled
s'attendre   to expect

This ends the listening comprehension exercises.

SPEAKING

Now, to practice for the speaking section of the exam, answer the following questions based on the pictures found on pages 172–206 in your book. At the end of each question the speaker will mention the amount of time you have to answer. Pause at that moment your CD player and answer, making sure that you do not go over the time limit.

Numéro 1

1. Que faites-vous à la fin de l'année pour être préparé à passer vos examens? (30 secondes)
2. Quels critères sont importants pour vous dans le choix d'une université? (30 secondes)
3. La jeune femme était probablement nerveuse durant son interview, mais elle devait paraître calme. Décrivez une situation où on doit savoir maîtriser ses nerfs. (30 secondes)
4. Quel travail aimeriez-vous avoir dans l'avenir et pourquoi? (30 secondes)
5. Quelles sont les occasions où on doit s'acheter un nouvel habit? (30 secondes)

Numéro 2

1. Quel est votre sport favori et pourquoi? (30 secondes)
2. Expliquez comment le jeune garçon de l'histoire a eu le coup de foudre. (60 secondes)
3. Décrivez un parc au printemps. (30 secondes)
4. Pensez-vous que la timidité soit un défaut? Expliquez votre raisonnement. (60 secondes)
5. Que comptez-vous faire le week-end prochain? (30 secondes)

Numéro 3

1. Racontez un incident ennuyeux qui vous est arrivé. (60 secondes)
2. Etes-vous rancunière/rancunier? Que feriez-vous à la place de la jeune fille? (30 secondes)
3. Quels sont vos loisirs? (60 secondes)
4. Avez-vous joué un tour à quelqu'un? Si oui, racontez ce que vous avez fait. Si non, dites pourquoi. (60 secondes)
5. Quels sont vos projets pour cet été? (30 secondes)

Numéro 4

1. Que faites-vous quand vous êtes très fatigué à l'école? (30 secondes)
2. Donnez deux exemples où un élève est renvoyé chez le proviseur. (60 secondes)
3. Imaginez les raisons qui ont causé la fatigue du jeune garçon. (60 secondes)
4. Dites comment il faut se conduire dans une salle de classe. (30 secondes)

Numéro 5

1. En France les jeunes se rencontrent souvent à la terrasse d'un café. Que font les jeunes aux Etats-Unis après les classes? (30 secondes)
2. Mettez-vous à la place de la jeune fille. Que diriez-vous à la serveuse? (30 secondes)
3. Dans certaines écoles on a éliminé les cours d'art pour économiser. Quelle est votre opinion sur ce sujet? (60 secondes)
4. Racontez une mauvaise expérience et dites comment on vous a consolée. (30 secondes)
5. Si vous étiez en France, que commanderiez-vous dans un café? (30 secondes)

Numéro 6

1. Décrivez un moment de votre vie où vous avez eu très peur. Dites quand et pour quelles raisons. (60 secondes)
2. La chasse au trésor fait partie du folklore universel. Donnez une raison qui expliquerait cela. (30 secondes)
3. Quand a-t-on besoin d'une carte? (30 secondes)
4. Que feriez-vous si vous trouviez un trésor? (30 secondes)

Numéro 7

1. Que feriez-vous si la voiture que vous conduisiez tombait en panne? (60 secondes)
2. Quand on s'organise en groupe, c'est parfois difficile de partager les tâches. Que conseillerez-vous à un groupe qui voudrait faire du camping? (60 secondes)
3. Quels sont les avantages du camping? (30 secondes)
4. Quels en sont les désavantages? (30 secondes)

Numéro 8

1. Dans la cinquième image le jeune garçon est très heureux. Racontez les évènements qui ont précédé ce moment. (60 secondes)
2. En France le football est le sport le plus populaire. Ce n'est pas le cas aux Etats-Unis. D'après vous, qu'est-ce qui cause cette différence entre les deux pays? (30 secondes)
3. Quel rêve aimeriez-vous réaliser? (30 secondes)
4. Quels sont les moments qu'on pourrait considérer inoubliables? (60 secondes)
5. Quelle joyeuse occasion avez-vous célébrée dernièrement? (30 secondes)

Numéro 9

1. Le monsieur de l'histoire est un homme d'affaire. Imaginez ce qu'il est venu faire aux États-Unis. (30 secondes)
2. Quand on voyage on achète souvent des souvenirs de l'endroit où l'on est. Qu'est-ce qu'on achèterait de votre ville comme souvenirs? (30 secondes)
3. On fait un voyage pour des raisons variées. Donnez trois raisons pour lesquelles on ferait un voyage. (30 secondes)
4. Que peut-on faire pour passer le temps pendant un long voyage? (30 secondes)
5. Dans la quatrième image les deux petits garçons jouent avec des révolvers. Pensez-vous que ce soit une bonne idée que les jeunes jouent avec des jouets qui suggèrent la violence? Quels étaient vos jouets préférés quand vous étiez très jeune? (30 secondes)

Numéro 10

1. Imaginez une fin à la soirée. (60 secondes)
2. Que porteriez-vous à une soirée dansante? (30 secondes)
3. D'après vous, l'apparence physique est-elle importante? Dites pourquoi ou pourquoi pas. (30 secondes)

4. Décrivez une soirée parfaite que vous avez passée entre amis. (30 secondes)

Numéro 11

1. Que pensez-vous des jeunes qui agissent comme le jeune homme de l'histoire? (30 secondes)

2. Quel est votre sujet préféré à l'école? Donnez des raisons pour votre choix. (30 secondes)

3. Imaginez que vous n'avez pas eu le temps de vous préparer pour un examen et que votre professeur vous demande de lui donner une explication. Que lui diriez-vous? (30 secondes)

4. En France le bac est un examen très dur. Les jeunes Français ont souvent peur d'échouer au bac. Aux Etats-Unis y a-t-il un examen qui vous rappelle le bac? Expliquez. (30 secondes)

Numéro 12

1. Dans la troisième image le garçon semble très déçu de son cadeau. Expliquez sa réaction en racontant les évènements qui ont précédé cette image. (60 secondes)

2. Mettez-vous à la place du garçon. Qu'auriez-vous fait à sa place? (30 secondes)

3. Quels sont les traits du caractère du jeune homme qu'on peut déterminer d'après les images? (30 secondes)

4. Pensez-vous que les jeunes de 16 ans sont assez responsables pour conduire? Expliquez votre réponse. (30 secondes)

Numéro 13

1. Dans la quatrième image les trois jeunes filles sont apparemment inquiètes. Imaginez ce qu'elles sont en train de dire à l'agent de police. (60 secondes)

2. Pourquoi les jeunes aiment-ils les montagnes russes? (30 secondes)

3. Mettez-vous à la place d'une des jeunes filles. Que diriez-vous à votre amie qui vous avait abandonné? (60 secondes)

4. A votre avis, quel est le rôle des loisirs dans la vie d'une jeune personne? (30 secondes)

Numéro 14

1. Dans la quatrième image il est évident que la jeune fille regrette la décision qu'elle avait prise. Expliquez, en racontant les évènements qui ont précédé l'image. (60 secondes)

2. Que faut-il porter quand il pleut? (30 secondes)

3. On ne voit pas souvent des gens courir dans les rues à Paris. D'après les images que vous venez de regarder, quelle pourrait bien être la raison? (30 secondes)

4. Mettez-vous à la place du père et dites à la jeune fille ce que vous pensez de ce qu'elle vient de faire. (60 secondes)

Look at the pictures on pages 207–215 in your book and answer the following questions.

Numéro 1

1. Le dîner dans la première image présente certains avantages. Enumérez-les. (30 secondes)

2. Mettez-vous à la place du jeune homme dans la deuxième image et commandez un dîner complet. (60 secondes)

3. Aux Etats-Unis nous avons tendance à manger nos repas très rapidement. Donnez des raisons qui expliqueraient cette tendance. (60 secondes)

Numéro 2

1. Les grandes villes sont souvent victimes de graffiti. Que diriez-vous aux jeunes dans la deuxième image pour les dissuader de ce qu'ils sont en train de faire? (30 secondes)

2. Il est temps que les jeunes agissent d'une manière productive. Expliquez ce que font les jeunes gens dans la première image. (30 secondes)

3. Si vous aviez un jardin de légumes que cultiveriez-vous? (30 secondes)

Numéro 3

1. Décrivez la jeune fille dans la première image. Dites où elle va aller. Imaginez à quoi elle pense, et ce qu'elle espère de sa soirée. (60 secondes)
2. Dans la deuxième image la jeune fille fait une activité sportive. Expliquez l'influence des sports sur la personnalité et l'apparence physique. (30 secondes)
3. A votre avis, laquelle des deux jeunes filles s'amuse le plus? Expliquez votre réponse. (60 secondes)

Numéro 4

1. Que fait l'homme dans la première image? Quelles sont les conséquences de son acte? (60 secondes)
2. Dans la deuxième image, l'homme travaille dur. Quels sont les avantages de ce genre de travail? (30 secondes)
3. Le crime est un des aspects effrayants de notre société moderne. A votre avis, que peut-on faire pour reduire la criminalité? (60 secondes)

Numéro 5

1. Laquelle des deux images représentent mieux les cours que vous suivez à votre école? (30 secondes)
2. Parlez d'un projet que vous avez fait pour une de vos classes. (30 secondes)
3. De nos jours l'informatique devient une partie intégrale de l'enseignement. Quel rôle joue-t-elle dans votre école? (30 secondes)
4. Si vous étiez le proviseur de votre école, quels changements aimeriez-vous initier? (30 secondes)

Numéro 6

1. Quel rapport pouvez-vous établir entre les deux images? (30 secondes)
2. La dernière fois que vous avez voyagé, où êtes-vous allé et pourquoi? (30 secondes)
3. Quand vous êtes au bord de la mer, qu'est-ce que vous aimez faire? (30 secondes)

Numéro 7

1. Aimeriez-vous dîner comme la première ou la deuxième famille? Donnez des raisons pour votre choix. (30 secondes)
2. A votre avis, quel rôle la famille joue-t-elle dans notre société actuelle? (60 secondes)
3. Imaginez votre vie comme père de famille ou mère de famille. Qu'est-ce que vous feriez avec vos enfants? (30 secondes)

Numéro 8

1. Ces deux images montrent le lien entre la science et la musique. Expliquez. (60 secondes)
2. Expliquez auxquels de ces deux hommes vous pouvez vous identifiez. Dites pourquoi. (30 secondes)
3. Donnez un autre exemple où on peut clairement voir un lien entre les sciences et l'art. (30 secondes)

Numéro 9

1. Auquel des deux jeunes gens pouvez-vous vous identifier et pourquoi? (30 secondes)
2. Il y a probablement chez vous une pièce que vous préférez. Laquelle et pourquoi? (30 secondes)
3. Préférez-vous voir les films à la télévision ou au cinéma? Pourquoi? (30 secondes)
4. Est-ce que vous pensez qu'il est important de faire du sport? Pourquoi? (60 secondes)

MODEL EXAM 1 SCRIPT

Exchanges

The following part consists of a series of exchanges between two speakers, after which you are to choose the most appropriate rejoinder from the four choices printed in your book on pages 357–358. Each exchange will be spoken twice. Indicate your answer on the answer sheets provided on page 355. You will have 12 seconds to answer each question.

1. **(M)**   Tu veux aller faire une ballade à pied aujourd'hui?

   (W)   Non. Il ne fait pas très beau. Je préfèrerais aller faire des courses ou au cinéma.

2. **(W)**   Cet été j'ai découvert la vie à la montagne.

   (M)   Alors, j'espère que tu as réussi à faire l'ascension d'un petit sommet.

3. **(W)**   Pourquoi ne vas-tu pas faire de la planche à voile aujour-d'hui?

   (M)   Sans vent, ce n'est pas très intéressant.

4. **(M)**   Qu'est-ce que tu as envie de manger pour le déjeuner?

   (W)   Il fait chaud; j'aimerais bien manger quelque chose de frais.

5. **(W)**   Ils n'ont pas encore téléphoné, Benoît et Isabelle?

   (M)   Typique! Ils vont probable-ment débarquer ce soir sans nous prévenir.

6. **(W)**   Où ta soeur a-t-elle disparu?

   (M)   Elle est allée voir des amis. Je ne crois pas qu'elle rentrera déjeuner.

7. **(W)**   Pauvre gamin. Tu as vu com-ment sa maman le traitait?

   (M)   Au moins elle s'en occupait. Il y a tellement de gamins qui ne sont pas surveillés sur cette plage.

8. **(M)**   Il faut encore faire beaucoup d'exercices nautiques comme ça?

   (W)   Pourquoi, tu commences à en avoir marre?

9. **(M)**   Qu'allons-nous offrir à Papa pour la fête des pères?

   (W)   Et si on lui achetait quelques nouveaux outils? Tu sais qu'il adore bricoler.

10. **(W)**   Et si on allait voir "La guerre des étoiles"?

    (M)   J'aimerais bien, mais on ne va jamais le trouver en version originale.

11. **(W)**   Tu te rends compte que chaque fois que tu n'éteins pas la lumière, c'est de l'argent gaspillé.

    (M)   Ne me parle pas d'économiser. Rappelle-toi ce que tu as casqué pour ta dernière robe.

12. **(W)**   Je ne comprends pas comment les gens font du vélo à Paris.

    (M)   Une chose est certaine: pour le faire on ne peut pas avoir froid aux yeux.

13. **(W)**   Voilà deux mois qu'on n'a pas vu le soleil.

    (M)   Tu ne trouves pas que tu exagères un peu?

14. **(W)**   Le rendez-vous de treize heures quarante cinq m'arrange beaucoup plus. Tu pourrais prendre celui de seize heures à ma place?

    (M)   Je te préviendrai plus tard. Je dois vérifier avec mon prof.

15. **(W)**   Tu n'étais même pas nerveux en t'adressant à ce groupe important?

    (M)   Tu rigoles! Ma tête tournait si vite, je ne savais pas ce que je disais!

Dialogues

Now listen to the following dialogues. After each dialogue you will be asked questions, which will be spoken twice. Select the best answer to each question from the four choices printed in your book on pages 359–360 and indicate your answers on the answer sheet. You will have 12 seconds to answer each question.

DIALOGUE NUMBER 1

(W)   Tu es sûr qu'on est sur le bon chemin?

(M)   Je ne suis pas sûr, mais on peut continuer un peu.

(W)   Tu ne préfères pas demander à quelqu'un?

(M)   On ne doit pas être loin. Regarde, ça doit être juste là, en haut.

(W)   Peut-être, mais ça serait plus simple de demander.

(M)   Allez, marchons encore un peu.

(W)   D'accord, mais j'ai pas envie d'aller jusqu'au sommet de cette colline pour rien.

(M)   Un peu de nerf, que diable!

(W)   Tu vas te calmer, oui? J'essaye juste de te faire comprendre qu'il faut demander notre chemin.

(M)   Bon, d'accord, mais c'est vraiment pour te faire plaisir.

(M)   (demandant à une vieille dame): Excusez-nous, madame, nous cherchons le sentier des douaniers.

(Older (Woman))   C'est juste là, en haut de cette côte. Tournez à gauche au château et vous tomberez dessus.

(M)   Merci bien. Bonne journée.

(W)   Tu vois? On ne l'aurait pas trouvé.

Questions

16. Qu'est-ce que le couple cherche?
17. On découvre au cours de cette scène que l'homme ne veut pas:
18. Tout ce qui suit s'applique à l'homme SAUF:
19. Comment se termine cette scène?

DIALOGUE NUMBER 2

(W)   J'ai fait un trois. Je me retrouve sur la rue de la Paix. Génial.

(W2)   Oh non, elle a déjà les Champs-Elysées. Elle va avoir notre peau.

(W)   Tu ne crois pas si bien dire. J'achète quatre maisons. Je commence à vraiment m'amuser.

(W2)   Cinq. Je passe par la case DEPART et je ramasse 20.000 francs.

(M)   Deux. La prison. Ça commence à bien faire.

(W)   Tant mieux. Ca va te calmer. A moi.

(W)   Six. Je me retrouve sur l'avenue Henri Martin. Je l'achète.

(M)   Trop tard. Elle m'appartient déjà. Tu me dois 2.000 francs.

(W)   2.000 francs, ce n'est rien. Tu comprendras ton malheur quand tu tomberas sur les Champs-Elysées ou la rue de la Paix.

(W2)   Qui rira bien rira le dernier.

(M)   C'est vrai, tu ne perds rien d'attendre.

(W)   Quels mauvais perdants vous faites.

Questions

20. Que font les jeunes gens dans cette scène?
21. Pourquoi le jeune homme est-il déçu?
22. Qu'est-ce que la jeune femme fait, une fois sur l'avenue Henri Martin?

23. Qui semble avoir le plus de chance dans ce groupe?
24. Dans quel contexte peut-on posséder la rue de la Paix?

DIALOGUE NUMBER 3

(W) C'est grâce à toi que je commence à vraiment apprécier les chats. Ma mère est allergique aux chats, et donc je n'en ai pas connu quand j'étais petite. Mais chez ta famille, avec les cinq chats, je commence à me sentir à l'aise avec eux, surtout avec Timie. Je l'aime beaucoup.

(M) Je pense que c'est réciproque.

(W) Ah oui? Tu sais qu'elle est venue se coucher dans ma chambre trois nuits de suite? Mais c'est un peu bizarre. Hier soir, quand je la carressais, tout d'un coup elle m'a griffée. Je ne sais pas ce que j'ai fait de mal.

(M) Non, ce n'est pas toi. Elle est comme ça, c'est tout. Elle est un peu folle.

(W) Qu'est-ce que tu veux dire par ça?

(M) C'est la chatte de ma sœur, et ma sœur aussi est un peu folle. Soit elle va très bien et la vie est parfaite, soit elle est en crise, tu vois. Donc, ses humeurs ont forcément influencé le caractère de Timie. Un moment tu peux être en train de la carresser et elle est calme, et puis pof, elle te griffe.

(W) Je ne savais pas que ta sœur faisaient des crises.

(M) Reste encore quelque jours chez nous et tu en verras sûrement une.

(W) Mais en tout cas, malgré le fait que Timie m'a griffée, je l'aime toujours.

(M) C'est bien. Elle a besoin d'affection. Depuis que ma sœur a acheté l'autre chat, Lou Lou, elle ne traite plus Timie de la même façon, et Timie est devenue jalouse. Elle ne supporte pas Lou Lou, et moi je comprends pourquoi. Ma sœur ne dort qu'avec Lou Lou, et elle montre beaucoup plus d'affection à Lou Lou qu'à Timie. C'est normal que Timie ne l'aime pas.

(W) Tout ça c'est tellement compliqué. C'est comme toutes les faiblesses humaines.

(M) Eh oui!

Questions

25. D'après la jeune femme, pourquoi n'était-elle pas familière avec les chats?
26. Qu'est-ce qui a surpris la jeune femme?
27. Quelle expression décrit le mieux la sœur du jeune homme?
28. D'après le jeune homme, pourquoi le chat a-t-elle égratigné la jeune femme?
29. Qu'est-ce que la jeune femme décide à la fin de la conversation?
30. Qu'est-ce qu'on peut conclure de cette conversation?

DIALOGUE NUMBER 4

(M) Je ne savais pas que votre fils a passé deux ans aux Etats-Unis.

(W) Oui, tout le monde nous disait qu'il ne reviendrait plus jamais en France.

(M) Où était-il?

(W) A l'université de Floride. Il s'est spécialisé en journalisme.

(M) Ça lui a plu?

(W) Il a très bien fait à la fac, et il a rencontré beaucoup de monde, mais à notre surprise, après deux ans, il n'avait plus envie d'y rester.

(M) Ça ne m'étonne pas du tout. D'abord parce qu'à mon avis, il fait trop chaud en Floride et aussi parce que la vie à la fac n'est pas toujours commode. Je sais par exemple que la première fois que mes parents m'ont laissé à la résidence universitaire, ma mère a pleuré.

(W) C'était pareil pour moi avec Emmanuel. J'avais l'impression de l'abandonner en prison.

(M) Sûrement les conditions n'étaient pas aussi mauvaises que ça?

(W) Je t'assure que je n'exagère pas. Il partageait une chambre de trois mètres carrés avec un camarade qui mesurait au moins deux mètres. Ils n'avaient pas de W.C., et en plus l'autre garçon, qui apparamment était très gentil, ne rangeait jamais ses affaires et donc la chambre était toujours pêle-mêle.

(M) Pauvre Emmanuel, je sais à quel point il est méticuleux.

(W) Heureusement, il a déménagé après quelques mois. Il a trouvé une résidence plus spacieuse. Cette fois-ci ils étaient trois à se partager le loyer. Ces garçons-là étaient au moins plus ordonnés.

(M) J'espère qu'il a quand même passé un bon séjour.

(W) Ah oui, sinon il n'aurait jamais terminé sa licence. Je pense qu'il s'est bien amusé, mais je ne dirais pas qu'il est prêt à renoncer à sa propre nationalité.

Questions

31. Pourquoi Emmanuel est-il allé en Floride?

32. A quoi s'attendait la famille d'Emmanuel?

33. Qu'est-ce que ce dialogue nous apprend sur le caractère d'Emmanuel?

34. Sur lequel des points suivants la dame et le jeune homme sont-ils du même avis?

35. Pourquoi le premier camarade de chambre a-t-il causé un problème à Emmanuel?

36. D'après ce dialogue quelle phrase exprime le mieux ce que dirait Emmanuel des Etats-Unis?

SPEAKING

Look at the pictures on Model Exam 1 (pages 374–376), and answer the following questions. At the end of each question, the speaker will mention the amount of time you have to answer. Pause at that moment your CD player and answer, making sure that you do not go over the time limit.

Numéro 1

1. Dans la dernière image la jeune fille semble horrifiée. Expliquez sa réaction en racontant les évènements qui ont précédé ce moment. (60 secondes)

2. Mettez-vous à la place de la jeune fille. Que feriez-vous à sa place? (30 secondes)

3. Que conseillerez-vous à la jeune fille de faire la prochaine fois qu'elle reçoit des amis? (30 secondes)

Now look at the two pictures on page 377 of the Model Exam and then answer the following questions.

Numéro 2

1. Mettez-vous à la place du garçon dans la première image. Que diriez-vous à vos parents? (30 secondes)
2. Expliquez à laquelle de ces deux familles vous pouvez vous idendifiez, en racontant ce que vous avez fait le week-end passé. (30 secondes)
3. A votre avis qu'est-ce qui aurait pu causer le problème de la première famille? Expliquez comment il aurait pu être évité. (60 secondes)

Here is the script for Model Exam Two.

MODEL EXAM 2 SCRIPT

Exchanges

The following part consists of a series of exchanges between two speakers, after which you are to choose the most appropriate rejoinder from the four choices printed in your book on pages 383 through 385. Each exchange will be spoken twice. Indicate your answer on the answer sheet provided on page 381. You will have 12 seconds to answer each question.

1. (M) J'ai un petit frère! Je ne me lasse pas de le regarder: quand il dort, quand il rit, quand il joue avec ses mains. L'autre jour, le chat a sauté sur son berceau.
   (W) Et qu'a fait le bébé?
2. (M) Pour le Mardi gras, une fête costumée a été organisée. Je vais si bien me déguiser que personne ne me reconnaîtra.
   (W) Et qu'est-ce que tu comptes faire pour réaliser ce que tu dis?
3. (M) Nous nous sommes réunis hier pour examiner la situation de notre club cinématographique. On a fait un examen critique des films qui ont été passés.
   (W) J'espère que vous avez décidé que dans l'avenir il y aura plus de séances de commentaires et de discussions.
4. (W) Ça va? Tu as l'air tout essoufflé.
   (M) J'ai ferré un gros brochet, mais je ne suis pas arrivé à le tirer hors de l'eau tellement il était lourd et tellement il se débattait.
5. (W) Nous étions sur la falaise. Il faisait beau. Bientôt un vent violent s'élève, un gros nuage s'avance et c'est l'averse.
   (M) Et alors, qu'est-ce que vous avez décidé de faire?
6. (M) Où étais-tu ce matin? Je t'ai appelé trois fois.
   (W) Je me suis amusée à aller voir le déchargement d'un bateau qui venait de rentrer au port. Je ne te dis pas avec quelle puissance et quelle rapidité la grue l'a vidé.
7. (M) Si on ne mange pas les fruits aujourd'hui, ils vont pourrir.
   (W) Oui, mais si on n'avait pas acheté autant de yaourts et de glace, on aurait mangé plus de fruits au dessert.
8. (W) Tu as appelé Pierre et Sylvie pour le dîner?
   (M) Non, j'ai complètement oublié de les prévenir. Tu fais bien de me le rappeler.
9. (M) Viens faire les courses avec moi. Il ne reste rien à manger et après ce sera trop tard.

(W) C'est vraiment necessaire de les faire aujourd'hui? Il fait si beau....

10. (M) C'est à cette heure-ci que tu te réveilles? Maintenant, la marée est haute et on ne pourra pas aller ramasser des coquillages.

(W) Qu'est-ce que tu veux, c'est les vacances.

11. (M) Viens nager, tu auras moins chaud.

(W) Non, je n'ai pas envie de me baigner. Allez, viens, on rentre et je t'offre une glace sur le chemin.

12. (M) Ma voiture est au garage. Quelqu'un m'est rentré dedans l'autre jour. Est-ce que tu peux passer me prendre pour aller au tennis?

(W) Moi la mienne c'est mon frère qui me l'a empruntée.

13. (W) C'est à cette heure-ci qu'elle mange son petit-dejeuner, ta sœur?

(M) Oui, elle s'est levée tôt pour aller faire les courses et elle n'a pas mangé.

14. (W) Oh! que la télé peut être ennuyeuse des fois.

(M) Essaie Canal +. On y diffuse tous les genres de cinémas: de l'action, du rire, des larmes.

15. (W) Pourquoi Marc était-il tellement fâché ce matin?

(M) Le pauvre, tu sais, il est un peu notre souffre-douleur en classe. A chaque instant on lui fait un sale coup. Ce matin on lui a caché sa sacoche et il était déjà en retard pour sa classe.

16. (M) Bravo! Quel jeu! Une interprétation impéccable comme toujours.

(W) Je suis ravie de te l'entendre dire, mais chaque soir au moment de monter en scène, quel trac!

17. (M) C'est la première fois que j'assiste au "Tour de France". Quel spectacle impressionnant!

(W) Moi, ce que j'admire le plus c'est le courage et la force de ces hommes.

18. (M) Raconte-moi tes nouvelles. Ça fait une semaine qu'on ne s'est pas vu.

(W) Mon petit chat est mort, écrasé par une voiture. Je suis toute bouleversée.

Dialogues

Now listen to the following dialogues. After each dialogue you will be asked questions, which will be spoken twice. Select the best answer to each question from among the four choices printed in your book on pages 385–386, and indicate your answers on the answer sheet. You will have 12 seconds to answer each question.

DIALOGUE NUMBER 1

(W) Explique moi, Olivier, pourquoi est-ce que les Français conduisent si vite?

(M) Comment ça, vite?

(W) Tu sais bien, sur l'autoroute tu roules à plus de 130 kilometres à l'heure. C'est 85 miles à l'heure!

(M) Mais ça, c'est la limite de vitesse!

(W) Et puis tu fais toujours des appels de phare.

(M) Seulement quand quelqu'un roule lentement à gauche et ralentit les gens derrière.

(W) Mais pourquoi?

(M) Ecoute, en France on est plus organisé. Les véhicules les plus lents restent à droite, les plus rapides utilisent la file de gauche. C'est tout.

(W) Reconnais que vous conduisez quand même assez vite et agressivement.

(M) Pas forcément vite. Encore une fois, c'est la limite qui est élevée par rapport aux Etats-Unis. Agressivement peut-être, mais ne généralise pas mon cas, tout de même.

Questions

19. Pourquoi Olivier ne veut-il pas admettre qu'il conduit vite?
20. Quand est-il nécessaire de faire des appels de phare?
21. Qu'est-ce qu'Olivier remarque en comparant la France aux Etats-Unis?
22. Qu'est-ce qu'Olivier demande à son ami de ne pas faire?

DIALOGUE NUMBER 2

(M) Ouf! Ça fait du bien de s'asseoir, Jeanine.

(W) C'est que nous avons fait des choses depuis qu'on a quitté la maison à sept heures du matin, Paul.

(M) J'aime bien conduire le matin. Pas de circulation.

(W) Et moi, j'aime bien ce restaurant genre boîte à matelots.

(W2) Qu'est-ce que ce sera?

(W) Puisque nous sommes dans un port de pêche je désire une soupe de poisson et des moules.

(M) Le crabe et le saumon.

(W2) Et comme boisson?

(W) Une bouteille de cidre.

(W) Très bonne, cette soupe. Tu as besoin d'un coup de main avec ton crabe, Paul?

(M) Non, non. Continue sans moi.

(W) (à la serveuse) Vous pouvez nous apporter la suite, s'il vous plaît?

(W2) Oui, bien sûr.

(W) Tu es sûr que tu n'as pas besoin d'aide?

(M) Non, je te connais. Tu vas en vouloir, après.

(W) Mais non, mais non.

(M) Mais si, mais si. Tu crois que je ne te vois pas venir. Tu regardes mon assiette en salivant depuis le début.

(W) Je promets de ne pas y toucher. Mais j'ai promis à Marie de l'aider. Tu sais, on ne la verra plus. Elle déménage.

(M) Oh! quelle dommage! Moi, je l'aime bien. Si tu veux, on ne commande pas de dessert, et dans ce cas tu pourrais dépanner ton amie.

(W) Et mon chausson aux pommes? Non, mon vieux, pas question!

Questions

23. Pourquoi Paul est-il heureux d'être au restaurant?
24. Qu'est-ce que Jeanine aime bien?
25. Pourquoi les jeunes gens commandent-ils du poisson?
26. Qu'est-ce que Jeanine propose à Paul?
27. Pourquoi Paul refuse-t-il l'offre de Jeanine?
28. Pourquoi Jeanine est-elle impatiente?

DIALOGUE NUMBER 3

(M) Ce trajet est vraiment interminable, Chantal. Tu es sûre que ça ne va pas gêner tes parents de nous voir arriver si tard.

(W) Pas du tout, Nadim. Ils veulent tant faire ta connaissance! Ils me l'ont mentionné plusieurs fois. Il me semble que c'est toi qui en fait une histoire. Tu n'as pas dit deux mots depuis que nous sommes sortis de Paris.

(M) C'est que je suis surmené, et puis ce n'est pas avec mes parents qu'on va passer les fêtes.

(W) Attends, si tu ne voulais pas venir il fallait le dire, hein!

(M) Ah! Non, mais pas du tout. J'ai bien très envie de venir.

(W) Oui, mais on va fêter Noël, tu pourrais au moins faire un tout petit sourire.

(M) Non, écoute, c'est juste que je ne savais pas que c'était aussi compliqué que ça pour venir.

(W) Ce sera bientôt à gauche, là.

(M) Eh bien, quand c'est à gauche tu me le diras. Tu ne me dis pas ce sera bientôt à gauche là. Moi, ce qui m'interesse c'est de savoir quand c'est à gauche, à gauche, pas bientôt à gauche.

(W) Tu as fini?

(M) Oui.

(W) C'était à gauche.

Questions

29. Où se passe la scène?
30. De quoi la jeune fille accuse-t-elle son ami?

31. Le jeune homme s'excuse en disant:
32. Qu'est-ce qui explique le mieux l'attitude du jeune homme?
33. Qu'est-ce qui se passe à la fin du dialogue?

DIALOGUE NUMBER 4

(M) Mais, Deena, comment veux-tu qu'elle entre dans le coffre?

(W) Tu crois? Moi je vois de la place à l'arrière.

(M) Mais non, voyons. Et en plus elle est tellement lourde! Qu'est-ce que tu as mis dedans? Des pierres?

(W) Je n'ai pris que ce qu'il me faut pour être habillée convenablement. On va quand même sortir, non?

(M) Ecoute, moi je pense que tu prends ma petite 4CV pour cette grosse voiture garée en face.

(W) Mais non, sois gentil, Olivier, tu vois bien qu'il y a de la place. Je vais ouvrir la portière. Dis donc, toi, tu as vraiment du culot!

(M) Qu'est-ce qu'il y a?

(W) Tu me fais des reproches et toi, tu emportes deux raquettes de tennis, une montagne de chemises et tout ton attirail de campeur.

(M) Alain m'a demandé de l'apporter. Il me dit qu'on pourra dresser la tente dans le parc.

(W) Alors pour Alain tu prends toute la place, et moi je n'ai pas le droit d'apporter le nécessaire.

(M) N'exagérons pas. Débrouille-toi, j'aimerais me mettre en route sans trop de retard.

(W) Ça va, je vais arranger cela. Maintenant tu peux mettre mes affaires.

(M) Tu rigoles? Sur mes raquettes de tennis!

(W) Bon. Je me dévoue; je prends les raquettes sur mes genoux pendant le voyage.

(M) Et moi je glisse le reste à l'arrière.

(W) Tu vois, tout s'arrange.

Questions

34. D'après Olivier qu'est-ce que Deena veut emporter?
35. Quelle sorte de voiture est-ce qu'Olivier conduit?
36. Qu'est-ce que les jeunes gens de ce dialogue s'apprêtent à faire?
37. Pourquoi Deena pense-t-elle qu'Olivier a du culot?
38. Pourquoi Olivier prend-il son attirail de campeur?
39. Comment les jeunes gens ont-ils résolu leur dilemme?

SPEAKING

Look at the pictures on Model Exam 2 (pages 400–402), and answer the following questions. At the end of each question, the speaker will mention the amount of time you have to answer. Pause at that moment your CD player and answer, making sure that you do not go over the time limit.

Numéro 1

1. Dans la dernière image la jeune fille est très soulagée. Expliquez sa réaction en racontant les évènements qui ont précédé cette image. (60 secondes).
2. Qu'est-ce que la jeune fille aurait pu faire pour éviter le vol de son passeport? (30 secondes)
3. Si vous aviez l'occasion de faire un voyage, où iriez-vous? Et pourquoi? (30 secondes)
4. Si un Français venait vous rendre visite, que lui recommendriez-vous de visiter dans votre ville? Et pourquoi? (60 secondes)

Now look at the last two pictures on page 402 of the Model Exam and then answer the following questions.

Numéro 2

1. Comparez les deux images, en expliquant comment les mêmes élèves peuvent se conduire de manière très différente à l'école. (30 secondes)
2. Que pensez-vous de l'opinion qui dit que l'art est une matière qui n'est pas strictement nécessaire? (30 secondes)
3. On se plaint souvent que les jeunes ne lisent pas assez. Que faut-il faire pour les encourager à lire d'avantage? (30 secondes)

APPENDIX III

Tableau des Verbes

Infinitif	Infinitif passé	Participe présent	Participe passé	Préposition qui suit	Plus-que-parfait
aimer = *to love or like* finir = *to finish* vendre = *to sell*	avoir aimé avoir fini avoir vendu	aimant finissant vendant	aimé fini vendu	aimer— finir—de vendre—à	j'avais aimé

Présent de l'indicatif	Imparfait (indicatif)	Passé composé	Passé simple	Conditionnel présent	Conditionnel passé
j'aime, tu aimes, il, elle, on aime, nous aimons, vous aimez, ils, elles aiment	j'aimais, tu aimais, il, elle, on aimait, nous aimions, vous aimiez, ils, elles aimaient	j'ai aimé	j'aimai, tu aimas, il, elle, on aima, nous aimâmes, vous aimâtes, ils, elles aimèrent	j'aimerais, tu aimerais, il, elle, on aimerait, nous aimerions, vous aimeriez, ils, elles aimeraient	j'aurais aimé
je finis, tu finis, il, elle, on finit, nous finissons, vous finissez, ils, elles finissent	je finissais, tu finissais, il, elle, on finissait, nous finissions vous finissiez, ils, elles finissaient	j'ai fini	je finis, tu finis, il, elle, on finit, nous finîmes, vous finîtes, ils, elles finirent	je finirais, tu finirais, il, elle, on finirait, nous finirions, vous finiriez, ils, elles finiraient	j'avais fini
je vends, tu vends, il, elle, on vend, nous vendons, vous vendez, ils, elles vendent	je vendais, tu vendais, il, elle, on vendait, nous vendions, vous vendiez, ils, elles vendaient	j'ai vendu	je vendis, tu vendis, il, elle, on vendit, nous vendîmes, vous vendîtes, ils, elles vendirent	je vendrais, tu vendrais, il, elle, on vendrait, nous vendrions, vous vendriez, ils, elles vendraient	j'avais vendu

Impératif	Futur simple	Futur antérieur	Subjonctif présent	Subjonctif passé	Conditionnel passé
aime, aimons, aimez	j'aimerai, tu aimeras, il, elle, on aimera, nous aimerons, vous aimerez, ils, elles aimeront	j'aurai aimé	que j'aime, que tu aimes, qu'il, qu'elle, qu'on aime, que nous aimions, que vous aimiez, qu'ils, qu'elles aiment	que j'aie aimé	j'aurais aimé
finis, finissons, finissez	je finirai, tu finiras, il, elle, on finira, nous finirons, vous finirez, ils, elles finiront	j'aurai fini	que je finisse, que tu finisses, qu'il, qu'elle, qu'on finisse, que nous finissions, que vous finissiez, qu'ils, qu'elles finissent	que j'aie fini	j'aurais fini
vends, vendons, vendez	je vendrai, tu vendras, il, elle, on vendra, nous vendrons, vous vendrez, ils, elles vendront	j'aurai vendu	que je vende, que tu vendes, qu'il, qu'elle, qu'on vende, que nous vendions, que vous vendiez, qu'ils, qu'elles vendent	que j'aie vendu	j'aurais vendu

Infinitif	Infinitif passé	Participe présent	Participe passé	Préposition qui suit	Plus-que-parfait
aller = *to go*	être allé	allant	allé	aller—	j'étais allé, elle était allée
asseoir = *to sit*	être assis	s'asseyant	assis	s'asseoir—sur	je m'étais assis, elle s'était assise
avoir = *to have*	avoir eu	ayant	eu	avoir—de	j'avais eu

Présent de l'indicatif	Imparfait (indicatif)	Passé composé	Passé simple	Conditionnel présent	Conditionnel passé
je vais, tu vas, il, elle, on va, nous allons, vous allez, ils, elles vont	j'allais, tu allais, il, elle, on allait, nous allions, vous alliez, ils, elles allaient	je suis allé, elle est allée	j'allai, tu allas, il, elle, on alla, nous allâmes, vous allâtes, ils, elles allèrent	j'irais, tu irais, il, elle, on irait, nous irions, vous iriez, ils, elles iraient	je serais allé, elle serait allée
je m'assieds, tu t'assieds, il, elle, on s'assied, nous nous asseyons, vous vous asseyez, ils, elles s'asseyent	je m'asseyais, tu t'asseyais, il, elle, on s'asseyait, nous nous asseyions, vous vous asseyiez, ils, elles s'asseyaient	je me suis assis, elle s'est assise	je m'assis, tu t'assis, il, elle, on s'assit, nous nous assîmes, vous vous assîtes, ils, elles s'assirent	je m'assierais, tu t'assierais, il, elle, on s'assierait, nous nous assierions, vous vous assieriez, ils, elles s'assieraient	je me serais assis, elle se serait assise
j'ai, tu as, il, elle, on a, nous avons, vous avez, ils, elles ont	j'avais, tu avais, il, elle, on avait, nous avions, vous aviez, ils, elles avaient	j'ai eu	j'eus, tu eus, il, elle, on eut, nous eûmes, vous eûtes, ils, elles eurent	j'aurais, tu aurais, il, elle, on aurait, nous aurions, vous auriez, ils, elles auraient	j'aurais eu

Futur simple	Futur antérieur	Subjonctif présent	Subjonctif passé
j'irai, tu iras, il, elle, on ira, nous irons, vous irez, ils, elles iront	je serai allé, elle sera allée	que j'aille, que tu ailles, qu'il, qu'elle, qu'on aille, que nous allions, que vous alliez, qu'ils, qu'elles aillent	que je sois allé, qu'elle soit allée
je m'assierai, tu t'assieras, il, elle, on s'assiera, nous nous assierons, vous vous assierez, ils, elles s'assieront	je me serai assis, elle se sera assise	que je m'asseye, que tu t'asseyes, qu'il, qu'elle, qu'on s'asseye, que nous nous asseyions, que vous vous asseyiez, qu'ils, qu'elles s'asseyent	que je me sois assis, qu'elle se soit assise
j'aurai, tu auras, il, elle, on aura, nous aurons, vous aurez, ils, elles auront	j'aurai eu	que j'aie, que tu aies, qu'il, qu'elle, qu'on ait, que nous ayons, que vous ayez, qu'ils, qu'elles aient	que j'aie eu

Impératif
va, allons, allez
assieds-toi, asseyons-nous, asseyez-vous
aie, ayons, ayez

Infinitif	Infinitif passé	Participe présent	Participe passé	Préposition qui suit	Plus-que-parfait
battre = *to beat*	avoir battu	battant	battu	battre—avec	j'avais battu
boire = *to drink*	avoir bu	buvant	bu	boire—avec, sans	j'avais bu
conduire = *to drive*	avoir conduit	conduisant	conduit	conduire—à, avec, sans	j'avais conduit

Présent de l'indicatif	Imparfait (indicatif)	Passé composé	Passé simple	Conditionnel présent	Conditionnel passé
je bats, tu bats, il, elle, on bat, nous battons, vous battez, ils, elles battent	je battais, tu battais, il, elle, on battait, nous battions, vous battiez, ils, elles battaient	j'ai battu	je battis, tu battis, il, elle, on battit, nous battîmes, vous battîtes, ils, elles battirent	je battrais, tu battrais, il, elle, on battrait, nous battrions, vous battriez, ils, elles battraient	j'aurais battu
je bois, tu bois, il, elle, on boit, nous buvons, vous buvez, ils, elles boivent	je buvais, tu buvais, il, elle, on buvait, nous buvions, vous buviez, ils, elles buvaient	j'ai bu	je bus, tu bus, il, elle, on but, nous bûmes, vous bûtes, ils, elles burent	je boirais, tu boirais, il, elle, on boirait, nous boirions, vous boiriez, ils, elles boiraient	j'aurais bu
je conduis, tu conduis, il, elle, on conduit, nous conduisons, vous conduisez, ils, elles conduisent	je conduisais, tu conduisais, il, elle, on conduisait, nous conduisions, vous conduisiez, ils, elles conduisaient	j'ai conduit	je conduisis, tu conduisis, il, elle, on conduisit, nous conduisîmes, vous conduisîtes, ils, elles conduisirent	je conduirais, tu conduirais, il, elle, on conduirait, nous conduirions, vous conduiriez, ils, elles conduiraient	j'aurais conduit

Impératif	Futur simple	Futur antérieur	Subjonctif présent	Subjonctif passé
bats, battons, battez	je battrai, tu battras, il, elle, on battra, nous battrons, vous battrez, ils, elles battront	j'aurai battu	que je batte, que tu battes, qu'il, qu'elle, qu'on batte, que nous battions, que vous battiez, qu'ils, qu'elles battent	que j'aie battu
bois, buvons, buvez	je boirai, tu boiras, il, elle, on boira, nous boirons, vous boirez, ils, elles boiront	j'aurai bu	que je boive, que tu boives, qu'il, qu'elle, qu'on boive, que nous buvions, que vous buviez, qu'ils, qu'elles boivent	que j'aie bu
conduis, conduisons, conduisez	je conduirai, tu conduiras, il, elle, on conduira, nous conduirons, vous conduirez, ils, elles conduiront	j'aurai conduit	que je conduise, que tu conduises, qu'il, qu'elle, qu'on conduise, que nous conduisions, que vous conduisiez, qu'ils, qu'elles conduisent	que j'aie conduit

Infinitif	Infinitif passé	Participe présent	Participe passé	Préposition qui suit	Plus-que-parfait
coudre = *to sew* craindre = *to fear* croire = *to believe*	avoir cousu avoir craint avoir conduit	cousant craignant croyant	cousu craint cru	coudre— craindre— croire—en	j'avais cousu j'avais craint j'avais cru

Présent de l'indicatif	Imparfait (indicatif)	Passé composé	Passé simple	Conditionnel présent	Conditionnel passé
je couds, tu couds, il, elle, on coud, nous cousons, vous cousez, ils, elles cousent	je cousais, tu cousais, il, elle, on cousait, nous cousions, vous cousiez, ils, elles cousaient	j'ai cousu	je cousis, tu cousis, il, elle, on cousit, nous cousîmes, vous cousîtes, ils, elles cousirent	je coudrais, tu coudrais, il, elle, on coudrait, nous coudrions, vous coudriez, ils, elles coudraient	j'aurais cousu
je crains, tu crains, il, elle, on craint, nous craignons, vous craignez, ils, elles craignent	je craignais, tu craignais, il, elle, on craignait, nous craignions, vous craigniez, ils, elles craignaient	j'ai craint	je craignis, tu craignis, il, elle, on craignit, nous craignîmes, vous craignîtes, ils, elles craignirent	je craindrais, tu craindrais, il, elle, on craindrait, nous craindrions, vous craindriez, ils, elles craindraient	j'aurais craint
je crois, tu crois, il, elle, on croit, nous croyons, vous croyez, ils, elles croient	je croyais, tu croyais, il, elle, on croyait, nous croyions, vous croyiez, ils, elles croyaient	j'ai cru	je crus, tu crus, il, elle, on crut, nous crûmes, vous crûtes, ils, elles crurent	je croirais, tu croirais, il, elle, on croirait, nous croirions, vous croiriez, ils, elles croiraient	j'aurais cru

Impératif	Futur simple	Futur antérieur	Subjonctif présent	Subjonctif passé	
couds, cousons, cousez	je coudrai, tu coudras, il, elle, on coudra, nous coudrons, vous coudrez, ils, elles coudront	j'aurai cousu	que je couse, que tu couses, qu'il, qu'elle, qu'on couse, que nous cousions, que vous cousiez, qu'ils, qu'elles cousent	que j'aie cousu	
crains, craignons, craignez	je craindrai, tu craindras, il, elle, on craindra, nous craindrons, vous craindrez, ils, elles craindront	j'aurai craint	que je craigne, que tu craignes, qu'il, qu'elle, qu'on craigne, que nous craignions, que vous craigniez, qu'ils, qu'elles craignent	que j'aie craint	
crois, croyons, croyez	je croirai, tu croiras, il, elle, on croira, nous croirons, vous croirez, ils, elles croiront	j'aurai cru	que je croie, que tu croies, qu'il, qu'elle, qu'on croie, que nous croyions, que vous croyiez, qu'ils, qu'elles croient	que j'aie cru	

Infinitif	Infinitif passé	Participe présent	Participe passé	Préposition qui suit	Plus-que-parfait
devoir = *to have to, to owe*	avoir dû	devant	dû	devoir—à	j'avais dû
dire = *to tell*	avoir dit	disant	dit	dire—à	j'avais dit
dormir = *to sleep*	avoir dormi	dormant	dormi	dormir—avec, sans, à	j'avais dormi

Présent de l'indicatif	Imparfait (indicatif)	Passé composé	Passé simple	Conditionnel présent	Conditionnel passé
je dois, tu dois, il, elle, on doit, nous devons, vous devez, ils, elles doivent	je devais, tu devais, il, elle, on devait, nous devions, vous deviez, ils, elles devaient	j'ai dû	je dus, tu dus, il, elle, on dut, nous dûmes, vous dûtes, ils, elles durent	je devrais, tu devrais, il, elle, on devrait, nous devrions, vous devriez, ils, elles devraient	j'aurais dû
je dis, tu dis, il, elle, on dit, nous disons, vous dites, ils, elles disent	je disais, tu disais, il, elle, on disait, nous disions, vous disiez, ils, elles disaient	j'ai dit	je dis, tu dis, il, elle, on dit, nous dîmes, vous dîtes, ils, elles dirent	je dirais, tu dirais, il, elle, on dirait, nous dirions, vous diriez, ils, elles diraient	j'aurais dit
je dors, tu dors, il, elle, on dort, nous dormons, vous dormez, ils, elles dorment	je dormais, tu dormais, il, elle, on dormait, nous dormions, vous dormiez, ils, elles dormaient	j'ai dormi	je dormis, tu dormis, il, elle, on dormit, nous dormîmes, vous dormîtes, ils, elles dormirent	je dormirais, tu dormirais, il, elle, on dormirait, nous dormirions, vous dormiriez, ils, elles dormiraient	j'aurais dormi

Impératif	Futur simple	Futur antérieur	Subjonctif présent	Subjonctif passé	
dois, devons, devez	je devrai, tu devras, il, elle, on devra, nous devrons, vous devrez, ils, elles devront	j'aurai dû	que je doive, que tu doives, qu'il, qu'elle, qu'on doive, que nous devions, que vous deviez, qu'ils, qu'elles doivent	que j'aie dû	
dis, disons, dites	je dirai, tu diras, il, elle, on dira, nous dirons, vous direz, ils, elles diront	j'aurai dit	que je dise, que tu dises, qu'il, qu'elle, qu'on dise, que nous disions, que vous disiez , qu'ils, qu'elles disent	que j'aie dit	
dors, dormons, dormez	je dormirai, tu dormiras, il, elle, on dormira, nous dormirons, vous dormirez, ils, elles dormiront	j'aurai dormi	que je dorme, que tu dormes, qu'il, qu'elle, qu'on dorme, que nous dormions, que vous dormiez, qu'ils, qu'elles dorment	que j'aie dormi	

Infinitif	Infinitif passé	Participe présent	Participe passé	Préposition qui suit	Plus-que-parfait
écrire = *to write* être = *to be* faire = *to do*	avoir écrit avoir été avoir fait	écrivant étant faisant	écrit été fait	écrire—avec, à, sur être—avec, sans faire—de	j'avais écrit
					j'avais été
					j'avais fait

Présent de l'indicatif	Imparfait (indicatif)	Passé composé	Passé simple	Conditionnel présent	Conditionnel passé
j'écris, tu écris, il, elle, on écrit, nous écrivons, vous écrivez, ils, elles écrivent	j'écrivais, tu écrivais, il, elle, on écrivait, nous écrivions, vous écriviez, ils, elles écrivaient	j'ai écrit	j'écrivis, tu écrivis, il, elle, on écrivit, nous écrivîmes, vous écrivîtes, ils, elles écrivirent	j'écrirais, tu écrirais, il, elle, on écrirait, nous écririons, vous écririez, ils, elles écriraient	j'aurais écrit
je suis, tu es, il, elle, on est, nous sommes, vous êtes, ils, elles sont	j'étais, tu étais, il, elle, on était, nous étions, vous étiez, ils, elles étaient	j'ai été	je fus, tu fus, il, elle, on fut, nous fûmes, vous fûtes, ils, elles furent	je serais, tu serais, il, elle, on serait, nous serions, vous seriez, ils, elles seraient	j'aurais été
je fais, tu fais, il, elle, on fait, nous faisons, vous faites, ils, elles font	je faisais, tu faisais, il, elle, on faisait, nous faisions, vous faisiez, ils, elles faisaient	j'ai fait	je fis, tu fis, il, elle, on fit, nous fîmes, vous fîtes, ils, elles firent	je ferais, tu ferais, il, elle, on ferait, nous ferions, vous feriez, ils, elles feraient	j'aurais fait

Impératif	Futur simple	Futur antérieur	Subjonctif présent	Subjonctif passé
écris, écrivons, écrivez	j'écrirai, tu écriras, il, elle, on écrira, nous écrirons, vous écrirez, ils, elles écriront	j'aurai écrit	que j'écrive, que tu écrives, qu'il, qu'elle, qu'on écrive, que nous écrivions, que vous écriviez, qu'ils, qu'elles écrivent	que j'aie écrit
sois, soyons, soyez	je serai, tu seras, il, elle, on sera, nous serons, vous serez, ils, elles seront	j'aurai été	que je sois, que tu sois, qu'il, qu'elle, qu'on soit, que nous soyons, que vous soyez, qu'ils, qu'elles soient	que j'aie été
fais, faisons, faites	je ferai, tu feras, il, elle, on fera, nous ferons, vous ferez, ils, elles feront	j'aurai fait	que je fasse, que tu fasses, qu'il, qu'elle, qu'on fasse, que nous fassions, que vous fassiez, qu'ils, qu'elles fassent	que j'aie fait

Infinitif	Infinitif passé	Participe présent	Participe passé	Préposition qui suit	Plus-que-parfait
falloir = *to have to* haïr = *to hate* joindre = *to join*	avoir haï avoir joint	haïssant joignant	fallu haï joint	falloir— haïr— joindre—à	il avait fallu j'avais haï j'avais joint

Présent de l'indicatif	Imparfait (indicatif)	Passé composé	Passé simple	Conditionnel présent	Conditionnel passé
il faut	il fallait	il a fallu	il fallut	il faudrait	il aurait fallu
je hais, tu hais, il, elle, on hait, nous haïssons, vous haïssez, ils, elles haïssent	je haïssais, tu haïssais, il, elle, on haïssait, nous haïssions, vous haïssiez, ils, elles haïssaient	j'ai haï	je haïs, tu haïs, il, elle, on haït, nous haïmes, vous haïtes, ils, elles haïrent	je haïrais, tu haïrais, il, elle, on haïrait, nous haïrions, vous haïriez, ils, elles haïraient	j'aurais haï
je joins, tu joins, il, elle, on joint, nous joignons, vous joignez, ils, elles joignent	je joignais, tu joignais, il, elle, on joignait, nous joignions, vous joigniez, ils, elles joignaient	j'ai joint	je joignis, tu joignis, il, elle, on joignit, nous joignîmes, vous joignîtes, ils, elles joignirent	je joindrais, tu joindrais, il, elle, on joindrait, nous joindrions, vous joindriez, ils, elles joindraient	j'aurais joint

Impératif	Futur simple	Futur antérieur	Subjonctif présent	Subjonctif passé
	il faudra	il aura fallu	qu'il faille	qu'il ait fallu
hais, haïssons, haïssez	je haïrai, tu haïras, il, elle, on haïra, nous haïrons, vous haïrez, ils, elles haïront	j'aurai haï	que je haïsse, que tu haïsses, qu'il, qu'elle, qu'on haïsse, que nous haïssions, que vous haïssiez, qu'ils, qu'elles haïssent	que j'aie haï
joins, joignons, joignez	je joindrai, tu joindras, il, elle, on joindra, nous joindrons, vous joindrez, ils, elles joindront	j'aurai joint	que je joigne, que tu joignes, qu'il, qu'elle, qu'on joigne, que nous joignions, que vous joigniez, qu'ils, qu'elles joignent	que j'aie joint

Infinitif	Infinitif passé	Participe présent	Participe passé	Préposition qui suit	Plus-que-parfait
lire = *to read* mentir = *to lie* mettre = *to put*	avoir lu avoir menti avoir mis	lisant mentant mettant	lu menti mis	lire—avec, à mentir—à mettre—sur, dans, sous, au-dessus, au-dessous	j'avais lu j'avais menti j'avais mis

Présent de l'indicatif	Imparfait (indicatif)	Passé composé	Passé simple	Conditionnel présent
je lis, tu lis, il, elle, on lit, nous lisons, vous lisez, ils elles lisent	je lisais, tu lisais, il, elle, on lisait, nous lisions, vous lisiez, ils, elles lisaient	j'ai lu	je lus, tu lus, il, elle, on lut, nous lûmes, vous lûtes, ils elles lurent	je lirais, tu lirais, il, elle, on lirait, nous lirions, vous liriez, ils, elles liraient
je mens, tu mens, il, elle, on ment, nous mentons, vous mentez, ils, elles mentent	je mentais, tu mentais, il, elle, on mentait, nous mentions, vous mentiez, ils, elles mentaient	j'ai menti	je mentis, tu mentis, il, elle, on mentit, nous mentîmes, vous mentîtes, ils, elles mentirent	je mentirais, tu mentirais, il, elle, on mentirait, nous mentirions, vous mentiriez, ils, elles mentiraient
je mets, tu mets, il, elle, on met, nous mettons, vous mettez, ils, elles mettent	je mettais, tu mettais, il, elle, on mettait, nous mettions, vous mettiez, ils, elles mettaient	j'ai mis	je mis, tu mis, il, elle, on mit, nous mîmes, vous mîtes, ils, elles mirent	je mettrais, tu mettrais, il, elle, on mettrait, nous mettrions, vous mettriez, ils, elles mettraient

Impératif	Futur simple	Futur antérieur	Subjonctif présent	Subjonctif passé	Conditionnel passé
lis, lisons, lisez	je lirai, tu liras, il, elle, on lira, nous lirons, vous lirez, ils, elles liront	j'aurai lu	que je lise, que tu lises, qu'il, qu'elle, qu'on lise, que nous lisions, que vous lisiez, qu'ils, qu'elles lisent	que j'aie lu	j'aurais lu
mens, mentons, mentez	je mentirai, tu mentiras, il, elle, on mentira, nous mentirons, vous mentirez, ils, elles mentiront	j'aurai menti	que je mente, que tu mentes, qu'il, qu'elle, qu'on mente, que nous mentions, que vous mentiez, qu'ils, qu'elles mentent	que j'aie menti	j'aurais menti
mets, mettons, mettez	je mettrai, tu mettras, il, elle, on mettra, nous mettrons, vous mettrez, ils, elles mettront	j'aurai mis	que je mette, que tu mettes, qu'il, qu'elle, qu'on mette, que nous mettions, que vous mettiez, qu'ils, qu'elles mettent	que j'aie mis	j'aurais mis

Infinitif	Infinitif passé	Participe présent	Participe passé	Préposition qui suit	Plus-que-parfait
mourir = *to die* naître = *to be born* offrir = *to offer*	être mort être né avoir offert	mourant naissant offrant	mort né offert	mourir—avec, sans naître—à, en offrir—à	j'étais mort j'étais né j'avais offert

Présent de l'indicatif	Imparfait (indicatif)	Passé composé	Passé simple	Conditionnel présent	Conditionnel passé
je meurs, tu meurs, il, elle, on meurt, nous mourons, vous mourez, ils, elles meurent	je mourais, tu mourais, il, elle, on mourait, nous mourions, vous mouriez, ils, elles mouraient	je suis mort elle est morte	je mourus, tu mourus, il, elle, on mourut, nous mourûmes, vous mourûtes, ils, elles moururent	je mourrais, tu mourrais, il, elle, on mourrait, nous mourrions, vous mourriez, ils, elles mourraient	je serais mort elle serait morte
je nais, tu nais, il, elle, on naît, nous naissons, vous naissez, ils, elles naissent	je naissais, tu naissais, il, elle, on naissait, nous naissions, vous naissiez, ils, elles naissaient	je suis né elle est née	je naquis, tu naquis, il, elle, on naquit, nous naquîmes, vous naquîtes, ils, elles naquirent	je naîtrais, tu naîtrais, il, elle, on naîtrait, nous naîtrions, vous naîtriez, ils, elles naîtraient	je serais né elle serait née
j'offre, tu offres, il, elle, on offre, nous offrons, vous offrez, ils, elles offrent	j'offrais, tu offrais, il, elle, on offrait, nous offrions, vous offriez, ils, elles offraient	j'ai offert	j'offris, tu offris, il, elle, on offrit, nous offrîmes, vous offrîtes, ils, elles offrirent	j'offrirais, tu offrirais, il, elle, on offrirait, nous offririons, vous offririez, ils, elles offriraient	j'aurais offert

Impératif	Futur simple	Futur antérieur	Subjonctif présent	Subjonctif passé
meurs, mourons, mourez	je mourrai, tu mourras, il, elle, on mourra, nous mourrons, vous mourrez, ils, elles mourront	je serai mort elle sera morte	que je meure, que tu meures, qu'il, qu'elle, qu'on meure, que nous mourions, que vous mouriez, qu'ils, qu'elles meurent	que je sois mort qu'elle soit morte
nais naissons, naissez	je naîtrai, tu naîtras, il, elle, on naîtra, nous naîtrons, vous naîtrez, ils, elles naîtront	je serai né elle sera née	que je naisse, que tu naisses, qu'il, qu'elle, qu'on naisse, que nous naissions, que vous naissiez, qu'ils, qu'elles naissent	que je sois né qu'elle soit née
offre, offrons, offrez	j'offrirai, tu offriras, il, elle, on offrira, nous offrirons, vous offrirez, ils, elles offriront	j'aurai offert	que j'offre, que tu offres, qu'il, qu'elle, qu'on offre, que nous offrions, que vous offriez, qu'ils, qu'elles offrent	que j'aie offert

Infinitif	Infinitif passé	Participe présent	Participe passé	Préposition qui suit	Plus-que-parfait
peindre = *to paint* plaire = *to please, to like* pleuvoir = *to rain*	avoir peint avoir plu avoir plu	peignant plaisant pleuvant	peint plu plu	peindre—avec, sans, sur plaire—à, pleuvoir—à, dans, en, sur	j'avais peint j'avais plu il avait plu

Présent de l'indicatif	Imparfait (indicatif)	Passé composé	Passé simple	Conditionnel présent	Conditionnel passé
je peins, tu peins, il, elle, on peint, nous peignons, vous peignez, ils, elles peignent	je peignais, tu peignais, il, elle, on peignait, nous peignions, vous peigniez, ils, elles peignaient	j'ai peint	je peignis, tu peignis, il, elle, on peignit, nous peignîmes, vous peignîtes, ils, elles peignirent	je peindrais, tu peindrais, il, elle, on peindrait, nous peindrions, vous peindriez, ils, elles peindraient	j'aurais peint
je plais, tu plais, il, elle, on plaît, nous plaisons, vous plaisez, ils, elles plaisent	je plaisais, tu plaisais, il, elle, on plaisait, nous plaisions, vous plaisiez, ils, elles plaisaient	j'ai plu	je plus, tu plus, il, elle, on plut, nous plûmes, vous plûtes, ils, elles plurent	je plairais, tu plairais, il, elle, on plairait, nous plairions, vous plairiez, ils, elles plairaient	j'aurais plu
il pleut	il pleuvait	il a plu	il plut	il pleuvrait	il aurait plu

Impératif	Futur simple	Futur antérieur	Subjonctif présent	Subjonctif passé
peins, peignons, peignez	je peindrai, tu peindras, il, elle, on peindra, nous peindrons, vous peindrez, ils, elles peindront	j'aurai peint	que je peigne, que tu peignes, qu'il, qu'elle, qu'on peigne, que nous peignions, que vous peigniez, qu'ils, qu'elles peignent	que j'aie peint
plais, plaisons, plaisez	je plairai, tu plairas, il, elle, on plaira, nous plairons, vous plairez, ils, elles plairont	j'aurai plu	que je plaise, que tu plaises, qu'il, qu'elle, qu'on plaise, que nous plaisions, que vous plaisiez, qu'ils, qu'elles plaisent	que j'aie plu
	il pleuvra	il aura plu	qu'il pleuve	qu'il ait plu

Infinitif	Infinitif passé	Participe présent	Participe passé	Préposition qui suit	Plus-que-parfait
pouvoir = *to be able* prendre = *to be born* recevoir = *to receive*	avoir pu avoir pris avoir reçu	pouvant prenant recevant	pu pris reçu	pouvoir— prendre—à, en, avec, sans recevoir—à, au, dans	j'avais pu j'avais pris j'avais reçu

Présent de l'indicatif	Imparfait (indicatif)	Passé composé	Passé simple	Conditionnel présent	Conditionnel passé
je peux, tu peux, il, elle, on peut, nous pouvons, vous pouvez, ils, elles peuvent	je pouvais, tu pouvais, il, elle, on pouvait, nous pouvions, vous pouviez, ils, elles pouvaient	j'ai pu	je pus, tu pus, il, elle, on put, nous pûmes, vous pûtes, ils, elles purent	je pourrais, tu pourrais, il, elle, on pourrait, nous pourrions, vous pourriez, ils, elles pourraient	j'aurais pu
je prends, tu prends, il, elle, on prend, nous prenons, vous prenez, ils, elles prennent	je prenais, tu prenais, il, elle, on prenait, nous prenions, vous preniez, ils, elles prenaient	j'ai pris	je pris, tu pris, il, elle, on prit, nous prîmes, vous prîtes, ils, elles prirent	je prendrais, tu prendrais, il, elle, on prendrait, nous prendrions, vous prendriez, ils, elles prendraient	j'aurais pris
je reçois, tu reçois, il, elle, on reçoit, nous recevons, vous recevez, ils, elles reçoivent	je recevais, tu recevais, il, elle, on recevait, nous recevions, vous receviez, ils, elles recevaient	j'ai reçu	je reçus, tu reçus, il, elle, on reçut, nous reçûmes, vous reçûtes, ils, elles reçurent	je recevrais, tu recevrais, il, elle, on recevrait, nous recevrions, vous recevriez, ils, elles recevraient	j'aurais reçu

Impératif	Futur simple	Futur antérieur	Subjonctif présent	Subjonctif passé
	je pourrai, tu pourras, il, elle, on pourra, nous pourrons, vous pourrez, ils, elles pourront	j'aurai pu	que je puisse, que tu puisses, qu'il, qu'elle, qu'on puisse, que nous puissions, que vous puissiez, qu'ils, qu'elles puissent	que j'aie pu
prends, prenons, prenez	je prendrai, tu prendras, il, elle, on prendra, nous prendrons, vous prendrez, ils, elles prendront	j'aurai pris	que je prenne, que tu prennes, qu'il, qu'elle, qu'on prenne, que nous prenions, que vous preniez, qu'ils, qu'elles prennent	que j'aie pris
reçois, recevons, recevez	je recevrai, tu recevras, il, elle, on recevra, nous recevrons, vous recevrez, ils, elles recevront	j'aurai reçu	que je reçoive, que tu reçoives, qu'il, qu'elle, qu'on reçoive, que nous recevions, que vous receviez, qu'ils, qu'elles reçoivent	que j'aie reçu

Infinitif	Infinitif passé	Participe présent	Participe passé	Préposition qui suit	Plus-que-parfait
résoudre = *to solve* rire = *to laugh* savoir = *to know*	avoir résolu avoir ri avoir su	résolvant riant sachant	résolu ri su	résoudre—en, dans rire—avec, sans savoir—	j'avais résolu j'avais ri j'avais su

Présent de l'indicatif	Imparfait (indicatif)	Passé composé	Passé simple	Conditionnel présent	Conditionnel passé
je résous, tu résous, il, elle, on résout, nous résolvons, vous résolvez, ils, elles résolvent	je résolvais, tu résolvais, il, elle, on résolvait, nous résolvions, vous résolviez, ils, elles résolvaient	j'ai résolu	je résolus, tu résolus, il, elle, on résolut, nous résolûmes, vous résolûtes, ils, elles résolurent	je résoudrais, tu résoudrais, il, elle, on résoudrait, nous résoudrions, vous résoudriez, ils, elles résoudraient	j'aurais résolu
je ris, tu ris, il, elle, on rit, nous rions, vous riez, ils, elles rient	je riais, tu riais, il, elle, on riait, nous riions, vous riiez, ils, elles riaient	j'ai ri	je ris, tu ris, il, elle, on rit, nous rîmes, vous rîtes, ils, elles rirent	je rirais, tu rirais, il, elle, on rirait, nous ririons, vous ririez, ils, elles riraient	j'aurais ri
je sais, tu sais, il, elle, on sait, nous savons, vous savez, ils, elles savent	je savais, tu savais, il, elle, on savait, nous savions, vous saviez, ils, elles savaient	j'ai su	je sus, tu sus, il, elle, on sut, nous sûmes, vous sûtes, ils, elles surent	je saurais, tu saurais, il, elle, on saurait, nous saurions, vous sauriez, ils, elles sauraient	j'aurais su

Impératif	Futur simple	Futur antérieur	Subjonctif présent	Subjonctif passé
résous, résolvons, résolvez	je résoudrai, tu résoudras, il, elle, on résoudra, nous résoudrons, vous résoudrez, ils, elles résoudront	j'aurai résolu	que je résolve, que tu résolves, qu'il, qu'elle, qu'on résolve, que nous résolvions, que vous résolviez, qu'ils, qu'elles résolvent	que j'aie résolu
ris, rions, riez	je rirai, tu riras, il, elle, on rira, nous rirons, vous rirez, ils, elles riront	j'aurai ri	que je rie, que tu ries, qu'il, qu'elle, qu'on rie, que nous riions, que vous riiez, qu'ils, qu'elles rient	que j'aie ri
sache, sachons, sachez	je saurai, tu sauras, il, elle, on saura, nous saurons, vous saurez, ils, elles sauront	j'aurai su	que je sache, que tu saches, qu'il, qu'elle, qu'on sache, que nous sachions, que vous sachiez, qu'ils, qu'elles sachent	que j'aie su

Infinitif	Infinitif passé	Participe présent	Participe passé	Préposition qui suit	Plus-que-parfait
sentir = *to feel or smell* servir = *to serve* sortir = *to go out, to date*	avoir senti avoir servi être sorti	sentant servant sortant	senti servi sorti	sentir—dans servir—avec, sans sortir—avec, sans	j'avais senti j'avais servi j'étais sorti elle était sortie

Présent de l'indicatif	Imparfait (indicatif)	Passé composé	Passé simple	Conditionnel présent	Conditionnel passé
je sens, tu sens, il, elle, on sent, nous sentons, vous sentez, ils, elles sentent	je sentais, tu sentais, il, elle, on sentait, nous sentions, vous sentiez, ils, elles sentaient	j'ai senti	je sentis, tu sentis, il, elle, on sentit, nous sentîmes, vous sentîtes, ils, elles sentirent	je sentirais, tu sentirais, il, elle, on sentirait, nous sentirions, vous sentiriez, ils, elles sentiraient	j'aurais senti
je sers, tu sers, il, elle, on sert, nous servons, vous servez, ils, elles servent	je servais, tu servais, il, elle, on servait, nous servions, vous serviez, ils, elles servaient	j'ai servi	je servis, tu servis, il, elle, on servit, nous servîmes, vous servîtes, ils, elles servirent	je servirais, tu servirais, il, elle, on servirait, nous servirions, vous serviriez, ils, elles serviraient	j'aurais servi
je sors, tu sors, il, elle, on sort, nous sortons, vous sortez, ils, elles sortent	je sortais, tu sortais, il, elle, on sortait, nous sortions, vous sortiez, ils, elles sortaient	je suis sorti elle est sortie	je sortis, tu sortis, il, elle, on sortit, nous sortîmes, vous sortîtes, ils, elles sortirent	je sortirais, tu sortirais, il, elle, on sortirait, nous sortirions, vous sortiriez, ils, elles sortiraient	je serais sorti elle serait sortie

Impératif	Futur simple	Futur antérieur	Subjonctif présent	Subjonctif passé
sens, sentons, sentez	je sentirai, tu sentiras, il, elle, on sentira, nous sentirons, vous sentirez, ils, elles sentiront	j'aurai senti	que je sente, que tu sentes, qu'il, qu'elle, qu'on sente, que nous sentions, que vous sentiez, qu'ils, qu'elles sentent	que j'aie senti
sers, servons, servez	je servirai, tu serviras, il, elle, on servira, nous servirons, vous servirez, ils, elles serviront	j'aurai servi	que je serve, que tu serves, qu'il, qu'elle, qu'on serve, que nous servions, que vous serviez, qu'ils, qu'elles servent	que j'aie servi
sors, sortons, sortez	je sortirai, tu sortiras, il, elle, on sortira, nous sortirons, vous sortirez, ils, elles sortiront	je serai sorti elle sera sortie	que je sorte, que tu sortes, qu'il, qu'elle, qu'on sorte, que nous sortions, que vous sortiez, qu'ils, qu'elles sortent	que je sois sorti qu'elle soit sortie

Infinitif	Infinitif passé	Participe présent	Participe passé	Préposition qui suit	Plus-que-parfait
souffrir = *to suffer* suffire = *to be sufficient* suivre = *to follow*	avoir souffert avoir suffi avoir suivi	souffrant suffisant suivant	souffert suffi suivi	souffrir—de, avec, sans suffire— suivre—	j'avais souffert j'avais suffi j'avais suivi

Présent de l'indicatif	Imparfait (indicatif)	Passé composé	Passé simple	Conditionnel présent
je souffre, tu souffres, il, elle, on souffre, nous souffrons, vous souffrez, ils, elles souffrent	je souffrais, tu souffrais, il, elle, on souffrait, nous souffrions, vous souffriez, ils, elles souffraient	j'ai souffert	je souffris, tu souffris, il, elle, on souffrit, nous souffrîmes, vous souffrîtes, ils, elles souffrirent	je souffrirais, tu souffrirais, il, elle, on souffrirait, nous souffririons, vous sentiriez, ils, elles souffriraient
je suffis, tu suffis, il, elle, on suffit, nous suffisons, vous suffisez, ils, elles suffisent	je suffisais, tu suffisais, il suffisait, nous suffisions, vous suffisiez, ils suffisaient	il a suffi	je suffis, tu suffis, il, elle, on suffit, nous suffîmes, vous suffîtes, ils, elles suffirent	je suffirais, tu suffirais, il, elle, on suffirait, nous suffirions, vous suffiriez, ils suffiraient
je suis, tu suis, il, elle, on suit, nous suivons, vous suivez, ils, elles suivent	je suivais, tu suivais, il, elle, on suivait, nous suivions, vous suiviez, ils, elles suivaient	j'ai suivi	je suivis, tu suivis, il, elle, on suivit, nous suivîmes, vous suivîtes, ils suivirent	je suivrais, tu suivrais, il, elle, on suivrait, nous suivrions, vous suiviez, ils, elles suivraient

Impératif	Futur simple	Futur antérieur	Subjonctif présent	Subjonctif passé	Conditionnel passé
souffre, souffrons, souffrez	je souffrirai, tu souffriras, il, elle, on souffrira, nous souffrirons, vous souffrirez, ils, elles souffriront	j'aurai souffert	que je souffre, que tu souffres, qu'il, qu'elle, qu'on souffre, que nous souffrions, que vous souffriez, qu'ils, qu'elles souffrent	que j'aie souffert	j'aurais souffert
	je suffirai, tu suffiras, il, elle, on suffira, nous suffirons, vous suffirez, ils, elles suffiront	j'aurai suffi	que je suffise, que tu suffises, qu'il suffise, que nous suffisions, que vous suffisiez, qu'ils, qu'elles suffisent	qu'il ait suffi	j'aurais suffi
suis, suivons, suivez	je suivrai, tu suivras, il, elle, on suivra, nous suivrons, vous suivrez, ils, elles suivront	j'aurai suivi	que je suive, que tu suives, qu'il, qu'elle, qu'on suive, que nous suivions, que vous suiviez, qu'ils, qu'elles suivent	que j'aie suivi	j'aurais suivi

Infinitif	Infinitif passé	Participe présent	Participe passé	Préposition qui suit	Plus-que-parfait
tenir = *to hold* vaincre = *to conquer* valoir = *to be worth*	avoir tenu avoir vaincu avoir valu	tenant vainquant valant	tenu vaincu valu	tenir—à, dans vaincre—avec, sans valoir—	j'avais tenu j'avais vaincu j'avais valu

Présent de l'indicatif	Imparfait (indicatif)	Passé composé	Passé simple	Conditionnel présent	Conditionnel passé
je tiens, tu tiens, il, elle, on tient, nous tenons, vous tenez, ils, elles tiennent	je tenais, tu tenais, il, elle, on tenait, nous tenions, vous teniez, ils, elles tenaient	j'ai tenu	je tins, tu tins, il, elle, on tint, nous tînmes, vous tîntes, ils, elles tinrent	je tiendrais, tu tiendrais, il, elle, on tiendrait, nous tiendrions, vous tiendriez, ils, elles tiendraient	j'aurais tenu
je vaincs, tu vaincs, il, elle, on vainc, nous vainquons, vous vainquez, ils, elles vainquent	je vainquais, tu vainquais, il, elle, on vainquait, nous vainquions, vous vainquiez, ils, elles vainquaient	j'ai vaincu	je vainquis, tu vainquis, il, elle, on vainquit, nous vainquîmes, vous vainquîtes, ils, elles vainquirent	je vaincrais, tu vaincrais, il, elle, on vaincrait, nous vaincrions, vous vaincriez, ils, elles vaincraient	j'aurais vaincu
je vaux, tu vaux, il, elle, on vaut, nous valons, vous valez, ils, elles valent	je valais, tu valais, il, elle, on valait, nous valions, vous valiez, ils, elles valaient	j'ai valu	je valus, tu valus, il, elle, on valut, nous valûmes, vous valûtes, ils, elles valurent	je vaudrais, tu vaudrais, il, elle, on vaudrait, nous vaudrions, vous vaudriez, ils, elles vaudraient	j'aurais valu

Impératif	Futur simple	Futur antérieur	Subjonctif présent	Subjonctif passé
tiens, tenons, tenez	je tiendrai, tu tiendras, il, elle, on tiendra, nous tiendrons, vous tiendrez, ils, elles tiendront	j'aurai tenu	que je tienne, que tu tiennes, qu'il, qu'elle, qu'on tienne, que nous tenions, que vous teniez, qu'ils, qu'elles tiennent	que j'aie tenu
vaincs, vainquons, vainquez	je vaincrai, tu vaincras, il, elle, on vaincra, nous vaincrons, vous vaincrez, ils, elles vaincront	j'aurai vaicu	que je vainque, que tu vainques, qu'il, qu'elle, qu'on vainque, que nous vainquions, que vous vainquiez, qu'ils, qu'elles vainquent	que j'aie vaincu
vaux, valons, valez	je vaudrai, tu vaudras, il, elle, on vaudra, nous vaudrons, vous vaudrez, ils, elles vaudront	j'aurai valu	que je vaille, que tu vailles, qu'il, qu'elle, qu'on vaille, que nous valions, que vous valiez, qu'ils, qu'elles vaillent	que j'aie valu

Infinitif	Infinitif passé	Participe présent	Participe passé	Préposition qui suit	Plus-que-parfait
venir = *to come*	être venu	venant	venu	venir—à, de, dans	j'étais venu, elle était venue
vêtir = *to wear*	avoir vêtu	vêtant	vêtu	vêtir—avec, sans, de	j'avais vêtu
vivre = *to live*	avoir vécu	vivant	vécu	vivre—en, à, dans	j'avais vécu

Présent de l'indicatif	Imparfait (indicatif)	Passé composé	Passé simple	Conditionnel présent	Conditionnel passé
je viens, tu viens, il, elle, on vient, nous venons, vous venez, ils, elles viennent	je venais, tu venais, il, elle, on venait, nous venions, vous veniez, ils, elles venaient	je suis venu, elle est venue	je vins, tu vins, il, elle, on vint, nous vînmes, vous vîntes, ils, elles vinrent	je viendrais, tu viendrais, il, elle, on viendrait, nous viendrions, vous viendriez, ils, elles viendraient	je serais venu, elle serait venue
je vêts, tu vêts, il, elle, on vêt, nous vêtons, vous vêtez, ils, elles vêtent	je vêtais, tu vêtais, il, elle, on vêtait, nous vêtions, vous vêtiez, ils, elles vêtaient	j'ai vêtu	je vêtis, tu vêtis, il, elle, on vêtit, nous vêtîmes, vous vêtîtes, ils, elles vêtirent	je vêtirais, tu vêtirais, il, elle, on vêtirait, nous vêtirions, vous vêtiriez, ils, elles vêtiraient	j'aurais vêtu
je vis, tu vis, il, elle, on vit, nous vivons, vous vivez, ils, elles vivent	je vivais, tu vivais, il, elle, on vivait, nous vivions, vous viviez, ils, elles vivaient	j'ai vécu	je vécus, tu vécus, il, elle, on vécut, nous vécûmes, vous vécûtes, ils, elles vécurent	je vivrais, tu vivrais, il, elle, on vivrait, nous vivrions, vous vivriez, ils, elles vivraient	j'aurais vécu

Impératif	Futur simple	Futur antérieur	Subjonctif présent	Subjonctif passé
viens, venons, venez	je viendrai, tu viendras, il, elle, on viendra, nous viendrons, vous viendrez, ils, elles viendront	je serai venu, elle sera venue	que je vienne, que tu viennes, qu'il, qu'elle, qu'on vienne, que nous venions, que vous veniez, qu'ils, qu'elles viennent	que je sois venu, qu'elle soit venue
vêts, vêtons, vêtez	je vêtirai, tu vêtiras, il, elle, on vêtira, nous vêtirons, vous vêtirez, ils, elles vêtiront	j'aurai vêtu	que je vête, que tu vêtes, qu'il, qu'elle, qu'on vête, que nous vêtions, que vous vêtiez, qu'ils, qu'elles vêtent	que j'aie vêtu
vis, vivons, vivez	je vivrai, tu vivras, il, elle, on vivra, nous vivrons, vous vivrez, ils, elles vivront	j'aurai vécu	que je vive, que tu vives, qu'il, qu'elle, qu'on vive, que nous vivions, que vous viviez, qu'ils, qu'elles vivent	que j'aie vécu

Infinitif	Infinitif passé	Participe présent	Participe passé	Préposition qui suit	Plus-que-parfait
voir = *to see* vouloir = *to want*	avoir vu avoir voulu	voyant voulant	vu voulu	voir—à, de, dans vouloir—	j'avais vu j'avais voulu
Présent de l'indicatif	**Imparfait (indicatif)**	**Passé composé**	**Passé simple**	**Conditionnel présent**	
je vois, tu vois, il, elle, on voit, nous voyons, vous voyez, ils, elles voient	je voyais, tu voyais, il, elle, on voyait, nous voyions, vous voyiez, ils, elles voyaient	j'ai vu	je vis, tu vis, il, elle, on vit, nous vîmes, vous vîtes, ils, elles virent	je verrais, tu verrais, il, elle, on verrait, nous viendrions, vous verriez, ils, elles verraient	j'avais vu
je veux, tu veux, il, elle, on veut, nous voulons, vous voulez, ils, elles veulent	je voulais, tu voulais, il, elle, on voulait, nous voulions, vous vouliez, ils, elles voulaient	j'ai voulu	je voulus, tu voulus, il, elle, on voulut, nous voulûmes, vous voulûtes, ils, elles voulurent	je voudrais, tu voudrais, il, elle, on voudrait, nous voudrions, vous voudriez, ils, elles voudraient	j'avais voulu
Impératif	**Futur simple**	**Futur antérieur**	**Subjonctif présent**	**Subjonctif passé**	**Conditionnel passé**
vois, voyons, voyez	je verrai, tu verras, il, elle, on verra, nous verrons, vous verrez, ils, elles verront	j'aurai vu	que je voie, que tu voies, qu'il, qu'elle, qu'on voie, que nous voyions, que vous voyiez, qu'ils, qu'elles voient	que j'aie tenu	j'aurais vu
veuillez	je voudrai, tu voudras, il, elle, on voudra, nous voudrons, vous voudrez, ils, elles voudront	j'aurai voulu	que je veuille, que tu veuilles, qu'il, qu'elle, qu'on veuille, que nous voulions, que vous vouliez, qu'ils, qu'elles veuillent	que j'aie voulu	j'aurais voulu